1980년대 민주화운동 참여자의

경험과 기억

1980년대 민주화운동 참여자의

경험과 기억

김귀옥 · 윤충로 지음

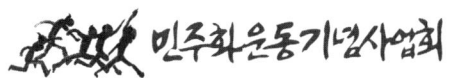 민주화운동기념사업회

이 책을 민주화를 위해 산화해간 모든 님들과 민주화운동 참여자들에 바칩니다.

■ 80년대 민주화운동 참여자 실태조사 보고서를 발간하며

한국 민주화운동의 역사를 통해 기억해야 할 수많은 민족·민주열사, 동지들의 피와 땀이 있습니다. 그리고 이름 없이 참여했던 수많은 국민들의 참여와 헌신 또한 기억되어야 합니다. 여전히 많은 과제들을 남겨두고 있지만 이 같은 노력이 있었기에 한국의 민주주의는 온갖 난관을 넘어서서 권위주의체제를 무너뜨리고 민주화의 시대를 열 수 있었습니다. 한국 민주화운동의 특징으로 평가되는 역동성과 상대적으로 평화적인 과정은 도덕성을 최고의 가치로 삼았던 자기희생적 과정이 있었기 때문입니다. 이 같은 노력의 결과 오늘날 한국민주주의는 제3세계 나라들 중 가장 성공적인 사례로 거론되며 세계사적인 전범이 될만하다는 성과를 얻고 있기도 합니다.

핏빛 광주를 딛고 시작된 80년대 민주화운동은 이전 시대 민주화운동과 많은 점에서 다른 양상을 보여주었습니다. 군사독재의 종말을 그리던 국민의 소망을 짓밟은 광주의 아픔, 그리고 다시 이어진 군사독재는 국민적 저항을 폭발적으로 확산시켰으며 마침내 1,000만 대중이 참여한 투쟁을 통해 87년의 승리를 이끌어 낼 수 있었습니다.

이번에 시행된 80년대 민주화운동 참여자 실태조사는 지난 2004년 실시된 1970년대 민주화운동 관련자 실태조사에 이은 두 번째 작업입니다. 조사의 목적은 보고서가 밝히고 있듯이 80년대 민주화운동 참여자의 과거 운동 경험, 현재의 삶, 한국 사회의 민주화 정도에 대한 평가와 향후 전망 등을 알아보고, 80년대 운동이 현재 어떤 의미를 갖는지를 살펴보고자 함입니다.

이번 조사를 통해 우리는 민주화운동 참여자의 참모습을 볼 수 있었습니다. 민주화운동은 여전히 현재진행형이라는 참여자들의 답변을 통해 우리의 현실을 되돌아보며 남아있는 목표를 향해 나아가야 할 책임감을 다시 한 번 느낍니다. 민주화운동에 헌신했던 세월은 그만큼 세상의 안위를 누릴 기회를 포기하게 만들었으며, 그 결과 많은 민주화운동 참여자들이

감내하고 있는 삶의 현실 또한 여전히 무겁다는 사실을 확인할 수 있었습니다. 뿐만 아니라 조사대상자의 2/3가량이 명예회복이나 보상을 신청하지 않았다는 점에서 민주화운동 참여자들이 지녔던 진정성의 단면을 보기도 했습니다. 정치에 참여하여 대중 앞에 노출되어 있는 몇몇 인사들을 잣대로 민주화운동 참여자 일반의 삶을 판단하는 것은 상당한 왜곡이 개입될 수 있음을 또한 보게 되었습니다. 이런 점에서 흔히 386으로 불리는 집단화의 오류는 사회적으로 민주화운동을 폄훼하려는 의식과 맞닿아 있음을 확인하게 됩니다.

비단 80년대뿐만 아니라 반세기에 걸친 민주화의 도정에서 공동체를 위해 자신의 일부를 헌신했던 분들, 나아가 역사의 모든 과정에서 나라와 민족을 위해 스스로를 투신했던 모든 분들에게 우리가 바쳐야할 존경과 감사는 여전히 충분하지 않습니다. 우리 사회가 이 분들에게 더 많은 존경의 마음을 지니고, 크던 작던 민주화의 도정에 참여했던 모든 분들이 스스로의 참여에 더 큰 자부심을 갖게 될 때 우리 사회의 민주주의는 지속적으로 발전할 수 있으며, 공동체성 또한 더 높이 발현될 수 있을 것입니다.

이번 조사를 담당했던 (사)민주화운동공제회와 한성대학교 사회과학연구원 부설 전쟁과 평화연구소 측에 깊은 감사를 드립니다. 이번 연구조사를 통해 이 분들은 민주화운동 관련단체와 연구기관이 협업하여 새로운 형태의 산학협력의 모범을 보여주었다는 평가를 이끌어 냈습니다. 이는 조사를 통해 가장 중요한 과제로 지적된 민주화운동 역사 정리사업을 진행하는데서 전범의 역할을 하게 될 것입니다.

우리는 많은 길을 함께 걸어왔고 또한 계속해서 앞으로 나아가야 합니다. 이번 조사에 참여했던 분들의 생각과 마찬가지로 민주주의는 완성형이 아니라 끝없는 도전이며 과정이기 때문입니다. 민주주의를 향한 도전과 성취를 민주화운동 참여자의 몫에서 국민 모두의 자부심으로 승화시켜 나가는 것 또한 우리들의 과제일 수밖에 없습니다. 민주화운동기념사업회는 이를 위해 특별한 관심과 노력을 기울여 나갈 것입니다.

마지막으로 민주화운동 역사를 정리하고, 민주주의 교육을 활성화하며, 세계 민주주의 발전에 기여하기 위한 근거를 만들기 위해 추진하고 있는 한국민주주의전당 건립 사업에도 80년대 참여자와 모든 민주화운동 참여자들의 많은 관심과 성원이 있기를 기대합니다. 민주전당은 피와 땀으로 쟁취한 민주주의가 올곧게 뿌리내리는데 필요한 소중한 공간이 될 것입니다. 감사합니다.

2007년 9월

민주화운동기념사업회 이사장   함 세 웅

E.H. Carr는 자신의 저서 『역사란 무엇인가』에서 "역사란 과거와 현재의 끊임없는 대화이다" "사료 없는 역사가는 존재의 의미가 없고, 역사가 없는 사실은 무의미하다"라고 갈파한 바 있습니다.

이번 민주화운동기념사업회가 6월항쟁 20돌을 맞으면서 민주화운동 기억하기사업의 일환으로 '1980년대 민주화운동 참여자들의 경험과 기억'의 보고서를 발간하였습니다. 여기에 (사)민주화운동공제회와 한성대학교 전쟁과평화연구소가 동참하였습니다.

1980년대는 5·18광주민주화운동에서 출발하여 6월항쟁이 그 한복판에 자리하고, 드디어 운동의 중심에 노동자, 농민, 빈민, 여성을 아우르는 기층 민중을 세우는 빛나는 역사의 진보였습니다. 그럼에도 불구하고 현실사회에서는 알맹이는 온데간데없고 껍데기만 남아있는 형국으로 치닫고 있습니다. 자본의 신자유주의 지배는 사회적 양극화를 촉진, 비정규직을 양산하고 있으며, 현실정치의 참여집단은 겉모양은 진보로되 속은 보수로, 박정희 군부독재 망령 부활의 빌미를 제공하고, 세상은 개발독재의 수구시대로 회귀하고 있습니다.

우리는 1980년대 민주화운동의 경험을 기억하여 진정으로 민중이 주인이 되는 역사발전의 햇불을 드높이 치켜세워야 합니다. '1980년대 민주화운동 참여자의 경험과 기억', 이 책은 민중이 곧 역사발전의 에너지임을 기록하고 있습니다. 민중은 역사진보의 주체로 기억되고 스스로 존중하여야 하고 현실 정치·경제·사회의 전면으로 나서야 합니다.

현재에서 반추하는 과거가 미래를 열어 갈 때만이 역사입니다. 1980년대 민주화운동의 참여자 모두가 미래를 여는 작업에 동참할 때 우리를 역사 속에서 살아가며 역사를 만들어 갔던 사람으로 미래의 역사가 기록할 것입니다.

이 연구조사를 위해 4개월간에 걸친 사전기획과 6개월에 걸친 조사 및 연구가 진행되어 왔습니다. 조사과정에서 우리는 민주화운동을 위해 헌신했던 참여자들의 눈물과 분노를 보았고, 그것은 아직도 우리의 뇌리에 깊게 각인돼 있습니다.

　1980년대 민주화운동 참여자 실태조사 결과 보고서가 출판되기까지 헌신적으로 노력해 주신 연구진과 (사)민주화운동공제회와 민주화운동기념사업회 실무진, 설문응답자, 심층면접자 그리고 수고로움을 마다하지 않고 발로 뛰어 주셨던 조사원들께 깊이 감사드립니다. 이 연구가 초석이 되어 1980년대 민주화운동 참여자들을 포함하여 부당한 국가권력에 항거했던 모든 민주화운동 참여자들에 대한 전면적인 조사연구가 이루어지고, 관련정책들이 새롭게 세워질 수 있도록 많은 관심과 지원을 부탁드립니다.

2007년 9월

사단법인 민주화운동공제회 이사장　　장 임 원

1980년대 민주화의 정신으로 21세기 신자유주의의 파고 넘기

2007년 여름, 극장가에서는 흥미로운 현상이 나타나고 있다. '화려한 휴가' 상영을 둘러싸고 기대 반 우려 반 얘기가 흘러나왔으나, 우려를 뒤엎은 채 대학생은 말할 것도 없고 교복입은 중·고등학생들이 극장가에 몰려들어 한 여름 '화려한 휴가'를 즐겼다. 강남 학원가에서조차 '화려한 휴가'의 열풍은 거셌다.

영화를 보고 난 후 몇 명의 고등학생들이 모여 '화려한 휴가' 좌담회를 했던 어느 인터넷신문의 한 기사(『오마이뉴스』, 2007년 8월 12일자)가 눈에 띠었다. "사람들이 이렇게 많이 볼만큼 재밌지는 않았어", "난 국사 시간에 선생님이 수업할 때 항상 이 부분(5·18항쟁)이 나오면 격분을 하셔서 굉장히 자세하게 많이 들었어. 오히려 영화는 선생님이 얘기한 것보다 못한 거 같아" 등과 같은 고등학생들의 까칠한 영화평은 최근 양질의 한류영화의 영향일까, 아니면 헐리웃영화의 탓일까?

고등학생들의 이야기는 더 나아간다. "난 민주주의라는 말이 실감이 않나. 그냥 답답해. 특히 우리들한테는 자유도 없고…. 학교에서 MP3 플레이어로 영어도 못 듣게 하고, 휴대폰도 마음대로 못쓰고, 머리도 못 기르고…", "우린 조회시간에 인사할 때도 이렇게 (거수경례 포즈를 취하며) 해. 학교 처음 들어왔을 때 정말 거부감 느꼈다니깐…".

이쯤 되면 뒤통수를 한 대 "딱!"하고 맞은 듯한 기분이 든다. 몇 해 전, 고등학생으로서 종교의 자유 투쟁을 했던 강의석 군이나 최근까지 두발 제한 철폐 시위를 하고 있는 고등학생들은 21세기적 민주화운동을 하고 있는 것이 아닐까? 이들의 저항운동도 천성산 도룡뇽 지킴운동이나 이랜드 비정규직 노동자들의 생존권 투쟁, 반전평화운동, 분단극복 통일운동, 각종 소수자들의 인권투쟁, 반세계화운동 등과 함께 민주화운동으로 기록되어야 하지 않을까 싶다.

그렇다면 1980년대 민주화운동의 참여자들에게 민주주의의 의미는 무엇이었을까? 1980년

6월항쟁에 참여했던 사람들의 구호는 "군부독재 철폐, 직선제 쟁취"로 집약되며, 이것의 궁극적인 목적은 "자주·민주·통일"의 과제를 실현하는 것이었다고 볼 수 있다. 다시 말해 당시 민주화운동 참여자들에게 군부독재 철폐, 직선제 쟁취라는 과제는 최소주의적 목표였을 뿐, 민주주의의 완성태도 지향점도 아니었던 것이다. 그러나 1987년 6월항쟁 이후로도 자주·민주·통일의 과제는 여전히 제대로 해결되지 않았다.

1990년대 이래로 세계적 탈냉전의 분위기 속에서 세계화, 정보화 시대가 닥쳐왔다. 한국 사회는 '포스트모더니즘'의 폭풍에 휩싸이면서 자주·민주·통일이라는 말은 중요하지만 세련되지 못한 것, 거창하지만 진부한 것쯤으로 인식되기 시작했다. 1980년대 후반 이후, 새마을운동과는 차별되는 본격적 시민운동의 깃발이 나부끼며 경제정의실천시민연합이나 참여민주사회시민연대 등 각종 시민사회단체들이 과거의 의제들과는 다른 의제를 내걸며 출현하였다. 시민운동은 구 사회운동의 한계를 지적하며, 이를 보완하고, 대체하려는 흐름을 형성했다.

또한 21세기에 들어서면서 '민주성의 비민주성'이 폭로되기 시작했다. 민주화운동의 결실로 태동한 김대중 정부나, 민주화운동 세력이 결집된 민주노동당, 시민사회단체들 속의 권위주의적 관행이나 성차별적 문화가 문제로 제기되었고, 이에 대한 많은 토론과 반성, 대안이 제시되기도 했다.

나아가 1997년 외환위기 이후 가속화된 사회의 신자유주의적 재구조화는 기존의 사회적 약자를 포함하여 수많은 새로운 사회적 약자, 소외층을 양산하고 있다. 전통적 지역갈등은 약화된 반면, 강남 대 비강남, 서울·수도권 및 대도시 대 모든 지방의 차별과 갈등이 심화되고 있고, 그 갈등 양상은 교육문제를 둘러싸고 첨예하고 나타나고 있다. 또한 우리 사회에 새로운 사회적 약자로서 등장한 청년실업자, 신용불량자, 성적 소수자, 탈북자 또는 '새터민', 외국인 노동자, 국제결혼에 의한 다문화 가족, 해외 동포들은 제대로 인권을 보장받지도 못한 채, 비국민적 삶에 노출되어 있다.

60년간 지속되고 있는 냉전, 분단이 가져온 문제들은 계속 재생산되고 있고, 경제적 중진국화 속에서도 여전히 정치적 종속화는 진행 중이다. 한류열풍 속에서 주체가 해체된 채, 세계화라는 미명에 사로잡힌 총체적 미국화, 영혼의 미국화는 과거 일제 강점기 내선일체적 분위기를 훨씬 뛰어넘고 있다.

그렇다면 크게는 국가적 정체성으로부터 작게는 개인적 정체성의 위기와 재구성의 과정 속에서 1980년대 민주화운동 참여자들은 자신의 민주화운동 경험을 오늘 어떻게 기억하며, 현재 자신의 삶을 어떻게 꾸려가고 있고, 한국 사회 민주화의 미래를 어떻게 생각하고 있을까? 이 책은 80년대를 열정으로 살았던 민주화운동 참여자들의 이야기를 통해 한국 사회의 민주화운동의 역사, 한국 민주주의의 현주소, 한국 민주주의의 미래를 진단해 보고자 했다.

보수언론에서는 1980년대 민주화운동세력, 소위 '386'세대의 민주화운동에서의 역할은 끝났으며, 당시 운동참여자의 대부분이 이미 기득권층화된 것으로 말하기도 한다. 과연 그러한가? 수많은 선배, 후배, 동료, 지인들은 80년대 민주화운동이 '벼슬'이기보다는 '멍에'가 되어 출세와는 거리가 먼 삶을 살고 있으며, 오늘도 민주화정신을 되새기며, 신자유주의의 척박한 삶을 살아가기 위해 노력하고 있다. 또한 아직도 열악한 노동 현실, 무장해제 되고 있는 농민의 삶, 철거민의 부평초 인생을 끌어안고 각종의 사회적 의제들을 풀어나가고자 몸부림을 치고 있는 사람들이 있다. 2002년 촛불시위의 새로운 역사를 열면서 거리에 나왔고, 2007년 6월항쟁을 재현했던 이들이 바로 1980년대 민주화운동 참여자들이었다. 이들은 한 목소리로 말하고 있다. "1980년대 민주화운동은 완수된 것이 아니다. 21세기 신자유주의의 모순 속에서 우리의 과제는 더 깊어지고 더 넓어졌다".

지난 2006년 9월부터 1980년대 민주화운동 참여자 실태보고서를 작성하기 위한 준비에 착수했다. 연구계획서를 준비하면서, 전국적으로 편만해 있는 민주화운동 참여자들을 어떻게 찾을 것이며, 그들의 목소리를 어떻게 조사에 제대로 반영할 수 있을 것인가는 엄청난 고민거리였고, 그 덕분에 며칠을 편두통으로 보내기도 했다. 그러나 이 걱정은 (사)민주화운동공제회의 진행자들이 말끔히 해소해 주었다. 그들의 조직력과 활동력이 체계적인 조사를 가능케 하는 원동력이 되었다.

또한 연구계획서 준비시기로부터 본 연구의 전 과정은 다소 고통스럽고 지루했다. 민주화운동기념사업회 사료관 측 진행자들과 (사)민주화운동공제회 진행자들, 한성대 사회과학연구원 부설 전쟁과평화연구소 연구진들은 머리를 맞대고 토의하고, 비판을 가하고 수정하며 명실상부한 산학협동 과정을 이루어 냈다. 또한 글 한 줄, 수자 하나에 대한 해석과 차이를 둘러싸고 논의를 진행했던 연구진 전체의 인내력과 치열함이 연구를 마무리를 짓도록 하였다. 그리하여 끈질긴 토론과 고통 속에서 공동작업의 소중함과 즐거움을 일깨워 나갈 수 있었다.

연구 진행 과정에서 따뜻한 격려와 예리한 통찰로 일관해 주셨던 장임원 (사)민주화운동공제회 이사장님과 이현배 운영위원장님께 연구를 믿고 맡겨주셔서 감사하다는 말씀을 드리고 싶다. 그리고 뭐니 뭐니 해도 공제회의 김익중 총무팀장과 천웅소 총무간사의 열성적인 추진력과 성실한 태도가 없었더라면 이 책은 나오지 못하였을 것이다. 또한 연구진이 미처 빠르게 연구를 진척시키지 못할 때에도 신뢰로써 기다림의 미덕을 보여준 민주화운동기념사업 측에게도 감사함을 표하고 싶다. 짧은 기간에 적지 않은 자료를 깔끔하게 처리해 주신 사회조사전문기관인 디오피니언의 안부근 소장님께도 감사의 인사를 빼놓을 수 없다. 한성대 전쟁과평화연구소의 연구조교들로서 많은 도움을 준 이새미, 박병인 학생에게도 고마움을 전한다. 우리 연구진인 한정은 석사와 이슬기 예비석사는 이루다 말할 수 없는 고생을 하였다. 이러한 고생이 자신의 삶을 아름답게 만드는 재료로 빚어지기를 기대한다.

이번 연구에 가장 결정적인 역할을 해준 분들은 바로 700여분의 1980년대 민주화운동 참여자들이다. 이분들께는 아무리 감사하다는 말을 드려도 부족할 수밖에 없다. 그럼에도 불구하고 연구진의 불민(不敏)과 능력 부족으로 인해 이번 연구결과물이 근본적으로 안고 있는 많은 문제들이 있음을 부끄럽지만 밝히지 않을 수 없다. 다만 더 나은 삶을 향한 민주화의 대열에서 치열한 공부와 발로 뛰는 연구로서 부족한 점을 채워 나가고자 한다.

2007년 8월말, 낙산에서

김귀옥 · 윤충로 짓다

■ 목 차

14

〈 표 목차 〉

〈 그림 목차 〉

Ⅰ. 머리말

1. 연구목적

1980년대 민주화운동은 1980년 '서울의 봄'과 5·18광주민주화운동의 좌절로 시작하여, 1987년 6월항쟁의 승리로 그 절정에 올랐다. 6월항쟁에는 수백만 명의 학생, 노동자, 농민, 지식인, 빈민, 여성, 종교인 등이 참여하여 '군부독재타도'라는 공동의 목표를 쟁취하기 위해 진력을 다했다. 그 사람들 중에는 당시 민주화운동의 취지에 공감하여 다소 즉흥적으로 거리에 나온 사람도 있었을 것이다. 그러나 많은 사람들은 자신의 현장, 곧 학교, 공장, 농촌, 사무실, 기타 일터에서 오랫동안 사회체제에 대한 문제의식을 키우고, 소규모 조직이나 학생 단체, 각종 재야 단체들을 통하여 실천 활동의 연장 속에서 민주화를 달성하기 위해 조직적인 활동을 준비하였다. 그런 과정에서 많은 피해와 희생을 감수해야 했고, 사회적 편견과 차별을 당하기도 했으며, 가족 내 갈등도 말할 수 없이 컸을 것으로 추정할 수 있다. 또한 6월항쟁 이후 대다수의 사람들은 자신의 현장으로 돌아가거나 학교를 졸업한 후 사회로 진출하여 일상적 삶을 살면서 다양한 실천 활동을 하였을 것으로 생각된다.

2007년 6월항쟁 20주년을 맞이하여 전국적인 민주화운동 기념행사를 하였다. 그러나 과연 우리가 기억하고 기념하여야 할 것은 무엇이며, 왜 해야 하는가? 6월항쟁 또는 민주화운동을 기념하는 것은 민주화운동에 의해 군부독재정권이 무너졌기 때문인가? 예컨대 4월혁명을 기념하고 수유동 4·19묘지를 국립묘지화한 것이나 5월광주민주화운동을 기념하고, 광주 망월동묘지를 국립묘지화한 것은 운동이 승리했기 때문이고 운동의 과제가 실현되었기 때문인가? 아니다. 당시의 사건을 기념하는 것은 이를 기억하고자 하는 것뿐만 아니라 운동의 과제를 현재화하여 새롭게 실천해 가기 위한 것이다. 유럽이나 미국의 홀로코스트 기념관, 히로시마 평화기념공원, 오키나와 평화기념공원, 베트남의 기념관, 남아프리카공화국의 기념관, 각지의 기념공간이나 박물관(민주화운동기념사업회, 2006a) 등은 운동의 의미를 오늘에 새기고 운동정신을 내일로 계승하기 위한 의미화의 장치들이다. 그런데 우리는 1980년대 민주화운동을 기억하고 운동의 정신을 계승하기 위해 어떤 노력을 해왔는가? 한국 사회의 민주주의의 현주소는 과연 어디인가?

해방 이래로 교과서적 민주주의의 이상만을 이야기하던 한국 사회는 기나긴 군부독재 시대를 경유하여 1987년 6월항쟁 이후에야 비로소 낮은 단계의 절차적 민주주의를 열어나갈 수 있게 되었다. 또한 80년대 중후반 세계에서 유례를 찾기 어렵다고 할 만한 비약적인 경제 성장과 함께 한국 사회의 민주화 수준도 급성장했고, 사회 곳곳에 참여민주주의, 풀뿌리 민주주의가 자라나고 있다. 그렇지만 한국 사회의 민주주의의 진전은 여전히 불안정한 기반 위에 놓여있다. 1997년 외환위기를 겪으면서 급격히 강화된 신자유주의체제는 비정규직 종사자를 양산하고 있고, 사회 불평등은 날로 심각해지고 있다. 이로 인해 여전히 우리 사회 에서는 아래로부터의 실질적 민주화를 요구하는 목소리들이 그치지 않고 있다. 이런 점에서 볼 때 한국 사회에서 1987년 6월항쟁은 민주주의의 완성이 아니라, 보다 진전된 민주주의로 의 이행을 위한 출발점이었다. 또한 80년대 민주화운동 참여자들은 민주화의 완성자들이 아니라 민주화의 필요성과 동기를 부여했던 사람들로서 여전히 시대적 책임을 안고 있다고 볼 수 있다.

그렇다면 1980년대 민주화운동 참여자들은 자신의 과거와 현재, 그리고 한국 사회의 민주 주의의 미래를 어떻게 생각하고 있을까? 현재까지 1980년대 민주화운동 참여자는 '승리한 386', 혹은 권력의 결실을 향유하는 사람들로 이야기될 뿐 사회적으로 이들에 대해 별반 주목하지 않았다. 1980년대 민주화운동에 참여했던 사람들이 보다 구체적으로 어떤 환경에 서 실천 활동을 했으며, 민주화운동이 개인의 삶에 미친 영향은 무엇인가? 또한 2007년 현재 그들은 어떤 생각을 하고 어떻게 살고 있으며, 오늘날의 한국 사회에 대해서는 어떻게 평가하고, 현재 민주화의 정도와 앞으로의 과제에 대해 어떻게 생각하는지 등에 대해서는 거의 알려진 바가 없다. 이번 조사연구는 80년대 민주화운동 참여자의 과거 운동 경험, 현재 의 삶, 한국 사회의 민주화 정도에 대한 평가와 앞으로의 전망 등을 알아보고, 80년대의 운동이 현재 한국 사회에 어떤 의미를 갖는지를 살펴보고자 했다.

본격적인 논의에 들어가기 전에 먼저 밝혀둘 것은 80년대 민주화운동 주체의 명칭에 대한 것이다. 이 조사에서는 80년대 민주화운동 주체를 민주화운동 '관련자'로 부르기보다는 '참여 자'로 호칭하고자 한다. 70년대 민주화운동 조사에서도 나타나는 민주화운동 관련자라는 용어는 민주화보상법의 용례를 그대로 따른 것으로 보인다. 그러나 이번 조사에서는 조사대 상자 가운데 상당수의 사람들이 보상을 신청하지 않았고, 운동 참여자의 능동성을 강조하기 위해 기존 용례에 구애받지 않고 '1980년대 민주화운동 참여자'로 명명하기로 했다.[1]

민주화운동기념사업회는 이미 "1970년대 민주화운동 관련자 실태조사"를 발주하여 동국

---

1) 하지만 민주화보상법에 대한 논의에서는 관련자라는 용어를 그대로 사용하기로 한다.

대 연구진이 2004년 보고서를 제출한 바 있다. 2004년의 실태조사는 서울/경기 지역을 중심으로 이루어졌는데, 이는 민주화운동에 관련한 1차 자료의 성격을 가진 최초의 실태보고서로서 큰 의미를 가진다. 그렇지만 당시 조사는 민주화운동의 역사적 성격과 의미, 명예회복, 경제적 보상 등을 중심으로 조사가 이루어져 조사 목표가 비교적 제한적이었다. 또한 가장 심각한 문제점은 민주화운동보상심의를 신청한 사람들을 중심으로 조사가 진행되어, 민주화운동 참여자로서 보상을 신청하지 않았던 사람들에 대한 조사가 제대로 이루어지지 않았다는 점이다. 또한 조사대상자가 서울, 인천 지역에 국한되어 지역의 민주화운동 참여자들의 실태를 제대로 파악할 수 없었다는 한계를 안고 있다. 따라서 이번 조사는 1970년대 민주화운동 관련자 실태조사의 뒤를 이으면서도, 그 조사가 안고 있는 몇 가지 한계를 극복하고자 하는 문제의식을 담고 있다.

이번 조사연구는 다음과 같은 목적 하에 수행되었다.

첫째, 1980년대 운동을 1970년대 운동과 비교하여 1980년대 운동에 어떤 특성이 있는가를 규명하고자 했다. 1970년대 민주화운동과 비교하기 위하여 1970년대 민주화운동 관련자 실태조사의 연구방법론인 설문지에 기초한 사회조사방법론을 이번 연구에서도 시행했고, 운동에 참여하게 된 계기, 참여한 분야, 활동 지역, 구금 이유와 위해 행위 등을 중심으로 비교 작업을 수행했다.

둘째, 1980년대 운동의 특징을 1987년 6월항쟁을 둘러싼 평가에서 찾아보고자 했다. 1987년 6월항쟁 이래로 항쟁을 둘러싼 여러 가지 연구 성과물이 제출된 바 있다. 그러나 운동 참여자를 대상으로 한 경험 연구는 현재까지 부재한 편이다. 이번 연구를 통하여 운동 참여자들은 6월항쟁의 의미와 과제를 어떻게 보고 있는지를 발견하고자 했다.

셋째, 민주화운동 참여자들에 대한 개인적·집단적 수준의 심층조사를 통하여 민주화운동 과정, 혹은 그 이후 그들이 겪어온 개별적인 내면의 고통, 문제점 등과 함께 사회적 편견과 사회적 관계의 문제점 등을 살펴보고자 했다.

넷째, 민주화의 수준은 사회적 불편부당성의 척도가 될 수도 있다. 과거 독립운동을 했던 분의 자손들이 빈곤상태에 처해있는 사례들이 많이 보고 되었는데, 이는 민주화운동 참여자의 경우에도 예외가 아닐 것이라고 추론할 수 있다. 최근에는 민주화운동 참여자에게 '유공'의 개념을 적용시킬 수 있다는 주장도 제기되고 있다. 이제 사회적 문제로 인한 결핍을 보전하는 것이 사회정의의 실현이라는 입장에서 민주화운동 참여자에 대한 복지문제를 논의해봐야 한다. 이번 조사를 통하여 이들에 대한 사회복지의 필요성 문제를 짚어보고자 했다.

다섯째, 1980년대 운동의 과제를 발전시키고, 21세기 한국 사회에 놓인 민주화의 과제를 해결하기 위해서 1980년대 운동 참여자들의 사회적 관심을 불러일으키고자 했다. 이번 조사는 새로운 발견의 과정으로서의 의미를 지니고 있을 뿐만 아니라 과거 민주화운동에 참여했던 사람들에게 민주화의 의미를 다시 일깨우고, 사회문제에 대한 관심을 재고할 수 있는 기회를 제공하려는 목적을 또한 갖고 있었다.

여섯째, 전국적으로 분포되어 있는 민주화운동 참여자에 대한 조사를 통해 조사대상자들이 보유하고 있는 민주화운동 관련 1차 자료를 발굴하는 데에도 목적을 두었다. 이는 민주화운동기념사업회 사료관이 추진하고 있는 사료 발굴 사업에도 기여할 수 있을 것으로 본다.

2. 1980년대 민주화운동 연구 현황

1980년대는 민주화를 향한 열망의 시대였고, 5·18광주민주화운동, 6·10항쟁과 같이 과거 군부권위주의 지배체제의 국가·정치·사회적 지형을 근본적으로 바꾸는 전환기적 사건의 시대였다. 또한 한국 사회의 국가·사회적 특성과 변혁에 대한 다양한 이론적·실천적 모색, 사상투쟁을 동반한 논쟁의 시대이기도 했다. 이러한 특성을 반영하듯 80년대 당시부터 현재까지 80년대 민주화운동을 평가하는 다양한 연구들이 진행되어 왔다. 이 논의에서는 첫째, 총론적 의미에서 80년대 한국의 국가·사회·민주화를 바라보는 시각의 특성과 변화를 다루고, 둘째, 80년대의 가장 대표적인 사건을 중심으로 한 사건사적 배열, 특히 5·18광주민주화운동과 6·10항쟁에 대한 연구동향, 셋째, 부문운동에 대한 연구 진행상황, 넷째, 구술사·문화사 등을 통해 80년대 민주화운동을 새롭게 재조명하는 연구 경향의 대두 등을 중심으로 80년대 민주화운동에 대한 연구 성과를 간략히 개괄하겠다.

먼저 80년대는 한국의 국가·사회적 특성을 총체적으로 조망해보려는 시도가 이루어지고, 국가성격, 사회구성체론 등을 둘러싼 다양한 논쟁이 진행된 시기이다. 이것이 이념적인 급진성에 비해 얼마나 학문적·과학적 엄밀성과 현실적 적합성을 지닌 것인가는 의문스러운 점이 있다(김동춘, 1997). 그럼에도 불구하고 당시의 논쟁이 해방 후 최초로 한국의 국가와 사회에 대한 총체적 분석, 그리고 이를 바탕으로 변혁의 전망을 모색하려는 시도였다는 점을 고려할 때, 이는 결코 폄하될 수 없는 역사적 의미를 지닌 것이었다. 당시의 논쟁을 정리한 대표적인 성과로는 박현채 편(1989; 1990), 박현채 외(1991; 1992)가 있으며, 80년대의 한국 사회와 지배구조를 총체적으로 조망해 보려는 시도로는 학술단체협의회(1989), 한국사회학회 편(1990) 등이 있다.

그렇지만 80년대 당시 한국 사회를 이해하고 설명했던 방식과 90년대에 제출된 80년대에 대한 이해 방식에는 급격한 단절이 존재하며, 90년대에 들어서면서 80년대를 풍미했던 논쟁은 거의 사라졌다. 이는 연구가 진행된 시점과 관심의 차이를 반영하는 것이다. 우선 80년대의 연구는 현존 군부독재의 폐지라는 실천적 관점에서 국가와 정치에 관한 연구를 진행했지만, 90년대는 이미 과거형이 된 독재정권에 대한 해석이 연구의 흐름을 주도했다. 또한 90년대의 연구는 권위주의적 독재체제에서 민주주의체제로의 '정치적 이행'에 주로 관심을 가졌다(최형익, 1999: 86). 특히 87년 이후의 민주화과정에 대한 연구는 민주화에 대한 국민적 열망이 다수에게 확산되었음에도 왜 민주화가 지체될 수밖에 없었는가의 문제에 초점이 맞추어졌다(김호기 · 김정훈, 1997: 217).

둘째, 80년대 민주화운동 연표나 사건사에 대한 성과물은 많은 편이다. 80년대 초반(1980~1984년)까지의 민주화운동의 상세한 연표를 보여주고 있는 한국기독교협의회 인권위원회(1987), 한국 민주화운동의 연표를 총괄적으로 정리하고 있는 민주화운동기념사업회 연구소 편(2006)을 참조할 수 있고, 사건사별 정리로는 유시춘 외(2005) 등이 있다. 연표 · 사건사별 정리 이외에 80년대 민주화운동에 대한 기존연구는 대부분 80년대 운동의 본격적인 출발을 5 · 18 광주민주화운동으로, 그 전환점을 87년 6월항쟁으로 구분한다. 이는 80년대 민주화운동과정에서 이 두 사건이 차지하는 무게를 상징적으로 드러내는 것이다. 5 · 18은 시대의 비극이자 80년대 민주화운동의 추동력이었음에도 불구하고 80년대 당시에는 전남사회운동협의회 편(황석영 기록)(1985)의 『죽음을 넘어 시대의 어둠을 넘어』, 5 · 18광주의거청년동지회 편(1987) 『광주 민주항쟁 증언록, 1 : 무등산깃발』과 같이 광주의 역사를 알리는 몇몇 서적 이외에 본격적인 연구는 진행될 수 없었다. 최정운(1997)이 그렇게 커다란 역사적 사건이었음에도 불구하고 본격적인 학술적 연구가 많지 않았다고 언급한 바와 같이 당시의 시대적 상황은 광주의 역사화와 담론으로의 표출 자체를 제약했던 것이다. 5 · 18에 대한 본격적인 학술적 논의는 1990년대 이후 이루어지는데 대표적인 것은 최정운(1997), 한국사회학회편(1998)이며, 5 · 18 보상과 특별법 제정과정을 중심으로 5 · 18의 국가 · 사회적 제도화과정을 조명한 김재균(2000)의 연구가 출간되었다. 5 · 18에 대한 기초자료는 광주광역시 5 · 18사료편찬위원회(1997~2006)가 편찬한 『5 · 18광주민주화운동자료총서 1-44』가 있으며, 최근 5 · 18에 관련한 기록과 연구는 1994년 설립된 5 · 18기념재단을 중심으로 활발히 이루어지고 있다.[2]

6월항쟁에 관련한 연구 또한 다양하게 진행되었다. 80년대 민주화운동과정에서 6월항쟁이 지닌 의미와 성과를 논하는 대표적인 연구는 정대화(1995), 학술단체협의회(1997), 윤상철

---

2) 2006년 한 해에만도 5 · 18기념재단에서는 5 · 18에 관련된 연구현황(5 · 18기념재단, 2006a), 구술사(5 · 18기념재단, 2006b), 문학과 예술(5 · 18기념재단, 2006c), 법학(5 · 18기념재단, 2006d) 등에 관한 다양한 연구 성과를 출간했다.

(1997), 조현연(1997), 정해구·김혜진·정상호(2004) 등이 있다. 87년 6월항쟁은 '수구·보수적 시각', '민주화운동 혹은 항쟁론적 시각',[3] '민주화이행론적 시각' 등으로 다양하게 다루어져왔다. 그 중 정해구 외(2004)의 연구는 "민주화운동의 엘리트 수준과 대중 참여의 수준에서 점차 확대된 민주화운동 블록, 즉 하나의 블록으로서 최대 민주화연합이 어떻게 만들어질 수 있었는가"에 초점을 두어 다른 연구와 차별성을 갖고 6월항쟁이 가능했던 동력을 분석하고자 한다. 6월항쟁 연구는 주로 항쟁의 배경과 진행상황, 항쟁의 동력, 그리고 정대화(1995)의 연구와 같이 항쟁 이후의 정치·사회의 변동, 민주화이행과정에서 항쟁이 지니는 의미 등과 같은 주제를 중심으로 진행되어 왔다.

셋째, 80년대 민주화운동에 대한 평가와 각 부문운동의 특성을 설명하고 있는 연구서로는 조희연 엮음(1990), 이해영 편(1999), 한국학중앙연구원 편(2005) 등이 있다. 그리고 당시 대표적인 부문운동이라고 할 수 있는 학생운동, 노동운동, 재야운동 등에 대한 기존연구, 이에 대한 문헌해제는 민주화운동기념사업회(2003a; 2003b; 2003c; 2003d)의 조사연구보고서가 포괄적으로 정리하고 있다. 따라서 이 글에서는 80년대 대표적인 부문운동이라고 할 수 있는 학생운동과 노동운동을 중심으로 연구의 흐름을 간략히 논의하겠다.

학생운동의 경우 80년대의 학생운동에 관한 연구가 다른 시기의 학생운동에 대한 연구보다 압도적으로 많다. 이는 80년대의 학생운동이 이념적·조직적으로 분화되고, 가장 전투적이고 활발한 활동을 벌였으며, 한국 현대사에서 학생운동의 정점인 시기였다는 역사적 사실을 반영한다. 학생운동에 대한 연구 가운데에서도 가장 많은 양을 차지하는 것은 역사·이념·조직을 중심으로 한 연구이다. 그런데 학생운동에 관한 연구에서 한 가지 특이한 점은 심도 있고 전문적인 연구가 크게 부족하다는 것이며, 이는 이 분야에 대한 박사학위 논문의 희소성에서 그대로 드러난다(민주화운동기념사업회, 2003a).[4] 90년대 이후 학생운동이 쇠퇴하면서 이 분야에 대한 관심과 연구도 크게 줄어들었다.

민주노조운동을 중심으로 노동운동에 대한 연구를 살펴볼 때 70년대에 관한 연구는 주로 민주노조운동의 등장 배경과 전개, 그리고 그 의의에 초점을 맞추고 있다. 반면 80년대 노동운동에 대한 서술은 사회변혁이론과 궤를 같이 하는 흐름에서 노동운동의 이념을 중심적으로 다룬다(민주화운동기념사업회, 2003b). 80년대 노동운동사를 통사적으로 접근하기 위해서는 이원보(2004), 김금수(2004)를, 한국 민주주의의 진전과 노동자 정치운동을 사적(史的)으

---

3) 민주화운동적 시각은 민중주의적 시각을 중심으로 한 조현연(1997)의 연구와 중간계급론적 입장을 대변하는 윤상철(1997)의 연구로 크게 나누어진다.
4) 이 분야의 박사학위논문으로는 성용구(1991)의 「한국 대학에서의 1980년대 학생운동과 의식화 학습과정연구」를 들 수 있다.

로 고찰하기 위해서는 이광일(2000)의 논의를 참조할 수 있다. 80년대 노동운동은 87년 7·8·9월 노동자대투쟁을 전후로 하여 논의의 궤를 달리하는데, 이 시기에 대한 본격적인 연구들은 주로 87년 노동자대투쟁과 그 이후 전개된 노동운동을 다룬다. 김동춘(1995), 임영일(2001), 구해근(2002), 정진상 외(2006) 등의 연구가 있고, 이는 한국 노동계급의 계급정치, 계급형성, 조직적 특성 등에 대한 체계적인 연구를 수행했다.

넷째, 구술사·문화사의 영역에서는 80년대 민주화운동을 주체의 입장·시각에서 재조명하려는 새로운 모색과 접근이 행해지고 있다. 연구서는 아니더라도 한상진(2003)이나 80년대 전반기 학생운동 기념문집 출간위원회(2006)가 엮은 책들은 80년대 학생운동가들의 당시 고민과 생생한 목소리를 담아내고 있다. 최근에는 80년대 사건, 운동에 대한 구술기록과 연구들이 행해지기 시작했는데 그 사례로는 5·18기념재단(2006b), 유경순(2007), 이희영(2005) 등이 있다. 특히 이희영은 1980년대 학생운동 경험자에 대한 생애사적 연구를 수행하여 개인사를 통해 드러나는 당시 한국 사회의 사회사를 이해하고자 했다. 구술사에 대한 접근과 더불어 문화사적 접근을 통해 당시 학생운동에 대한 비판적 성찰을 꾀하는 시도들도 있는데 이는 김원(1999), 권인숙(2005)이 대표적이다. 이러한 연구는 학생운동 내부의 비민주성, 학생회조직운동의 엘리트주의, 학생운동문화 내부의 성차별과 가부장문화, 학생운동 내부의 권력관계 등 기존 학생운동의 문제점을 제기하고 비판적으로 성찰하고 있다(민주화운동기념사업회, 2003a: 16).

양적으로 많지는 않지만 최근 행해진 80년대 민주화운동에 대한 연구는 운동의 역사·이념·조직, 혹은 개별 사건사 등에 대한 분석을 넘어서 당시의 운동문화, 개인 구술사·생애사에 대한 관심을 보여준다. 그러나 2004년 1970년대 민주화운동 관련자 실태조사 팀이 제기했던 문제와 같이 "민주화운동 혹은 사회운동에 참여했던 사람들이 어떠한 목적과 동기로 민주화운동에 참여하게 되었는지, 현재 어떠한 모습으로 살아가고 있는지, 이들이 자신들의 과거 행동에 대해 스스로 어떻게 평가하고 있고 주위에서 어떻게 평가받고 있는지, 오늘의 민주화운동 및 사회운동에 대해서는 어떠한 평가를 하고 있는지, 이들이 가장 바라고 있는 것은 무엇인지에 대한 조사와 연구는 거의 불모지"(김정석 외, 2004)이다. 양적·질적 연구방법을 결합한 이번 조사연구는 바로 이와 같은 연구의 빈 공간을 메우려는 시도이다.

이번 연구는 1980년대 민주화운동 주체들의 당시 운동에 대한 성찰과 자기평가, 이들이 생각하는 한국 민주주의의 전망과 방향, 이들이 제기하는 자신들의 현실적 고민과 해결방안 등 기존연구가 포괄하지 못했던 다양한 측면을 부각시킬 것이다. 이는 80년대 민주화운동에 대한 선입견을 바꾸고, 아직도 여러 가지 형태로 운동성을 실천하며 살아가고 있는 민주화운동 참여자들에 대한 이해를 심화시킬 수 있는 기회가 될 것이다.

3. 조사방법

이번 조사에서는 80년대 민주화운동 참여자의 운동 배경, 과정, 현재 한국 사회의 민주화에 대한 인식 등에 관한 양적 자료의 축적뿐만 아니라 이를 보완할 수 있는 질적 조사를 병행하여 실시하고자 한다. 설문지를 통한 양적 조사는 그들의 일반적 인식이나 현실적 상황, 태도 등을 드러내는데 적절할 수 있다. 그러나 이는 민주화운동 참여자들의 과거 민주화운동, 1980년대 이후의 삶, 현재 한국 사회의 민주화와 미래의 진로에 대한 다양한 견해나 의식을 드러내는데 많은 한계를 지닌다. 따라서 이 연구는 개별·집단 심층면접을 통해 이러한 한계를 보완하고, 나아가 양적 자료가 포괄할 수 없는 개인의 생생한 경험과 기억, 현실 해석과 미래의 전망 등을 드러내고자 한다.

1) 설문조사

첫째, 이번 설문조사는 우선 전국을 4개 권, 즉 서울·경기권(50%), 호남권(20%), 영남권(20), 강원·충청·제주지역(10%)으로 나누어 지역별, 성별, 민주화운동 보상 신청여부별로 할당규모에 따라 700명의 표본을 추출하고자 했다. 표집 할당 비율을 정리하면 〈표 Ⅰ-1〉과 같다. 다만 민주화운동 보상 신청여부는 50:50을 유지하되, 가능하면 비신청자를 이번 조사에 많이 포함시키고자 했다.

〈표 Ⅰ-1〉 조사대상자 표집 비율

권 역 별		표집 비율		
		신청자	비신청자	합 계
지역별 분포	서 울	25%	25%	50%
	경 기			
	경 상 도	10%	10%	20%
	전 라 도	10%	10%	20%
	충 청 도	5%	5%	10%
	강 원 도			
	제 주 도			
	해 외			
	주 소 불 명			
성 별	남 성	35%	35%	70%
	여 성	15%	15%	30%

둘째, 조사원의 경우 전국에 있는 민주화운동공제회 회원 중 지원자를 모집하여 조사원 교육을 거친 후 활용하도록 하였다. 조사원에 대한 사전 교육을 통해 조사원들이 이번 조사의 목적을 충분히 이해하고 숙지하여 참여할 수 있도록 했다. 이를 통해 조사에 대한 신뢰도를 높이고, 설문지 회수율을 높이고자 했다.

셋째, 조사대상자 전원에 대해 사전에 전화 및 방문 접촉을 통하여 조사 참여 의사를 확인한 후 조사교육을 거친 조사원이 직접 조사대상자에 대한 설문조사를 실시하도록 했다.

이번 연구결과를 분석함에 있어서는 응답자의 성장지별, 성별, 학력별, 연령별 변수를 기본변수로 설정하였다.

2) 심층면접법

첫째, 설문조사를 실시하는 과정에서 심층면접에 참여하기를 원하는 민주화운동 참여자를 일차적으로 면접하도록 하였다. 특히 설문조사에 참여한 사람 가운데 각 부문별 민주화운동의 전형성을 보여 줄 수 있다고 판단되는 사람들에게 심층면접에 관한 정보를 제공하여 자연스럽게 참여를 유도하고자 했다. 또한 부문운동별, 성별로 인원을 할당하여 자원성의 원칙에 따라 14명의 심층면접 대상자를 결정하였다.

둘째, 심층면접을 통해 설문조사에서는 구체적으로 드러나기 어려운 민주화운동 전후의 개인사, 민주화운동 경험, 운동과정에서 입은 물리적·정신적 상처, 운동후유증, 현재의 삶과 개인·사회에 관한 의식 등을 보여주고자 했다.

셋째, 심층면접은 대략 2~4시간 정도 실시하여, 연구를 위한 녹취자료집을 작성했다.

3) 초점집단면접

심층면접 참가자 가운데서 희망자, 80년대 민주화운동을 전체적으로 조망할 수 있는 학계·단체 관련자 10명 안팎이 참가하는 집단면접을 실시했다. 이러한 집단면접은 80년대 민주화운동의 다양한 경험을 서로 비교하고, 이들의 일치점·차이점, 그들의 민주화운동에 대한 의식과 미래 전망을 끌어 낼 수 있는 기회를 제공할 것이다.

4) 문헌분석

문헌 자료들은 80년대 민주화운동의 전반적인 특성, 개별 부문운동의 특성, 사건사의 특성

등을 정리하는데 기본 자료로 이용될 것이다. 이번 조사 연구는 80년대 민주화운동에 관련된
여러 주요 연구들에 대한 검토를 통해 기존 연구의 성과를 계승하고, 더 나아가 새로운
연구 쟁점을 도출해 내고자 했다.

Ⅱ. 1980년대 한국 사회와 민주화운동의 전개

1. 1980년대 권위주의체제의 특성과 민주화운동의 시기 구분

1) 권위주의국가와 지배체제의 변화

1979년 10·26사태는 1961년 5·16쿠데타 이후 권력의 정점에 서있던 박정희 군부 독재의 붕괴와 일시적인 권력의 공백을 의미하는 것이었다. 그 공백을 채운 것은 1979년 12·12쿠데타로 출발한 전두환과 육사 11기생들이 주축이 된 하나회 구성원들이었다. 분단 상황을 바탕으로 한 지속적인 남·북의 물리적 대치, 강력한 물리력을 바탕으로 잘 조직화된 군부, 박정희 정권 이후 지속되어 온 군부 통치의 경험, 하나회를 중심으로 한 군부세력의 강력한 정치적 지향은 군부정권을 재창출하는 데 비옥한 토양이 되었다. 신군부세력은 12·12를 시작으로 한 다단계 쿠데타(정해구 외, 2004)를 통해 권좌로 옮겨갔다.

쿠데타를 통해 집권한 전두환 정권은 정당성의 기반이 취약했다. 따라서 시민사회의 '동의'를 이끌어내기보다는 강제력을 앞세운 '폭압'에 의존하여 지배체제의 안정을 꾀할 수밖에 없었다. 정권 구축기의 강압의 유형은 제도적 측면과 직접적인 물리적 탄압의 측면으로 나누어 살펴볼 수 있다.

먼저 신군부세력은 과거 체제의 연장선상에서 자신의 지배체제를 세웠다. 지배의 측면에서 보았을 때 신군부세력은 박정희 정권으로부터 전수 받은 제도, 국가 억압기구를 그대로 사용할 수 있었다는 이점을 지니고 있었다. 정치·사회적 억압조항들은 이후 개악 및 제정된 여러 법률을 통해 더욱 강화되었다(김동춘, 1997: 77; 박호성, 2005: 124-126). 새로이 개정된 국가보안법은 이전의 반공법 조항을 흡수했고(박원순, 2004: 203-220), 중앙정보부는 국가안전기획부로 옷을 갈아입은 채 사회 통제를 위한 핵심조직으로 존속했다. 전두환 정권은 박정희 정권의 유산 속에서 효율적인 통제체제를 구축할 수 있었다.

정권 창출과정의 정당성 부재는 폭력의 노골화, 전면화를 불러왔으며, 그 대표적인 사례가 5·18광주민주화운동에 대한 유혈 진압이었다. 취약한 정권의 정통성은 아래로부터의 저항을 촉발했고, 전두환을 중심으로 한 신군부세력은 광주에 대한 유혈 진압을 통해 시민사회에서 터져 나오는 민주화의 열망을 잠재웠다. 집권과정에서의 폭력성은 반대세력과 집권세력 간의 타협의 여지를 애초부터 제거했으며(김동춘, 1997: 79), 정권 정당화의 영역을 극도로 제한했다.

내적 정당성의 부재로 인해 전두환 정권은 자신의 정통성을 외부로부터 찾을 수밖에 없었고, 가장 강력한 후원은 미국으로부터 왔다. 미국의 카터 대통령은 전두환 정부 출범 즉시 축하전문을 보냈고, 레이건은 취임 직후 첫 번째 정상외교로 전두환을 초청하여 전두환 정권에 대한 전폭적인 지지를 약속했다. 이러한 상황의 배경에는 "제3세계의 어떤 독재라도 반미 내지는 공산독재보다 낫다"라는 레이건 행정부의 커크패트릭 독트린이 작용하고 있었다(이완범, 2005: 96). 레이건 하에서 급속히 진행된 군비확산, 냉전의 심화는 한국의 민주주의보다는 반공 권위주의체제의 강화를 강제하고 있었던 것이다.5) 광주의 유혈진압을 통해 등장한 전두환 정권에 대한 이러한 미국의 태도는 반미의 무풍지대였던 한국에서 반미운동을 활성화하는 계기로 작용한다.

80년대 초반의 일련의 위기를 넘긴 전두환 정권에게 중요했던 것은 정권의 '사후정당화' 문제였다. 1983년 말에 들어서 추진된 유화정책은 '학살' 정권이 최소한의 동의 기반을 구축하려 시도한 것(조희연·조현연, 2002: 115)으로 정권의 사후정당화를 위한 대표적 조치였다. 유화정책을 통해 형성된 정치공간의 제한된 개방은 운동의 활성화와 대중적인 집합행동의 기회구조를 확장시켰다. 1984년에 접어들면서 민족민주운동은 3년여의 잠복상태를 극복하고 군사정권에 대한 공세적 실천의 확대, 대중운동의 활성화 및 강화, 운동세력의 연대틀의 확장 등을 전개해나갔다. 또한 정치규제의 완화는 보수 야권의 결집을 촉진하였고, 85년 초에 행해진 2·12총선에서는 신민당이 30%에 가까운 득표율을 보이며, 제1야당으로 부상함으로써 권위주의적 정치질서의 균열이 표면화된다(조희연, 1990: 17-18). 2·12총선은 군부 권위주의체제에 저항하는 도전연합이 실현되었다는 점에서 중요할 뿐만 아니라 6월항쟁으로 나가는 디딤돌이었다는 점에서 민주화 이행의 결정적인 전기였다(윤상철, 1997: 114).

유화국면 이후 전개된 서울미문화원점거농성(1985년 5월 23일), 구로동맹파업(1985년 6월), 서울노동운동연합(서노련)의 창립(1985년 8월 25일), 1986년 인천지역노동운동연합 창립 등 노동운동의 조직화, 1986년 5·3인천사태 등의 일련의 사건은 정권의 강력한 탄압을

---

5) 당시 미국은 한국의 민주주의 발전에 큰 관심을 두고 있지 않았다. 실제로 미 국방부의 관계자는 기자들에게 박정희 암살 이후 실제적인 권력을 지닌 유일한 기관이라고 생각하는 한국의 군부를 믿는 것이 최상이라고 말했고(*New York Times*, 1979/11/04; Cumings, 2002: 538에서 재인용), 주한미군 사령관 위컴은 『로스엔젤레스타임즈』와 가진 인터뷰에서 "한국의 국민성은 들쥐와 같아서 누가 대통령이 되던 그 지도자를 따라갈 것이고, 한국민에게는 민주주의가 적합지 않다"라는 요지의 발언을 하기도 했다(박호성, 2005: 206-207).

불러왔다. 단적인 예로 학생운동의 경우 1986년 한 해에만 2,117명의 구속자가 발생했고, 이는 전두환 정권이 들어선 이후 누적된 학생 구속 인원을 훨씬 상회하는 것이었다(조희연·조현연, 2002: 163).[6]

전두환 정권의 권위주의 통치시기, 1980년부터 1987년 중반까지 매일 평균 1.2건의 시위가 발행하였고, 평균 1.8명이 불법집회와 시위로 구속되었다(『동아일보』, 1988/06/04; 박종민, 1995: 378에서 재인용). 이것은 탄압의 강도와 더불어 증폭되는 저항의 강도를 보여주는 것이며, 1987년 6월항쟁 당시 절정에 달하였다.

1987년 6월항쟁의 시작은 1월 14일 박종철의 고문치사사건을 필두로 시작되었고, 4·13호헌조치로 불길이 당겨졌다. 6·10국민대회, 명동성당투쟁, 국민운동본부가 주최한 6·18최루탄추방대회, 6·26평화대행진으로 이어지는 반독재민주화투쟁은 결국 대통령직선제를 수용한 노태우의 6·29선언으로 종결되었다. 당시 전두환 정권이 직선제를 받아들였던 것은 민중의 정치적 성장을 한풀 꺾으면서 안정적인 재집권을 구상한 것이었고(김광운, 2005: 213), 미국도 더 이상 강압에 의한 권력 유지를 허용하지 않았다.[7] 1987년 6월항쟁은 한편으로는 대중의 민주화 열망과 의지를 보여준 것이며, 다른 한편으로는 여과과정 없는 국가의 강압적이고 일방적인 통치가 얼마나 유약하고 부서지기 쉬운 체제인가를 역설적으로 보여준 과정이었다(강문구, 2003: 54). 6월항쟁을 전환점으로 군부정권은 더 이상 강권을 중심으로 한 권위주의적 통치질서를 유지할 수 없게 되었고, 1979년 12·12를 기점으로 한 신군부의 권위주의적 국가체계는 1987년 이후 노태우의 '의사(擬似)군부권위주의체제'로 이행하게 된다.

6월항쟁 이후 노태우 정권은 '두 국민전략'으로 이야기되는 지역적 분할전략과 노동자와 중간층을 분리하는 계급적 분할지배전략을 구사한다(김호기·김정훈, 1997; 조희연, 1998). 지역분할전략은 1987년 대선정국에서 가시화되었으며, 1990년 3당합당[8] 이후 심화되었다. 한국의 지역정당체제는 냉전반공주의를 기반으로 형성된 정당체제와의 단절이 아닌 그것의 연속을 보장하는 정치적 메커니즘이며, 지역적 기반만이 상이할 뿐 그들의 이념적 정향은 한결같이 보수적이다(최장집, 2002: 108).

계급적 분할지배전략은 중산층과 노동계급의 분할이며, 그 시작은 중간계급의 보수화,

---

6) 물론 이것은 1986년 10월의 건대사건 구속자 1,290여명에 의해 극적으로 팽창한 것이다. 그러나 이를 제외한다고 하더라도 1986년은 그 이전까지의 기간에 비해 가장 많은 구속자를 낳은 해였다.

7) 미국은 1986년 '레이건독트린'을 통해 제3세계전략을 수정하게 되는데, 이는 현실에 맞는 유연한 통치를 통해 민중의 반발을 무마하고 궁극적으로는 민족민중운동에 적극 대응한다는 내용을 담고 있었다 (정관용, 1990: 123). 6월항쟁 당시 미국은 레이건의 친서전달, 더윈스키 국무장관, 시거 차관보의 방한 등 명확하고 적극적인 개입을 통해 권력재편을 위한 대책 마련에 분주했다(김광운, 2005: 218).

8) 1990년 1월 노태우의 민정당은 김영삼의 통일민주당과 김종필의 신민주공화당을 끌어들여 3당 통합을 감행 민자당을 결성한다. 이로 인해 여소야대의 정치지형은 여대야소의 정치지형으로 변화한다.

지배블록의 반동의 전환기적 계기인 6 · 29선언이다(노중기, 1997: 209). 6 · 29선언은 민주전선으로부터 중간계급의 급속한 후퇴를 가져왔다. 6월항쟁 이후 전개된 7 · 8 · 9월 노동자대투쟁에 대한 지배세력의 반공 · 안보 · 발전이데올로기의 유포는 항쟁의 주역이었던 중간층의 보수화와 더불어 시민사회의 계급적 분열을 가져왔다. '제한된 자유주의 협약'(최장집, 1996: 321-322)이라고 볼 수 있는 민주화경로는 중간계급을 체제 내화하면서, 노동계급을 분리시켜 통제하려는 제한된 포섭과 배제전략을 토대로 한 것이었다. 1988년까지 강화되던 노동운동은 1989년 공안정국의 조성을 통해 급속히 위축되기 시작했고, 직접적인 노동탄압, 경제위기론과 노동자책임론, 사회주의 붕괴에 따른 자본주의진영의 우월론 등의 이데올로기 공세는 노동계급을 고립시켜 시민사회를 분할하고, 지배를 안정화하는 효과를 발휘했다.

6월항쟁 이후의 민주화 이행과정을 국가와 시민사회의 관계에서 보았을 때 이는 '위로부터의 타협적 민주화 이행방식'이라고 볼 수 있다. 이는 탈군부독재 민주화가 6월항쟁이라는 아래로부터의 민주화 압력에 의해 촉발되었다 할지라도 최종적으로는 위로부터의 민주화 이행, 곧 기존의 군부 집권세력이 민주화운동세력을 분열시켜 그 일부를 포섭함으로써 이루어졌기 때문이며, 이를 결정지은 것은 3당합당이었다(정해구, 1997: 22-23). 3당합당은 보수적 지배체제를 안정적으로 재생산할 수 있는 틀을 마련한 것이며, 그 결과는 1992년 대선에서의 민자당의 승리로 나타났다.

집권의 절차적 정당성에도 불구하고 노태우를 포함한 군부세력이 지배블록의 주도적인 분파로서의 지위를 그대로 유지하고 있었고, 폭력의 감소나 희생의 감소가 결코 나타나지 않았다는 점을 고려할 때 노태우 정권은 '변형군부정권'으로서의 성격을 뚜렷하게 가지고 있었다고 판단할 수 있다(조희연 · 조현연, 2002: 140-141). 〈표 Ⅱ-1〉은 노태우 정권의 폭력적 성격을 드러내는 단적인 예로 국가보안법, 집회 및 시위에 관한 법률로 구속된 인원수를 보여준다.[9]

〈표 Ⅱ-1〉 1988~1992년까지의 구속자 수

법률 \ 시기	1988	1989	1990	1991	1992	총계
국가보안법	101(201)	253(494)	361(654)	354(628)	280(421)	1,349(2,398)
집 시 법	348(790)	204(882)	496(1,861)	356(1,607)	92(613)	1,496(5,753)
총 계	449(991)	457(1,376)	857(2,515)	710(2,235)	372(1,034)	2,845(8,151)

* ( )의 수치는 전체 대상자 수. 정해구(2002: 413)를 참조하여 재작성함.

---

9) 1980~1987년까지 국가보안법에 의한 구속자는 1,565명에 달했으며, 같은 기간 집시법에 의한 구속자 수는 대략 3,160여명에 달했다. 민주화실천가족운동협의회(2003), 정해구(2002) 참조.

1980년대의 권위주의국가체계와 지배체제는 1987년 6월항쟁을 전환점으로 그 전반기와 후반기로 나누어진다. 그 전반기가 노골적인 '군부권위주의체제'였다면 후반기는 '의사(擬似) 군부권위주의체제'로 이행했다. 국가와 지배체제의 성격 변화는 위로부터의 개혁을 통해 아래로부터의 급진적 체제변혁을 막아내려는 수동혁명의 성격을 지닌 것이었으며, 본질적인 의미에서 국가의 억압적 성격이나 지배체제의 보수성은 크게 달라지지 않았다. 그러나 1980년대 국가와 지배체제의 성격 변화는 민주화운동의 내용, 성격, 저항방식 등의 변화를 추동하는 객관적 조건으로 작용하고 있었고, 이후의 민주화운동은 이러한 변화된 정치·사회적 지형에서 출발해야 했다.

2) 민주화운동의 세부 시기 구분

1980년대 민주화운동은 대체로 1979년 10·26 이후에서 1991년 5월의 시기까지를 포괄한다. 1980년 5·18광주민주화운동으로부터 폭발적으로 분출하기 시작한 1980년대 민주화운동은 1991년 4월 강경대사건, 다수 젊은이의 분신으로 점철된 5월의 노태우 정권 퇴진운동으로 운동의 최종점에 달했으며, 이는 동시에 80년대 운동의 하강 지점이었다(김세균, 1999; 이해영, 1999). 1980년대 민주화운동은 국가 및 정치사회, 사회운동, 민주화과정 등의 요인 변화에 따라 1987년 6월항쟁과 7·8·9월 노동자대투쟁 이전의 시기와 이후의 시기로 크게 대별된다(김동춘, 1997; 조희연, 1990; 조희연·조현연, 2002; 최형익, 1999). 또한 이를 운동의 성격 변화의 측면에서 살펴본다면 1987년 이전의 민주화운동이 개발독재체제에 의해 억압된 민주주의의 회복을 지향한 운동이라면, 1987 이후의 운동은 반독재민주화운동이 쟁취한 형식적 민주주의의 조건 속에서 민주주의를 실현하고 그것을 확장·심화·급진화하려는 시도였다고 할 수 있다(조희연, 2004: 295).

이렇게 대별되는 80년대 운동의 두 시기는 권위주의국가에 대립된 시민사회, 민주화운동 세력의 역관계, 이를 반영하는 민주화운동의 변화 양태에 따라 각각 몇 개의 소시기로 나누어 살펴볼 수 있다.

〈표Ⅱ-2〉에서 보는 바와 같이 1987년 6월항쟁 이전의 시기는 대체로 세 시기로 구분될 수 있다. 1979년 10·26사건은 반민주적인 유신체제의 붕괴를 가져왔고, 이는 아래로부터의 민주화의 열망이 분출할 수 있는 '정치적 기회구조(structure of political opportunities)'(임희섭, 1999: 96)를 제공했다. 정치인의 해금, '민주화행진'을 위한 학생운동 세력의 선도적 역할이 있었으며, 특히 사북탄광의 파업사태를 시작으로 생존권 보장을 위한 노동쟁의가 비약적으로 증가했다(박호성, 2005: 122-123). 그러나 '아래로부터의 민주화'를 위한 열망은 1979년 12 · 12로 시작된 '다단계 쿠데타'로 인해 좌절되는데, 그 좌절의 끝에는 1980년 민주화의 봄을 순식간에 동토(凍土)로 돌려놓은 5 · 18광주민주화운동에 대한 폭력적 진압이 있었다.

〈표 Ⅱ-2〉 1980년대 민주화운동 시기구분

대시기 구분	소시기 구분	민주화운동의 상황
1979.10.26~ 1987년 6월항쟁	1979.10.26~ 1980년 5월광주민주화운동 이전	유신독재의 종식과 '서울의 봄'
	1980년 5월광주민주화운동 이후~ 1983년 말	운동의 침체 · 잠복기
	1984~1987년 6월항쟁	변혁론적 인식의 심화와 대중 운동의 전개
1987년 6월항쟁 이후~ 1991. 5월	1987년 6월항쟁 이후~ 1989년 공안정국	민중 · 민족운동과 부문운동의 활성화
	1989년 공안정국~ 1991년 5월	공안정국에 대한 저항과 1991년 5월투쟁

두 번째 소시기는 1980년 5 · 18광주민주화운동 이후에서 1984년 유화국면으로 접어 들어가기 이전의 시기이다. 이 시기는 전두환 정권의 대대적인 탄압으로 민족민주운동조직들이 대부분 해체되어 운동이 침체 · 잠복기로 들어간 시기이다(조희연, 1990). 전두환 정권의 폭력성은 당시 구속된 학생 수에서도 여실히 드러나는데 1980년 5월부터 1983년까지 반정부 시위로 구속 · 투옥된 학생 수는 1,400여 명으로 1970년대 유신시대에 투옥된 학생보다 많았다(최장집, 1989: 211).

세 번째 소시기인 1984~1987년 6월항쟁까지의 시기는 변혁론적 인식의 심화와 대중운동의 활성화시기로 특징지을 수 있다. 3년여에 걸친 정치적 암흑기는 1983년 하반기에 시작된 '유화국면'을 계기로 변화하기 시작했고, 구속자 석방 · 사면 · 복권, 제적생 복교, 학원 상주 경찰 철수, 해직교수 복직과 같은 학원 자율화조치와 정치 피규제자 해금 등의 유화조치는 민주화운동의 활성화를 가능케 했다(윤상철, 1997: 112). 물론 이러한 유화국면은 1985년 말부터 다시 대대적인 탄압국면으로 이행하지만, 이 시기 동안 사회운동은 한국 사회 구조의 본질적 성격, 변혁의 체계적 내용, 변혁의 주체, 변혁의 경로와 방법에 대한 인식을 심화시킬 수 있었다(조희연, 1990). 세 번째 소시기를 마감하는 것은 1987년 6월항쟁이었다. 그러나 6월항쟁은 전체 민주화운동사 차원에서 보다 폭넓은 의미를 지닌다. 5 · 18광주민주화운동 이후 6월항쟁까지의 변혁운동은 4 · 19혁명에서 시작된 민주화운동의 역정을 가장 치열하고 전투적인 형태로 마무리하는 운동이었으며(김동춘, 1997: 96), 이 가운데 6월항쟁은 길게는 4·19혁명, 짧게는 5·18광주민주화운동에서 시작된 80년대 민주화운동의 최종적 결과로 평가된다(정해구·김혜진·정상호, 2004: 12). 6월항쟁은 절차적 민주주의의 진전을 위한 토대를 만들었으며, 이는 '운동에 의한 민주화'(최장집, 2002)의 결과였다.

6월항쟁 이후 80년대 민주화운동은 정치구조의 개폐 정도와 민주화운동세력의 활동, 대응 양식에 따라 두 개의 소시기로 구분될 수 있다. 첫 번째 소시기는 1987년 6월항쟁 이후에서 1989년 공안정국 이전의 시기이다. 호헌철폐, 대통령 직선제를 중심으로 전개된 6월항쟁의 뒤를 이은 것은 7·8·9월 노동자대투쟁이었다. 6월항쟁이 형식적·절차적 민주주의로의 이행을 강제한 것이었다면, 노동자대투쟁은 형식적·절차적 민주화의 요구뿐만이 아니라 사회경제적 민주화의 요구를 담고 있었다. 이는 민주주의의 또 다른 측면인 실질적 민주주의의 심화과정을 예고해 주는 일대 사건의 성격을 띠는 것이었고(최형익, 1999: 107), 각계각층의 다양한 운동의 전개를 알리는 신호탄이었다. 절차적 민주화가 진전됨에 따라 6월항쟁과 같은 대중투쟁은 소강상태에 접어들었지만, 학생들을 중심으로 한 '통일운동'의 활성화, 1990년 1월 '전국노동조합협의회'(전노협), 4월 전국농민총연맹(전농)으로 가시화되는 노동운동, 농민운동의 조직화, 89년 5월 '전국교직원노동조합'(전교조)의 결성 등 다양한 운동세력의 조직화·세력화가 이루어지고 있었다.

두 번째 소시기는 1989년 노태우 정권 하에서 공안정국이 조성되고, 강권통치가 전면화되면서 사회운동에 대한 전면적인 탄압으로 시작된다. 풍산금속, 모토로라, 서울지하철노조 파업 등의 노동운동과 문익환 목사, 서경원 의원, 임수경의 방북 등으로 이어지는 통일운동에 제동을 걸면서 연일 강화되어 가던 공안통치는 1990년 1월 3당합당기까지 지속된다(정해구 외, 2004). 1991년 5월투쟁은 공안통치와 3당합당을 통해 권위주의 통치로 회귀하던 노태우 정권에 대항하여 민주주의를 심화시키기 위한 투쟁이었다. 그러나 5월투쟁은 87년 6월항쟁 과 같은 대중적 열기를 끌어내지 못했고, 국가의 물리적·이데올로기적 공세에 밀려 결국 실패한 투쟁으로 평가된다. 이는 학생운동으로 대표되는 80년대 운동의 약화, 민주화운동 주도세력이 전환되는 계기로 작용한다(전재호, 2004).

두 번째 소시기에서 특별히 지적해야 할 것은 국제적 맥락의 변화가 민주화운동에 미친 영향이다. 1989년 이후 진행된 소련의 개혁·개방, 1990년 소련과의 국교정상화, 1991년 소련의 붕괴와 동구 대변혁의 진행은 한국 민주화운동세력의 이념적 기초를 흔들어 놓은 세계사적 사건이었다.

급진적인 사회운동이 힘을 잃어 가면서 그 자리를 메운 것은 사회의 다양한 모순 지형을 반영하는 시민운동이었다. 세계사적으로는 '1989년의 대변혁'이라고 일컬어지는 사회주의체제의 붕괴, 내적으로는 성장이데올로기와 권위주의적 국가 통제에 의해 잠재되어 있던 생활 영역의 다양한 문제들이 권위주의 질서의 약화와 더불어 다양한 투쟁의 고리를 형성하며 새로운 시민운동을 촉발하는 계기를 제공했다. 이러한 변화는 80년대 운동이 저물어가고 새로운 운동지형이 형성되는 과정이었다.

2. 1980년대 민주화운동의 부분별 활동과 특성

80년대의 민주화운동의 전개를 개괄하면 이는 그 이전의 운동과 연속성과 단절을 동시에 함축한다. 먼저 80년대 운동은 군부정권을 전복하고, 민주변혁을 이루고자 했던 점에서 과거 민주화운동의 연속적 지평에 서 있다(김동춘, 1997: 68). 그러나 노골화된 국가폭력, 특히 광주의 경험과 기억을 바탕으로 한 80년대의 민주화운동은 과거의 그것과는 다른 특성을 지니게 된다. 80년대는 한국 사회 구조의 본질적 내용, 변혁의 체계적 내용, 변혁의 주체, 변혁의 경로와 방법 등에 대한 인식의 심화와 더불어 각 부분운동의 활성화와 운동의 대중적 기초가 확장되는 시기였다(조희연, 1990). 아래의 논의에서는 학생운동, 노동운동, 농민운동, 재야운동, 기타 부문운동으로 대별하여 80년대 민주화운동을 분류하고, 그 개괄적인 특징을 서술하고자 한다. 이는 다양한 부문에서 운동을 수행했던 80년대 민주화운동 참여자들의 상황과 특성을 이해하는데 도움을 줄 것이다.

1) 학생운동

이해영은 "80년대 10년이 남긴 그 수많은 문건, 추정컨대 연인원 수백만이 훨씬 넘게 동원된 시위, 족히 수천에 달할 이른바 시국사범 등, 같은 시간 지구 위의 어디에서도 찾아보기 어려운 놀라운 투쟁열기, 한마디로 80년대는 변혁의 시대였고, 또 신화의 시대"(이해영, 1999: 78)였다고 당시를 평가하며, 그 중심에는 학생운동이 있었다.

한국에서 학생운동은 정치적 기회구조가 열리기를 기다리는 수동적인 행위집단이 아니라, 이를 창출하여 다른 주요 운동집단들이 운동의 사이클 속으로 뛰어들도록 견인하는 능동적인 역할을 했다(최장집, 2002: 97). 특히 죽음을 마다 않는 희생은 80년대 운동의 돌파구가 되었고, 운동의 새로운 지평을 열었다. 단적인 예로 86년 '반전반핵 양키고홈'을 외치며 분신했던 김세진, 이재호 열사는 반미자주화의 과제를, 87년 박종철 열사는 반독재민주화의 과제를, 88년 조성만 열사는 조국통일의 과제를 죽음으로 각인시켜 주었다(최연구, 1990:

272).[10] 또한 국가의 이데올로기적 폭력, 법적 폭력, 학원을 통한 제도적 폭력[11](전재호, 2002) 등에 굴하지 않았던 학생운동의 저력은 운동의 지속성과 역동성을 담보하는 것이었다.

80년대 학생운동의 두드러진 특징은 운동의 이념과 사회변혁론을 중심으로 한 논쟁구조의 심화와 이를 실천 활동으로 연결시키려는 시도라고 할 수 있다. 1970년대까지 학생운동은 운동의 이념이나 내부 노선을 뚜렷이 정립하지 못했고, 실천양상에서도 큰 차이를 보이지 않았다. 그러나 80년대는 서구식 자유민주주의의 구현, 혹은 절차적ㆍ형식적 민주주의의 구현을 넘어서 체계적인 운동이념과 사회변혁론을 모색하고자 했다(박호성, 2005: 136-137; 조대엽, 1999: 130). 80년대는 이념의 측면에서 계급적ㆍ민족적 시각이 본격적으로 등장한 시기이며(김동춘, 1997: 88), 이를 둘러싼 다양한 논쟁지형의 형성, 사회 변혁의 전략ㆍ전술의 도출을 시도한 시기이기도 했다(강신철 외, 1988).

이러한 상황은 학생운동의 활동반경에서도 드러난다. 이 시기의 운동이 과거 운동과 차별적으로 가장 크게 부각되는 것은 반미투쟁의 활성화이다. 광주의 경험과 기억은 반미의 무풍지대였던 한국에 새로운 변화를 가져왔다. 80년 10월 29일 광주미문화원방화사건, 82년 3월 18일 문부식, 김은숙 등의 부산미문화원방화사건, 4월 22일 강원대생들의 성조기소각사건, 83년 11월 13일로 예정된 레이건 방한반대투쟁, 1985년 5월 23일 서울미문화원점거농성사건 등은 더 이상 미국이 민주주의의 지원자가 아님을, 자국의 이해에 따라 독재를 비호한 실체임을 드러내는 획기적인 사건들이었다.

또한 80년대는 운동의 대중화, 연대투쟁이 활성화된 시기이기도 했다. 우선 학생운동 내부적으로는 1984년 2학기 총학생회가 부활되면서 대중적 학생운동의 기회가 열리게 되었다. 1975년 준전시적 조직의 성격을 갖도록 다시 조직된 학도호국단을 접수한 학생운동 주도세력은 과거의 써클주의를 극복하고, 총학생회를 중심으로 학생들을 결집하여 운동의 대중화를 꾀하였다(김세균, 1999). 또한 대학 간 연대투쟁조직체도 활성화되어 85년 전국학생총연맹(전학련), 87년 전국대학생대표자협의회(전대협)가 건설되었으며, 이는 1993년 한국대학총학생회연합(한총련)으로 연결된다.[12]

학생운동은 대학 간 연대뿐만 아니라 민중운동에 대한 연대ㆍ지원투쟁에서도 활발한 활

---

10) 죽음을 통한 저항은 신군부가 정권을 장악한 초기부터 군부정권 내내 지속되었다. 1980년 5월 30일 광주의 유혈진압에 항거한 서강대생 김의기의 투신을 시작으로, 1987년 6월항쟁 시기까지 총 9명이 전두환 정권에 항거하여 자살을 선택했다(전재호, 2002: 204).

11) 학원을 통한 제도적 폭력에서 대표적인 것 중의 하나는 강제징집과 녹화사업이었다. 81~83년까지 447명이 강집되었고, 이 가운데 6명이 사망했다(전재호, 2002: 202).

12) 이러한 과정에서 학생회 장악, 혹은 운동의 주도권 장악을 위한 심각한 노선투쟁, 학생들의 과잉정치화 등의 문제가 드러나기도 했다(김동춘, 1997: 82-83).

동을 보였다. 학생들은 노동자를 대상으로 헌신적인 야학운동을 전개했고, '위장취업'이라 불리는 형태로 공장에 들어가 노동자를 위해 싸웠다.[13] 1984년경부터는 노·학연대투쟁이 본격화되었으며, 1984년의 가리봉오거리시위, 9·10월 청계피복노조합법성쟁취대회, 1985년 구로동맹파업에서도 강력한 지원역량으로 활동하였다. 또한 대규모의 농활을 전개하였고, 농민운동에도 상당수가 참여했으며, 84년 말~85년 초 목동철거반대투쟁 지원과 같이 빈민운동의 현장에서도 가장 강력한 지원세력이었다(서중석, 1997; 최연구, 1990).

이렇게 80년대를 주도했던 학생운동은 87년 6월항쟁을 정점으로 서서히 하강선을 그린다. 1988년의 6·10남북청년학생회담투쟁, 1989년 3월 문익환 목사의 방북, 6월 임수경의 방북 등으로 한국 사회의 통일·민족문제를 전면에 부각시킨 선도적 조국통일투쟁[14]도 89년 공안정국에 의해 위축되었으며, 6월항쟁 이후 성장한 노동운동과 1990년대에 들어 급격히 성장한 시민운동이 학생운동을 대신하여 민주화운동을 주도하기 시작했다(전재호, 2004: 173). 그렇지만 80년대의 학생운동은 다른 시기와 구별되는 남다른 의미를 지닌다. 80년대는 대학생들이 학생운동 차원에서 '종속적이고 기능적인 학생'으로부터 '자주적이고 자유로운 인간' 그리고 '민족과 민주를 자주적인 바탕에서 인식할 수 있는 인간'으로 인식하는 주체로서 성장했던 전환의 시기, 변혁의 시기였던 것이다(김세균, 1999).

2) 노동운동

한국의 노동운동이 급진화하고 본격적인 조직적·정치적 투쟁의 형태를 띠게 된 것은 1980년대부터이며(박호성, 2005: 130), 본격적인 노동운동은 1987년 6월항쟁과 더불어 시작되었다(김동춘, 1995; 최장집, 1996: 319). 87년 6월항쟁 이후 노동운동의 본격적인 전개는 6월항쟁을 통한 정치적 기회구조의 확대를 직접적인 배경으로 하지만, 이는 또한 80년대 전반기의 지속적인 투쟁의 결과물이라고 할 수 있다.

80년대의 노동운동은 1980년 3월대투쟁으로 시작하여 1990년 1월 민주노조운동의 전국적 구심체인 전국노동조합협의회(전노협)의 결성으로 마감하였다(김영수, 1999: 245). 1979년 10·26 이후 전개된 서울의 봄은 학생과 재야 민주세력뿐만 아니라 노동운동의 급격한 분출

---

13) 80년대 상반기 수도권의 공단지역에 참여한 학생운동 출신의 활동가들은 약 3천~4천여 명에 달하였고, 이들은 현장 노동자들을 의식화하는 투쟁 및 정파적 주체로 조직하는 투쟁을 전개하였다(김영수, 1999: 253). 이들의 민주노동운동에서의 역할은 구해근(2002: 153-186), 채구묵(2007) 참조.

14) 1980년대에 반미자주화와반파쇼민주화투쟁위원회(자민투)가 활발한 자주화 투쟁을 벌였음에도 불구하고, 6월항쟁 이후에야 통일운동이 활성화되었다는 것은 운동사에서 보다 깊은 통찰을 요하는 부분이다(서중석, 1997).

을 가능케 했다. 1980년 3월부터 5월까지 급속히 팽창한 노사분규는 생존권을 위협받고 있던 노동자들의 분노의 표출이었고, 4월 21일부터 사흘 낮 밤에 걸친 사북동원탄좌사건은 사측을 넘어서 공권력에 맞서 투쟁하는 노동자들의 모습을 보여주었다. 이러한 상황은 이후 전개될 노동운동의 양상을 상징적으로 보여주는 획기적인 사건이었다. 1980~86년의 노사분규는 폭발 → 침체 → 증가라는 특징을 보이면서 국가·자본에 저항한 투쟁을 벌이게 된다. 당시 노사분규는 합법적인 노동쟁의를 크게 웃돌고 있으며, 이는 당시의 억압적 상황과 노동자의 절박한 상태를 반영한 것이었다(이원보, 2004: 673-674).

〈표 Ⅱ-3〉 노동쟁의와 노사분규 발생 추이

노동쟁의 추이　　　　　시기	1980	1981	1982	1983	1984	1985	1986	합계
노동쟁의 발생추이			30	15	28	32	25	130
노사분규 발생추이	407	186	88	98	113	265	276	1,433

* 노동쟁의 발생추이는 국가보위법이 폐지된 1982년부터의 집계. 이원보(2004: 673-674)를 참조하여 재작성.

전두환 정권이 들어서면서 운동이 전반적으로 위축된 상황에도 불구하고 생존권투쟁을 중심으로 한 반정부투쟁이 이어졌다. 1981년 청계피복 노동자들의 노동정상화투쟁, 1982년 원풍모방 노동자들의 임금인상 및 노조정상화투쟁, 1984년 5월에 이루어진 대구택시운전기사들의 총파업, 1985년 4월 대우자동차파업, 6월 구로동맹파업 등은 당시의 대표적인 투쟁들이었다. 특히 구로동맹파업은 1950년대 이후 최초의 동맹파업으로 강화되어 가는 노동자의 조직화·세력화 정도를 상징적으로 보여주는 사건이었으며, 87년 7·8·9월 노동자대투쟁은 이러한 투쟁경험을 바탕으로 하였다.

87년 7·8·9월 노동자대투쟁은 한국에서 근대적 임노동자가 형성된 이후 노동자에 의해 추진된 최대 규모의 저항행동으로, 총 참가인원은 122만(1987년 10인 이상 사업체 노동자 333만 명 중 약 37%에 해당), 3개월간의 쟁의 건 수는 총 3,311건이었다(김동춘, 1995: 100). 6월항쟁 이후 폭발적으로 분출한 노동자대투쟁은 전국·전산업에 걸친 대규모 노동쟁의, 생존권 보장과 노동현장 민주화 요구, 법 절차를 뛰어넘은 선도적 파업·농성 투쟁방식, 중화학공업 분야의 대기업 생산직 노동자가 주도한 투쟁, 지역·그룹·산업별 연대가 시도된 투쟁, 6월항쟁의 역동성을 계승한 민주투쟁이라는 특성을 지닌다(김금수, 2004: 120-133). 이후 노동운동은 1989년 공안정국과 대대적인 탄압으로 위축기에 들어가지만, 87년 대투쟁의 경험과 이를 통한 노동자의 세력화는 노동운동이 더 이상 사회민주화운동의 주변적 세력이 아니라 핵심적 세력으로 부상하는 계기가 되었다.

80년대 전반을 가로지르는 노동운동의 특성은 첫째, 계급운동과 민주화를 위한 정치투쟁의 결합, 둘째, 조직적 확장·발전, 셋째, 노동운동의 주체·양상의 변화 등으로 대별하여 논할 수 있다.

첫째, 한국 노동운동에서 가장 특이한 점 가운데 하나는 노동운동과 민주화를 위한 정치투쟁 간에 긴밀한 연계가 발전했다는 것이며(구해근, 2002: 184), 80년대는 이러한 특성을 선명하게 드러낸다. 또한 70년대까지의 노동운동이 '노동3권'과 '인간적인 삶'이라는 노동자들의 자주적 요구를 담은 투쟁의 성격이 강했다면, 80년대의 노동운동은 정치적 민주화운동 및 사회주의 이념과의 결합을 통해 조합운동의 성격뿐만 아니라 계급운동의 성격을 분명히 하는 변혁운동의 성격을 강하게 보여주었다(민주화운동기념사업회, 2003b: 9).

둘째, 위의 특성과 연관하여 80년대의 노동운동은 소수 선각자의 한정된 투쟁의 범위를 넘어서 운동의 조직화·대중화가 진행된 시기였다. 노동현장에 참여했던 학생운동 출신 활동가들과 노동계의 정파적 조직주체들에 의해 반공개적 정치조직이 건설되는데 대표적인 사례로는 1980년 5월 조직된 전국민주노조연합(전민노련), 1983년 3월 한국노동자복지협의회, 1985년 구로동맹파업의 성과를 집적한 서울노동운동연합(서노련), 1986년 인천지역노동자연맹(인노련)이 조직되었다(김영수, 1999). 이러한 주체들은 1987년 노동자대투쟁 이후 조직적으로 통일되기 시작하여 1988년 전국노동운동단체협의회(전국노운협), 1990년 1월 전국노동조합협의회(전노협)가 결성되었고, 이는 최종적으로 1995년 11월 민주노총의 건설로 이어진다. 이러한 역사적 과정은 노동자가 계급 주체로, 사회운동의 핵심세력으로 성장하는 과정이었다.

셋째, 노동운동의 주체·양상의 변화이다. 80년대 노동운동의 주체·양상의 변화는 한국 자본주의의 질적 변화와 연관된다. 전두환 정권은 전자, 철강, 기계, 자동차 등 수출주력산업에 상대적 우위를 두고 산업구조합리화를 추진했으며, 이는 거대기업을 중심으로 생산체제를 강화하는 것이었다(최장집, 1996: 334). 이러한 산업 환경의 변화는 노동운동의 주체·양상의 변화를 가져온다. 종래 노동운동의 구심점이 소규모 경공업제품을 중심으로 한 수출산업체였다면, 80년대에는 대기업, 특히 재벌기업의 남성 노동자 밀집 사업체로 이동하는 경향이 나타났다. 대기업에 소속된 노동조합들을 중심으로 이루어지는 노동운동은 잠재적 동원력, 기업 간의 연계, 경제에 미치는 영향 등이 크기 때문에 노동운동 세력의 기반 확대가 용이했으며, 실제로 87년 노동자대투쟁의 진원지도 울산지역의 현대 그룹 산하기업들이 집중된 지역이었다(박호성, 2005: 131-145). 1990년대에 접어들면서 중공업부문의 대기업

노조들이 한국 노동운동을 주도하는 양상을 띠기 시작했다(최장집, 1996: 326).

전반적으로 보아 80년대의 노동운동은 70년대를 계승하면서도 질적으로 새로운 국면을 열었다. 80년 벽두를 깨웠던 3월대투쟁, 이후의 운동 잠복기, 소수의 승리와 다수의 실패는 노동운동의 폭발적 분출을 위한 계급, 운동 경험의 축적을 가능케 했고, 그 정점에 1987년의 투쟁이 있다. 1987년 노동자대투쟁은 자본과 노동 간의 힘의 균형변화와 일반 산업노동자의 노동계급 정체성 및 의식에 중대한 변화를 가져왔으며(구해근, 2002: 264), 1990년대 주체적인 노동운동의 토대가 된다.

3) 농민운동

1972년 한국가톨릭농민회의 결성 이래 70년대의 농민운동은 증산농정에 맞서 말단 관료의 횡포를 막고 농민·농업문제를 과학적으로 인식하는 농민 의식화 활동이 주류를 이루었다면(윤수종, 1997: 140), 80년대는 대중적 경제투쟁, 자주적인 농민운동이 자리를 잡아갔다.

80년대의 대표적인 농민투쟁을 연도별로 살펴보면 82년 부당농지세시정투쟁, 83년 농협조합장직선제쟁취백만인서명운동, 84년 함평·무안 농민대회, 85년 소몰이투쟁, 87년 반독재투쟁, 87~88년 수세폐지, 농조해체, 고추제값받기, 외국농축산물 수입반대 등의 대투쟁, 89년 쌀값제값받기 및 전량수매쟁취투쟁 등이 있다(이정찬, 1990: 185).

80년대의 농민운동은 각종 농민대회를 통한 수평적·수직적 조직화와 더불어 진행되었으며, 직접적인 대정부투쟁으로 확대되는 특성을 보인다. 이러한 경향의 배경에는 운동을 통한 농민의 주체적 역량 강화도 작용하고 있었지만, 보다 거시적 측면에서 국가 농업정책의 변화와 생존권의 위협이라는 구조적 배경이 작용하고 있었다. 80년대에 접어들어 정부는 농산물시장의 개방을 통해 농업구조의 개선을 꾀하는 한편 농업에 대한 일정한 투자 위에서 선별적인 농민들을 축으로 소수의 농민을 농업에 종사하게 하고 다수의 농민을 탈농화시킨다는 목표 아래 농업생산의 구조개선을 진행한다(윤수종, 1997: 123). 이러한 과정에서 특히 농산물 수입개방은 농가의 생존권을 직접적으로 위협했다. 85년 소몰이투쟁, 86년 수입개방저지 및 미국예속정권타도 무안농민 실천대회, 미국농축산물 수입저지 실천대회 등의 저항투쟁은 농산물 수입개방으로 초래된 직접적인 생존권 위협에 대한 저항이었다.

조직적인 측면에서 80년대의 농민운동은 가톨릭농민운동(가농), 기독교농민운동(기농)과 같은 종교조직을 매개로한 투쟁에서 벗어나 주체적인 조직적 대오를 갖추었다. 84년 4월 함평농우회의 창립, 85년 5월 함평장터에서의 학살정권타도, 양파생산비보장 농민대회 이후 많은 지역에서 자주적인 농민조직을 건설하려는 활동이 전개되었고, 86~87년 사이에 전국

도처에서 수많은 군 농민조직이 결성되었다. 87년 2월에는 10개의 군 조직이 모여 '전국농민협회'(전농협)를 창립하였고, 1989년 3월에는 가농, 기농, 지역 군 조직을 포괄한 '전국농민운동연합'(전농연)이 결성되었다. 또한 전농협과 전농연은 1990년 1월부터 본격적인 조직통합 논의를 거쳐 1990년 4월 24일 전국농민회총연맹(전농)을 결성하게 된다(이정찬, 1990). 전농은 1945년 8 · 15해방 직후에 활동했던 전국농민조합총연맹 이후 최대 규모의 농민운동조직으로 90년대 농민운동의 전개를 위한 조직적 근간이 된다.[15]

80년대는 농민운동이 70년대 기독교 계통의 농민조직의 그늘로부터 탈피하여, 주체적이고 역동적인 운동으로 탈바꿈하는 시기였다. 그러나 농민운동의 성장과정에서 가농, 기농의 역할은 매우 중대한 것이었으며, 이것은 80년대 농민운동의 진전과 활성화의 밑거름이었다.

4) 재야운동[16]

70년대의 재야운동이 양심적인 종교인, 교수, 언론인 등 제도정치권에 속하지 않은 '중간층 명망가 중심의 운동'이었다면(채만수 · 김장한, 1990:372), 80년대의 재야운동은 70년대와는 질적 차별성을 띠고 전개되었다. 이러한 차이는 크게 두 가지로 나누어 볼 수 있다. 첫째, 80년대 재야운동은 과거 명망가형 운동을 벗어나 보다 변혁적인 논리를 추구하기 시작했다. 둘째, 이러한 논리의 연장선상에서 노동계급 등 보다 대중적인 기반을 강화하고 이에 바탕을 둔 운동을 지향하고자 했던 경향을 보였다(정해구, 2002: 396). 80년대에 들어와서 재야운동은 정권반대의 수준을 넘어서 체제 비판적이고 변혁지향적인 목표를 설정하였고, 이는 제반 부분 운동과 연계됨으로써 대중적 토대를 구축할 수 있었다(민주화운동기념사업회, 2003c: 11).

이러한 특징이 가시적으로 나타난 것이 재야의 조직화와 활동이다. 83년 말 정치적 유화조치는 운동공간의 급속한 확장을 가져왔고, '민주화운동청년연합'(83년 9월), '한국노동자복지협의회'(84년 3월), '민중문화운동협의회'(84년 10월) 등 각종 부문 · 지역운동체들의 결성이 잇따랐다. 운동의 활성화는 이를 결집할 수 있는 조직적 연대틀의 필요성을 낳았으며, 이 노력의 결과 '민중민주운동협의회'(84년 6월, 민민협)와 '민주통일국민회의'(84년 10월, 국민

---

15) 6개 도 연맹과 72개 군 농민회로 출발한 전농은 현재 9개 도 연맹과 100개 시군농민회가 활동하는 조직으로 성장했다(http://www.ijunnong.net/new/intro.php).

16) '재야'라는 개념은 한국 사회에 나타난 독특한 정치 현실적인, 그리고 역사적인 개념이며, 재야운동은 민족민주운동 가운데 부문운동세력을 제외한 제야세력이 펼쳤던 여러 활동을 의미한다. 이들은 의회를 중심으로 하는 합법 정치공간에서 활동하지 않고 권력 지향적이지 않았으며 전문적인 직업 정치인이 아니라는 점에서 집권세력이나 제도권 야당과 구별되며, 또한 기층 민중운동을 중심으로 광범위한 사회대중운동을 기반으로 그들과 긴밀히 연결되어 그들의 이해를 대변하고자 했던 사회대중운동과 직접적으로 일치하는 것도 아니다(민주화운동기념사업회, 2003c: 10).

회의)가 조직되었다. 여기에서 민민협이 조직운동 중심의 활동, 민중 주체역량 강화에 초점을 맞춘 조직이었던 반면, 국민회의는 과거 명망가 중심의 구성과 활동을 추구했다. 이 두 조직은 대중성과 실천성의 담보라는 운동의 필요에 의해 서로 통합하게 되는데 그 결과 1985년 3월 '민주통일민중연합'(민통련)이 조직되었다. 1985년부터 1987년 4월까지 민통련은 '학원안정법반대투쟁위원회'(85년 8월) 활동, 민추위사건 · 김근태 고문사건 · 박종철 고문살해사건 등에 대한 저항투쟁, 민주헌법쟁취위원회를 통한 개헌투쟁, IMF · IBRD 서울총회를 계기로 전개된 반외세투쟁 등 다양한 투쟁을 전개하였다. 이후 민통련은 야당인 통일민주당과 연대하여 '민주헌법쟁취국민운동본부'를 결성하여 6월항쟁의 중심적인 기구로 역할을 수행했다(채만수 · 김장한, 1990: 374-379).

6월항쟁 이후 국민운동본부의 반독재연합전선으로의 성격은 축소내지 상실되는데 이는 87년 대통령선거에서의 분열과 패배, 한국 사회의 민주주의의 이행, 시민사회의 발전과 계급형성의 진전 등의 요인을 반영하는 것이다. 1989년 1월 '전국민족민주운동연합'이 결성되어 재야세력의 총 결집체를 만들어내기는 했지만, 이는 더 이상 과거의 힘을 발휘할 수 없었다(정해구, 2002: 397).

5) 기타

기타부문에서는 80년대의 대표적인 운동들을 종교운동, 교육운동, 지식인운동, 빈민운동, 여성운동, 문화운동으로 나누어 간략히 언급하고자 한다.

먼저 종교부문은 노동운동, 농민운동, 재야운동 등 70년대 민주화운동의 배경이나, 활동공간이 되었다. 이러한 상황은 80년대에도 연결되나, 80년대 변혁운동의 지형에서 종교를 배경으로 한 민주화운동은 그 위상과 역할의 변화를 겪게 되고, 과거에 비해 축소되며, 70년대와 같은 활동은 보여주지 못한다. 이러한 상황은 종교운동 자체의 성격변화라기보다는 여타 부문운동의 성장과 조직화를 반영하는 것으로 볼 수 있다. 그러나 80년대는 과거 70년대 가톨릭과 개신교가 중심이 된 종교운동 지형에 불교[17]가 가세하여 종교운동의 영역이 확장된 시기이기도 하며, 기독교를 중심으로 본격적인 통일운동이 제기된 시기이기도 하다(민주화운동기념사업회, 2003d: 21-26).

교육운동은 교육문제와 이를 규정하는 모순을 해결하기 위해 교육의 주체인 교사 · 학생 · 학부모가 지속적이며 계획적으로 활동하는 것으로, 80년대 대표적인 교육운동은 교사운동이

---

17) 대표적인 사례로 1985년 5월 결성된 민중불교운동연합을 들 수 있다.

었다. 교사들의 교육민주화운동은 81년 '민중교육청년협의회'를 구상했던 교사들이 수사를 받은 아람회사건을 시작으로, 1982년 오송회사건, 1985년 『민중교육』 출판탄압사건, 1986년 5월 '교육민주화선언' 등으로 연결되며 지속되었다. 조직적으로도 1982년 'YMCA중등교육자 협의회'의 결성, 86년 5월 '민주교육실천협의회'의 탄생, 87년 9월 '민주교육추진전국교사협의 회'(전교협)의 결성, 80년대 교사운동의 최종적인 결과물이라고 할 수 있는 1989년 5월 '전국 교직원노동조합'(전교조)의 결성으로 이어지며 운동의 지속적인 확대와 심화가 이루어졌다 (이길상, 2005). 특히 전교조는 1960년 4 · 19 교원노조가 결성된 이래 중단되었던 교원노조가 혹심한 탄압을 뚫고 교육민주화, 나아가 사회민주화를 표방하며 다시 결성되었다는 점에서 커다란 역사적 의미를 지니는 것이었다. 전교조가 탄생한 1989년은 '참교육 원년'으로 불리는 데, 이 해로부터 본격적으로 민족 · 민주 · 인간화 교육의 마당이 열리고, 교사들은 참교육을 위한 대장정의 길을 걷기 시작한다(심성보, 1997: 459).

지식인운동은 지식인 집단이나 조직이 주체가 되며, 그 목표나 동기가 자기 집단의 이해를 반영하는 것에 국한되지 않고 다른 계층이나 계급 혹은 국민 전체의 이해와 관련된 것이라고 할 수 있다(강남훈, 1997: 378). 이 가운데 눈여겨 볼 것이 진보적 학술운동이다. 당시의 진보적 학술운동은 현실운동과 직접 소통하고자 했고, 운동에 이론적 자원을 제공했다. 80년 대의 치열한 사회구성체논쟁은 바로 이러한 활동의 결과물이라고 할 수 있다. 또한 1984년 7월 창립된 '한국산업사회연구회'를 필두로 학술단체가 설립되기 시작하여, 농어촌사회연구 소(85년 12월), 역사문제연구소(86년 2월), 한국정치연구회(87년 9월) 등 다양한 학술단체들 이 만들어졌다. 이들은 1988년 11월 '학술단체협의회'를 조직하면서 단체 간의 연대틀을 형성 했다. 전국 대학들에서도 학원민주화를 위한 교수들의 협의체가 생겨나기 시작했고, 이는 1987년 7월 '민주화를위한전국교수협의회'의 결성을 통해 결실을 맺었다(김명환 · 조희연, 1990). 80년대의 진보적 학술운동은 사회민주화뿐만 아니라 교육민주화의 영역을 포괄하면 서 한국 사회의 민주화의 진전에 기여하였다.

80년대의 빈민운동은 70년대까지의 생활여건을 개선하기 위한 소박한 의식화 · 조직화투 쟁을 넘어서서 스스로의 생존권을 지키기 위한 주체적인 조직적 기반을 형성해갔다. 대표적 인 투쟁으로는 83년 국제의원연맹(IPU) 총회를 기점으로 '단속저지, 생존권투쟁'을 펼쳐 나 가기 시작한 노점상들의 저항, 84년 목동 공영개발반대투쟁을 시작으로 사당 3동, 상계동, 오금동, 양평동 등으로 확대되어 나간 '강제철거 저지투쟁'을 들 수 있다. 이러한 투쟁들은 1회성 투쟁이 아니라 빈민 주체의 조직형성으로까지 연결되는데, 88년 10월 '전국노점상연합 회', 87년 7월 '서울시철거민협의회', 1989년 4월 '전국건설일용노동조합' 결성 등이 바로 그것 이다. 이러한 조직들은 89년 11월의 '전국빈민연합'(전빈련)의 토대가 된다. 전빈련의 결성은 전노협, 전농과 더불어 기층 민중진영의 조직적 성과이다(양연수, 1990). 또한 전빈련은 90년대 이후 더욱 혹독하게 전개되는 신자유주의에 저항한 빈민투쟁기구로 스스로를 위치지우고 있다(http://www.binmin.org).

여성운동 또한 80년대에 들어와 질적인 전환을 이룬다. 1978년 동일방직사건, 1979년 YH무역사건과 같은 70년대 여성노동자의 생존권 투쟁은 당시 다른 어떤 투쟁보다 선도적인 양상을 보여주었다. 그러나 '여성단체협의회'와 같은 여성단체의 활동은 유한 여성의 교양 및 지위향상, 국가·사회에 대한 봉사를 기본적인 목적으로 하여 기층 여성의 현실과는 유리되어 있었다. 80년대에 이르러 여성평우회(83년 6월 창립), 민주화운동청년연합 여성부(84년 4월), 여성의전화(83년 6월), 또하나의문화(84년 12월) 등 다양한 여성단체들이 만들어지면서 이전의 시기와는 질적 차별성을 지닌 여성운동이 전개되기 시작했다. 80년대 여성운동은 계급·계층별 여성대중운동으로 분화되었고, 민중 여성운동과의 결합도 강화되었다. 이후 여성평우회는 해소되고 1987년 2월 한국여성단체총연합이 발족하여 다양한 연대투쟁을 전개해 나갔다. 시청료거부운동, 성고문폭로투쟁, 최루탄추방운동 등 민족민주운동의 굵직한 줄기를 주도해 나가며 87년 6월항쟁의 기틀을 마련하기도 했다(이승희, 1990).

80년대 문화운동은 대학의 하위문화에 기원을 두며, 반(反)고급, 반(反)상업, 반(反)관제적 지향을 지녔다. 80년대가 이전 시기와 달랐던 점은 70년대까지의 자유주의적·낭만주의적이며 엘리트 지향적인 대학문화의 분위기가 사회주의적이고 현실적이고 민중지향적으로 급변했다는 점이다. 탈·풍물패, 노래패 등의 문화패의 활동이 두드러졌으며, 정치와 문화가 긴밀히 결합되어 대자보, 걸개그림, 노래 테이프 등이 당시의 현실과 변혁적 지향을 드러내는 문화적 매체로 활용되었다(신현준, 1999). 조직적으로도 80년대 초반(80~83년경)까지는 소집단 문예운동이 주를 이루었으나, 84년 '민중문화운동협의회'(민문협, 87년 민중문화운동연합으로 개칭)가 결성되어 문화운동의 전국적 조직화를 꾀했다. 또한 각 장르별 운동을 아우르는 조직으로 1988년 한국민족예술인총연합이 창립되었다. 87년 6월항쟁 이후 지역문예운동조직의 활동도 활발히 전개되었으며, 노동자 문화활동과 같은 현장과 결합된 다양한 문화운동이 진행되었다(박영정, 1990). 80년대 소위 3S정책(Sport, Screen, Sex)로 일컬어지는 우민화정책 하에서 문화운동은 과거 볼 수 없었던 독특한 민중 지향적, 문화적 시도와 성과를 낳았고, 반독재민주화투쟁의 선봉에서 사람들의 정서적 일체화와 투쟁의식을 고양하는데 기여했다.

Ⅲ. 설문조사를 통해서 본 1980년대 민주화운동 참여자의 실태

1. 조사대상자 정의 및 선정

1980년대 민주화운동 과정에서는 실로 다양한 사람들이 다양한 방식으로 한 가지 목표를 향하여 싸웠다. 대학생에서부터 재야인사, 종교인들처럼 1970년대 민주화운동에 참여했던 사람들은 말할 것도 없고, 노동자, 농민, 여성, 참교육교사, 소위 '넥타이부대'로 지칭되던 사무직 노동자, 보랏빛수건으로 표상되는 '어머니', 환경운동가, 실업자 등 실로 다양한 사람들이 '군부독재타도·민주화쟁취'라는 목표를 앞세워 거리로 나왔다. 오늘날 이 시기 민주화운동을 주도했던 청년·학생층을 '386세대'라고 호명하는 경우가 많으나, 이 용어는 역사적 개념이라고 할 수 없다. 이는 당시 민주화운동에 참여했던 다양한 사람들을 비가시적 존재로 만들고, 민주화의 역사적 공과를 1980년대 대학생들이 독차지할 우려가 있기 때문이다. 또한 최근 '정치권 386'이라고 불리는 사람들이 민주화과정에서 헌신적인 노력을 하지 않았다고 말하는 것은 아니지만, 이들이 1980년대 민주화운동의 대양의 일부이지, 전체가 아니라는 점은 명확하다.

이번 조사는 1980년대 민주화운동에 참여한 다양한 사람들의 목소리를 듣는데 목적이 있었다. 당시 민주화운동은 서울뿐만 아니라 6대 광역시, 9개도 모든 지역에서 일어났다. 운동의 실체를 드러내기 위해서는 전국에 편만해 있는 사람들을 최대한 망라해야 했다. 따라서 또한 1970년대 민주화운동 참여자들에 비해 상대적으로 젊은 층들이 많을 것이며, 아직도 현직에서 활동하는 사람들이 대다수일 것으로 판단되었다. 이들은 자신의 20년 전 활동을 화석화된 사실로서 보기보다는 아직도 진행 중인 역사로 인식할 가능성이 높다. 그러므로 자신에 대한 자의식도 강하고, 아직 과거의 상처에서 벗어나지 못한 사람들이 많을 것으로 생각되었다. 또한 조사의 의도는 좋지만, 전국에 걸쳐 있는 사람들을 찾아내는 작업만 해도 어마어마한 일이었다.

이러한 정황 때문에 이번 조사야 말로 연구자 몇 사람의 아이디어만 가지고는 도저히 해낼 수 없는 작업이었다. 따라서 현재 전국적으로 건설되어 있는 '민주동문회'나 각 시민사회단체들의 협력이 절실했고, 이러한 일에 가장 적합한 자격을 가진 단체 중 하나가 이 조사를 함께 진행했던 '(사)민주화운동공제회'가 아닐까 싶다.

전국에 분포되어 있는 1980년대 민주화운동 참여자를 찾기 위하여 (사)민주화운동공제회는 각 지역의 민주동문회, 주요 거점 시민사회단체와 교섭하여 이 주제에 적합한 민주화운동 참여자를 만나고, 조사원으로 활동하도록 섭외를 하여 설문조사 대상자를 결정하였다. 이러한 조사방식은 과거의 어떤 조사에서도 수행하지 못했던 획기적인 방식이며, 이 과정을 통해 지역에서 묵묵히 자신의 일을 해 나가고 있는 민주화운동 참여자를 발굴할 수 있었다.

2. 조사방법, 기간 및 진행 과정의 특징

설문조사는 2006년 12월 말 예비조사(pre-test)를 시작으로 하여, 본격적인 조사는 1월 초순부터 2월 하순까지 이루어졌다. 조사의 가장 큰 애로 사항은 각 지역별 조사원을 모집하여 교육하는 과정이었다. (사)민주화운동공제회는 조사를 충실히 진행할 수 있는 책임감 강하고, 신뢰할 수 있는 조사원을 모집하는데 진력을 다하였고, 공제회와 한성대 전쟁과평화연구소 연구진은 수차에 걸쳐 서울, 지방 등 현지를 다니면서 조사원 교육[조사원지침서: 부록3 참조]을 실시하였다. 2월 말까지 모든 설문지를 수집하여 한성대 전쟁과평화연구소 연구진에서 설문지 크리닝 과정과 코딩용 설문지 정리 작업을 수행하였다. 다음으로 3월 초순에 전문 리서치 기관인 '디오피니언'사에 의뢰하여 WINSPSS(VER 13.0)에 자료를 돌려 현재의 단순빈도표[부록4 참조]를 도출하였다.

설문지는 모두 59문항(상세 문항을 포함하면 110개)으로 구성되었다. 설문조사는 700명을 대상으로 실시하여 100% 회수하였다. 이러한 회수율이 가능했던 것은 조사원이 사전에 연락하여 조사대상자가 조사에 참여하겠다는 의사를 확인한 후 직접 조사를 실시했기 때문이다. 조사원은 각 지역에 거주하고 있는 사람들로서 40명 정도가 참여하였고, 5명 이상을 조사한 조사원은 모두 39명이었다.

3. 조사대상자의 사회인구학적 특성

조사대상자 700명의 기본 인적 사항을 살펴보면 다음과 같다.

우선 조사대상자의 성별 분포를 보면 남성이 71.0%, 여성이 29.0%로 처음 계획에 거의 근접한 조사를 실시하였다.

둘째, 조사대상자의 연령을 살펴보면 41~45세가 40.7%였고, 35~40세가 29.3%, 45~50세가

20.1%였다. 조사대상자 가운데 1960년대 생이 70%에 달하는데, 이를 통해 '386세대'가 1980년 대 민주화운동의 대세를 차지하고 있었음을 짐작해 볼 수 있다.

셋째, 조사지역도 당초 계획에 거의 근접하여 조사대상자의 현거주지는 서울/경기권 50.6%, 영남권 19.7%, 호남권 19.6%, 강원/충청/제주지역 10.1%로 분포되어 있다. 그러나 그들의 청년시절 의식 형성에 영향을 주었다고 판단되는 성장지역에 대한 질문에서는 서울/ 경기권 31.4%, 영남권 24.2%, 호남권 27.5%, 강원/충청/제주지역 16.8%의 분포를 보여주었다. 이러한 결과는 조사대상자들이 서울·수도권으로 많이 이동했음을 보여주는 것이다.

넷째, 조사대상자의 학력별 분포를 보면 대학교 출신(중퇴자 포함) 68.9%이고, 대학과

〈표 Ⅲ-1〉 응답자의 기본 인적 사항

기본 변수별		빈도(명)		비율(%)	
성 별	남	497		71.0	
	여	203		29.0	
연 령 별	3 5 ~ 4 0 세	205		29.3	
	4 1 ~ 4 5 세	285		40.7	
	4 6 ~ 5 0 세	141		20.1	
	5 1 ~ 5 5 세	34		4.9	
	기 타	31		4.4	
	무 응 답	4		.6	
지 역 별		성장지	현거주지	성장지	현거주지
	서 울 / 경 기 권	220	354	31.4	50.6
	영 남 권	169	138	24.2	19.7
	호 남 권	192	137	27.5	19.6
	강원/충청/제주	117	71	16.8	10.1
	무 응 답	2	0	.3	.0
학 력 별	무 학	5		.7	
	초 등 학 교	6		.9	
	중 학 교	15		2.1	
	고 등 학 교	73		10.4	
	대 학 교	482		68.9	
	대 학 원 이 상	113		16.1	
	기 타	6		.8	
민 보 상 신청여부	신 청	268		38.3	
	비 신 청	430		61.4	
	무 응 답	2		.3	
	합 계	700		100.0	

대학원 이상 출신자를 합하면 85.0%에 달하고 있다. 1980년대 민주화운동을 선도했던 층이 대학생층이었음을 상기할 때, 이러한 결과는 어찌 보면 당연한 것일 수도 있다.

그러나 이러한 학력 분포에 대해서는 몇 가지 유의할 것이 있다. 첫째, 1980년대 전체 인구에서 20대에 해당하는 연령의 대학진학율과 비교할 때 과대표집되었을 가능성이 있고, 둘째, 1980년대 부문별 운동 가운데 학생운동이 가장 강력했다고 하더라도 다른 부문운동에서의 표집율이 낮았다고도 볼 수 있다.

학력에서 대학출신자가 1980년대 민주화운동에서 과잉대표될 가능성을 우려하여 학력 분포는 1980년대 민주화운동 참여자의 학력으로 일반화시키기보다는 이번 조사에 국한하여 해석해야 할 것으로 판단된다. 다만 1980년대 민주화운동 참여분포를 보면 학생운동이 55.0%, 노동운동이 22.6%, 재야단체부문이 7.5%, 종교운동 5.4%를 차지하여 학생운동 참여자만 집중적으로 표집된 것은 아님을 알 수 있다.

〈표 Ⅲ-2〉 1980년대 민주화운동 참여분야

	빈도(명)	비율(%)
학 생 운 동	385	55.0
노 동 운 동	158	22.6
농 민 운 동	20	2.9
정 당 및 정 치	7	1.0
여 성 운 동	4	.6
교 육 운 동	16	2.3
재 야 단 체	51	7.3
문 화 운 동	13	1.9
빈 민 운 동	4	.6
통 일 운 동	2	.3
종 교 운 동	38	5.4
환 경 운 동	1	.1
보 건 의 료 운 동	1	.1
합 계	700	100.0

마지막으로 민주화보상 신청 여부를 보면, 신청자가 38.3%인데 비하여 비신청자가 61.4%를 차지하고 있다. 이런 점에서 이번 조사는 2004년의 1970년대 민주화운동 관련자 실태보고서와 큰 차이를 갖는다.

4. 조사 결과 분석

이 장에서는 설문조사 결과를 분석·정리하여 제시하도록 한다. 조사내용을 설문지 질문 순서대로 정리하되 보다 간략히 재구조화하면 다음과 같다.

〈조사 내용〉

□ 1980년대 민주화운동 참여와 관련된 전반적 사항
  ○ 민주화운동에 참여한 분야
  ○ 민주화운동과 종교, 집안 관계
  ○ 1980년대 민주화운동 참여에 영향을 준 사람과 참여 계기, 활동지역
  ○ 1980년대 민주화운동 과정의 피해 실태

□ 1980년대 민주화운동 경험이 사회활동에 끼친 영향
  ○ 1980년대 민주화운동이 사회활동에 끼친 영향
  ○ 1980년대 민주화운동 경험이 가족생활에 끼친 영향

□ 민주화운동 참여자의 경제적 형편
  ○ 현재 직업
  ○ 현재 월 평균 수입과 주 수입원, 주관적 평가에 따른 계층

□ 1980년대 한국 민주화운동에 대한 전반적 의견
  ○ 1980년대 민주화운동에 대한 과거와 현재의 평가
  ○ 현재 한국 민주화에 대한 만족도
  ○ 실질적 민주화의 걸림돌
  ○ 시민사회단체에 대한 평가와 참여도

□ 1987년 6월항쟁에 대한 평가와 계승
  ○ 6월항쟁 참여도와 항쟁의 결과에 대한 평가
  ○ 6월항쟁 정신의 계승과 민주화운동 참여 전망

□ 과거 민주화운동에 대한 국가의 역할

□ (사)민주화운동공제회에 대한 견해

□ 민주화운동기념사업회에 대한 의견과 평가

□ 가족상황과 부양

분석에서는 우선 단순 빈도[부록4 참조]를 소개하여 특징을 설명해 나간다. 교차분류표

(cross-tabs) [부록5 참조]에서 주로 성별, 연령별, 성장지역별, 학력별 변수를 중심으로 하여 통계학적으로 볼 때, 카이지수(chi-square)가 95% 신뢰구간에서 유의미하고 독립변수와 종속 변수 간에 상관관계가 있다고 보이는 변수를 중심으로 분석해 나갈 것이다.

1) 1980년대 민주화운동 참여와 관련된 전반적 사항

(1) 민주화운동에 참여한 분야

1980년대 민주화운동의 주역은 흔히 청년학생이라고 말한다. 과연 당시 민주화운동에 참여했던 사람들은 어떤 분야에서 많은 활동을 했을까? 또한 이번 조사에 참여한 700명은 어떤 분야에서 주로 민주화운동을 했을까?

우선 "1980년대에 선생님은 주로 어느 분야에서 민주화운동을 하셨습니까?"라는 질문에 대하여 학생운동 55.0%, 노동운동 22.6%, 재야운동 7.3%, 종교운동 5.4%, 농민운동 2.9%, 교육운동 2.3%, 문화운동 1.9%로 응답하였다. 경험적으로 느끼는 1980년대 민주화운동의 주체와 결과가 그리 차이가 나지 않음을 알 수 있다.

〈그림 Ⅲ-1〉 민주화운동 참여 당시 활동분야

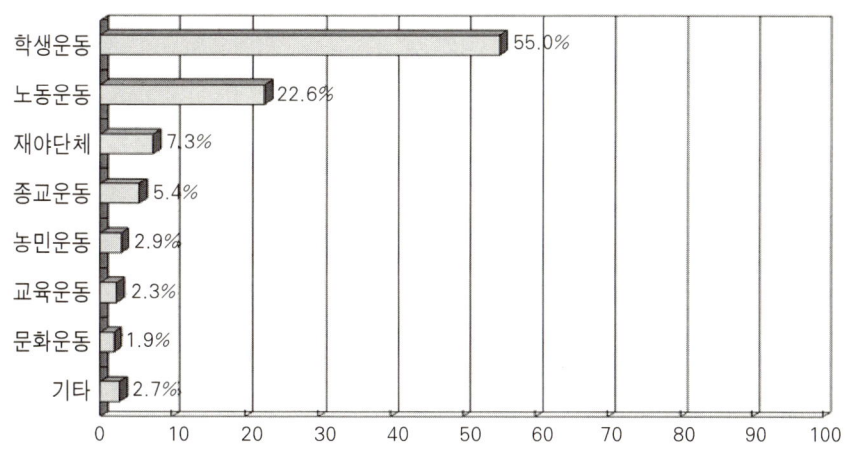

이러한 응답을 성별, 연령별, 학력별로 분석해 보면 남성보다 여성이 학생운동이나 노동운동, 종교운동 분야에서 참여율이 높았던 반면, 재야부분이나 농민운동 분야는 남성이 훨씬 높음을 알 수 있다.

〈표 Ⅲ-3〉 민주화운동 참여 당시 활동 분야

		Total	학생운동	노동운동	재야단체	종교운동	농민운동	교육운동	문화운동	기타
	Total	100.0	55.0	22.6	7.3	5.4	2.9	2.3	1.9	2.7
성별*	남	100.0	54.1	21.7	9.1	5.0	3.8	2.2	1.6	2.4
	여	100.0	57.1	24.6	3.0	6.4	.5	2.5	2.5	3.4
연령별 *	35~40세	100.0	80.5	8.8	1.0	3.9	.5	.5	1.5	3.4
	41~45세	100.0	60.0	25.3	5.3	4.9	.7	.0	2.5	1.4
	46~50세	100.0	27.7	37.6	12.1	6.4	5.7	7.1	1.4	2.1
	51~55세	100.0	14.7	29.4	20.6	8.8	8.8	11.8	2.9	2.9
	기타	100.0	6.5	12.9	32.3	12.9	19.4	3.2	.0	12.9
	무응답	100.0	75.0	25.0	.0	.0	.0	.0	.0	.0
학력별 *	무학	100.0	.0	40.0	.0	20.0	20.0	20.0	.0	.0
	초등학교	100.0	.0	50.0	50.0	.0	.0	.0	.0	.0
	중학교	100.0	.0	100.0	.0	.0	.0	.0	.0	.0
	고등학교	100.0	19.2	57.5	8.2	6.8	5.5	.0	.0	2.7
	대학교	100.0	63.9	16.0	7.3	4.1	3.1	1.5	1.5	2.7
	대학원이상	100.0	54.9	13.3	6.2	10.6	.0	7.1	5.3	2.7
	기타	100.0	16.7	66.7	.0	.0	.0	.0	.0	16.7

* p<.05
※ 빈도 5명 이하는 기타로 묶음

연령별로 보면 35~40세가 학생운동에 가장 많이 참여했는데, 2007년 현재 이 나이대는 20년 전에는 대체로 대학교 1, 2학년이 많았으리라고 추정할 수 있고, 그런 조건이 학생운동 참여를 높였다고 볼 수 있다. 또한 41~45세 경우 6월항쟁 당시 20대 초중반으로서 항쟁에 청년층의 주도세력으로 참여했다고 볼 수 있다. 이 나이대의 부문운동 분포는 전체 운동분야 분포와 비슷함을 보이는데, 다만 교육운동에 단 한명도 참여하고 있지 않은 것은 이번 조사의 특징으로 보인다. 반면 46~50세의 경우 노동운동이 가장 높은 비율을 차지하고 있음을 볼 수 있다. 또한 51~55세의 경우에는 재야단체운동의 참가율이 가장 높다. 이는 20년 전에 30대로서 민주화운동을 했던 재야운동층이 1970년대 민주화운동과 연결되어 있지 않을까 하는 상상력을 낳는다는 점에서 흥미로운 결과이다.

다음으로 학력별 민주화운동을 살펴보면 대학 학력자와 대학원 이상 학력자가 학생운동 에 참가율이 높은 것이나, 고졸 이하 학력자가 상대적으로 노동운동에 참가율이 높은 것은 자연스러운 결과라고 하겠다. 한편 종교운동이나 교육운동 분야에는 대학원 이상 학력자의 참여율이 높았다. 초등학교나 무학의 경우 빈도가 한 자리이므로 통계적으로 유의미하지 못하다.

따라서 이번 조사에서도 1980년대 민주화운동의 주역이 학생이라는 사실이 일관되게 나타났으며, 그 다음으로 노동자의 역할이 컸음을 확인할 수 있다. 빈도수 5 이하는 기타운동으로 합했기 때문에 여성운동이나 빈민, 통일, 환경운동 등은 기타 운동으로 간주되었다. 이 부문 운동에 대해서는 추가적 조사가 필요하다.

(2) 민주화운동과 종교, 집안 관계

1980년대 민주화운동과 자신이 믿고 있는 종교의 상관관계를 보기 위한 질문에서 개신교 18.9%, 가톨릭 9.0%, 불교 4.9%로 나타나 있는 반면, 종교가 없다는 대답이 65.1%로 나타났다. 이번 조사를 1970년대 민주화운동 관련자 실태조사와 비교해 보면, 당시 조사에서는 개신교 24.4%, 가톨릭 17.2%, 불교 7.6%, 없음 50.4%로 나타났는데, 이는 1980년대 민주화운동에서는 종교의 영향이 상대적으로 낮아졌음을 암시하고 있다. 이러한 결과는 1980년대 민주화운동에서는 종교의 영향력이 70년대만큼 지대하지 않았다는 일반적 경험을 확인해 주는 것이다.

다음으로 민주화운동 당시 응답자의 경제 상태, 즉 주관적으로 평가되는 계층에 대한 물음에 대해 중하층 39.1%, 중간층 29.6%, 하층 26.0%이고 중상층은 4.7%로 응답하였다. 이를 성별, 연령별, 성장지역별, 학력별로 나눠 보도록 한다.

먼저 성별로 보면 중상층의 경우 여성의 비율이 6.4%로서 남성보다 더 높고, 중간층은 비슷하고, 중하층은 여성이 조금 높은 반면, 하층은 남성이 27.0%로서 여성보다 더 높다.

연령별로 보면 50대가 중상층이나 중간층에서는 가장 높은 반면 하층에서는 가장 낮다. 또한 41~45세에서는 중하층이 43.5%로서 가장 높은 비율을 차지하고 있다.

성장지별로 보면 크게 주목할 부분은 없으나, 서울/경기권이 중상층 비율이 다소 높은 편인 반면, 영남권은 중간층 비율이 33.7%로서 가장 높다. 영남권의 하층 비율이 24.9%로 다른 지역에 비해 가장 낮고, 강원/충청/제주권과 호남권은 중하층과 하층이 영남권에 비해 다소 높은 편이다.

다음으로 학력별로 살펴보면 학력과 경제상태가 거의 비례하고 있음을 볼 수 있다. 다시 말해 대학원 이상 학력자의 중상층 비율이 높은 반면, 하층은 가장 낮다. 대학 학력자의 경우 중하층 비율이 다소 높은 편이다. 고졸자의 경우 통계적으로 무의미한 무학-중졸자를 제외하고 보면 하층의 비율이 가장 높았다.

따라서 80년대 민주화운동에서 중간층과 중하층의 참여율이 높다고 할 수 있는데, 특히 학력과 주관적 계층과의 상관관계가 높게 나왔다.

다음으로 '민주화운동 당시 집안에 민주화운동 관련자가 있었느냐'는 물음에 대해 '있다'가

12.3%, '없다'가 87.4%였다. 연령·학력은 통계적으로 유의미하지 않으나, 성별로 보면 남성이 여성에 비해 가족 중 민주화운동 관련자가 있다는 응답이 많았다. 또한 성장지역별로 보면 호남권에 민주화운동 관련자가 있다는 대답이 높은 반면, 서울/경기권은 낮은 편이었다. 아마도 5·18광주민주화운동 관련자가 호남권에 집중되어 있던 상황과 관련이 있는 결과로 보인다.

〈표 III-4〉 민주화운동 참가 당시 주관적 평가 계층분포

		Total	상	중상	중	중하	하	무응답
	Total	100.0	.3	4.7	29.6	39.1	26.0	.3
성별	남	100.0	.2	4.0	29.8	38.8	27.0	.2
	여	100.0	.5	6.4	29.1	39.9	23.6	.5
연령별	3 5 ~ 4 0 세	100.0	.5	4.4	27.8	39.5	27.3	.5
	4 1 ~ 4 5 세	100.0	.0	3.9	27.4	43.5	25.3	.0
	4 6 ~ 5 0 세	100.0	.7	4.3	31.9	34.0	28.4	.7
	5 1 ~ 5 5 세	100.0	.0	8.8	38.2	32.4	20.6	.0
	기 타	100.0	.0	12.9	38.7	29.0	19.4	.0
성장지역별	서 울 / 경 기 권	100.0	.5	5.9	29.5	37.7	25.5	.9
	영 남 권	100.0	.0	5.3	33.7	36.1	24.9	.0
	호 남 권	100.0	.5	5.2	27.6	40.1	26.6	.0
	강원/충청/제주	100.0	.0	.9	26.5	45.3	27.4	.0
학력별 *	무 학	100.0	.0	20.0	.0	40.0	40.0	.0
	초 등 학 교	100.0	.0	.0	33.3	33.3	33.3	.0
	중 학 교	100.0	.0	.0	.0	40.0	60.0	.0
	고 등 학 교	100.0	1.4	2.7	20.5	38.4	37.0	.0
	대 학 교	100.0	.0	3.7	30.9	40.7	24.3	.4
	대 학 원 이 상	100.0	.9	10.6	33.6	34.5	20.4	.0
	기 타	100.0	.0	.0	50.0	16.7	33.3	.0

* p〈.05

(3) 1980년대 민주화운동 참여에 영향을 준 사람·참여 계기·활동지역

민주화운동에 참여하게 된 데에는 누구나 계기가 있었을 것이고, 보다 구체적으로는 다른 사람의 영향을 생각해 볼 수 있다. 1980년대 민주화운동을 하는 과정에서 영향을 받은 사람을 묻는 질문에 대해 선배 64.4%, 동료 18.6%, 형제·자매 3.0%의 응답이 나왔다. '부모'나 '종교 관계자', '자기 자신'이라는 사람은 소수에 불과하다.

<그림 Ⅲ-2> 민주화운동에 영향을 준 사람

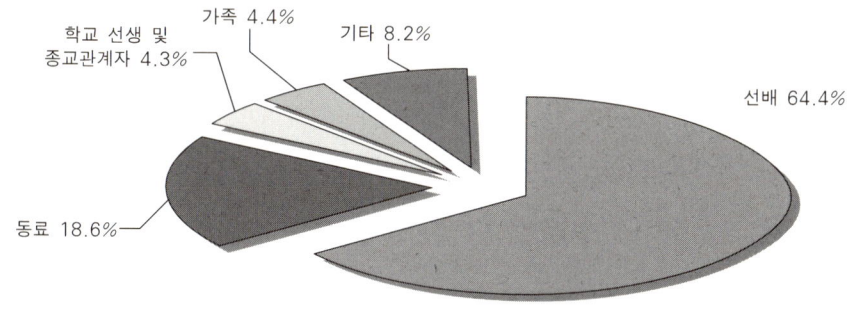

학교 선생 및 종교관계자 4.3%
가족 4.4%
기타 8.2%
선배 64.4%
동료 18.6%

■기타-후배, 자기자신, 없음, 기타 포함

성별에 따른 차이는 전혀 보이지 않으나, 연령별에는 영향력 있는 사람에 대한 대답에서 다소 뚜렷한 차이가 나타난다. 즉 나이가 적을수록 선배의 영향력이 높은 반면, 나이가 많을수록 동료의 영향력이 높다. 현재 30대 후반은 20년 전에는 10대 후반이었으므로 민주화운동을 하게 되는 데에는 선배의 역할이 컸을 것으로 추론할 수 있다. 반면 현재 50대의 경우 20년 전에 이미 30대에 진입을 하여 그 이전 세대보다 선배의 영향력이 줄어들고, 동료의 영향력이 더 상승한다.

<표 Ⅲ-5> 민주화운동에 영향을 준 사람

		Total	선배	동료	후배	선생님	부모님	형제자매	종교관계자	자기자신	없음	기타	무응답
	Total	100.0	64.4	18.6	1.0	2.9	1.4	3.0	1.4	1.3	4.1	1.7	.1
성별*	남	100.0	64.2	18.7	1.0	2.2	1.4	3.4	1.6	1.2	4.6	1.4	.2
	여	100.0	65.0	18.2	1.0	4.4	1.5	2.0	1.0	1.5	3.0	2.5	.0
연령별*	35~40세	100.0	75.1	11.2	.0	2.9	1.5	5.4	.0	.5	2.4	1.0	.0
	41~45세	100.0	66.0	19.6	.7	2.5	1.1	1.4	2.5	1.1	3.9	1.4	.0
	46~50세	100.0	57.4	22.7	.7	3.5	2.1	2.1	.0	2.8	5.7	2.8	.0
	51~55세	100.0	41.2	32.4	2.9	2.9	2.9	2.9	2.9	.0	5.9	2.9	2.9
	기타	100.0	35.5	25.8	9.7	.0	.0	6.5	6.5	3.2	9.7	3.2	.0
	무응답	100.0	75.0	.0	.0	25.0	.0	.0	.0	.0	.0	.0	.0
학력별*	무학	100.0	40.0	20.0	.0	.0	.0	.0	.0	20.0	.0	.0	20.0
	초등학교	100.0	33.3	50.0	.0	16.7	.0	.0	.0	.0	.0	.0	.0
	중학교	100.0	46.7	40.0	.0	.0	6.7	6.7	.0	.0	.0	.0	.0
	고등학교	100.0	38.4	35.6	.0	8.2	.0	2.7	1.4	2.7	9.6	1.4	.0
	대학교	100.0	69.9	17.0	.8	1.5	1.5	2.9	1.0	.6	3.5	1.2	.0
	대학원이상	100.0	63.7	9.7	2.7	4.4	.9	3.5	3.5	2.7	4.4	4.4	.0
	기타	100.0	50.0	16.7	.0	16.7	16.7	.0	.0	.0	.0	.0	.0

* p<.05

학력별로 보면, 대졸 이상일수록 선배의 영향력이 큰 반면 동료의 영향력은 적다. 즉 대학에 진입하여 사회의식을 형성하는데 선배가 가장 큰 영향력을 미친 것으로 볼 수 있다. 이는 1980년대의 대학사회가 선후배의 결속도가 높아 선배가 후배들에게 강력한 영향력을 미칠 수 있었을 것이라는 추론을 가능케 한다. 한편 고졸자의 경우 대졸자에 비해 선생님의 영향이 보다 강하게 나타나는 것은 흥미로운 점이다.

민주화운동에 영향을 준 사람에 대한 응답은 운동에 참여하게 된 계기를 묻는 질문과 관련이 있는 것으로 보인다. 1980년대 민주화운동에 참여하게 된 '계기'를 묻는 질문에 대하여 '학습모임' 40.9%, '5·18이나 6월항쟁과 같은 사건을 접한 후' 17.9%, '종교단체활동' 7.9%, '노조활동' 7.1%, '분단이나 대미예속감 자각' 5.0%, '야학활동' 3.9% 등으로 응답하였다.

〈그림 Ⅲ-3〉 1980년대 민주화운동 참여 계기

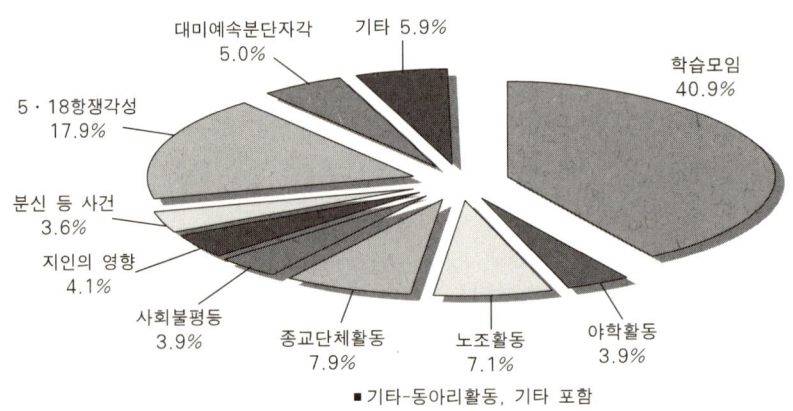

이 질문에 대한 성별 응답률에는 차이가 별로 없다. 그러나 연령별로 보면 41~45세층은 학습모임의 영향력이 컸던 반면, 35~40세층은 다른 연령층에 비해 '5·18이나 6월항쟁과 같은 사건'이 민주화운동 참여에 가장 커다란 영향을 주었고, 나이가 많을수록 '5·18'의 영향력은 적었다. 또한 나이가 많을수록 종교단체활동과 노조활동이 운동참여에 많은 영향을 끼쳤음을 알 수 있다.

지역별로 보면 서울/경기권과 영남권이 학습모임의 영향을 많이 받은 반면 호남권과 강원권은 학습모임의 영향력이 상대적으로 낮은 편이다. 또한 서울/경기권과 강원권이 5·18이나 6월항쟁과 같은 사건의 영향력이 낮은 반면, 영남권과 호남권, 특히 영남권이 5·18이나 6월항쟁과 같은 사건의 영향력이 상대적으로 높은 것은 주목할 만한 일이다.

또한 학력별로 보면, 고학력자일수록 학습모임과 5·18이나 6월항쟁과 같은 사건에 영향을 많이 받았고, 학력이 낮을수록 노조활동에 영향을 많이 받았음을 알 수 있다.

〈표 Ⅲ-6〉 1980년대 민주화운동 참여 계기

		Total	학습모임	야학활동	노조활동	종교단체활동	사회불평등	지인의영향	분신등사건	5·18각성	대미예속분단자각	동아리활동	기타	무응답
	Total	100.0	40.9	3.9	7.1	7.9	3.9	4.1	3.6	17.9	5.0	1.4	3.6	.9
연령별*	35~40세	100.0	41.0	2.9	3.9	5.4	3.4	4.4	5.4	23.9	5.9	1.0	2.0	1.0
	41~45세	100.0	46.3	2.5	7.4	7.0	2.8	4.6	1.8	16.1	4.2	1.8	4.6	1.1
	46~50세	100.0	41.1	9.9	8.5	7.1	5.7	2.8	1.4	14.2	5.7	1.4	2.1	.0
	51~55세	100.0	23.5	.0	20.6	14.7	5.9	2.9	2.9	11.8	2.9	2.9	11.8	.0
	기타	100.0	9.7	.0	6.5	29.0	6.5	6.5	16.1	16.1	6.5	.0	3.2	.0
성장지역별*	서울/경기권	100.0	44.5	6.8	5.0	5.9	2.7	3.2	2.7	16.4	4.5	3.2	2.7	2.3
	영남권	100.0	45.0	4.1	5.9	4.7	3.6	3.0	3.6	19.5	5.9	.6	3.6	.6
	호남권	100.0	34.9	1.6	7.3	13.0	4.7	6.3	4.7	19.3	4.7	.5	3.1	.0
	강원/충청/제주	100.0	38.5	1.7	12.8	7.7	4.3	4.3	3.4	15.4	5.1	.9	6.0	.0
학력별*	무학	100.0	20.0	.0	40.0	40.0	.0	.0	.0	.0	.0	.0	.0	.0
	초등학교	100.0	.0	16.7	16.7	.0	.0	.0	33.3	33.3	.0	.0	.0	.0
	중학교	100.0	20.0	6.7	60.0	6.7	6.7	.0	.0	.0	.0	.0	.0	.0
	고등학교	100.0	19.2	5.5	32.9	5.5	9.6	8.2	4.1	6.8	4.1	.0	2.7	1.4
	대학교	100.0	45.9	3.3	2.3	7.5	3.7	3.5	2.7	18.5	5.8	1.5	4.4	1.0
	대학원 이상	100.0	39.8	3.5	2.7	9.7	.9	4.4	6.2	24.8	3.5	2.7	1.8	.0
	기타	100.0	33.3	16.7	.0	16.7	.0	16.7	.0	16.7	.0	.0	.0	.0

* p〈.05

〈표 Ⅲ-7〉 1980년대 민주화운동 주요 활동지역

		Total	서울/경기권	영남권	호남권	강원/충청/제주
	Total	100.0	48.3	21.4	19.3	11.0
성별	남	100.0	43.7	23.3	20.1	12.9
	여	100.0	59.6	16.7	17.2	6.4
연령별*	35~40세	100.0	47.8	25.4	17.6	9.3
	41~45세	100.0	51.9	17.5	17.9	12.6
	46~50세	100.0	48.2	25.5	16.3	9.9
	51~55세	100.0	38.2	20.6	38.2	2.9
	기타	100.0	29.0	12.9	35.5	22.6
	무응답	100.0	50.0	25.0	25.0	.0
성장지역별*	서울/경기권	100.0	94.1	2.7	.9	2.3
	영남권	100.0	19.5	79.3	.0	1.2
	호남권	100.0	27.6	2.6	68.8	1.0
	강원/충청/제주	100.0	36.8	4.3	.9	58.1
	무응답	100.0	100.0	.0	.0	.0

* p〈.05

학습모임은 1980년대 당시 대학 전반에 형성되어 있던 문화로서 30, 40대층의 의식형성에 중요한 영향력을 끼쳤다. '누가 민주화운동에 참여하는데 영향을 주었느냐'는 앞의 질문과 관련지어 볼 때, 학습모임은 결국 선배층이 후배층에 영향을 끼치는 주요한 수단이었음을 추론해 볼 수 있다.

이제 1980년대 민주화운동 당시 주로 활동했던 지역을 살펴보도록 한다. 활동지역을 네 개 권역으로 나눠볼 때, 서울/경기권이 48.3%로 가장 많고, 영남권 21.4%, 호남권 19.3%, 강원/충청/제주지역 11.0% 순서이다.

기본변수별로 나눠 분석하면 성별, 연령별, 성장지역별 변수가 유의미한 결과를 담고 있다. 전체 빈도에 비하여 여성 참가자의 비율이 서울/경기권에서 더 높은 반면, 다른 지역에서는 여성이 남성에 비해 전체적으로 낮음을 알 수 있다. 연령별로 보면 41~45세층의 비율이 서울/경기권에서 높은 반면, 51~55세는 낮은 편이다. 네 개 연령층 중 41~45세층이 영남권에서는 낮은 반면, 다른 연령층은 비슷하게 분포되어 있다. 또한 51~55세층의 참가율이 호남권에서 가장 높게 나타나 있는데, 이는 5·18항쟁 당시 참여자들이 이번 조사에 많이 참여했거나, 호남권 민주화운동층에서 5·18항쟁세대가 차지하는 비중이 높음을 의미한다고 말할 수 있다.

(4) 1980년대 민주화운동 과정의 피해 실태

쿠데타와 1980년 광주의 유혈을 통해 권좌에 오른 신군부는 절대권력을 유지하기 위하여 국가폭력기구를 총가동하였다. 당시 국가안전기획부(현 국가정보원)는 말할 것도 없고, 국군보안사령부(현 국군기무사령부)조차도 요시찰 민간인을 감시 통제했다.[18]

이제 이번 설문조사 대상자를 통해 국가폭력 피해 실태를 밝히고자 한다. 불심검문, 구속 혹은 구금, 조사 과정의 위해, 강제징집과 군녹화사업 등의 피해와 그로 인한 후유증 문제를 살펴볼 것이다.

가. 불심검문 문제

시인 이산하는 1980년대를 '불심검문시대'(이산하, 1989)로 표현했다. 1980년대는 그만큼 불심검문이 일상화되어 있었다. 특히 1980년대 상반기까지 거의 대부분의 대학 내에 경찰이

---

18) 1990년 10월 5일, 윤석양은 육군 이등병 신분으로 당시 국군보안사령부의 민간인 불법사찰 기록을 폭로하는 양심선언을 하고 관련 자료를 공개한 바 있다.

상주하였으므로 대학생들은 수시로 불심검문을 당할 수 있는 환경에 처해 있었다.

우선 이번 조사대상자들이 불심검문을 당한 경험을 보면 '불심검문을 받은 적이 있다'가 80.6%, '없다'가 18.9%로 나타나 대다수가 경험이 있음을 확인할 수 있다.

기본변수별로 살펴보면 다음과 같다.

〈표 Ⅲ-8〉 불심검문 경험 여부

		Total	있음	없음	무응답
	Total	100.0	80.6	18.9	.6
성별*	남	100.0	89.1	10.3	.6
	여	100.0	59.6	39.9	.5
연령별*	35 ~ 40 세	100.0	81.5	18.0	.5
	41 ~ 45 세	100.0	78.6	21.1	.4
	46 ~ 50 세	100.0	85.1	14.2	.7
	51 ~ 55 세	100.0	91.2	8.8	.0
	기 타	100.0	64.5	32.3	3.2
	무 응 답	100.0	50.0	50.0	.0
학력별*	무 학	100.0	80.0	20.0	.0
	초 등 학 교	100.0	83.3	16.7	.0
	중 학 교	100.0	66.7	33.3	.0
	고 등 학 교	100.0	71.2	27.4	1.4
	대 학 교	100.0	82.4	17.2	.4
	대학원 이상	100.0	79.6	19.5	.9
	기 타	100.0	100.0	.0	.0

* p〈.05

기본변수 중 성별변수만 유의미하고 다른 변수들은 전체 단순빈도와 별로 차이가 없다. 남녀를 비교하면 남성 89.1%, 여성 59.6%로서 남성의 대다수, 여성의 3/5 가량이 불심검문의 경험이 있고, 남성에 비해 여성이 거의 네 배 가까이 경험이 없다고 응답하였다.

또한 연령별로 볼 때 전반적으로 불심검문 비율이 높은 편이지만, 40대 초반이 의외로 가장 불심검문 경험이 낮음을 알 수 있다. 또한 학력별로 보면 대학 졸업자의 유경험 비율이 가장 높고, 학력이 낮을수록 경험이 없는 사람이 많은 경향을 보인다.

다음으로 불심검문 경험자에게 '첫 불심검문 시 어떤 태도를 취했느냐'는 질문을 하였다. 각자의 태도는 〈그림 Ⅲ-4〉와 같다.

〈그림 Ⅲ-4〉 첫 불심검문에서의 태도

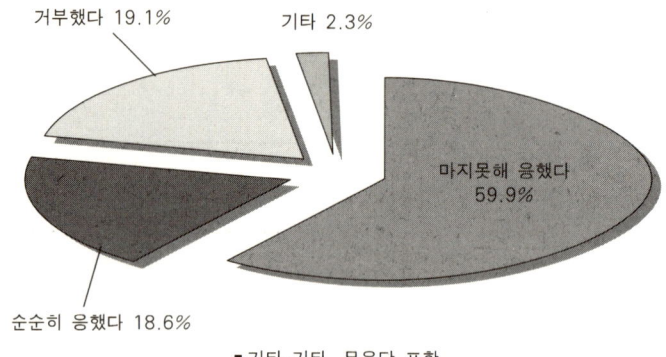

거부했다 19.1%　　　　기타 2.3%

마지못해 응했다
59.9%

순순히 응했다 18.6%
■기타-기타, 무응답 포함

　이 질문에 대한 응답으로는 '마지못해 응했다'가 59.9%, '거부했다'가 '순순히 응했다'보다 조금 많아 각각 19.1%, 18.6%를 차지하였다. 불심검문에 응한 사람이 80% 가까이 된다는 것은 검문이 그만큼 광범위하고, 강제적으로 행해졌음을 보여주는 것이라고 할 수 있다. 또한 '순순히 응했다'는 18.6%밖에 되지 않아, 불심검문에 대한 거부감이 상당히 강했음을 알 수 있다.

〈표 Ⅲ-9〉 학력별 첫 불심검문에서의 태도

N=564명		Total	순순히 응했다	마지못해 응했다	거부했다	기타	무응답
Total		100.0	18.6	59.9	19.1	1.1	1.2
학력별 *	무 학	100.0	75.0	25.0	.0	.0	.0
	초 등 학 교	100.0	20.0	20.0	60.0	.0	.0
	중 학 교	100.0	20.0	70.0	10.0	.0	.0
	고 등 학 교	100.0	17.3	53.8	26.9	1.9	.0
	대 학 교	100.0	18.9	61.2	17.9	1.0	1.0
	대학원 이상	100.0	16.7	62.2	17.8	.0	3.3
	기 타	100.0	.0	33.3	50.0	16.7	.0

* p<.05

　기본변수별로 보면 유의미한 차이는 없는 것으로 나타났다. 즉 성별이나 연령별 성장지역별로 불심검문 태도에서 전체 빈도와 차이가 없다. 다만 학력별 태도에서 차이가 나타났다. 즉 학력이 낮을수록 불심검문에 대해 '순순히 응했다'는 응답률이 높은 반면 학력이 높을수록 '마지못해 응했다'는 응답률이 높다.

1980년대 당시에는 불심검문이 "경찰관직무집행법" 제3조 "(불심검문) ① 경찰관은 수상한 거동 기타 주위의 사정을 합리적으로 판단하여 어떠한 죄를 범하였거나 범하려 하고 있다고 의심할 만한 상당한 이유가 있는 자 또는 이미 행하여진 범죄나 행하여지려고 하는 범죄행위에 관하여 그 사실을 안다고 인정되는 자를 정지시켜 질문할 수 있다"[19]에 의거하여 집행되었다. 그러나 일반적으로 경찰관이 불심검문하는 합리적 이유나 의심할 만한 상당한 이유를 밝히는 예는 없다고 볼 수 있다. 또한 불심검문을 거부할 수 있는 권리는 1988년 개정법에서야 보장되었기 때문에 1980년대 중반까지는 불심검문을 거부하는 것 자체가 경찰 직무집행을 방해하는 것으로 처벌받을 수 있는 악법이었다.

그럼에도 불구하고 당시에는 법률가조차 불심검문 자체에 대해 문제제기하지 않았다. 민주화가 되고 나서야 비로소 일제 강점기에 만들어진 불심검문이 피해자들의 인권을 침해하는 행위(박원순, 2003)이며, 모든 사람들에게 자기검열기제를 내면화시키는 폭력적 제도라는 인식을 갖게 되었다.

나. 구속/구금 문제

불심검문이 일반인에게도 광범위하게 적용된 것이라면, 구속 및 구금은 보다 구체적으로 민주화운동 참여자에게 직접 가해진 피해라고 볼 수 있다. 1980~1990년까지 '집회 및 시위에 관한 법률'에 따른 구속자는 대략 4,206명(정해구, 2002: 413), 국가보안법 구속자 수 약 2,280명에 달했다(민주화실천가족운동협의회, 2003). 그런데 1986년 한 해만 해도 건국대사건으로 총 1,525명이 연행되고, 1,285명이 구속되며, 그 중 395명이 기소되는 현상이 빚어졌다(서중석, 1988: 51). 한편 지금까지 공개된 통계자료에서 구금자 숫자는 정확하게 파악할 수 없었다. 이번 조사에서 민주화운동으로 인하여 '구속이나 구금된 적이 있다'가 72.4%, '없다'가 27.0%로 나타나서 거의 3/4에 가까운 사람이 구류 이상의 강제 처분을 당했다.

a. 구속/구금 경험 유무

기본 변수에 따른 구속 및 구금 상황을 보면 성장지역별, 학력별 변수에서 의미 있는 차이를 발견하기는 어렵다. 다만 성별과 연령별 구속 및 구금 여부를 보면 유의미한 차이를 보이고 있다.

---

19) 참고: http://www.lawnb.com/lawinfo/law/info_law_searchview.asp?ljo=l&dawid=00015300(2007/06/23 검색).

〈표 Ⅲ-10〉 구속/구금 경험 유무

		Total	있음	없음	무응답
	Total	100.0	72.4	27.0	.6
성별*	남	100.0	78.7	20.7	.6
	여	100.0	57.1	42.4	.5
연령별*	3 5 ~ 4 0 세	100.0	62.9	36.1	1.0
	4 1 ~ 4 5 세	100.0	71.2	28.1	.7
	4 6 ~ 5 0 세	100.0	87.2	12.8	.0
	5 1 ~ 5 5 세	100.0	76.5	23.5	.0
	기 타	100.0	77.4	22.6	.0
	무 응 답	100.0	50.0	50.0	.0

* p< .05

우선 연령별 구속 및 구금 유무를 살펴보면, 46~50세층이 구속 경험이 가장 많은 반면, 없다는 대답 역시 가장 적다. 반면 35~40세층이 '경험 있음'이 가장 적고 '없음'이 가장 많다. 이는 연령별 민주화운동의 참여자 비율은 41~45세층이 가장 많지만, 46~50세층이 운동에 대한 책임을 더 많이 지는 층이었음을 추론할 때 이 층의 구속/구금자 비율이 높은 것은 당연한 결과라고 할 수 있다.

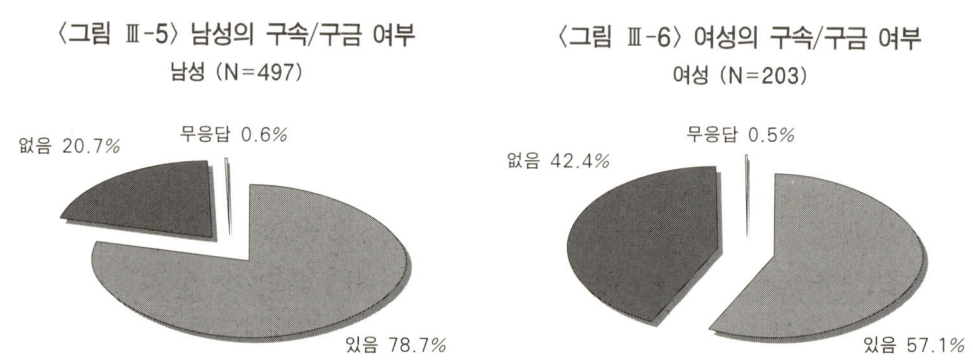

〈그림 Ⅲ-5〉 남성의 구속/구금 여부
남성 (N=497)

없음 20.7% 무응답 0.6%
있음 78.7%

〈그림 Ⅲ-6〉 여성의 구속/구금 여부
여성 (N=203)

없음 42.4% 무응답 0.5%
있음 57.1%

또한 성별로 보면, 남녀 모두 민주화운동 경험으로 인하여 구속 및 구금의 경험이 있는 사람이 과반수가 되고 있다. 그러나 구속/구금 경험이 없는 사람을 성별로 나눠 보면, 남성 20.7%, 여성 42.4%를 나타내어 여성이 남성에 비해 두 배 넘게 경험이 없는 것으로 나타났다. 남녀 간에 나타나는 구속/구금 경험의 차이가 남녀의 민주화운동에 대한 참여도나 헌신도의 차이를 의미하는 것인가에 대해서는 생각해 볼 여지가 있다.

b. 구속/구금 사유

이제 구속/구금 경험자를 중심으로 구속 사유를 살펴보고자 한다. 구속 사유를 높은 비율 순서로 보면 '집회 및 시위' 56.2%〉'점거농성' 15.4%〉'조직사건' 13.0%〉'노동운동관련' 5.9%〉'국가보안법 저촉' 3.6% 등이다

〈그림 Ⅲ-7〉 구속/구금 사유 (N=507)

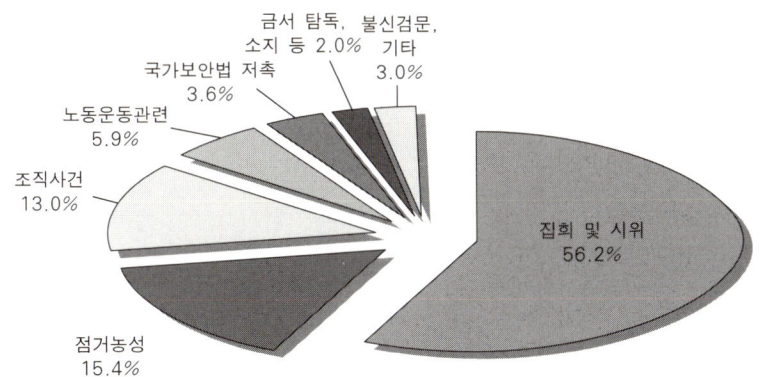

기본변수별로 구속/구금 사유를 살펴보면 성별과 연령별 변수가 유의미한 차이를 보이고 있다. 성별에서 보면 구속/구금 차이에 있어서 '집회 및 시위'나 '점거 농성' 비율에는 별로 차이가 없다. 다만 여성의 경우 노동운동 관련 구속자 비율이 높은 반면, 국가보안법 저촉 비율은 남성에 비해 현저하게 낮은 편이다.

〈표 Ⅲ-11〉 구속/구금 사유

N=507명		Total	집회 및 시위	점거 농성	조직 사건	노동운 동관련	국가보안 법 저촉	금서탐독, 소지 등	불심검문, 기타	무응답
Total		100.0	56.2	15.4	13.0	5.9	3.6	2.0	3.0	1.0
성별*	남	100.0	56.8	15.3	13.6	4.1	4.3	2.0	12.5	1.3
	여	100.0	54.3	15.5	11.2	12.1	.9	1.7	14.3	.0
연령별*	35~40세	100.0	61.2	17.1	7.8	3.1	6.2	.0	3.1	1.6
	41~45세	100.0	55.7	21.2	9.9	5.9	2.5	2.0	2.0	1.0
	46~50세	100.0	57.7	7.3	16.3	9.8	1.6	3.3	4.0	.0
	51~55세	100.0	42.3	.0	34.6	.0	7.7	3.8	7.7	3.8
	기 타	100.0	37.5	16.7	29.2	8.3	4.2	4.2	.0	.0
	무응답	100.0	.0	.0	100.0	.0	.0	.0	.0	.0

* p〈.05

또한 연령별로 보면 나이가 젊을수록 집회 및 시위와 점거농성 관련자의 비율이 높고, 나이가 많을수록 조직사건에 의한 구속자 비율이 높다. 1980년대 유달리 많았던 집회와 시위 사건이나 건국대학교 점거농성사건을 비롯한 수많은 점거농성사건들의 주역이 당시 20대 초중반의 대학생들이었음을 감안할 때 이러한 추세를 띠는 것은 현실을 비교적 잘 반영하는 결과라 할 수 있다.

c. 구속/구금 기간

구속/구금기간은 1980년대 민주화운동 과정에서 구속 및 구금되었던 모든 기간을 합친 개념이다.

〈표 Ⅲ-12〉 구속/구금 기간

N=507		Total	6개월 미만	6개월~ 1년 미만	1년~ 2년 미만	2년 이상	무응답
	Total	100.0	61.7	14.8	14.0	6.1	3.4
성별*	남	100.0	57.0	14.8	16.6	7.9	3.6
	여	100.0	77.6	14.7	5.2	.0	2.6
연령별*	3 5 ~ 4 0 세	100.0	71.3	12.4	8.5	2.3	5.4
	4 1 ~ 4 5 세	100.0	62.6	15.8	14.8	3.0	3.9
	4 6 ~ 5 0 세	100.0	55.3	16.3	19.5	7.3	1.6
	5 1 ~ 5 5 세	100.0	38.5	19.2	11.5	30.8	.0
	기 타	100.0	58.3	8.3	12.5	20.8	.0
	무 응 답	100.0	100.0	.0	.0	.0	.0

* p<.05

구속/구금 경험이 있는 507명의 응답자의 구속/구금기간은 '6개월 미만' 61.6%〉 '6개월~1년 미만' 14.8%〉 '1년~2년 미만' 14.0%〉 '2년 이상' 6.1% 순서이다.

성별로 나눠서 보면 여성이 남성보다 6개월 미만의 구속자 비율이 높은 반면, 1년~2년 미만은 남성이 3배 이상 높고, 여성의 경우 2년 이상의 구속자는 없다. 이번 설문조사 참여자의 특성이 반영되어 사실 관계에서 다소 틀릴 수는 있으나, 경험적으로 보면 민주화운동 구속자 중 구속 기간이 2년 이상이 되는 여성은 많지 않은 편이다.

연령별 구속기간을 보면 연령이 낮을수록 6개월 미만 구속자의 비율이 높고, 연령이 높을수록 2년 이상 구속자의 비율이 높음을 명확하게 볼 수 있다. 또한 6개월~1년 미만 기간에서도 이러한 추세가 분명하게 나타나고 있다. 다만 46~50세층의 경우 1년~2년 미만자의 비율이 가장 높다.

1980년대 민주화운동 과정에서 구속기간은 6개월 미만이 가장 많았다. 젊을수록 구속기간이 짧은 반면, 50대층은 구속기간 2년 이상자가 가장 많았다.

d. 조사 및 구속 기간 정신적·신체적 위해 여부

1980년대에는 조사 및 구속 기간에 수많은 정신적·신체적 위해 사실이 보도된 바 있다. 특히 조직사건이나 배후 등을 파헤치는 수사 과정에서 여러 건의 위해 사실이 밝혀져 전두환 정권에 대한 사회적 공분을 낳기도 했다. 대표적인 사건으로 1987년 1월의 남영동 대공분실의 박종철 고문치사사건과 1986년 부천경찰서 문귀동에 의한 권인숙 성고문사건, 이근안 고문경찰에 의한 김근태 고문사건 등을 꼽을 수 있다. 그러나 국가기구에 의한 폭력(이병천·조현연 편, 2001: 22-23)은 이런 사건이 처음도 끝도 아니었다. 이번 조사의 민주화운동 참여자들로부터 보다 구체적인 피해사실을 알아보자.

조사대상자 가운데 구속/구금의 경험이 있는 507명은 "조사 및 구속 기간에 정신적·신체적 위해를 당한 적이 있느냐"라는 질문에 대해 '있다' 82.6%, '없다' 16.0%로 응답했다. 보다 구체적인 사항을 기본변수별로 살펴보겠다.

〈표 Ⅲ-13〉 구속/구금 기간 중 정신적·신체적 위해 여부

N=507		Total	있음	없음	무응답
Total		100.0	82.6	16.0	1.4
성별*	남	100.0	84.9	14.1	1.0
	여	100.0	75.0	22.4	2.6
학력별*	무 학	100.0	100.0	.0	.0
	초 등 학 교	100.0	40.0	40.0	20.0
	중 학 교	100.0	88.9	11.1	.0
	고 등 학 교	100.0	71.1	26.7	2.2
	대 학 교	100.0	83.4	15.5	1.1
	대학원이상	100.0	85.9	12.8	1.3
	기 타	100.0	100.0	.0	.0

* $p < .05$

연령별이나 성장지역별 변수는 위해 여부와 별로 상관관계가 없다. 성별 변수에서 보면 남녀 간에 위해 여부의 차이가 있는데, 여성은 '없다'는 응답이 남성에 비해 1.5 배 정도 나왔고, '있다'는 응답은 현저히 낮음을 볼 수 있다.

또한 학력별로 보면, 학력이 높을수록 위해 사실 '있다'의 응답률이 높은 반면, '없다'는 낮은 편이다.

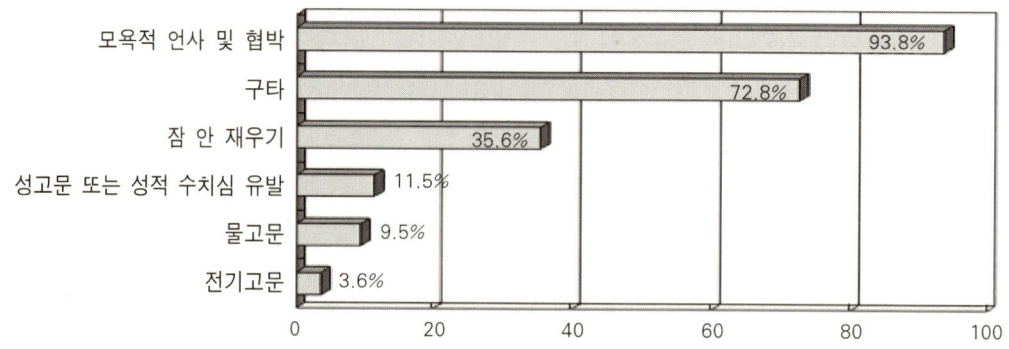

〈그림 Ⅲ-8〉 각종 정신적, 신체적인 위해 여부 (N=419명, 단위: %)

이번에는 각종 정신적, 신체적 위해를 당한 적이 '있다'고 대답한 419명이 경험한 정신적·신체적 위해의 유형에 대해 살펴보겠다. 일반적으로 가장 많이 겪은 위해는 '모욕적 언사 및 협박'과 같은 정신적 위해로서 93.8%가 경험을 갖고 있다고 응답했다. 다음이 신체적 위해로서 구타〉잠안재우기〉성고문〉물고문〉전기고문 등의 순서이다.

통계학적으로 유의미한 기본변수를 찾아보면 성별에서는 여성보다 남성이 모욕적 언사와 협박의 경험을 더 많이 했다고 응답했고, 구타, 물고문도 더 많이 경험했다. 또한 성고문이나 성적 수치심 유발의 경우에는 여성이 남성보다 더 많이 경험했다.

연령별로 보면 나이가 많을수록 잠안재우기와 물고문을 더 많이 당했다. 구타와 같은 위해에 비해 잠안재우기나 물고문은 사안의 비중이 훨씬 큰 사건, 예를 들면 조직사건 연루자들에게 주로 가해지는 고문이라고 볼 때, 앞의 〈표 Ⅲ-11〉과 연관 지어 보면 이해 가능한 결과이라고 할 수 있다.

성장지역별로 보면 호남권이 물고문을 더 많이 당한 반면, 서울/경기권이 성고문을 더 많이 당했다는 응답이 통계학적 유의미도(p<.05)를 갖고 있다. 이는 새로운 사실이라고 할 수 있는데, 만일 호남권의 물고문 경험자들이 5·18광주민주화운동을 배경으로 하고 있다면 계엄군 치하의 강도 높은 수사가 펼쳐지던 상황에서 물고문을 받은 사람이 많았으리라고 추론할 수 있다. 또한 〈표 Ⅲ-7〉에서 보듯 서울/경기권의 구속/구금자 수에서 상대적으로 여성의 비율이 높았던 것을 감안한다면 서울/경기권에서 성고문을 받은 비율이 높게 나타나는 점을 이해할 수 있다.

다음으로 학력별로 보면 대졸 학력자가 구타와 물고문을 가장 많이 당했고, 학력이 높을수록 잠안재우기 고문을 당했다는 응답률이 더 높다. 한편 고졸자가 성고문을 당했다고 응답한 비율이 높다.

따라서 일반적으로 언어·정신적 폭력이 가장 널리 사용된 위해 유형이다. 모욕적 언사,

협박과 구타가 구속/구금 조사에서 많이 사용된 경향이 있으며, 상대적으로 물고문이나 전기고문은 덜 사용된 것으로 나타났다.

e. 강제징집과 군녹화사업 문제

강제징집은 전두환 정권 당시 정권에 반대하는 대학생을 대상으로 영장을 발부하는 등과 같은 절차도 없이 강제로 징집했던 것을 말한다. 또한 군녹화사업은 1982년 9월 국군보안사령부가 '녹화사업전담공작과(이후 심사과로 개칭)'를 설치하여 강제징집자를 관제 프락치로 활용하여 정보를 수집하고, 학생운동을 탄압하려는 목적으로 실시된 것이다.

국방부 과거사진상규명위원회(위원장 이해동, 2005년 발족)의 발표에 따르면,

> 5공정권은 1980년 9월부터 1984년 11월 사이에 학생운동에 참여한 대학생 가운데 제적·정학 및 휴학생 등을 '특수 학적 변동자'란 이름의 강제징집 대상으로 지정해 1,152명을 약식절차에 따라 징집한 것으로 밝혀졌다. 또한 학생운동 전력자 등을 대상으로 1982년 9월~1984년 12월까지 '군내 좌경오염방지' 명목으로 1,192명에 대해 이른바 '녹화사업'을 실시한 사실을 확인했다(『한겨레』, 2006/07/13).

그렇다면 조사대상자 가운데 강제징집과 녹화사업을 당한 수는 얼마나 될까? 조사대상자 700명 중 남:녀는 각각 497:203인데, 남성 497명 중 24명 즉 4.8%가 강제징집을 당했다고 응답하였다. 비록 남성의 24명은 미미한 숫자일는지 모르지만, 국방부 과거사진상규명위원회가 밝혔듯 1,152명이 강집을 당했다면, 결국 이들이 강집자의 모집단이 될 터이다. 80년대 후반 100만 대학생 가운데 1,152명(0.1%)이 강집당했다고 한다면 조사대상 남성 497명 중 24명은 오히려 과잉표집된 것이라고도 볼 수 있다.

이제 남성들 가운데 강제징집에 나타난 위해 유형은 어떤 것이었는가를 살펴보겠다. 이들이 겪은 위해 형태로 가장 많은 것은 군기관의 감시였다. 거의 대부분이 이를 겪었다고 하며, 군대생활 중에도 군 기관에 연행되어 조사받은 사람들이 반수를 넘었다. 그리고 실제로 프락치 활동을 강요받은 사람도 20.8%나 되었다.

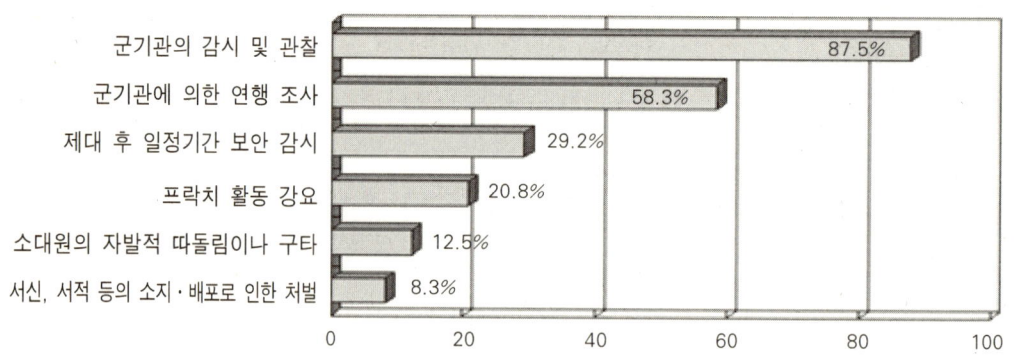

〈그림 Ⅲ-9〉 강제징집에서 경험한 위해의 유형 (N=24명, 단위%)

- 군기관의 감시 및 관찰: 87.5%
- 군기관에 의한 연행 조사: 58.3%
- 제대 후 일정기간 보안 감시: 29.2%
- 프락치 활동 강요: 20.8%
- 소대원의 자발적 따돌림이나 구타: 12.5%
- 서신, 서적 등의 소지·배포로 인한 처벌: 8.3%

f. 조사, 구속, 강제징집 이후 정신적·신체적 후유증

조사, 구속, 강제징집 등을 겪고 난 후 나타난 신체적 후유증은 각종 장애나 질환 등을 의미한다. 그러나 정신적 후유증은 일종에 외상후스트레스, 즉 '트라우마'라고 말할 수 있다. 이번 조사에서 조사와 구속 과정, 강제징집을 당한 사람, 이 모두를 포괄하면 510명이었다. 이들에게 정신적·신체적 후유증 유무를 물었을 때 '있다' 21.2%, '없다' 67.3%였다.

〈표 Ⅲ-14〉 조사, 구속, 강제징집 이후 정신적·신체적 후유증 유무

N=510		Total	있음	없음	무응답
Total		100.0	21.2	67.3	11.6
성별*	남	100.0	24.1	65.2	10.7
	여	100.0	11.2	74.1	14.7
연령별*	35~40세	100.0	7.8	76.7	15.5
	41~45세	100.0	18.0	70.2	11.7
	46~50세	100.0	27.6	64.2	8.1
	51~55세	100.0	63.0	33.3	3.7
	기타	100.0	41.7	41.7	16.7
	무응답	100.0	.0	100.0	.0
학력별*	무학	100.0	.0	75.0	25.0
	초등학교	100.0	20.0	40.0	40.0
	중학교	100.0	.0	88.9	11.1
	고등학교	100.0	28.9	40.0	31.1
	대학교	100.0	19.3	70.2	10.5
	대학원이상	100.0	29.1	67.1	3.8
	기타	100.0	20.0	80.0	.0

* p<.05

정신적 · 신체적 후유증을 묻는 질문을 성별로 보면 남성이 여성에 비해 두 배 이상 '있다'의 응답률이 높다. 이 문제는 구속조사의 강도나 구금의 기간 및 구금 생활의 강도 등이 여성보다 남성이 더 높다는 것을 의미하는 것이다.

연령별로 보면 연령이 높을수록 후유증이 많이 나타난다. 특히 51~55세층의 63% 정도가 후유증을 경험하고 있다. 이는 나이 자체가 신체의 강도를 보여주기 때문에 20, 30대의 경험이 신체의 노쇠가 진행되면서 나타나는 문제일 수 있다. 한편 앞에서 보았듯이 51~55세층이 조직사건의 경험이 많고, 조사과정의 위해 유형으로서 잠안재우기나 물고문 등을 많이 당했던 결과로도 볼 수 있다.

또한 학력별로 보면 대학 졸업자가 다른 학력자에 비해 후유증이 덜 나타난다고 응답하였다. 이 부분은 연령상 35~40세에 대학 졸업자층이 많이 포함된 결과로 해석할 수 있다.

이제 남아 있는 후유증의 유형별 특성을 살펴보도록 하겠다. 먼저 정신적 후유증의 유형을 보면 다음과 같다.

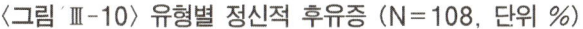

〈그림 Ⅲ-10〉 유형별 정신적 후유증 (N=108, 단위 %)

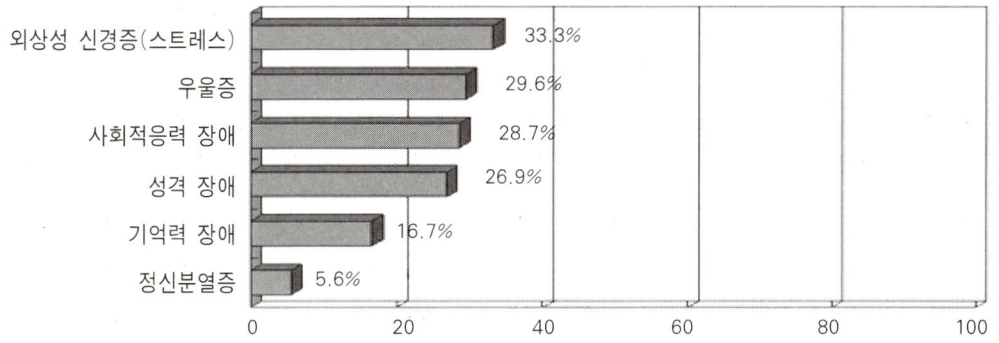

외상성신경증은 33.3%, 우울증, 사회적응력 장애, 성격장애 등의 후유증도 3~4명 가운데 1명꼴로 나타나고 있다. 심하게는 기억력 장애를 겪는 사람도 있고, 정신분열증도 20명 중 1명꼴로 경험하고 있다.

다음으로 신체적 후유증을 살펴보도록 한다. 신체적 후유증을 겪고 있는 108명 중 37명 (32.3%)이 '허리 또는 목 디스크'를 앓고 있고, 23.1%나 되는 사람이 신체절단 또는 훼손을 경험하였다. 가장 많은 응답이 나온 '허리 또는 목 디스크' 같은 경우 성별로 보면 남성이 여성에 비해 조금 더 많고, 연령별로 보면 51~55세층의 52.9%가 후유증을 경험하였다고 응답하였다.

〈그림 Ⅲ-11〉 유형별 신체적 후유증 (N=108명, 단위 %)

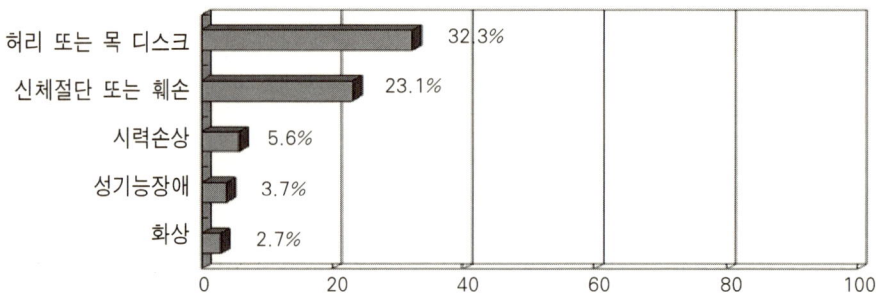

성장지역별로 보면 호남권의 50%가 후유증을 경험하였다. 학력별로 보면 대졸 학력자의 38.6%가 후유증을 경험하여 1980년대 민주화운동 참여자에게 '허리 또는 목 디스크' 후유증 문제는 시간이 지날수록 더 큰 문제로 대두될 것이라고 예측할 수 있다.

g. 정신적·신체적 후유증에 대한 치료 여부

1980년대 민주화운동 참여자 가운데 적지 않은 사람들이 정신적·신체적 후유증을 겪고 있다. 그러나 현실적으로 이들은 제대로 치료조차 받지 못하는 경우가 많다. 후유증이 있는 사람들 가운데 '거의' 또는 '전혀' 치료 받지 못하고 있다고 대답한 사람이 60%가 넘었다. 이번 조사에 참여한 사람들의 상당수가 30~40대층이므로 앞으로 이러한 후유증 환자가 더 나올 가능성이 있다. 특히 정신적 후유증 환자의 방치는 증세를 악화시켜 가정과 사회적 문제로 확대될 수 있다.

〈그림 Ⅲ-12〉 정신적·신체적 후유증에 대한 치료 여부 (N=108)

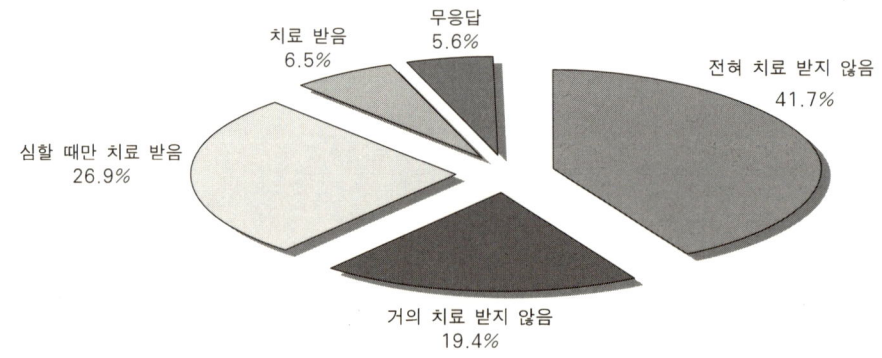

h. 정신적 · 신체적 후유증이 낳은 문제

정신적 · 신체적 후유증은 후유증으로 그치는 것이 아니라 여러 가지 형태의 문제를 낳을 가능성이 있다. 많은 사람이 응답한 순서로는 '실직, 미취업으로 인한 경제적 어려움' 25.9% 〉 '기타' 25.9% 〉 '인간관계 형성 장애' 21.3% 〉 '의료비 과다 지출' 9.3% 〉 '가족해체' 3.7% 등이다.

'실직이나 미취업 등으로 경제적 어려움을 겪고 있다'는 응답률이 높은 원인은 민주화운동 자체가 구직 활동에 부정적인 영향을 주었기 때문이라고도 볼 수 있고, 만일 10여 년간 민주화운동을 했다면 사회적 경력을 쌓는데 그만큼 마이너스(−) 요인이 되었을 수 있기 때문에 실직이나 미취업의 문제를 겪는다고 볼 수 있다.

연령별로 보면 35~40세층이 실직 등의 경제적 어려움을 가장 많이 겪고 있다. 이 층이 경제적 어려움을 많이 겪고 있는 것은 민주화운동 요인과 함께 1997년 외환위기 당시 사회경제적 활동을 막 시작했던 층으로서 기업구조조정 정책을 직접 경험하게 되었거나, 구조조정 상황을 경험했기 때문으로 볼 수 있다. 이 연령층에서 인간관계 형성 장애가 보다 많이 나타나는 것은 이러한 경험을 반영하는 것이라고 볼 수 있고, 이런 이유로 이들에게서 '사회적 고립감을 맛본다'는 응답도 높게 나왔으리라고 추측하게 된다.

〈표 Ⅲ-15〉 정신적 · 신체적 후유증이 낳은 문제

N=108		Total	가족 해체	인간관계 형성 장애	실직 등 경제적 어려움	의료비 과다 지출	기타	없음	무응답
Total		100.0	3.7	21.3	25.9	9.3	25.9	1.9	12.0
연령별*	3 5 ~ 4 0 세	100.0	.0	30.0	40.0	.0	20.0	.0	10.0
	4 1 ~ 4 5 세	100.0	2.7	16.2	29.7	16.2	16.2	2.7	16.2
	4 6 ~ 5 0 세	100.0	5.9	26.5	17.6	5.9	35.3	.0	8.8
	5 1 ~ 5 5 세	100.0	.0	23.5	35.3	11.8	23.5	.0	5.9
	기 타	100.0	10.0	10.0	10.0	.0	40.0	10.0	20.0
성장지역별*	서울/경기권	100.0	6.5	29.0	29.0	9.7	22.6	.0	3.2
	영 남 권	100.0	4.2	12.5	25.0	4.2	29.2	4.2	20.8
	호 남 권	100.0	2.8	22.2	27.8	13.9	25.0	.0	8.3
	강원/충청/제주	100.0	.0	17.6	17.6	5.9	29.4	5.9	23.5

* p<.05

성장지역별로 보면 서울/경기권에서 경제적 어려움이나 인간관계 형성의 어려움을 겪고 있다고 응답한 비율이 다른 지역에 비해 높은 편이다. 주목해야 할 점은 다른 지역의 응답에 비해 호남권의 응답에서 의료비 과다 지출 문제가 높게 나타난다는 점이다. 이 문제는 앞에서도 살펴본 조사 및 구금 과정에서 강도 높은 위해, 즉 물고문을 당했다는 응답률이나 허리, 목 디스크 후유증에 대한 응답률이 높은 점과 연관해 보면 이해 가능하다.

이상과 같은 자료를 토대로 볼 때 1980년대 민주화운동세력들은 불심검문, 강제징집과 녹화사업, 구속/구금 등과 같은 광범위한 국가폭력에 노출되어 있었고, 폭력의 경험은 아직도 신체적·정신적 후유증으로 남아 있다. 민주화운동과정에서 발생한 희생과 고통, 그리고 지금까지 지속되는 신체적·정신적 고통에 대한 치유책이 하루라도 빨리 국가·사회적으로 모색되어야 한다.

2) 1980년대 민주화운동 경험이 사회활동과 가족생활에 미친 영향

1980년대 민주화운동이 한국 현대사에서 기념비적 역할을 한 것은 부인할 수 없을 것이다. 그러나 20년의 시간이 지나고 보니 1980년대 민주화운동은 극소수의 성공(?)한 386 정치인을 제외한 대다수의 개인에게는 '상처뿐인 영광'인지도 모르겠다. 상당수의 사람들은 신체적·정신적 위해에 따른 후유증을 겪고 있지만, 이들 중 과반수의 사람은 치료도 받지 못한 채 방치되어 있다. 여기에서는 이들이 자신들의 민주화운동 경력으로 인해 현재 겪고 있는 사회적 어려움이나, 가정사적 어려움을 짚어 보고자 한다.

(1) 1980년대 민주화운동이 사회활동에 끼친 영향

민주화운동 경력을 가진 사람이 사회활동을 하는 데에 그 경력이 긍정적으로 작용할 수 있을까? 최근 민주화시대에도 특정한 영역에서 활동하고 있는 사람, 예컨대 정치활동을 하거나 시민사회단체 활동을 하는 사람 등이 아니라면, 민주화운동의 경력이 자신의 사회활동에 긍정적으로 작용하고 있다고 단정하기는 어렵다. 그리고 자신이 사회활동에서 여러 가지 어려움을 겪고 사는 것이 민주화운동의 낙인 때문이라고 해석할 가능성도 없지 않아 있을 수 있는 게 우리 사회의 분위기이다. 우선 1980년대 민주화운동이 각 개인의 사회활동에 어떤 영향을 미쳤다고 판단하고 있는지를 살펴보자.

주관적으로 민주화운동 경력으로 인해 사회활동에 어려움을 당했다고 생각하고 있는 문제의 순서를 보면, '취업 및 직업 선택의 어려움' 53.4%〉 '정보기관 및 경찰 등의 감시로 사회활동 위축' 39.4%〉 '주위로부터의 냉대 혹은 따돌림' 19.9%〉 '해직 또는 해고' 19.1% 등으로 응답하였다. 반면 민주화운동 경력이 승진 등 여타 문제에 어려움을 가져왔다고 생각하는 사람은 7.7%에 불과했다.

〈그림 Ⅲ-13〉 1980년대 민주화운동이 사회활동에 끼친 어려움

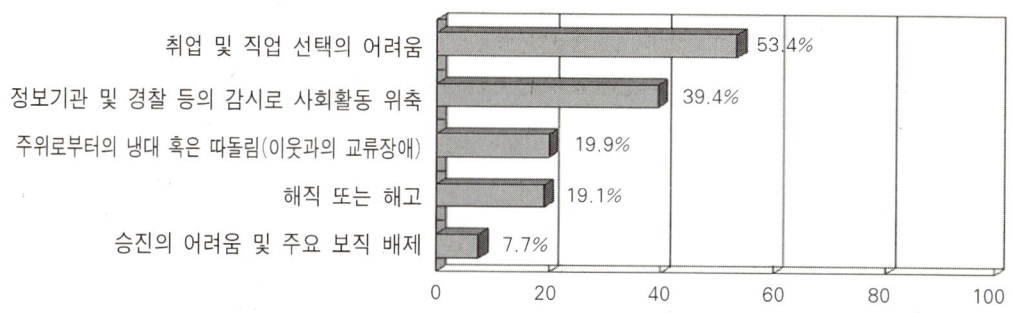

취업 및 직업 선택의 어려움 ... 53.4%
정보기관 및 경찰 등의 감시로 사회활동 위축 ... 39.4%
주위로부터의 냉대 혹은 따돌림(이웃과의 교류장애) ... 19.9%
해직 또는 해고 ... 19.1%
승진의 어려움 및 주요 보직 배제 ... 7.7%

기본 변수별로 볼 때, 통계학적으로 유의미도를 가지는 것은 연령별에 따른 어려움에 대한 응답이다. 보다 구체적으로 연령별 사회활동에서 나타나는 어려움의 유형을 살펴보겠다.

취업/직업선택의 어려움은 연령별로 보면 41~45세와 51~55세층이 어려움을 겪었다는 응답률이 높았고, 그 다음이 46~50세층, 35~40세층으로 나왔다.

또한 정보기관의 감시로 사회활동이 위축되었다고 느끼는 경우는 연령별로 보면 나아가 많을수록 그렇다고 느끼는 사람이 많았다. 이를 연령별 구속 사유와 연관해보면 젊은 층은 상대적으로 집회 및 시위 사건으로 구속된 사람이 많았지만, 나이가 많을수록 조직사건,

〈표 Ⅲ-16〉 연령별 사회활동의 어려움의 유형

어려움 유형 \ 유무		35~40세	41~45세	46~50세	51~55세	기타	무응답
취업/직업 선택의 어려움*	있 음	42.9	61.8	54.6	61.8	32.3	50.0
	없 음	56.6	36.5	44.7	38.2	67.7	50.0
	무응답	0.5	1.8	0.7	00	0.0	0.0
정보기관 감시로 사회활동 위축*	있 음	24.9	36.5	58.2	64.7	51.6	25.0
	없 음	74.6	61.8	41.1	35.3	48.4	75.0
	무응답	0.5	1.8	0.7	0.0	0.0	0.0
이웃과의 교류 장애*	있 음	12.7	15.8	28.4	35.3	51.6	0.0
	없 음	86.8	82.5	70.9	64.7	48.4	100.0
	무응답	0.5	1.8	0.7	0.0	0.0	0.0
해직 또는 해고*	있 음	11.7	18.9	27.0	23.5	25.8	50.0
	없 음	87.8	79.3	72.3	76.5	74.2	50.0
	무응답	0.5	1.8	0.7	0.0	0.0	0.0
승진의 어려움 및 주요 보직 배제*	있 음	5.4	4.9	14.2	14.7	12.9	0.0
	없 음	94.1	93.3	85.1	85.3	87.1	100.0
	무응답	0.5	0.5	0.7	0.0	0.0	0.0
N=700	Total	100.0	100.0	100.0	100.0	100.0	100.0

* p<.05

예를 들면 간첩단사건 등에 많이 연루가 되어 '요시찰인'으로 낙인찍혔을 가능성이 높다. 이는 경찰이나 정보기관의 감시를 받을 가능성을 높였을 것이고, 사회활동에도 영향을 미쳤을 것이라고 볼 수 있다.

또한 이웃과의 교류 장애 문제도 나이가 많을수록 어려움이 크다고 느끼는 사람이 많았다. 이 문제 역시 위의 문제와 연동되어 있다. 1980년대 엄혹한 독재정권 하에서도 민주화운동세력에 대해 '독립운동가'로 존경을 표하던 분위기가 있었다. 반면 조작여부와 상관없이, 간첩단사건과 같은 조직사건에 대해서는 일반인들은 예나 지금이나 여전히 레드콤플렉스적인 반응을 보인다. 경찰이나 정보기관의 감시 혹은 사상적 낙인은 이웃형성에 큰 제약요인으로 작용했을 것이라고 볼 수 있다.

이상과 같이 1980년대 민주화운동의 경험은 1980년대로서 끝나지 않고, 개인에 따라 특히 연령대에 따라서 긴 그림자를 드리우고 있다. 그 중에서도 경제생활의 어려움은 특히 심각하다고 할 수 있다. 연령대에 따라서 짧게는 10년, 길게는 30년 사회생활을 해야 하는 입장에서 보면, 이는 개인적으로나 가족에게나 커다란 문제가 되고 나아가 사회문제로 확산될 소지가 있다. 단, 이들의 어려움에 대한 원인은 자신이 평가하는 것이고, 높은 개연성이 있는 것이지, 그 자체가 객관적 타당성을 갖는 것이라고 단정 지을 수는 없다.

(2) 1980년대 민주화운동 경험이 가족생활에 미친 영향

개인의 민주화운동의 경력이 가족생활에도 영향을 미칠까? 경험적으로 볼 때 민주화운동이 간혹은 가족 결속력을 강화하고 사랑의 공동체임을 확인시킨다. 예를 들어 '민주화가족협의회' 회원들의 가족이 그런 경우에 가깝다. 아들이나 딸이 민주화운동 중에 구속되거나 희생되자, 그 부모, 형제자매, 배우자가 나서서 석방운동과 함께 구속·판결의 부당성을 홍보하는 과정에 자연스럽게 가족들이 적극적으로 피구속자의 대리인으로서 사회활동을 하는 경우가 있다. 그러나 많은 경우 평범한 가족들은 가족의 민주화운동 경험이 긍정적인 영향을 미치기 보다는 부정적으로 작용했을 가능성이 크다. 예를 들어 1989년 방북했던 임수경씨로 인해 ○○공사에 재직 중이었던 아버지는 사표를 강요당했고, 언니도 직장을 그만두어야 했다. 또한 민주화운동 참여자 가운데 친인척이나 지인들로부터 '빨갱이'로 취급당해 소외당하는 경우도 허다했다.

개인의 민주화운동 경력이 가족생활에 미친 영향은 '가족신상의 피해/불이익', '자녀교육의 어려움', '결혼생활의 장애', '부모, 친인척들과 관계 장애' 등으로 분류하여 살펴보았다.

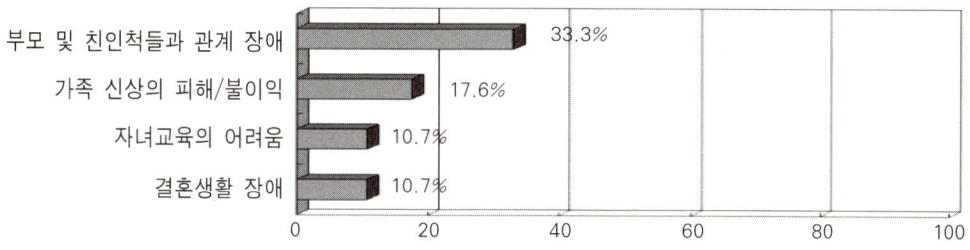

〈그림 Ⅲ-14〉 민주화운동으로 인한 가족생활 어려움의 유형

가족생활의 어려움은 '부모 및 친인척들과 관계 장애' 33.3% 〉 '가족 신상의 피해/불이익' 17.6% 〉 '자녀교육의 어려움', '결혼생활 장애' 10.7% 등으로 나타났다.

통계학적으로 유의미한 기본변수별로 보면 나이가 많을수록 부모 및 친인척들과의 관계 장애, 가족 신상의 피해나 불이익, 자녀교육의 어려움, 결혼생활 장애 등의 어려움이 나타났다고 응답하는 사람이 많았다.

성장지역별로 보면 영남권에서 가족생활의 어려움이 더 크게 나타났다. 즉 부모, 친인척 간의 관계 장애가 36.1%로 강원지역보다 조금 적지만 평균보다 높게 나타나고, 가족 신상의 피해/불이익은 20.7%로 가장 높고, 자녀교육의 어려움 24.2% 등으로 나타나 보수적인 사회 분위기를 여실히 느끼게 하는 경향이 있는 것으로 보인다.

위에서 살펴본 사회활동의 어려움에 비해 가족생활의 어려움은 강도는 다소 낮지만 민주화운동을 한 것이 가족생활의 어려움에 영향을 미치고 있음을 볼 수 있다. 특히 나이가 많을수록 어려움을 겪는다고 말하는 사람이 많았고, 지역적으로 보면 영남권이 다른 지역에 비해 가족생활에서의 어려움이 많은 것으로 조사되었다.

3) 민주화운동 참여자의 경제적 형편

2000년대에 들어 소위 정치인 '386세대'가 부상하면서 386세대가 권력의 상징인 것처럼 대중매체에 비춰지곤 한다. 이번 조사의 참여자들도 4명 중 3명 정도는 구속/구금 경험을 갖고 있을 뿐만 아니라, 군부독재정권을 철폐하고자 하는 강력한 신념을 가지고 열심히 사회운동을 했던 사람들이다. 그렇다면 이들을 출세한 386으로 부를 수 있을까? 이들의 직업이나 수입, 계층, 그 밖의 경제 사정은 어떨까? 2007년 현재 이들의 사회경제적 수준은 민주화운동 참여자들의 현실을 보여주며, 이를 통해 이들의 현실인식에 대한 단면을 들여다 볼 수 있을 것이다.

(1) 현재 직업

조사대상자들의 직업분포를 12가지로 분류하여 질문하였고, 특히 이들의 특성을 고려하여 '시민단체활동가'라는 범주를 설정하였다.

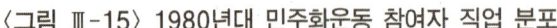

〈그림 Ⅲ-15〉 1980년대 민주화운동 참여자 직업 분포

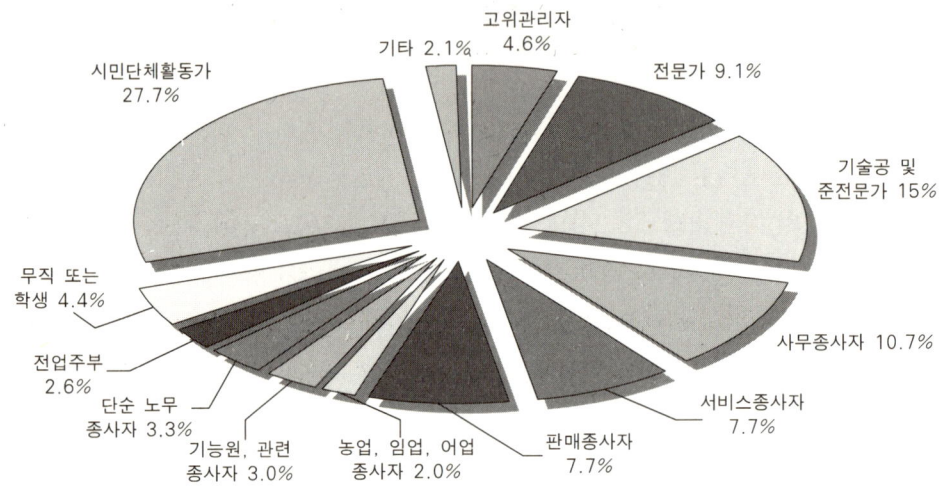

700명 조사대상자의 직업 분포는 '시민단체 활동가' 27.7%〉 '기술공 및 준전문가' 15.0%〉 '사무종사자' 10.7%〉 '전문가' 9.1%〉 '서비스 종사자', '판매종사자' 각각 7.7%〉 '고위임직원, 관리자' 4.6%〉 '무직 또는 학생' 4.4%〉 '단순노무종사자' 3.3%〉 '기능원 관련 종사자' 3.0%〉 '농업, 임업, 어업종사자' 2.0% 등의 순으로 나타났다. 직업분포를 성별, 연령별, 성장지역별, 학력별로 살펴보겠다.

성별로 볼 때 여성이 더 많이 참여하고 있는 직업군으로는 전문가, 준전문가(학원 강사 등), 단순노무종사자, 전업주부, 남성이 더 많이 참여하고 있는 직업군으로는 고위임직원/관리직, 판매종사자, 농업 등 종사자, 무직 또는 학생 등의 범주이다.

연령별로 볼 때 50대가 고위임직원/관리직, 전문가, 준전문가, 농업 등 종사자, 무직 또는 학생 등의 범주에 많이 분포하고 있다. 40대층은 사무종사자, 판매종사자, 기능원, 단순노무종사자 등에 많이 분포하고 있다.

성장지역별로 보면 서울/경기권은 준전문가, 사무종사자, 무직 또는 학생에 많이 분포되어 있고, 영남권은 전문가, 판매종사자, 단순노무종사자 등에 많이 분포하고 있다. 또한 호남권은 시민단체 활동가, 고위관리직, 농업 등 종사자, 무직 또는 학생 등에 많이 분포하고 있다. 특히 시민단체 활동가 군이 많은 것은 이번 조사의 경향일 수도 있고, 5·18광주민주화운동 참여자들이 시민단체에 활동가로 많이 참여하고 있기 때문인 것으로 추론할 수도 있다.

또한 학력별로 보면 학력이 높을수록, 즉 대학원 이상자인 경우 고위관리자, 전문가, 준전문가 군에 많이 분포하고 있음을 쉽게 파악할 수 있다. 대졸 학력자의 경우 시민단체 활동가와 사무종사자 군에 많이 분포하고 있다. 고졸 학력자의 경우 서비스종사자, 기능원, 단순노무종사자, 무직 또는 학생 군에 많이 분포하고 있다. 민주화운동 참여자 역시 학력과 직업군에는 상관관계가 높음을 파악할 수 있다.

노동의 비정규직화가 만연되어 있는 우리 사회에서 이제는 직업분포만으로는 직업 상태를 제대로 파악하기 어렵다. 따라서 자영업이나 무직 등을 제외한 461명의 고용형태를 상용직, 임시직, 일용직으로 나눠 살펴보았다. 이번 조사대상자들은 상용직 72.5%, 임시직 20.0%,

〈표 Ⅲ-17〉 성별, 연령별, 성장지역별, 학력별 직업분포

		Total	고위관리자	전문가	기술공및준전문가	사무종사자	서비스종사자	판매종사자	농·임·어업종사자	기능원관련종사자	단순노무종사자	전업주부	무직또는학생	시민단체활동가	기타
	Total	100.0	4.6	9.1	15.0	10.7	7.7	7.7	2.0	3.0	3.3	2.6	4.4	27.7	2.1
성별*	남	100.0	5.0	8.7	12.5	11.1	8.0	9.9	2.6	3.2	3.0	.2	5.2	28.2	2.4
	여	100.0	3.4	10.3	21.2	9.9	6.9	2.5	.5	2.5	3.9	8.4	2.5	26.6	1.5
연령별*	35~40세	100.0	4.4	8.3	12.7	10.7	5.9	7.3	1.0	2.4	2.9	3.4	1.0	38.5	1.5
	41~45세	100.0	4.6	8.8	15.4	12.6	8.4	8.4	1.1	3.5	2.5	3.2	3.2	24.9	3.5
	46~50세	100.0	4.3	9.9	15.6	9.9	9.9	9.2	2.8	4.3	7.1	.7	5.7	19.9	.7
	51~55세	100.0	8.8	11.8	17.6	.0	5.9	5.9	5.9	.0	.0	2.9	11.8	29.4	.0
	기타	100.0	3.2	12.9	19.4	9.7	6.5	.0	9.7	.0	.0	.0	22.6	12.9	3.2
	무응답	100.0	.0	.0	25.0	.0	.0	.0	.0	.0	.0	.0	25.0	50.0	.0
성장지역별*	서울/경기권	100.0	3.2	8.6	16.8	12.7	6.8	5.5	.9	1.4	3.2	3.6	5.9	29.5	1.8
	영남권	100.0	1.8	11.2	16.6	7.1	8.3	11.8	.6	3.6	5.9	3.0	2.4	26.6	1.2
	호남권	100.0	9.9	7.3	12.5	8.3	5.7	6.8	4.2	3.1	1.0	1.0	6.8	31.8	1.6
	강원/충청/제주	100.0	2.6	10.3	13.7	16.2	11.1	7.7	2.6	5.1	3.4	2.6	.9	18.8	5.1
	무응답	100.0	.0	.0	50.0	.0	.0	.0	.0	.0	.0	.0	.0	50.0	.0
학력별*	무학	100.0	.0	.0	20.0	.0	.0	.0	20.0	.0	40.0	.0	20.0	.0	.0
	초등학교	100.0	.0	.0	33.3	.0	.0	.0	16.7	.0	.0	.0	33.3	16.7	.0
	중학교	100.0	.0	.0	6.7	6.7	.0	6.7	.0	20.0	26.7	13.3	.0	20.0	.0
	고등학교	100.0	2.7	1.4	6.8	9.6	16.4	5.5	4.1	5.5	9.6	2.7	6.8	20.5	8.2
	대학교	100.0	3.9	8.3	14.1	12.2	8.5	9.1	1.9	2.9	2.1	2.9	3.5	29.0	1.5
	대학원이상	100.0	8.8	19.5	24.8	6.2	.9	4.4	.0	.0	.0	.0	5.3	28.3	1.8
	기타	100.0	16.7	16.7	.0	16.7	.0	.0	.0	.0	.0	.0	.0	50.0	.0

* p〈.05

일용직 7.6%의 분포를 보여주고 있다. 2002년 현재 한국전체 피고용자가운데 상용직 48.4%라는 점을 고려할 때 민주화운동 참여자의 상용직 72.5%는 다소 놀라운 결과라 할 수 있다.

〈그림 Ⅲ-16〉 고용상태 (N=700)

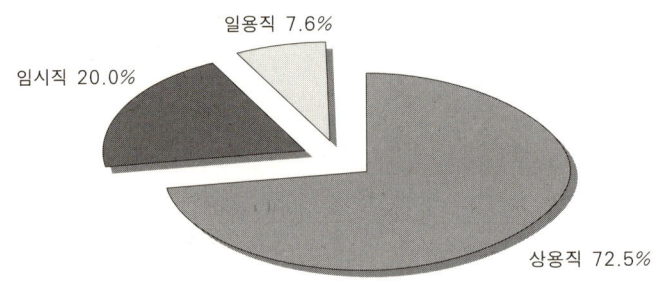

기본변수별 고용형태에서 통계학적으로 유의미한 것으로 판단되는 변수는 없는 것을 고려한 상태에서 몇 가지 변수를 교차시키면, 성별로 보면 남성의 상용직 응답률이 높은 반면, 임시직과 일용직에서는 낮은 것으로 나타나 사회의 일반 추세와 유사하다. 또한 학력별로 보면 대학원 이상 학력자가 고졸 학력자에 비해 상용직 분포가 높고, 일용직은 그 반대의 분포를 보여준다.

(2) 현재 월 평균 수입과 주 수입원, 주관적 평가에 따른 계층

여기에서는 1980년대 민주화운동 참여자의 현재 월 평균 수입과 주수입원, 주관적 평가에 따른 계층 분포를 살펴보고자 한다.

가. 월 평균 수입

월 평균 수입은 7가지 군, 즉 수입 없음, 100만 원 이하, 101~200만원, 201~300만원, 301~400만원, 401~700만원, 701만 원 이상으로 분류하였다. 우선 단순 빈도를 살펴보면 다음 그림과 같다.

〈그림 Ⅲ-17〉에 따르면 101~200만원 34.6%〉 201~300만원 20.6%〉 100만 원 이하 19.4%〉 수입 없음 10.7%〉 301~400만원 9.0%〉 401~700만원 4.6%〉 701만 원 이상 1.0%의 순서로 분포되어 있다.

이를 성별과 연령별로 분석을 하면 〈표Ⅲ-18〉과 같다.

<그림 Ⅲ-17> 민주화운동 참여자의 현재 월 평균 수입

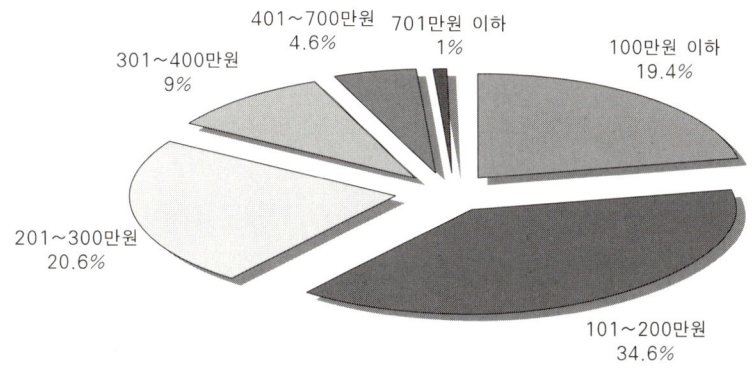

특히 성별의 측면에서 수입을 살펴보면 여성은 수입이 없거나 100만 원 이하, 101~200만원 수입에 몰려 있는 반면, 201~300만 원 이상 401~700만 원에는 남성의 분포율이 높다. 다만 701만 원 이상층에 여성 비율이 높게 나타났는데, 표집의 오류인지, 전체를 반영하고 있는지 불분명하다. 전반적으로 보면 상대적으로 여성은 저소득층에 남성은 고소득층에 분포되어 있는 경향을 보임으로써 여성의 빈곤화가 일정한 정도 엿보인다고 할 수 있다.

<표 Ⅲ-18> 성별, 연령별 현재 월 평균 수입

N=700		Total	수입 없음	100만원 이하	101~200 만원	201~300 만원	301~400 만원	401~700 만원	701만원 이상	무응답
	Total	100.0	10.7	19.4	34.6	20.6	9.0	4.6	1.0	.1
성별*	남	100.0	10.5	14.3	34.4	22.9	10.7	6.2	.8	.2
	여	100.0	11.3	32.0	35.0	14.8	4.9	.5	1.5	.0
연령별*	35~40세	100.0	6.8	26.3	41.0	15.6	5.9	3.9	.5	.0
	41~45세	100.0	9.8	15.1	34.0	24.9	10.9	3.9	1.4	.0
	46~50세	100.0	11.3	21.3	27.0	22.7	10.6	5.7	1.4	.0
	51~55세	100.0	23.5	11.8	23.5	20.6	8.8	11.8	.0	.0
	기 타	100.0	25.8	16.1	38.7	6.5	6.5	3.2	.0	3.2
	무 응 답	100.0	25.0	.0	75.0	.0	.0	.0	.0	.0

* p<.05

나. 현재 살고 있는 주택 소유 형편

현재 한국 사회에서 주택은 삶의 안정성과 가계의 건실성 여부를 보여주는 척도이다. 신용사회에서는 자가를 소유해야 보다 유리한 은행의 여신 혜택을 받아 사업을 하거나 다른 기회의 사업을 구상할 수 있으므로 집은 '가정'이나 재산의 추상적 개념을 넘어서는 잠재적 자본으로서의 가치를 가지고 있다.

민주화운동 참여자의 경우 운동적 삶을 살았다고 할 때 상대적으로 재산 형성의 기회가 부족하거나 어려울 수밖에 없었을 것이다. 과연 조사대상자의 주택 소유 현황은 어떤지 살펴보자.

〈그림 Ⅲ-18〉 주택 보유 현황

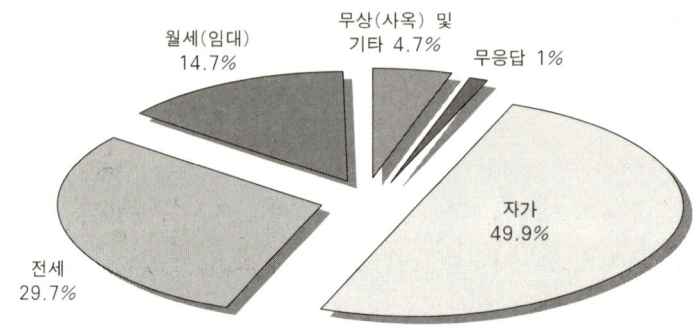

응답자의 49.9%가 자가 주택을 보유하고 있고, 29.7%가 전세, 14.7%가 월세 등의 현황을 보이고 있다. 민주화운동 참가자들의 주택 자가율 49.9%는 2000년 현재 세계 선진국 기준에 한참 미달하는 한국 전체 인구 가운데의 주택 자가율 55.6%(『연합뉴스』, 2006/12/05)에도 미치지 못하는 것이다. 이러한 사실을 염두에 두면, 삶의 안정성이 떨어지는 사람들이 적지 않을 것으로 추론할 수 있다.

다. 계층에 대한 주관적 평가

계층은 보통 수입(소득+재산), 직업, 학력을 중심으로 개인들을 서열화하는 것이다. 이번 조사에서는 조사대상자들이 주관적으로 평가하는 본인의 계층을 알아보고자 했다. 계층을 묻는 질문에 대해서는 다음과 같은 응답을 보였다.

스스로 중하층으로 평가하는 사람은 44.3%, 중간층 28.9%, 하층 23.7%, 중상층 2.6%, 상층 0.4%로 응답되었다. 이는 2006년 통계청이 전국조사를 통해 발표한 주관적으로 평가하는 계층조사에서 나타난 중간층 53.4%, 하층 45.2%, 상층 1.5%라는 결과와 비교하면 큰 차이를 보인다(『한국일보』, 2006/12/04).

한편 기본변수 가운데에는 통계학적으로 유의미한 변수는 없는데, 다만 학력과 계층을 교차시키면, 중간층 범주에서 학력이 높을수록 중간층 평가자 비율이 높은 반면, 중하층과 하층 평가자 비율은 낮은 편이다. 일반 국민들보다는 민주화운동 참여자의 학력이 높다는 점이 중간층 의식을 갖게 하는데 역할했을 가능성이 있다.

〈그림 Ⅲ-19〉 계층에 대한 주관적 평가

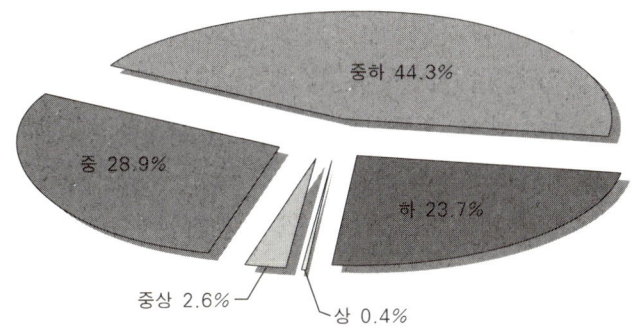

이번 조사에서는 중하층과 중간층, 중상층을 모두 포함하여 중간층 75.8%, 하층 23.7%, 상층 0.4%로 조사되어 이번 조사 참여자의 경우 스스로 중간층으로 평가하는 사람의 비율이 상당히 높다고 할 수 있다. 반면 상층은 매우 낮은 편이다. 적어도 수입 면에서 700만 원 이상이 된다면 상층이라고 볼 수 있다. 이번 조사에서 701만 원 이상 소득자가 1%였는데, 이에 기반하면 상층 역시 1%정도는 나와야 하지만 0.4%의 결과는 상층을 부정시 하는 태도가 담긴 결과가 아닐까 싶다. 따라서 민주화운동 참여자들의 높은 의식성은 중간층 의식으로 대변되고, 상대적으로 하층의식이나 상층의식은 약하다고 말할 수 있다.

라. 민주화운동을 하지 않았다는 가정하의 경제적 형편 추정

앞의 논의를 통해 민주화운동이 조사대상자의 사회활동이나 가정생활에 부정적인 영향을 끼친 측면들이 적잖이 있음을 발견할 수 있었다. 만일 이들이 민주화운동을 하지 않았다면 다른 삶의 기회가 있었을 것이고, 그랬다면 현재와는 다른 경제적 삶을 살게 되었을까?

민주화운동 참여자들은 "자신이 민주화운동을 하지 않았다면, 경제적 형편이 어떻게 되었을 것이라고 생각하느냐"는 질문에 대해 '더 좋아졌을 것이다' 68.3%〉'별로 달라지지 않았을 것이다' 29.0%〉'더 나빠졌을 것이다' 2.0%로 응답하였다.

<그림 Ⅲ-20> 민주화운동을 하지 않았다는 가정하의 경제적 형편 추정

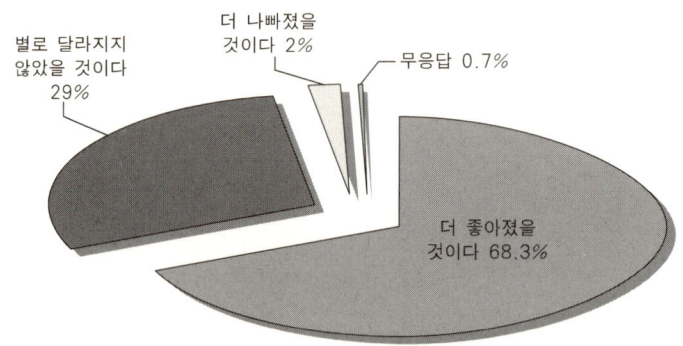

별로 달라지지 않았을 것이다 29%
더 나빠졌을 것이다 2%
무응답 0.7%
더 좋아졌을 것이다 68.3%

성별, 연령별, 학력별로 이 질문에 대한 응답률을 살펴보도록 한다.

<표 Ⅲ-19> 민주화운동을 하지 않았다는 가정하의 경제적 형편 추정

N=700		Total	더 좋아졌을 것이다	별로 달라지지 않았을 것이다	더 나빠졌을 것이다	무응답
Total		100.0	68.3	29.0	2.0	.7
성별*	남	100.0	71.8	24.9	2.4	.8
	여	100.0	59.6	38.9	1.0	.5
연령별*	35~40세	100.0	61.5	36.1	1.5	1.0
	41~45세	100.0	63.9	32.6	2.5	1.1
	46~50세	100.0	80.9	18.4	.7	.0
	51~55세	100.0	82.4	11.8	5.9	.0
	기타	100.0	83.9	12.9	3.2	.0
	무응답	100.0	50.0	50.0	.0	.0
학력별*	무학	100.0	80.0	20.0	.0	.0
	초등학교	100.0	83.3	.0	16.7	.0
	중학교	100.0	26.7	66.7	6.7	.0
	고등학교	100.0	46.6	50.7	2.7	.0
	대학교	100.0	70.7	26.6	1.7	1.0
	대학원이상	100.0	77.0	21.2	1.8	.0
	기타	100.0	50.0	50.0	.0	.0

* $p < 0.5$

성별로 볼 때 여성보다 남성이 더 좋아졌을 것이라고 응답했고, 여성이 남성보다 별로 달라지지 않았을 것이라고 응답하였다. 연령별로 보면 나이가 많을수록 더 좋아졌을 것이라고, 나이가 젊을수록 별로 달라지지 않았을 것이라고 응답하였다. 또한 학력이 높을수록, 대학원 이상자들이 더 좋아졌을 것이라고, 학력이 낮을수록, 그리고 고졸 학력자들이 별로 달라지지 않았을 것이라고 응답하였다.

이러한 결과는 다음과 같이 상이하게 해석될 수 있다.

첫째, 68.3%의 사람이 운동을 하지 않았으면 더 잘 살 수 있었을 것이라고 기대함으로써 1980년대에 운동한 것을 후회한다는 해석이 가능하다.

둘째, 운동을 하지 않았다면 더 잘 살 수 있었을 것이라는 가정은 자신의 운동이 다른 기득권적 가치를 희생한 결과였음을 강조하는 것으로도 해석이 가능하다.

전자의 해석도 가능하겠지만, 다음 절의 결과를 보면 후자의 해석이 더욱 유력할 것 같다.

4) 1980년대 한국 민주화운동에 대한 전반적 의견

여기에서는 1980년대 민주화운동 전반에 대하여 조사대상자에게 의견을 물었다. 구체적인 질문들은 1980년대 민주화운동에 대한 평가, 현 단계 한국 민주화에 대한 긍정·부정의식, 한국 사회 전반에 대해서나 개별 부문에 대한 만족도, 현재 한국이 안고 있는 과제에 대한 질문과 의견, 한국 사회 발전의 걸림돌 등에 대해 묻고 있다.

(1) 1980년대 민주화운동에 대한 과거와 현재의 평가

〈그림 Ⅲ-21〉 1980년대 민주화운동에 대한 과거와 현재의 평가

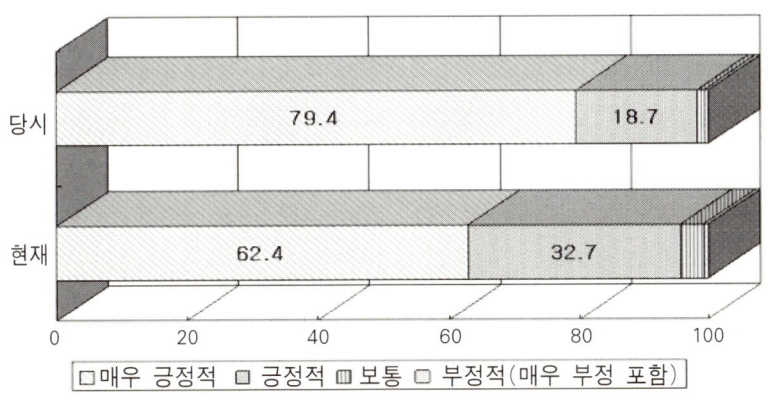

여기에서는 같은 질문에 대해 시점을 다르게 두고 답을 하도록 하였다.

첫째, 80년대 운동에 대해 당시에는 어떻게 평가하였는가에 대해 '매우 긍정적' 79.4% 〉 '긍정적' 18.7% 〉 '보통' 1.1% 〉 '부정적' 0.3% 〉 '매우 부정적' 0.4% 순이다.

둘째, 80년대 운동에 대해 현재 어떻게 평가하는가에 대해 '매우 긍정적' 62.4% 〉 '긍정적'

32.7% 〉'보통' 3.6% 〉'부정적' 0.6% 〉'매우 부정적' 0.1% 순이다.

과거나 현재나 크게 보아 긍정적이라고 보는 층이 98.1%, 95.1%로 큰 차이는 없다. 그러나 과거에 매우 긍정적으로 본 사람이 79.4%에서 현재 시점에 이르면 62.4%로 현저하게 감소했다. 이러한 감소 경향을 파악하기 위해서는 기본 변수를 살펴볼 필요가 있다.

첫째, 1980년대 당시 시점에서의 민주화운동에 대한 평가를 성별에 따라 살펴보면 여성에 비해 남성이 '매우 긍정'에 높은 응답률을 보이는 반면, 여성은 '긍정'에 보다 높은 응답률을 보였다. 매우 긍정이나 긍정 모두 크게 보면 긍정이라는 틀로 묶을 수는 있지만, 왜 여성은 남성에 비해 '매우 긍정'적으로 보는 인식이 낮았을까? 정치적 민주화에 대한 높은 요구에도 불구하고 운동방식, 운동조직의 구성 원리상 양성평등의식이 상대적으로 낮았던 당시 상황의 결과는 아니었을까? 1980년대만 해도 대개 능력여하에 상관없이 여성은 아무리 똑똑해도 '부(副)'라는 지위를 가지는 것이 일반적이었던 상황에 대한 비판의식이 담겨 있어서 '긍정'은 하되, '매우 긍정'하기가 어렵다고 본 여성들이 많았다고 볼 수 있을 것 같다.

성장지역별로 보면 서울/경기권, 영남권보다 호남권과 강원/충북/제주지역이 더 많이 '매우 긍정'한다고 보고 있는 반면, 호남권과 강원/충북/제주지역에 비해 서울/경기권과 영남권은 더 많이 '긍정'한다고 응답하였다. 특히 호남권은 대량학살과 탄압의 생체적 경험에 의하여 1980년대 민주화운동 자체가 5·18이 남긴 과제의 해결을 요구하는 경향이 강했기 때문이 '매우 긍정'적이라는 응답률이 다른 지역권보다 현저하게 높다고 이해할 수 있겠다.

학력별로 보면 대졸 학력자는 다른 학력층에 비해 '매우 긍정'적인 것에 높은 응답률을 보이며, '긍정적'이라는 응답에서는 다른 학력층보다 낮은 응답률을 보인다.

둘째, 현재 시점에서 민주화운동을 둘러싼 평가에서 광의의 긍정을 합치면 95.1%에 이르므로 과거 응답률에 비교해도 긍정적인 평가가 여전히 높다고 할 수 있다. 그렇지만 두드러지는 차이는 '매우 긍정'적이라고 보는 응답률이 17%나 감소된 대신 '긍정'적이라고 보는 응답률은 14%나 늘었다는 것이다. 이는 '매우 긍정'에 대해 비판적으로 사고하게 된 인식이 일차적으로는 남성에게도 생겼음을 의미한다. 여성의 경우도 과거에 비해 '매우 긍정'에 대해 비판하는 의식이 더 팽창되었다. 2007년도 우리 사회의 향상된 양성평등의식의 관점에서 1980년대를 본다면 운동권의 성차별적인 요소가 운동 방식, 관계 맺는 방식 등에 만연되어 있었음으로 여성 응답자들이 당시 운동에 대해 다소 비판적인 태도를 취했다고 볼 수도 있다.

(2) 현재 한국 민주화에 대한 만족도

여기에서는 한국 민주화에 대한 만족도를 전체와 부문으로 나누어 질문하였다. 우선 전체적으로 한국 민주화에 대한 의견은 '매우 만족' 0.6%, '만족' 8.6%, '보통' 30.4%, '불만족' 44.1%, '매우 불만족' 16.1%의 순이었다. 부문별, 즉 정치부문, 경제부문, 노동부문, 언론부문, 문화부문, 교육부문, 행정관료부문, 경찰사법부문 각각에 대한 만족도는 다음과 같다.

〈그림 Ⅲ-22〉 현재 한국 민주화 전체와 부문별 만족도

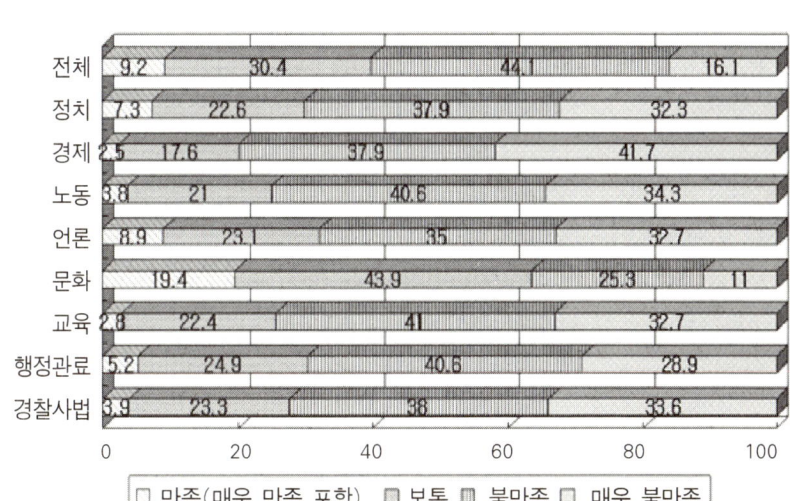

모든 부문에 걸쳐 불만족도가 상당히 높은 편이다. '매우 불만족'이 가장 높은 순서대로 쓰면, 경제부문 41.7%〉 노동부문 34.3%〉 경찰사법부문 33.6%〉 언론부문, 교육부문 32.7%〉 정치부문 32.3%〉 행정관료부문 28.9%〉 문화부문 11.0% 등이다.

기본변수별 가운데 가장 일관성 있게 나타나는 변수 중 하나가 연령별 변수이다. 젊을수록, 즉 30대가 '매우 불만족'의 목소리가 높다. 반면 50대는 '매우 불만족'의 응답률이 조금 낮은 편이다. 이런 점은 사회를 바라보는 관점에서의 세대차이를 보여주는 것일 수도 있다.

다음으로 이러한 인식에 영향을 미친 변수는 학력별 변수이다. 고졸 학력자가 '매우 불만족'의 응답률이 가장 높은 반면, 이 부분에 대한 대학원 이상 학력자의 응답률은 낮다. 이러한 양상이 이번 조사의 특성인지, 혹은 사회 전반의 특성으로 일반화시킬 수 있는 것인지에 대해서는 보다 심화된 검토를 요한다. 그러나 이것은 최근 고학력일수록 수입이 높거나, 안정된 직장을 갖는 경향과 관련지어 볼 수 있을 것 같다. 이런 점은 1987년 6월항쟁 당시 '넥타이부대'들이 정치적 개혁을 요구하며 거리로 나왔던 것과는 중요한 차이점이라고 할 수 있다.

두 변수보다는 상관관계가 적게 나타나는 변수로 성별 변수가 있다. 사회 각 부문에 대해 여성이 남성에 비해 더 높은 '매우 불만족'의 응답률을 보이고 있다. 이는 한국 사회의 양성불

평등한 제도와 문화의 영향으로 인식될 수 있다.

(3) 실질적 민주화의 걸림돌

1987년 6월항쟁 이후 대통령직선제가 실시되고 있으며, 1990년대 이후 지방의원, 지방자치단체장 선거, 사회적으로 불평등한 악법 개정, 2000년대 이후 각종 과거사정리 관련 법·기구의 설립 등이 진행되어 오고 있다. 이러한 급속한 변화로 인해 세계 사회는 한국을 민주화에 성공한 대표사례로 꼽고 있다. 이러한 힘이 바탕이 되어 2006년에는 한국인이 유엔사무총장이 될 수 있었다. 그럼에도 불구하고 앞에서 보았듯이 1980년대 민주화운동 참여자들은 사회 전반, 각 부문에 대해 높은 불만족을 표시하고 있다. 아직도 한국 사회에는 실질적인 민주화를 이룩하는데 수많은 걸림돌이 있다고 느끼기 때문이다.

이제 조사대상자들이 한국 사회의 실질적 민주화에 대한 걸림돌을 무엇으로 보고 있는지 살펴보고자 한다. 이 질문은 걸림돌을 두 개 지적하도록 요구를 했고, 그 결과 n=1,325가 되었다. 1순위, 2순위 응답을 합하여 〈표Ⅲ-20〉을 구성하였다.

다음에 제시된 걸림돌 항목을 응답률이 높은 순서대로 제시하면 '양극화 심화문제' 28.3%〉 '민족분단' 18.4%〉'불평등한 한미관계' 14.1%〉'지역주의' 8.8%〉'정경유착' 6.9%〉'비정규직 확대', '국가보안법존치' 각각 6.0%〉'약자에 대한 차별' 5.0%〉'사회보장제도 미흡' 4.1%〉 '남남갈등' 1.4% 등과 같다.

〈표 Ⅲ-20〉 한국의 실질적 민주화의 걸림돌

걸림돌 항목	빈도(명)	비율(%)	중범위	비율
양극화 심화	378	28.3	경제적 문제	581명 43.8%
비정규직 확대	81	6.0		
약자에 대한 차별	67	5.0		
사회보장제도 미흡	55	4.1		
정경유착	92	6.9	정치적 문제	210명 15.8%
지역주의	118	8.8		
민족분단	246	18.4	민족문제, 분단문제 등	534명 40.3%
불평등한 한미관계	188	14.1		
국가보안법존치	81	6.0		
남남갈등	19	1.4		
	1,325	99.9		

양극화 심화나 비정규직 확대 등의 문제는 신자유주의시대에 극명하게 나타나는 문제로

서 많은 사람들이 위기의식을 갖고 있는 문제이다. 반면 민족분단이나 불평등한 한미관계와 같은 문제는 1945년 분단과 더불어 발생했고, 1987년 6월항쟁 때에도 문제제기가 되었으나 해결되지 못하고 아직까지 지속되고 있다. 또한 정경유착이나 지역주의 문제 역시 1980년대 로부터 계속 제기되어 왔으나, 상대적으로 응답률은 낮은 편이다. 2000년대 새롭게 나타난 문제로는 남남갈등이 있다.

다음으로는 반민주, 반인권, 반통일, 반평화 법으로 지칭되어 왔던 '국가보안법'에 대해서 는 '무조건 폐지' 91.9%〉 '대체입법' 3.3%〉 '독소조항만 삭제 개정' 2.4%〉 '조건부 폐지' 2.0%로 절대다수가 무조건 폐지에 대해 이견이 없었다.

성별, 연령별, 학력별 변수에서 유의미한 차이는 없으나 성장지역별로만 작은 차이를 보인다. 폐지론보다는 대체입법에 대한 견해를 둘러싸고 서울/경기권에 비해 영남권과 호남권은 두 배 가까운 지지 의견을 제출하였다. 숫자가 한자리수이므로 상관관계를 보기에는 부적절하지 만, 의문스러운 점은 영남권은 보수적인 분위기가 강한 점을 볼 때 과거 운동 참여자일지라도 이런 견해를 가질 수 있다고 볼 수 있다. 그러나 현대 한국 사회에서 가장 진보적인 지역으로 지칭해왔던 호남권에서 대체입법을 둘러싼 주장이 다른 지역에 비해 높게 나온 것은 조사의 한계인지, 혹은 일반화시킬 수 있는 결과인지에 대한 보다 심화된 연구가 필요하다.

〈그림 Ⅲ-23〉 국가보안법 개폐를 둘러싼 의견

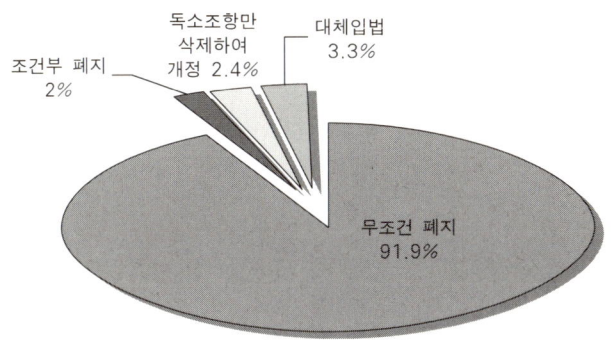

독소조항만
삭제하여
개정 2.4%

대체입법
3.3%

조건부 폐지
2%

무조건 폐지
91.9%

(4) 시민사회단체에 대한 평가와 참여도

한국 민주화의 견인차로 시민사회단체를 꼽는 데는 커다란 이견은 없을 것이다. 1970년대 가장 대표적인 시민사회단체로 기독교 계통의 종교단체를 꼽을 수 있다면, 1980년대 민주화 운동을 하는 데에는 학생들이 중심이 된 학생조직을 꼽을 수 있을 것이다. 또한 학생회를 비롯한 각종의 동아리, 합법·비합법 학생조직, 노동조합과 노동자 관련 조직, 기층에서

비합법적인 형태로 형성되어 있었던 교사조직이나 농민조직, 여성조직, 종교단체 등 각종의 단체들이 있어서 1987년 6월 그 힘이 폭발적으로 집중될 수 있었다.

'한국의 민주화에 시민사회단체가 어느 정도 기여했느냐'는 질문에 '많이 기여했음' 55.3%, '어느 정도 기여했음' 37.1%로서 '기여를 인정'한 응답률이 92.4%에 달했다. 반면에 '기여하지 못했다'는 응답은 1.8%에 불과하다.

〈그림 Ⅲ-24〉 한국 민주화에 대한 시민사회단체 기여도

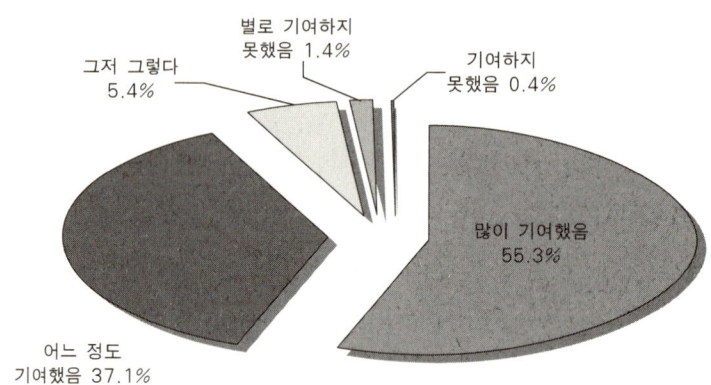

시민사회단체의 기여도에 대한 평가에서 성별에 따른 차이가 난다. 여성이 남성에 비해 '많이 기여'했다는 응답률이 낮은 반면, '그저 그렇다'가 3배 가까이 높다. 또한 학력에서 고졸 학력자가 대학원 이상 학력자에 비해 '많이 기여'했다는 응답률이 조금 낮은 편이다. 앞에서도 보았듯이 시민사회단체 활동가가 대학졸업자나 대학원 이상자들의 비중이 크므로 시민사회단체 활동이 지식인 베이스로 진행된다는 비판의 목소리와 조응하는 결과로 풀이해 볼 수 있다.

다음으로 조사대상자 자신이 '시민사회단체의 활동가나 회원으로 참여하는가'를 질문했다. '그렇다'가 74.0%, '아니다'가 24.9%이다. 남성이 여성보다 더 많이 참여하고 있고, 호남권과 영남권이 다른 지역보다 더 많이 참여하고 있고, 학력이 높을수록 더 많이 참여하고 있다고 응답하였다.

'그렇다면 어떤 형태로 참여하고 있는가'에 대해 '회원' 57.3%〉'상근자' 34.0%〉'비회원 후원' 6.8%로 응답하였다. 기본변수별로 봐도 별로 차이를 보이지 않는다.

다음으로는 1980년대 민주화를 위한 활동을 같이 했던 동료들과 교류하느냐는 질문에 대해 '그렇다' 83.9%, '아니다' 14.7%로 대부분 관계를 맺고 있음을 알 수 있다. 연령별로 보면 나이가 들수록 지속적인 교류를 한다는 응답률이 더 높았다.

5) 1987년 6월항쟁에 대한 평가와 계승

1987년 6월항쟁의 원인은 구조적으로 보면 1970년대 박정희 정권과 전두환 정권의 종속적 군부독재체제의 모순에서 빚어졌다고 말할 수 있을 것이다. 6월항쟁으로 가는 역사적 경로로는 1980년 5·18광주민주화운동과 신군부의 학살, 1980년대 일련의 사건들, 1987년 박종철의 고문치사사건 등을 들 수가 있을 것이다. 또한 6월항쟁 당시의 시위도중 발생한 이한열사망사건은 6월항쟁 상황을 폭발일로로 치닫게 했다. 이렇게 1980년대를 관통했던 수많은 사건과 탄압 속에 성장한 주체들이 각 방면에서 나와 6월항쟁이라는 대양으로 모여들었던 것이다. 이제 1980년대 민주화운동 참여자들은 6월항쟁을 어떻게 평가하고 그 과제를 진단하고 있는가를 살펴보도록 한다.

(1) 6월항쟁 참여도와 항쟁의 결과에 대한 평가

6월항쟁은 군부독재정권에 저항한 전 국민적 항쟁의 성격을 가지고 있었고, 이는 참여도를 묻는 질문에 대한 답변에 그대로 드러난다. 6월항쟁에 적극적 참여자는 65.6%, 소극적 참여자는 17.0%로 전체 응답자의 82.6%가 직간접적으로 6월항쟁에 참여하였다.

〈표 Ⅲ-21〉 6월항쟁 당시 참여도

		Total	적극참여	소극참여	관망	기타
	Total	100.0	65.6	17.0	5.6	11.9
성별*	남	100.0	67.2	15.5	4.0	13.3
	여	100.0	61.6	20.7	9.4	8.4
연령별*	35~40세	100.0	52.2	22.9	10.7	14.1
	41~45세	100.0	68.4	13.7	3.9	14.0
	46~50세	100.0	77.3	12.8	2.8	7.1
	51~55세	100.0	79.4	17.6	.0	2.9
	기타	100.0	64.5	22.6	3.2	9.7
	무응답	100.0	25.0	50.0	25.0	.0
학력별*	무학	100.0	100.0	.0	.0	.0
	초등학교	100.0	66.7	16.7	.0	16.7
	중학교	100.0	53.3	26.7	6.7	13.3
	고등학교	100.0	39.7	32.9	13.7	13.7
	대학교	100.0	68.0	14.9	4.4	12.7
	대학원이상	100.0	70.8	15.0	6.2	8.0
	기타	100.0	83.3	16.7	.0	.0

* P<.05

참여형태의 측면에서 적극적 참여는 남성, 소극적 참여는 여성이 약간 우세한 것으로 나타난다. 여기에서 특징적인 것은 연령에 따른 참여도이다. 적극적인 참여는 연령이 올라감에 따라 증가하게 되는데 이는 6월항쟁 당시 적극적 참여자가 20~30대의 청년층, 특히 당시 20대 중반에서 30대 초중반의 청년층이 시위의 적극적 가담자였음을 보여준다. 또한 학력별에서 빈도가 가장 높고 참여도가 가장 높은 것은 대졸 이상인데 대학 및 대학원졸 이상의 69.4%가 6월항쟁에 적극적으로 가담하였다.

그렇다면 이들은 6월항쟁의 과제가 현재 한국 사회에서 얼마만큼이나 해결되었다고 생각하고 있을까? 조사대상자 가운데 6월항쟁의 과제가 '충분히 해결'되었다고 응답한 것은 2.3%에 불과했다. '일부만 해결'되었다는 응답이 67.6%에 달했으며, '별로 해결되지 않았다'는 응답이 27.1%였다. 이러한 결과는 조사대상자들이 6월항쟁의 성과를 인정하면서도, 한국 사회의 민주화 정도가 아직 미진하다고 생각하고 있음을 드러낸다.

〈그림 Ⅲ-25〉 현재 한국 사회의 6월항쟁 과제 해결 정도에 대한 평가

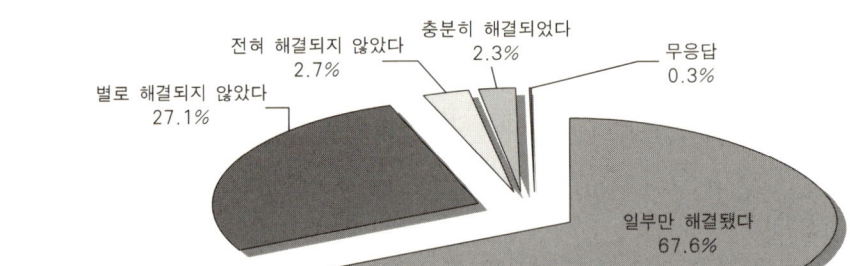

6월항쟁의 과제의 해결정도에 대해서 기본변수별로 보면, 성별과 학력별에서 인식의 차이를 보이고 있다.

우선 성별로 보면 6월항쟁의 과제가 '일부만 해결'되었다는 응답은 여성에 비해 남성이 우세하게 나타나며, '별로 해결되지 않았다'는 응답은 남성에 비해 여성이 우세하게 나타난다. 다시 말해 여성이 남성에 비해 6월항쟁의 과제 해결에 대해 낮은 만족도를 보이고 있음을 발견할 수 있다.

다음으로 학력별로 보면 학력이 높을수록 6월항쟁의 과제가 '일부 해결되었다'는 응답율이 높아지는 반면, 학력이 낮을수록 6월항쟁의 과제가 '별로 해결되지 않았다'는 응답율이 높아지는 경향을 보이고 있다. 이러한 결과는 6월항쟁의 가장 큰 성과라고 볼 수 있는 형식적 민주주의의 진전에 대해 학력이 높을수록 보다 긍정적인 의미를 부여하고 있는 것이라고

볼 수 있다. 반면 학력이 낮을수록 6월항쟁의 과제가 별로 해결되지 않았다는 응답이 증가하는 것은 형식적 민주주의의 진전에도 불구하고 그들의 삶이 별반 나아지지 않고 있다는 상대적 박탈감을 반영하고 있는 것으로 여겨진다. 이러한 경향은 수입 면에서도 반영되어 고소득자일수록 일부 해결되었다는 비율이 높은 반면, 저소득자일수록 비율이 낮다.

　이러한 차이에도 불구하고 6월항쟁 자체를 기념하고, 이를 계승하고자 하는 열망은 매우 크게 나타났다. 올해부터 국가기념일로 제정된 6월항쟁을 기념일로 제정해야 한다는 의견에 74.6%가 찬성을 표시했고 반대는 9%였다.[20]

〈표 Ⅲ-22〉 현재 한국 사회의 6월항쟁 과제 해결 정도에 대한 평가

		Total	충분히 해결되었다	일부만 해결되었다	별로 해결되지 않았다	전혀 해결되지 않았다	무응답
	Total	100.0	2.3	67.6	27.1	2.7	.3
성별*	남	100.0	2.6	71.4	22.5	3.2	.2
	여	100.0	1.5	58.1	38.4	1.5	.5
학력별*	무 학	100.0	.0	40.0	40.0	20.0	.0
	초 등 학 교	100.0	.0	50.0	33.3	16.7	.0
	중 학 교	100.0	.0	33.3	53.3	6.7	6.7
	고 등 학 교	100.0	.0	61.6	35.6	2.7	.0
	대 학 교	100.0	2.5	68.0	27.2	2.3	.0
	대학원 이상	100.0	3.5	76.1	17.7	1.8	.9
	기 타	100.0	.0	66.7	16.7	16.7	.0

* p〈.05

(2) 6월항쟁 정신의 계승과 민주화운동 참여 전망

　대체로 응답자들이 일부 해결되었다고 보는 것은 대통령직선제와 군부독재의 종식일 것이다. 그렇다면 이들은 6월항쟁 정신을 계승한 한국 사회의 과제에 대해서는 어떻게 생각하고 있는가?

　응답자의 47.7%가 6월항쟁 정신을 계승하는 과제로서 일차적으로는 '실질적 민주주의의 구현'을 가장 최우선적인 것으로 뽑았다. 다음으로는 '평화통일의 달성' 25.6%, '완전한 자주 국가' 16.9%, '사회복지 증진' 7.4% 등으로 나타났다.

---

20) 2007년 6.10항쟁을 국가기념일로 지정하였다.

〈그림 Ⅲ-26〉 한국 사회의 최우선 과제

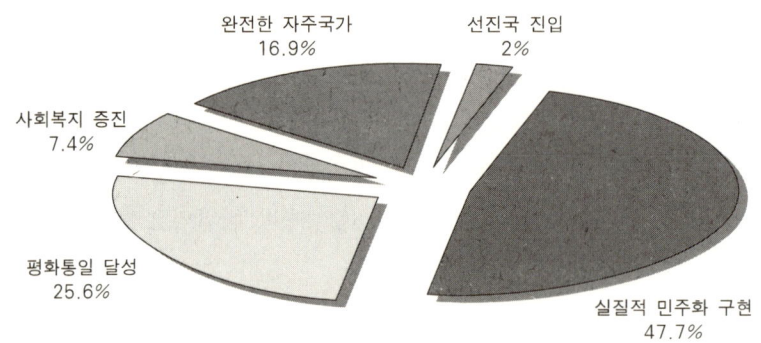

'2007년 현재 한국의 민주화 수준과 미래의 과제를 고려할 때 6월 정신을 계승하면서도 다양한 부분에서 실질적 민주화를 실천하기 위한 노력이 필요한가'에 대한 질문에는 97.3%가 필요하다고 응답했다. 이는 거의 압도적인 다수가 민주화의 실천 노력이 필요함을 인정하고 있는 것이다. 또한 민주화의 실천 노력이 필요함을 인정한 응답자 가운데 84.3%가 직접 실천 활동에 참여할 의사가 있음을 밝혔다.

다음으로 6월항쟁의 정신을 계승하기 위해 실천 활동 참여의 의사가 있는 응답자 574명 가운데, 어떤 분야에서 활동할 의사가 있는가를 물었다.

〈그림 Ⅲ-27〉 민주화 활동 참여 희망 분야 (N=574)

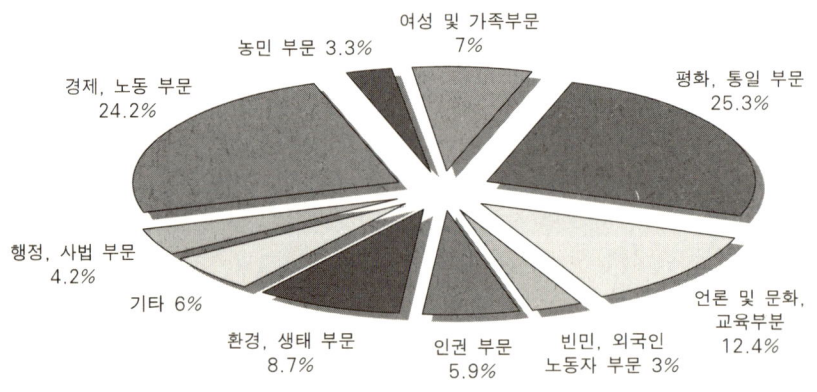

이 질문에 대해서 응답자의 25.3%가 '평화·통일 부문', 24.2%가 '경제·노동 부문', 12.4%는 '언론 및 문화·교육 부문'에서 활동할 의사가 있다고 응답하였다.

이들의 현실적인 실천 여부와 상관없이 응답자의 대다수는 6월항쟁의 정신, 또는 1980년대 민주화운동 정신을 계승하는 삶을 살고자 하는 의사를 가지고 있고, 한국 사회의 문제점에 대해서 직시하고 있는 것으로 보인다.

6) 과거 민주화운동에 대한 국가의 역할

민주화운동에 참여했던 사람들 가운데 많은 사람들이 군부독재정권의 국가폭력에 의해 수많은 희생을 당했다. 한국 사회의 민주화의 진척은 이러한 희생에 대한 명예회복과 보상을 가능케 했으며, 현재 민주화운동관련자명예회복및보상심의위원회에서 이 사안을 다루고 있다. 2005년 현재 이 위원회에서 민주화운동관련자로 인정을 받은 사람은 11,990명에 불과하다. 민주화운동 참여자의 모집단은 확실하지 않으나, 경험적으로 볼 때 1980년대 민주화운동 참여자만 해도 적어도 백만 명이 넘으니, 명예회복이나 보상을 신청한 사람들은 빙산의 일각에 불과하다고 볼 수 있다. 그런데 전체 조사대상자 가운데 38.3%가 명예회복이나 보상을 신청했고, 61.4%는 신청하지 않았다. 왜 응답자의 2/3 가량이 명예회복이나 보상을 신청하지 않았을까?

명예회복이나 보상을 신청하지 않은 응답자 가운데 44.4%는 '어떠한 형태의 보상도 기대하기 않기 때문'이라고 그 이유를 밝혔고, 18.6%는 '보상신청 대상자가 아니기 때문'에, 4%는 '보상신청 관련 정보가 부족'해서, 3%는 '보상보다 진실규명, 명예회복, 질적 민주화가 우선'이라고 응답했다. 여기에서 주목해보아야 할 것은 어떠한 형태의 보상도 기대하지 않는다는 응답이다. 이러한 응답자들의 의식을 둘러싼 보다 심층적인 내용들은 이후 심층면접 내용 분석과정에서 보다 명확히 드러날 것이다. 전체 조사대상자 가운데 국가로부터 보상이나 생활지원금을 받은 적이 있다는 응답자는 20.7%였다.

〈그림 Ⅲ-28〉 명예회복이나 보상을 신청하지 않은 이유 (N=430)

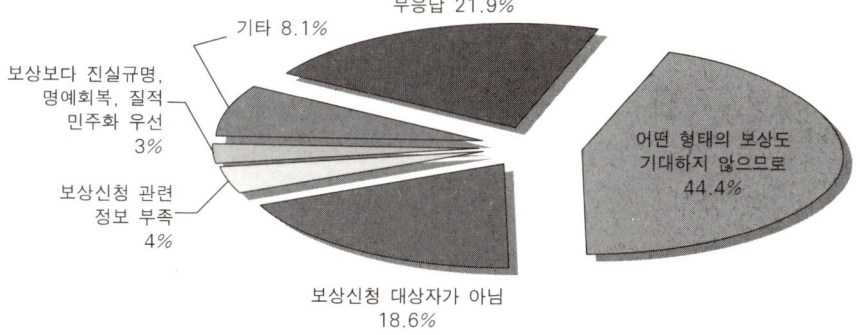

민주화운동 참여자를 위해 국가가 가장 우선적으로 해야 될 일이 무엇이냐는 질문에 대해

서는 49.9%가 '진실규명'을, 20%가 '명예회복'을, 17.7%가 '책임자 처벌'을, 7.1%가 '보상'을, 3.6%가 '기념사업'을 꼽았다. 이 결과는 1970년대 민주화운동관련자 실태조사 결과와는 다소 차이를 보이고 있다. 1970년대 조사에서는 명예회복 28.8% 〉 진상규명 28.4%〉 보상 24.3%〉 기념사업 3.6% 순서로 나왔다.

1980년대 민주화운동 참여자 중 조사 응답자의 과반수 가까운 사람이 역사바로세우기, 과거 청산 작업의 기본인 진실규명을 국가가 가장 우선적으로 해결해야 할 문제로 지적하고 있다.

보상 자체는 우선순위에서 매우 저조한 응답률을 보이는데 이는 실제 응답자의 61.4%가 보상을 신청하지 않았다는 사실에서도 확인된다. 여기에서 1980년대 민주화운동 참여자들은 보상 자체를 부정적으로 생각하고 있는가, 아니면 어떤 관점에서 보상문제를 보고 있는가에 대한 이해가 필요하다. 이 문제에 대해서는 심층면접과 집단면접에서 심화 이해할 수 있을 것으로 본다.

〈그림 Ⅲ-29〉 민주화운동 관련자를 위해 국가가 가장 우선적으로 해야 할 일

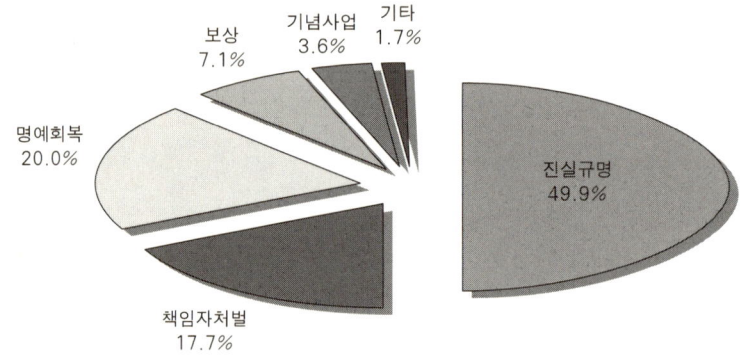

7) (사)민주화운동공제회에 대한 견해

이번 조사에서 (사)민주화운동공제회의 질문 문항을 넣은 것은 공제회 사업의 소개와 더불어 공제회의 과제와 전망에 대해 민주화운동 참여자들이 어떻게 생각하는지를 알아보기 위해서였다.

(사)민주화운동공제회는 민주화운동으로 인해 정신적, 경제적 등 여러 어려움을 겪고 있는 민주화운동 관련자들의 상호부조, 생활안정과 복리증진을 목표로 2005년도 설립되었다. 공제회의 필요성에 대해서는 '매우 긍정' 23.1%, '긍정' 53.4%, '보통' 19.9%로 압도적으로 공제회의 필요성에 공감하고 있다. 공제회의 필요성에 대한 커다란 공감은 응답자들이 정신

적, 경제적 어려움을 겪고 있으며, 이를 조직적으로 해결할 수 있는 기회에 목말라 있음을 보여주는 것이다.

〈그림 Ⅲ-30〉 공제회의 필요성에 대한 인식

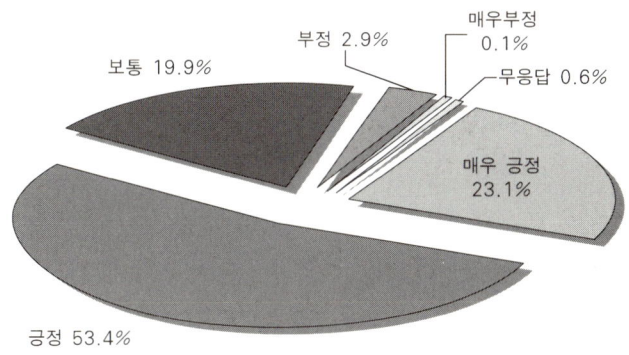

공제회의 운영에 필요한 재원조달 방법으로는 52.3%가 '공제회의 자주적 조달을 원칙으로 하고, 가능하면 정부보조를 받아야 한다'고 응답했고, 27.3%는 '전적으로 공제회가 자주적으로 조달해야 한다'고 응답했다. 또한 16.7%는 '공제회의 자주적 조달을 원칙으로 하고, 정부 외의 외부보조를 받는 것이 바람직하다'고 응답했다.

〈그림 Ⅲ-31〉 공제회의 재원조달 방법

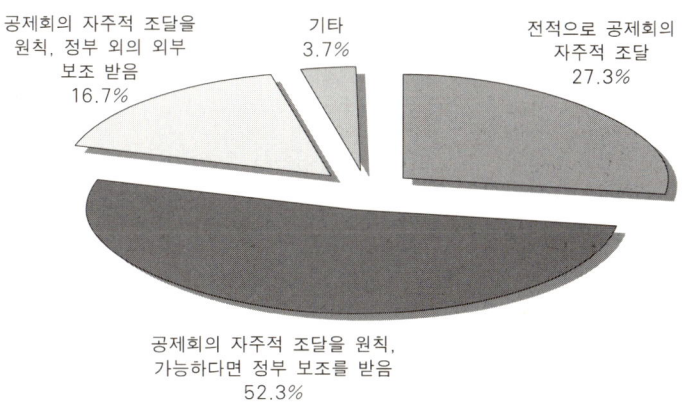

공제회가 수익사업을 할 경우 수익사업에서 지켜야 할 원칙은 89.9%가 사회적 공익성을 전제해야 한다고 응답했고, 단지 7.7%만이 수익 창출의 기업마인드에 기반해야 한다고 응답했다. 또한 공제회가 회원들에게 우선적으로 제공해야 할 것이 무엇이냐는 질문에 대해 다음과 같이 응답하고 있다.

〈그림 III-32〉 공제회가 회원에게 가장 우선적으로 제공해야 할 것

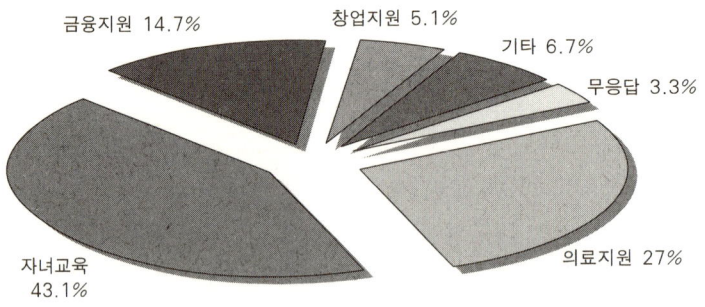

금융지원 14.7%
창업지원 5.1%
기타 6.7%
무응답 3.3%
자녀교육 43.1%
의료지원 27%

가장 높은 응답률을 보인 순서로는 43.1% '자녀교육'이었으며, 그 다음으로 27.0%가 '의료지원', 14.7%가 '금융지원' 등으로 나타났다. 자녀교육 지원을 가장 많은 수가 응답한 것은 2007년 현재 민주화운동 참여자들의 대다수가 30대 후반 40대 층임을 고려할 때, 이러한 응답이 나오는 것에 대해 이해할 수 있다. 또한 의료지원 부분에 높은 응답률을 보인 것은 민주화운동 후유증 문제와 함께 보다 안정적인 사회적 환경에 대한 필요성을 드러낸 것이라고 볼 수 있다.

8) 민주화운동기념사업회에 대한 의견과 평가

민주화운동기념사업회에 대해서는 95.1%가 '들어본 적이 있다'고 응답하였다. 민주화운동기념사업회가 출범 6년째를 맞고 있는 2007년 현재, 수도권에 거주하건 지방에 거주하건 상관없이, 민주화운동 참여자로서 기념사업회를 인지하고 있다는 것은 당연한 대답이라고 할 수 있다.

이들이 기념사업회를 처음 알게 된 계기로는 44.7%가 '주변사람들', 21.6%가 '언론·방송 보도', 18%가 '기념사업회 발간(홍보)자료', 9.3%가 '기념사업회의 행사'를 통해서였다고 응답하였다.

민주화운동기념사업회에 대해 들어본 경우 민주화운동기념사업회가 어떤 사업을 하고 있는지 인지하고 있는 응답자는 69.1%인 반면, 26.0%는 사업내용에 대해 알지 못하고 있다고 응답하였다.

민주화운동기념사업회의 사업을 인지하고 있는 응답자를 중심으로 민주화운동 관련 사료수집, 민주화운동 역사정리/연구, 각종 추모·기념사업, 대외 협력 및 연대 사업, 한국 민주주의전당 건립을 중심으로 사업에 대한 만족도를 평가하였고, 그 결과는 〈그림 III-34〉와 같다.

〈그림 Ⅲ-33〉 민주화운동기념사업회를 알게 된 계기

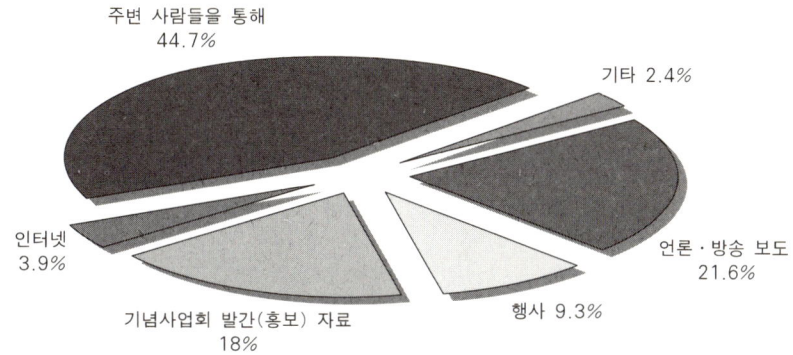

주변 사람들을 통해
44.7%

기타 2.4%

인터넷
3.9%

기념사업회 발간(홍보) 자료
18%

행사 9.3%

언론·방송 보도
21.6%

〈그림 Ⅲ-34〉 민주화운동기념사업회의 사업에 대한 만족도

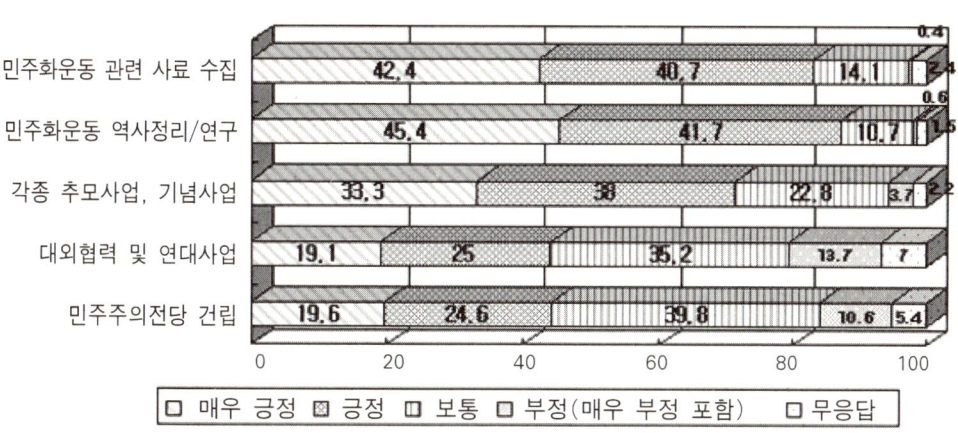

	매우 긍정	긍정	보통	부정(매우 부정 포함)	무응답
민주화운동 관련 사료 수집	42.4	40.7	14.1	2.4	0.4
민주화운동 역사정리/연구	45.4	41.7	10.7	1.5	0.6
각종 추모사업, 기념사업	33.3	38	22.8	3.7	2.2
대외협력 및 연대사업	19.1	25	35.2	13.7	7
민주주의전당 건립	19.6	24.6	39.8	10.6	5.4

각 항에 대한 만족도는 '보통' 이상이 압도적으로 우세하며, 특히 민주화운동 관련 사료 수집, 역사정리/연구에 관해서는 80%를 훨씬 상회하는 긍정적 평가를 보여주었다. 이에 비해 대외협력 및 연대사업, 민주주의 전당 건립은 '매우 긍정', '긍정'의 비율이 상대적으로 낮게 나타났는데, 이는 상기석인 사업전망을 가지고, 긴 호흡으로 나아가야 할 부분이라는 점을 감안하여 그 결과를 해석해야 할 것으로 보인다.

여기에서 좀 더 이해가 필요한 사업이 민주주의전당 건립 관련 사업이다. 이 사업은 역사 바로세우기 사업의 일환으로서의 위상을 가지고 있다. 다시 말해 전당의 건립은 세계 많은 나라들에서 대량학살사건이나 반민주화 사건들의 역사적 진상을 규명하고, 당대 시대상을 조망하여 민주주의의 중요성을 일깨우는 사업의 연장선상에 있다. 이러한 점에서 민주화운동기념사업회는 민주주의전당 건립 사업을 박제화된 기념사업으로서가 아니라, 역사바로세우기 사업이자, 민주교육을 대중화할 수 있는 사업으로 민주화운동 참여자들에게 홍보하고, 일반 국민을 설득해야 할 과제를 안고 있다.

민주화운동기념사업회가 가장 우선적으로 해야 할 일에 대한 질문에 대해서는 민주화운동 역사정리/연구에 56.7%의 응답률을 보였으며, 다음으로는 민주화운동 관련 사료수집이 21.7%의 응답률을 보였다. 이러한 결과를 민주화운동기념사업회에 대한 사업평가에서 이 두 항목이 가장 높은 평가를 받았다는 사실과 연관하여 생각할 때 현재 조사대상자들이 무엇을 가장 중요하게 생각하는지를 알 수 있다.

민주화운동 사료 수집과 관련하여 자신이 관련된 사건 혹은 1980년대에 활동할 당시 영상, 사진, 문건, 회의록과 같은 것을 소장하고 있는가에 대한 질문에 대해서는 81.3%가 미소장으로 응답하였다. 이것은 군부독재 정권 하에서 보안을 중시하여 자료를 모두 폐기할 수밖에 없었던 상황 때문이라고 할 수 있다. 그렇지만 사료 소장자 가운데 자신의 사료를 민주화운동기념사업회에 기증할 의사가 있다고 밝힌 응답자는 66.1%나 되었다. 이러한 결과는 상당히 고무적이라고 할 수 있는데 실제로 참여자들이 보다 많은 사료를 기증하도록 하기 위해서는 사료 소장자에 대한 기념사업회 측의 적극적인 설득 작업이 필요할 것이다.

〈그림 Ⅲ-35〉 민주화운동기념사업회가 가장 우선적으로 해야 할 일

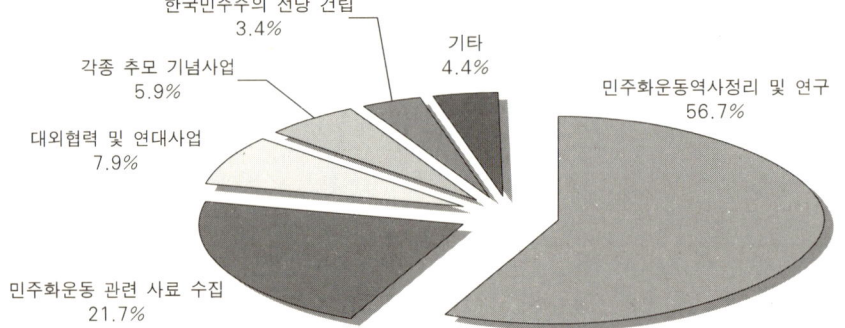

한국민주주의 전당 건립
3.4%

기타
4.4%

각종 추모 기념사업
5.9%

민주화운동역사정리 및 연구
56.7%

대외협력 및 연대사업
7.9%

민주화운동 관련 사료 수집
21.7%

9) 가족상황과 부양

혼인상태에 대한 질문에서 전체의 기혼자의 비율은 88.3%였고, 이 가운데 이혼은 3.7%, 별거 중인 응답자는 2.6%였다. 결혼을 한 응답자(이혼, 별거 포함) 가운데 배우자가 민주화운동과 관련이 있다고 응답한 경우는 65.2%였다.

배우자가 운동에 관련되었다고 응답한 경우를 볼 때 남성은 59.2%인데 비해 여성은 82.1%

에 달한다. 여성에서 매우 높은 응답률이 나온 것이다. 왜 이러한 결과가 나왔는지에 대해서는 보다 체계적인 접근과 이해가 필요할 것으로 보인다.

〈그림 III-36〉 배우자의 운동관련 여부

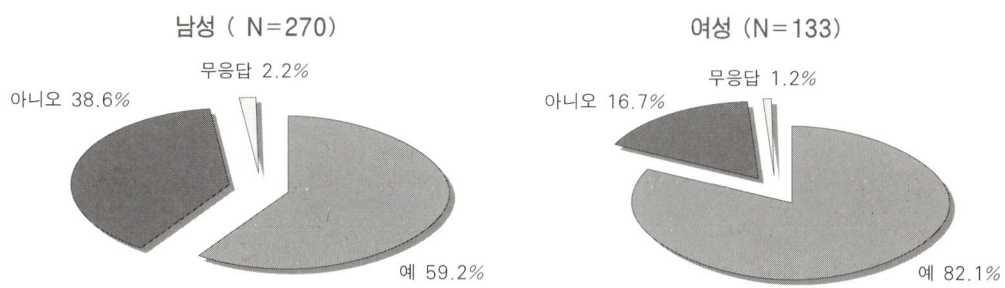

배우자의 활동분야에 대해서는 학생운동이 57.3%, 노동운동이 23.3%로 다른 운동분야에 비해 학생운동과 노동운동 분야가 높게 나타났다.

현재 가족 수의 경우 4명이 31.1%로 가장 많았고, 3명이 25.3%, 5명이 15.9%, 2명이 14.7% 등이었다. 응답자 가운데 실질적으로 가족을 부양하고 있다고 응답한 경우는 62.9%였다.

〈그림 III-37〉 가족 부양 여부

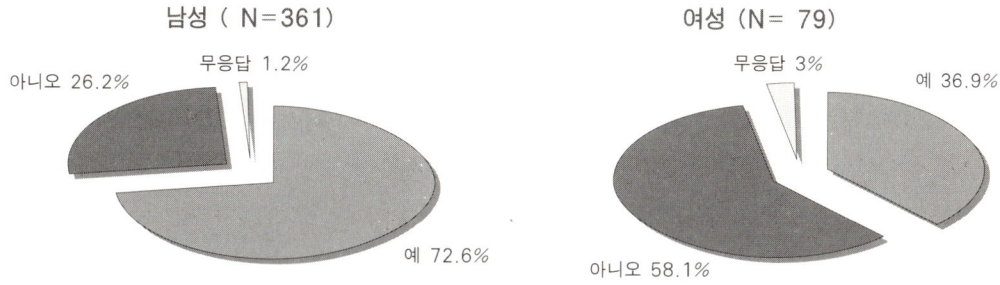

가족 부양의 경우 남성이 72.6%, 여성이 38.9%로 여성이 가족을 부양하는 경우도 결코 적지 않음을 알 수 있다. 여성의 가족 부양 비율이 높은 것은 운동가인 남편을 둔 경우 가정 경제를 여성이 책임져야 하기 때문이라는 추론이 가능하다.

부양가족 수는 3명이 23.6%, 4명이 14.4%, 2명이 12.9% 등으로 나타났다. 남성에 비해 여성이 1~2명을 가족을 부양하는 비율이 높이 나타났으며, 남성의 경우에는 3명 이상에서 가족을 부양하는 비율이 높이 나타났다.

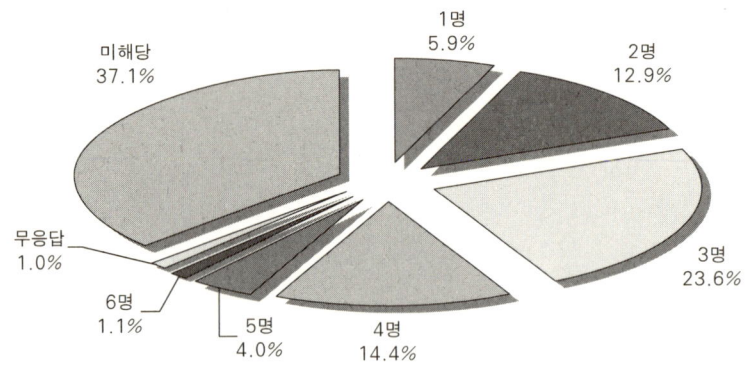

〈그림 Ⅲ-38〉 부양가족 수 (N=440)

- 1명 5.9%
- 2명 12.9%
- 3명 23.6%
- 4명 14.4%
- 5명 4.0%
- 6명 1.1%
- 무응답 1.0%
- 미해당 37.1%

〈표 Ⅲ-23〉 부양가족 수

		Total	1명	2명	3명	4명	5명	6명 이상	무응답
Total		100.0	9.3	20.5	37.5	23.0	6.4	1.8	1.6
성별	남	100.0	6.6	18.6	39.6	24.7	7.2	1.7	1.7
	여	100.0	21.5	29.1	27.8	15.2	2.5	2.5	1.3

5. 소결: '1970년대 민주화운동 관련자 실태조사' 결과와의 비교를 중심으로

이번 조사연구에서는 1980년대 민주화운동 참여자의 실태를 살펴보고, 참여자들의 목소리를 통해 1980년대 민주화운동에 대한 정의와 성찰, 한계와 과제 등을 발견하고자 했다. 이번 연구는 전국 조사로 실시되었는데, 서울/경기권을 포함한 전국 6개광역시, 9개도를 망라하여 700사례 선정하여 진행하였다. 이번 조사의 특징을 분명히 하기 위한 방법의 하나로 2004년 도에 발표된 '1970년대 민주화운동 관련자 실태조사'와의 비교를 시도하고자 한다.

'1970년대 민주화운동 관련자 실태조사'('70년대 조사'로 줄임)는 민주화운동기념사업회가 발족한 이래로 이 방면의 최초의 보고서라는 점에서 중요한 의의를 가지고 있다. 이번 '1980 년대 민주화운동 참여자 실태조사'('80년대 조사'로 줄임)는 1970년대 민주화운동 보고서의 연장선상에 있다는 측면에서 70년대 보고서는 이번 연구의 산파역을 했다고 볼 수 있다.

두 보고서는 공통점도 많지만 차이점도 많다. 차이를 두 가지 측면에서 살펴보고자 한다. 첫째는 형식적 측면, 즉 개념설정, 방법론이나 틀 등에 관련된 측면을 살펴보겠다. 둘째는 내용적 측면, 70년대 조사결과와 두드러지게 차이가 있는 80년대 조사결과를 살펴보겠다.

우선 형식적 측면의 차이를 먼저 살펴보겠다.

첫째, 연구 주체 면의 차이다. 70년대 조사는 대학교 전문연구소에서 실시한 만큼 조사의 전문성은 가지고 있다. 그러나 상대적으로 현장성이 취약하여 민주화운동 관련자 선정에서 뚜렷한 한계를 낳을 수밖에 없었다. 반면 80년대 조사는 (사)민주화운동공제회와 한성대학교 사회과학연구원 부설 전쟁과평화연구소가 공동으로 주관하여 조사 전 과정을 진행하였다.

70년대 조사는 전적으로 전문연구기관이 주도하고 조사도 사회조사 훈련을 받은 조사원이 수행함으로써 조사결과에 대한 신뢰도를 높일 수 있었다. 반면 80년대 조사는 (사)민주화운동공제회가 발굴한 조사원을 대상으로 조사 훈련을 시키고 조사를 진행하다보니, 조사과정에 생기는 문제에 대해 구체적으로 대응하기는 어려웠던 점이 있었다. 예컨대 설문조사에서 가장 까다로운 문제 중 하나인 직업 범주화하기나 계층 평가 등의 문제에 관하여 연구진이 조사원들을 하나하나 훈련시켰지만, 조사현장에서 조사대상자들이 용어나 범주에 대하여 질문할 때 조사원이 정확한 설명을 하기 어려운 한계가 있었다.

둘째, 조사 대상 면의 차이다. 70년대 조사는 '민주화보상법'에 토대를 두고 조사를 진행하여 조사대상자를 법에서 지칭하는 대로 '1970년대 민주화운동 관련자'로 규정하게 되었다. 그러나 80년대 조사는 '1980년대 민주화운동 참여자'로 개념을 달리하였다. 이렇게 바꾸게 된 것은 1980년대 운동 참여자들의 상당수가 30~50대 사이에 포진되어 있고, 아직도 사회운동 일선에 서있는 사람이 많으며, 운동에 대해 스스로 강한 요구를 가지고 있어 보다 능동적인 개념이 필요하다고 보았기 때문이다. 이러한 상황을 반영하여 '관련자'가 아니라 '참여자'로 그 명칭을 바꾸기로 하였다.

또한 70년대 조사는 민주화보상법에 관련하여 보상심의를 신청했던 사람들을 중심으로 한 조사이다. 따라서 관련법이 규정하는 자격을 갖추고도 신청을 하지 않았던 사람들은 조사과정에서 잘 드러나지 않게 되었다. 이번 조사를 통하여 알게 된 사실 중 하나는 민주동문회 등에서는 신청/비신청 문제를 중심으로 논의가 있었고, 원칙적으로는 관련법에 대하여 엄청난 비판이 있었다는 것이다. 그러나 현실적으로 민주화운동 관련자 인정과 보상이 필요한 환자나 대학진학이나 취업을 앞둔 자녀를 둔 사람들에 대해서는 정당성을 부여해 주는 방식의 논의과정을 거쳤다고 한다. 신청자 중심의 조사라 할지라도 그 중요도는 결코 떨어지지 않지만, 비신청자의 경험이나 태도, 동기 등에 대한 목소리가 사라질 수밖에 없다.

반면 이번 조사에서는 비신청자를 61.4% 확보함으로써 수면 아래 가라앉아 있던 다양한 목소리들을 들을 수 있게 되었다. 이번 조사에서는 왜 관련 기관에 민주화운동 인정 및 보상신청을 하지 않았는가에 대해 '어떤 형태의 보상도 기대하지 않기 때문'이라는 것이 다수의견을 차지했다. 이 문제에 대해서는 뒤에서 보다 심도있게 다룰 것이다.

조사대상자 출신 지역을 살펴보면 70년대 조사는 수도권을 중심으로 했으므로 수도권

이외 지역의 민주화운동 참여자들은 배제되었다. 그러나 이번에는 수도권 이외의 지역에서 50% 정도의 조사대상자를 선정하였다. 지역 할당은 준거집단이 없으므로 민주화운동 관련자 인정 및 보상 신청자 가운데서 1980년대 신청자의 지역 분포를 준거로 하였다.

또한 조사대상자의 성별 면에서 볼 때 여성의 참여도가 증가하였다. 의도적으로 여성을 표집하기 위해 노력한 측면이 없진 않으나, 각 지역에서 아직도 사회활동을 하는 여성들이 적지 않아 초기에 기획한 바와 같이 남:여 7:3 비를 거의 맞출 수 있었다.

셋째, 설문조사 결과 응답률에서 엄청난 차이가 있다. 70년대 조사는 현장성의 한계로 인해 주로 '민주화운동관련자명예회복및보상심의위원회'에 민주화운동관련 보상신청을 했던 사람들을 중심으로 조사를 진행하였다. 이나마 섭외와 동의를 끌어내는 과정상의 문제로 조사회수율이 38.5% 정도에 그쳤다.

반면 80년대 조사는 (사)민주화운동공제회가 전국에 흩어져 있는 대학교 민주동문회나 지역사회단체들과 긴밀히 협조하여 원래 계획했던 700사례를 100% 달성할 수 있었다. 어떤 사회조사에서도 이러한 회수율을 얻기란 쉽지 않다. 이는 우연이라기보다는 (사)민주화운동 공제회 측의 헌신과 성실성이 빚어낸 결과였고 볼 수 있다.

넷째, 연구방법론에서 커다란 차이가 있었다. 70년대 조사는 주로 설문조사와 문헌연구를 통하여 연구를 진행하였다면, 80년대 조사는 설문조사와 문헌연구를 기본으로 하되 보다 심도 있는 연구를 위하여 심층면접법과 초점집단면접을 시도하였다. 따라서 1980년대 민주화운동을 둘러싼 동기, 아픔, 영광, 분노 등과 같은 심층적인 부분에 대한 접근을 시도하였고, 집단면접을 통하여 1980년대 민주화운동에 대한 정의, 민주화운동의 한계와 과제 등에 대하여 논의할 수 있었다.

다음으로 내용적인 측면의 차이를 살펴보겠다.

첫째, 민주화운동 과정 중 국가에 의한 피해의 목록에서 1980년대의 특성을 살려 불심검문 여부나 태도, 강제징집과 녹화사업의 피해 경험과 양상 등을 물었다. 또한 피해의 목록에 성고문 여부가 있고, 없고도 두 조사 간의 차이이다. 1970년대에도 사실관계적으로는 구속(연행)조사 시 성고문이나 성희롱 사건이 적잖이 있었으나 담론화되지 못하였다. 그러나 1980년대에는 1986년 부천서 성고문사건을 전후하여 성고문과 같은 문제가 사회적 문제로 부상하였다.

둘째, 1970년대 조사에서는 구속/구금 사유를 묻는 질문에서 '조직사건과 집회 및 시위' 응답률이 높았다면, 1980년대 조사에서는 '집회 및 시위와 점거농성사건'이라는 응답률이 높았고, '조직사건'은 구속사유에서 제3위로 밀렸다. 이는 1980년대에 조직사건이 적었기 때문이라기보다는 집회 및 시위와 특히 대형 점거농성사건이 유달리 많았기 때문이라고 볼 수 있다.

셋째, 민주화운동과 종교와의 관계에서 차이를 보인다. 1970년대 조사에서는 설문지의 1번 문항이 믿고 있는 종교를 묻는 질문이었고, 특히 기독교가 민주화운동에 중요한 역할을 한 것으로 지적되었다. 이러한 결론은 70년대 민주화운동에서 종교적 역할이 컸음을 지적하는 기존의 논의를 확인해 준다. 그러나 80년대 조사에서는 무신론자가 70년대 조사에 비해 15%나 많은 반면, 종교를 가지고 있다고 말한 사람의 비율이나 각 구성 종교의 비율도 낮았다.

넷째, 민주화운동 참여자의 직업 분포에서 차이가 보인다. 1970년대 조사는 상당수가 고위 관리직, 기술직이 많았다면, 1980년대 조사는 시민단체 활동가, 기술공/준전문가층, 사무종사자, 전문가, 판매종사자 순의 분포를 보였다. 이것은 두 시기 참여자들의 직업 분포의 차이라기보다는 표집의 차이로 보인다. 다시 말해 70년대 조사는 대다수가 민보상 신청자이다 보니 상대적으로 지식인 그룹이 많을 수밖에 없었을 것이다. 반면 80년대 조사는 비신청자가 과반수가 되고, 전국조사이기 때문에 직업 편차가 크게 나타난 것으로 볼 수 있다.

또한 이번 조사는 70년대 조사가 질문하지 않은 현재 고용상태(상용직/임시직/일용직)를 물었다. 이번 조사에서는 취업자 가운데 상용 정규직이 70%가 넘는 것으로 나타났는데, 1997년 IMF 이후의 사회변화, 그리고 비정규직의 증가 추세를 볼 때 이 부분은 보다 심도 있는 조사가 필요한 부분이다.

다섯째, 두 조사에서 추세는 비슷하나 경향적으로 달라진 부분이 있다면 그 중의 하나가 경제 형편이다. 주택 점유 형태를 묻는 질문에서 자가가 70년대에는 63.9%, 80년대 49.9%였다. 이것은 연령에 따른 경제적 안정도의 차이를 반영하는 것이라고 볼 수 있으나, 직업분포에서도 보았듯이 80년대 민주화운동 참여자들이 70년대 참여자들에 비해 경제적으로 열악한 환경에 처해 있음을 알 수 있다. 이를 통해 다른 한편으로는 80년대 민주화운동 참여자들에 대한 사회적 보상체계가 낮은 것이 아닌가도 생각해 볼 수 있다.

여섯째, 1980년대까지 일반사회 조사에서는 고학력자일수록 한국 사회문제에 대하여 비판적이고 개혁적인데 반해, 저학력자일수록 보수적인 측면이 강하고, 사회개혁에 대해 수동적이었다. 그런데 이번 조사에서는 사회문제를 바라보는 인식에서 대체적으로 고졸 학력자가 대학원 이상 학력자에 비해 더 비판적이었다. 이점은 두 가지 측면에서 이유를 생각할 수 있다. 첫째, 이번 조사대상자들이 모두 민주화운동 참여자들이므로 학력 그 자체가 의식의 진보성을 전혀 보장하지 못한다는 점이다. 둘째, 1990년대 이래로 계급 사회적 특성이 강해지면서 교육을 통한 계급재생산 공식이 성립하는 경향이 강해졌고, 민주화운동 참여자에 있어서도 고학력자들이 진출할 수 있는 사회 분야가 넓어진 영향이 아니겠는가라고 해석할 수 있다.

일곱째, 70년대 조사에는 별로 고려되지 않은 변수가 성별변수이다. 이번 조사에서는 성별적 특징이 곳곳에 반영되어 있다. 여성이 남성에 비해 1980년대 민주화운동에 대한 평가, 시민사회단체 활동에 대한 의미부여 등과 같은 문제에 비판적임을 읽을 수 있다. 반면 국가에 의한 직접적 피해에서는 여성이 남성보다 그 정도나 강도가 덜하다고 말할 수 있다. 이 말 자체가 피해의식의 과다를 의미하는 것은 아니다. 또한 학력 분포나 직업 분포에서 여성이 고학력층, 전문가층에 더 많이 분포되어 있음도 발견할 수 있었다.

Ⅳ. 심층면접조사를 통해서 본 1980년대 민주화운동 참여자의 실태

이 책의 가장 중요한 목적 가운데 하나는 1980년대 민주화세력들의 다양한 목소리를 생생하게 드러내는 데 있다. 올해가 6월항쟁 20년이 되는 해이므로 항쟁을 기념하는 각종 행사들이 진행되고 있고, 언론·방송사에서도 6월항쟁을 주목하는 영상물, 기록들을 생산하고 있다. 그러나 대개 많은 프로그램들에는 현재에도 유명세를 탄다고 할 수 있는 6월항쟁의 주역들이 주로 등장하고 있을 뿐이다. 그러나 6월항쟁에서 헌신적이었고, 대중적으로는 알려지지 않았지만, 그때 정신을 아직도 품고 살고 있는 수많은 사람들이 있다. 어찌 보면 평범해 보일 수 있는 한국인 4,700만 명 중 한 사람의 기억과 좌절, 고통과 기쁨에 대해서 우리는 너무 잊고 있는 것은 아닌가?

최근 들어 한국 사회에서 소위 '386세대'는 권력화되고, 민주화의 가장 큰 수혜를 받은 세대로 언급되고 있다. 그러나 정작 1980년대 당시 민주화운동에 참여했고, 민주화에 헌신했던 '100만학도'라 불렸던 익명의 대학생, 수십만 명에 달하는 '넥타이부대', 20·30대 청년노동자, 1987년 7·8·9월 노동자대투쟁을 이끈 제조업 부문 노동자, 농민, 빈민, 여성의 목소리에 대해 우리는 충분한 관심을 기울이지 않았다. 이 조사는 아직도 시민사회부문에서 미완의 민주화 과제와 21세기적인 새로운 과제에 도전하고 있는 평범하지만, 빛나도록 고통스러운 기억을 가진 1980년대 민주화운동 참여자의 목소리를 듣고자 했다.

1980년대 젊음을 바쳐 희생적으로 헌신하고 목숨을 내놓고 민주화를 부르짖었던 사람들은 당시를 어떻게 회고하고 있는가? 또한 1970년대와 연속적인 신군부정권의 폭압의 시대에 1980년대 민주화의 대군이 만들어지게 된 요인은 과연 무엇일까? 각 분야의 응축된 힘들이 어떤 과정과 동학들로 인해 1987년 6월항쟁이라는 민주화의 도가니에 모여들 수 있었을까? 직선제개헌이라는 절반의 승리를 이룬 후, 그들은 어디에서 무엇을 하며, 그때를 어떻게 평가하고 있을까? 1980년대 민주화의 주역들은 정치권좌에 오름으로써 승리의 단맛을 다 맛보았는가? 과거 민주화운동으로 희생당했던 사람, 지금도 피해자로 남아 고통을 겪고 있는 사람들은 없는가? 현재 그들은 무슨 꿈을 꾸고 있는가? 1990년대 이후 그들의 삶 속에 묻어 있는 희망의 근거와 고통의 흔적은 무엇인가? 이러한 문제의식을 가지며 1980년대 민주화운동 참여자의 목소리를 찾아나가고자 한다.

1. 조사대상자 정의 및 선정, 조사 기간

이 글에서는 조사대상자를 '80심층면접자'라 부르기로 한다. 80심층면접자는 '나이와 성별, 지역, 운동부문, 현재 운동의 지속 여부와 상관없이 80년대 민주화운동을 했던 사람들, 곧 그러한 특성을 갖춘 모집단 중에서 심층면접에 참여한 사람'으로 정의 내릴 수 있다.

그러나 어려운 점은 누구를 심층면접할 것인가라는 문제이다. 이번 조사는 모집단의 특성을 얘기할 수는 있으나 모집단의 범위를 어떻게 설정해야 하는가가 대단히 어려운 문제였다. 그래서 우선은 3장에서 밝힌 바와 같이 설문조사에 응한 표본 가운데, 조사과정에서 심층면접에 참여하는 것에 자원한 사람을 1차 심층면접 대상자로 설정하였다. 다음으로 1차 심층면접 대상자 가운데 남녀, 운동부문, 운동 당시의 지역 안배 등을 고려하여 1980년대 민주화운동의 전형성을 갖고 있다고 판단되는 사람을 중심으로 14명을 선정하였다. 이 과정에서는 연구팀들 간의 토론과 합의과정을 거쳤다.

또한 어떤 주제를 가지고 어떤 방식으로 심층면접을 진행할 것이냐를 놓고 1차적으로 연구팀 내부에서 몇 차례에 걸친 회의를 했고, 마지막으로 심층면접 내용을 둘러싸고 민주화운동기념사업회 사료관 담당 측과 조율 과정을 거쳐 최종 '심층면접지'를 작성하였다.

조사 기간은 2007년 1월 중순에서 2월 하순까지로 설정하였고, 연구책임자를 포함한 연구진 4명이 중심이 되어 면접을 진행하였다. 연구진은 길게는 15년, 짧게는 2년 정도 심층면접 조사를 수행해 왔다. 조사 시간은 대략 2~4시간, 1회를 기본으로 하되, 상황에 따라서 2회를 진행한 사람도 두 명이 있다. 조사 장소는 80심층면접자가 희망하는 곳으로 80심층면접자의 집, 직장, 식당이나 카페, 연구실 등 조건에 맞게 결정되었다. 이번에 선정된 80심층면접자들의 특성상 현재 대부분이 사회경제적 활동을 하는 관계로 집보다는 직장이나 공적인 장소가 상대적으로 많을 수밖에 없었다. 또한 80심층면접자가 지역에 거주하는 경우 구술자 자신의 선호에 따라 지방출장도 해야 했다.

2. 조사내용과 방법

80심층면접자와의 심층면접은 크게 보면 1980년대 민주화운동 전의 삶과 의식, 80년대 당대의 활동과 경험, 90년대 이후부터 지금까지의 활동과 경험을 살펴보는 것으로 이루어졌다. 심층면접지에 반영된 구체적인 조사 내용을 항목별로 제시하면 다음과 같다.

□ 청소년기 우리 사회에 대한 인식
- 부모님 및 형제자매들의 정부관과 사회관에 대한 인식
- 청소년기를 보낸 지역과 학교
- 중고등학교 시절 자신의 정부관과 사회관에 대한 인식

□ 청년, 대학생 시절
- (대학생이었다면)학생운동은 언제부터 했는가?
- 운동을 하게 된 이유 또는 계기?
- 당시 공부했던 주요 내용? 공부를 지도했던 사람, 같이 공부한 사람, 같이 공부한 사람 중에 함께 운동을 했던 사람은? 인상적이었던 이유?
- 야학활동에 대한 경험
- (있다면)수배의 경험
- 구속 수사나 교도소 생활에서 육체적, 정신적 고문이나 고통, 억압을 당했던 사례는?
- 노동운동이나 다른 사회운동은 왜 언제부터 어떤 계기로 하게 되었는가?
- 정당 및 사회단체 활동경험

□ 1980년대 운동 이후의 인식과 평가
- 1980년대 운동과정의 변화 및 평가
- 운동을 통하여 개인이나 가족, 지인, 배우자 등이 겪은 구체적 고통(정신적인 것도 포함)과 이유
- 기존에 하던 운동에서 방향을 바꾸었다면?
- 1990년대와 그 이후의 삶과 의미

□ 전반적 평가
- 사회에 대한 전반적 관점

- 노무현 정부와 '386'에 대한 평가
- 민주화과정에서 사회적 형평성에 대한 인식

이러한 조사내용을 바탕으로 한 조사방법과 절차는 다음과 같다.

첫째, 자원성의 원칙에 따라 성별, 지역별, 운동부문별로 희망자를 선정·섭외하여 80심층면접자가 희망하는 시간과 장소에서 조사를 실시하였다.

둘째, 심층면접은 해당하는 주제를 중심으로 진행하되 '구술생애사'를 채록하는 방식으로 진행하였다. 조사는 면접지를 하나하나 보면서 하는 것이라기보다는 면접지를 줄거리로 하여 구술자의 '구술 서사(oral narrative)'를 채록하는 방식을 지향하였다.

셋째, 조사자는 심층면접지 외에도 세 가지 서류를 갖추어 80심층면접자에게 작성을 부탁한다. 세 가지 서류는 다음과 같다. '구술자 개인기록부', '구술자료 공개동의서', '구술사례비' 등이다.

넷째, 구술 작업을 마치면, 연구진은 반숙련[21]된 녹취사에게 연구진에서 선호하는 규정된 방식의 녹취를 주문하게 된다.

다섯째, 녹취록 초고가 나오면 연구진에서 두 번 정도의 검독 과정을 거쳐 가책자본을 만들게 된다. 이러한 진행과정은 대략 5개월의 시간이 소요되었다.

---

21) 숙련된 녹취사에게 맡길 수 없는 것은 전적으로 비용 때문이다. 대학생들 중에서 한성대학교 사회과학연구원 부설 전쟁과평화연구소의 녹취 일에 참여해본 적이 있는 학생에게 맡기는 것이 제한된 녹취비용 속의 최선의 방안이었다.

3. '80심층면접자'에 대한 개요

여기에서는 80심층면접자에 대한 기본 인적 사항을 먼저 살펴보고, 다음으로 간단한 개요를 소개하도록 한다.

1) 심층면접자 기본 인적 사항

〈표 IV-1〉1980년대 민주화운동 참여 심층면접자 기본 인적 사항 (가나다 순서)

순서	이름*	생년	성별	고향	1980s 거주지	현 거주지	1980s 사회운동	현직업/지위	민주화관련 심의보상신청
1	강덕영	1961	남	전남 여천군	인천	서울	학생, 노동 지역	신문사 관리직	보상
2	김병철	1963	남	충북 청양	서울	인천	학생, 강집	아파트관리소장	미신청
3	김오현	1956	남	전남 장성	광주	광주	5·18항쟁	시민운동	5·18관련보상
4	김이동	1960	여	대구	서울	서울	민가협	가정주부	미신청
5	김철민	1962	남	서울	서울 인천	서울	학생, 노동	중소기업 회사원 (중역)	미신청
6	박교희	1958	여	부산	충남	충남 천안	참교육	교사	미신청
7	박민영	1958	여	서울	서울	서울	학생, 노동 종교, 여성	시민사회단체 상근	미신청
8	박상진	1950	남	경남 함안	경기	서울	언론	자영업	5·18관련보상
9	박춘상	1962	남	강원	강원	강원	농민	농업	미신청
10	이대식	1963	남	전남 보성	서울	서울	학생, 종교	○○청소년센터관장	보상
11	이민상	1956	남	경북 성주	대구	대구	학생, 야학	개인사업	미신청
12	정일수	1953	남	전북 남원	서울	서울	빈민	돌실나이/샘플팀	미신청
13	하명길	1965	남	경남 진주	마산	경남 창원	노동	자영업/ 업종전환준비중	미신청
14	허일동	1966	여	강원도 홍천	서울	서울	학생	가정주부	미신청

* 이름은 모두 가명을 사용함

80심층면접자의 출생연도는 1950년대 생이 6명, 1960년대 생 8명으로 분포되어 있다. 다시 말해 1970년대 20대 청년과 1980년대 20대 청년으로 구성되어 있다. 또한 성별로 보면 남:여

10:4로서, 조사 설계 시 남녀 성비 7:3에 근접되었다.

다음으로 이들의 고향을 보면, 수도권 2명, 영남권 5명, 호남권 4명, 기타 3명으로 구성되어 있다. 또한 1980년대 거주지별로 보면 수도권 9명, 영남권 2명, 호남권 1명, 기타 2명으로 분포되어 있다. 이를 통해 학업 또는 사회활동 등에 따른 거주지 이주가 활발했음을 짐작할 수 있다. 또한 현거주지별로 보면 수도권 9명, 영남권 2명, 호남권 1명, 기타 2명으로 분포되어 수도권 집중이 계속되고 있음을 알 수 있다.

중복을 허용하여 1980년대에 참여했던 사회운동부문을 보면, 학생부문 8명, 노동부문 4명, 종교부문 2명(개신교 1, 불교1), 그 외 농민, 빈민, 여성, 교육, 인권, 문화운동 등 다양한 부문의 운동 참여자가 이번 조사에 참여하였다. 또한 현재 직업은 행정관리직 4명, (반)전문직 1명, 농업 1명, 시민사회단체 활동가 2명, 전업주부 2명, 자영업 2명 등으로 구성되어 있다. 마지막으로 민주화보상에서 민주화보상법으로 보상을 받은 자는 2명, 5·18관련 보상자 2명, 나머지 10명은 미신청자였다.

2) 심층면접자에 대한 간단한 면접 개요

14명의 80심층면접자에 대한 생애사를 간단하게 정리하면 다음과 같다.

■ 강덕영 (1961, 남, 전남 여천군, 인천 성장, 대졸, 학생운동/노동운동/지역운동, 구속, 민보상 보상, 언론사관련기관 간부 재직)

고향은 전남 여천군(현 여수시) ○○리이다. 아버지는 상사로 제대했다. 나는 3남 1녀 중 막내이다. 큰 형과 둘째 형은 인천에서 운전업에 종사하고 있고, 바로 위의 누나는 순천에서 매형과 자영업을 하고 있다.

내가 율촌초등학교 1학년에 재학하던 때 인천으로 이사했다. 인천의 중학교, 고등학교 시절에는 별다른 사고 없는 평범한 학생이었다. 고등학교를 졸업한 해에 서울시립대학교 도시경영학과에 입학하였다. 나는 대학에서 친구들과 함께 '민족문화연구회'(공산주의연구반의 후신, 15명 참여)에서 활동하였다. 민문연 외에도 친구들과 함께 언더써클을 만들었다. 1982년 가을 민문연과 기독교학생회가 중심이 되어 투쟁선언을 하며 학내시위를 벌였고, 나는 주동자로 청량리 경찰서로 연행당하여 집시법으로 1년형을 받고, 1983년 8월 특사로 석방되었다.

석방된 후, 복학하지 않고 현장 준비를 하였다. 인천의 어느 철공소에서 용접기술을 배웠고, 83년 겨울 인천의 소재 공장(3,000명 노동자)에 입사하여 일당 3000원 벌이 노동자가 되었다. 첫 회사에서는 노동조합을 설립하고 못하고 8, 9개월 만에 그만두었다. 이후 인천 5공단에 있는 00금속에 입사하여 1년 작업하여 파업투쟁을 하였고, 그 덕분에 해고당했다. 1987년 1월 다시 국가보안법으로 구속되어 6월항쟁을 인천교도소에서 맞이하였고, 10월에 출소하였다.

출소 후 운동방향을 시민운동으로 선회하여 한겨레신문 인천지역 후원회 사업을 시작하였고, 1993년에는 『월간 말』지로 옮겨 1995년까지 일했다. 이 무렵 한겨레문화센터의 설립이 준비되었는데, 나는 이곳으로 와서 2001년까지 문화센터 팀장으로 활동하였다. 현재 한겨레신문사 계열의 회사에 다니고 있으며, 민보상 신청을 하여 보상을 받았다.

■ 김병철 (1963, 남, 충북 청양, 대졸, 학생운동, 강제징집, 민보상 미신청, 현 아파트관리소장 재직)

충북 청양서 태어나 고등학교를 졸업하였다. 대학교에서는 1학년 때 PD계열의 안민회라는 동아리에 가입하여 활동하였다. 봄에 문무대입소를 마치고 온 날 잔디밭에서 문무대입소 반대 집회를 마치고 스크럼을 짜고 구호를 외치며 학생회관으로 가는 중 사복경찰에 잡혀 동부경찰서에서 취조를 받았다. 경찰서에서 군대이야기가 나왔고, 그냥 군대입대를 하나 보다 생각을 했는데 부모님께 인사드릴 시간도 주지 않고 바로 훈련소로 보내졌다. 그래서 강제징집에 대하여 알게 되었다.

군에서는 전방지역에 배치가 되었는데 부대에서는 일부로 건드려 일을 만들지 않으려고 어느 정도 잘 대해주었다. 다만 일을 할 때 전방 가까운 근처에는 나를 못 가게하고 혼자 일을 시켰다. 우연히 잘 대해주던 부대장의 사무실에서 나의 일거수일투족을 매일 보고하는 보고서를 발견하여 매우 분노하였다.

제대 후에 복학하여 학습(사회과학)을 열심히 하며 안민회 활동을 계속하였다. 동부서에서 가끔씩 감시를 하러 오곤 하였다. 대학에서 활동은 대중 활동보다 후배들과 학습하며 조용히 조직사업을 했다. 졸업 후 여대 앞에서 사회과학 서점을 운영하여 학생들과 친분이 돈독했으며, 학습에 대한 도움도 주었다. 이후 주택관리사자격증을 따고 인천으로 이사하여 아파트관리소장을 하면서 부천과 인천의 노조지원활동을 하였다. 또한 동아리 사람들과 정기적인 모임을 갖고 있다.

■ 김오현 (1956, 남, 전남 장성, 광주 성장, 대학원졸, 노동운동/5·18민주화운동, 구속,

5 · 18민주화보상, 현 시민운동 단체 대표)

나는 1956년 4월, 4남 2녀 중 3남으로 전라남도 장성에서 태어났고, 주성장지, 그리고 운동 당시 주된 활동지 모두가 광주이며, 현재도 광주에 거주하고 있다. 사회에 대한 비판적 의식은 고등학교 재학시절부터 본격적으로 싹텄다. 초기 의식 형성기에는 1974년 민청학련 사건으로 검거된 친형의 영향을 많이 받았다.

고등학교 졸업 이후 1975년 8월부터 재건중학교(야학)에서 교사로 일을 하게 되었고, 수학과 과학을 가르쳤다. 1977년부터는 형이 광주에서 녹두서점을 운영하기 시작했고, 이를 도왔다. 이후 군에 입대하였고, 1980년 5월 광주항쟁 직전에 제대하였다.

군을 제대한 후 윤○○으로부터 노동운동을 제안 받고, 취업을 모색하던 가운데 광주항쟁을 맞이하게 되었다. 광주항쟁 당시에는 녹두서점을 중심으로 하여 시위대의 중간 연락책 역할을 하였다. 도청이 진압된 이후 녹두서점이 수색당하고, 형, 형수와 더불어 상무대로 연행 당했다. 상무대 안에서는 생명의 위협을 느낄 모진 고문과 더불어 인간적인 모멸을 경험했다. 1980년 9월경 재판을 받았으며, 1981년 4월 출감하였다.

출감 후에는 야학에 관련된 일을 하였으며, 1985년 뒤늦게 전남대학교 수의학과에 입학했다. 대학에 입학하여 학생운동에는 깊게 관여하지 않았으며, 교회를 기반으로 지속적으로 노동운동에 관여했다. 1987년 6월항쟁 당시에는 항쟁에 참여하여 전투조를 조직하기도 했다. 수의대를 졸업한 이후 동물병원을 개업하여 생활을 하다가 1995년 지방기초의원에 출마하여 2002년까지 의원직을 맡아보았고, 현재는 1998년도에 창립한 광주 '○○자치21'이라는 시민단체의 대표직을 수행하고 있다. 보상과 관련해서는 5 · 18관련으로 보상을 받았다.

■ 김이동 (1960, 여, 대구, 대졸, 민가협, 민보상 미신청, 전업주부)

나는 1960년 오남매 중 넷째로 대구에서 태어났다. 대학 입학 전까지는 대구에서 초중고 시절을 보냈다. 86년 대학 입학 후 성남에 있는 큰 언니 네서 살면서 이 지역을 중심으로 야학을 하기도 했다. 건국대학교 재학 시절에는 진보적인 성격의 동아리 친구들과 함께 어울려 지냈다.

적극적으로 운동을 시작한 것은 남편이 86년 5 · 3 인천사태로 구속된 이후이다. 이후 민가협에서 재야인사, 청년부분을 담당하여 민가협 회원이자 간사로 일을 하게 되었다. 구속된 학생들의 어머니들을 설득하여 투쟁에 동참할 수 있게 하기 위해 노력하였으며, 재야인사, 구속된 학생들을 위해 어머니들과 함께 법정 투쟁 · 감옥 투쟁을 지원했다. 88년도에 첫 아이를 임신했을 때에는 감옥 앞에서 점거 농성을 벌이다가 경찰과의 몸싸움으로 언덕에서 구르기도 했다.

이후 89년도에 큰 딸을 낳고 두 달도 되지 않아 남편이 민불련 활동으로 또 다시 구속되었다. 이 당시에는 잠복 경찰이 집 밖에서 상주했으며, 남편은 구속되기 직전까지 모든 증거자료를 태우고 없앴다. 그래서 민가협에서 일했을 당시 귀중하게 모아두었던 개인 자료들이 이때 많이 없어졌다. 민가협에서 5년 정도 일한 후 둘째를 낳고 현재는 전업주부로 생활하고 있으며, 구로 지역에서 공부방 활동 지원과 학교 학부모회 활동을 하며 지역에서 활동하고 있다.

■ 김철민 (1962, 남, 서울, 1981년 강집, 학생운동/노동운동, 기업 상무이사재직, 민보상 미신청, 현재 정보통신 계통 회사 간부 재직)

1979년 이화여자대학교에 들어갔던 막내누나 덕분에 고3때부터 사회과학 서적을 읽기 시작하면서 사회에 눈을 뜨게 되었다. 11월 25일 연세대 시위에서 잡혀 서대문서에서 강제 징집 당하게 되었다. 그때 나를 포함하여 15명이 강집당했다.

군대 생활을 하던 중 친구에게 보낸 편지에서 정부 비방 내용이 있다고 보안사 후암동 공작분실로 끌려가 10일 동안 잠도 제대로 못자며 조사를 당했다. 당시 고문으로 허리를 다쳤고, 5사단 영창에 3개월 간 구속되었다.

군 제대 후 공부를 할 것인지, 혁명운동을 할 것인지 고민을 하여 노동운동에 뛰어들게 되었다. 1984년 12월 부평으로 내려가서 작은 전기회사에 취직했다가 1985년 초에는 '한국 OOO' 공장에 취업하였다. 이어 1983년 '한국노동자복지협의회'에 가입하였고, 1985년 인노련 활동을 시작하여 인노련 내에 '해직자복직투쟁위원회'를 조직하고 위원장을 맡았다. 1990년대 초 인민노련이 해체되면서 중앙편집위 사무실을 내고 책 번역과 지인들의 후원으로 생활할 수 있었다. 당시에는 수배 압력 때문에 8개월간 도피 생활을 하기도 했다.

1987년경에 노동운동을 함께 했던 동지와 결혼했으나 직장 때문에 헤어져 살았다. 결국 아이도 없이 1990년 이혼하게 되었다. 1991년 운동을 정리하면서 작은 회사에 취업을 했다. 1995년 복적할 수 있게 되었는데, 결국 미등록 제적당했다. 2005년 다니던 회사가 파산하여 현재 다소 어려운 상태에서 직장생활을 하고 있다. 민보상은 내 뜻에 맞지 않아 신청하지 않았다.

■ 박교희 (1958, 여, 부산, 인천 성장, 대졸, 전교조 운동, 해직, 민보상 미신청, 교사)

나는 1958년 생으로 부산에서 7남매 중 막내로 태어났다. 초등학교 시절 부산에서 인천으로 이사를 했고 주 성장지는 인천이다. 77학번으로 대학에 입학한 후 1학년 무렵에는 야학에도 잠시 관여했으며, 연극반에서 활동하면서 비판적 의식을 키웠다.

졸업 후 교사가 되어 예산여고에 있을 때인 1984년경 홍성·예산 지역의 교사협의회에 가입하여 활동하였다. 1984년에는 동료들 간의 동인지로 '혈맥'을 발간하기도 했는데, 이것이 문제가 되어 형사가 학교로 찾아와 조사를 하고 가기도 했다.

1985년 11월 같은 학교 출신이며, 교사였던 현재의 남편과 만나 결혼하게 되었다. 1986년경에는 교육민주화선언에 참여하였다. 이후 교사협의회 모임에 계속 참여하다가 1989년 전교조 결성에 적극적으로 가담하게 되었다. 전교조 결성 당시에는 충남 지역을 중심으로 활동을 하였다. 전교조 결성 건으로 해직될 당시에는 당진여고에서 근무했다.

1989년 해직될 당시 남편도 같이 해직이 되어, 부부가 모두 해직교사가 되었다. 1989년 해직된 후 다시 복직된 1993년까지 지속적으로 전교조 지부에서 활동하였다. 1993년 복직된 이후 1994년 태안 안면도의 서안중학교에서 다시 교직 생활을 시작할 수 있었다.

현재에도 전교조 활동을 하고는 있으나, 적극적인 활동을 수행하고 있지는 않다. 현재 전교조는 초기의 전교조와 많은 차이가 있는 것으로 생각된다. 특히 내부 노선의 분화, 기성의 노조와 같이 여러 복합적인 구성원들의 이해가 작용하는 것을 보면서 현재 전교조 활동에 대해 회의적인 감정도 들었다. 경제적인 측면에서는 해직기간 동안 호봉의 동결, 연금 문제, 동료 교사와의 비교에서 나타나는 상대적인 박탈감이 있다.

■ 박민영 (1958, 여, 서울, 학생/노동/교회/여성/평화운동, 민보상 미신청, 현재 평화운동
　　　　상근 간부)

나는 서울에서 태어났고, 상명여고를 마치고, 1977년 수도여자사범대학에 입학하였다. 1979년 무렵 이전부터 다녔던 도림교회의 의식화된 전도사로부터 본 훼퍼의 "나를 따르라" 학습을 받으며 새로운 신학적·사회적 눈을 뜨게 되었다. 1979년 수도여사대가 세종대학으로 전환하는 과정에서 사학비리재단 반대 투쟁에 주도적으로 참여하였고, 1980년 4학년 당시 학생회를 부활시키는데도 중심적으로 나섰다. 그러나 학생회 부활사건으로 나를 포함하여 4명이 제적당했다.

학교에서 제적당하자 도림교회에서 나를 불러 당시 독일에서 기금을 받아 설립준비를 하였던 '지역사회개발교육원'에서 일을 하였다. 1985년경부터는 공장에 들어갈 준비를 하여 1986년 ○○실업에 입사하여 노조 결성을 시도하다 결국 1987년 2월 해고되었다. 회사에도 못나가게 되자, '기독여민회' 간사로 활동하게 되었다. 1989년경에는 여성노동자회 상근자로 옮겨 노조 설립을 지원하며 조합간부를 교육하는 일을 맡았다.

1991년 당시 군복무를 하였던 막내 동생은 명지대생 강경대 진압부대로 투입되었다. 동생이 이 사건에 대해 양심선언을 하게 되면서 나는 동생을 뒷바라지해야 했다. 한편 나는 1982년 같이 학생운동을 했던 남편과 결혼을 하였는데, 남편은 1986년 인천5·3항쟁에 참여하면서 직장에서 해직당하고 말았다. 나는 4년간 수배생활 했던 막내 동생과 남편을 뒷바라지하면서 자연스럽게 민가협 일을 도와주게 되었다. 1990년대 후반 평화운동에 대해 관심을 갖게 되어 현재 평화단체에서 상근 간부로 활동하고 있다.

■ 박상진 (1950, 남, 경남 함안, 대졸, 언론운동, 1980년대 『월간 말』지 제작관여, 5·18민주
　　　　화관련 보상)

나는 1950년 경남 함안에서 출생했고, 2남 3녀 중 장남으로 경남에서 중·고등학교를 마쳤다. 1970년 고려대학교 사회학과에 입학하면서 정치학과 선배인 유○○와 친하게 지내면서 서서히 사회 현실에 대해 눈을 뜨게 되었다. 그러던 중 '검은10월단사건'이 발생하게 되었다. 이 사건은 내가 인식을 전환하게 되는 중요한 계기가 되었다.

1976년 ○○신문사의 신문기자로 입사하였다. 1979년경부터는 젊은 기자들 사이에 연대가 생기기 시작했으며, 기자협회를 건설하고, 소장파들이 기자협회를 장악하여 힘을 발휘할 수 있게 되었다. 1980년 5월 25일 당시 신군부의 통제에 대한 저항으로 편집국에서 제작 거부를 결의하게 되는데, 신군부는 제작거부에 동참한 모든 기자들을 연행하였다.

조사과정에서 큰 가혹행위는 없었다. 10개월가량 서울구치소에 감금된 이후 출소하였다. 출소 이후 1982년 ○○사에 입사하여 1983~1985년까지 광고과장으로 근무했다. 1983년에 민언련이 만들어졌는데, 나는 ○○사에 근무하면서 이 단체의 기관지 역할을 했던 『말』지의 창간에 관여하였다.

1987년 해빙 분위기 속에서 『월간 말』지가 합법공간으로 나오자, 『한겨레』 신문 창간을 위한 운동을 하였다. 1990년대에 ○○신문기자 부당해고소송을 냈으나, 2심에서 '신의성실의 원칙 위배'라는 이유로 패소하였다. 이는 내 생애에서 가장 화가 난 사건이었다. 한겨레신문이 만들어질 때부터 근무하여, 2004년 운영기획이사로 퇴사하였다. 현재는 개인사업을 하고 있으며, 5·18에 관련하여 민주화보상을 받았다.

■ 박춘상 (1962, 남, 강원도 춘천, 대퇴, 농민운동, 민보상 미신청, 농업)

나는 1962년 7월 사남매 중 셋째로 강원도 춘천 지역에서 태어났다. 대학 당시 잠시

서울로 올라가 생활한 것을 빼고는 거의 춘천지역에서 운동을 하였고, 현재까지 생활의 터전으로 삼고 있다.

운동에 관심을 갖기 시작한 것은 고2때 선배들을 통해 시국에 관한 이야기를 듣고, 겨울 방학 동안 민중신학을 학습하면서부터라고 할 수 있다. 1981년 총신대학교에 입학했다. 입학을 하여 운동에 관심을 가지고 여러 학교의 선배들과 만남을 가졌으나, 본격적으로 학생운동을 하지는 않았다.

1983년 방위 제대 후 복학하지 않았으며, 1984년부터 본격적으로 농민운동에 관여하였다. 1986년에는 가톨릭 농민운동 춘성군 총무를 맡아 일을 하게 되었다. 이러한 과정에서 춘천 지역 학생운동과도 연계를 가지게 되었고, 이 지역을 중심으로 여러 계통의 인맥을 형성하였다. 농민운동 관련 시위로 21차례 연행 혹은 구금 경험이 있으며, 위반 항목이 폭력혐의, 도로교통법 등으로 기재되어 법적으로는 운동과 거리가 먼 것으로 분류되어 있다. 따라서 민주화보상도 신청하지 않았다. 민주화 보상에 대해서는 운동의 의미를 돈으로 희석시킬 수 있기 때문에 신중해야 한다고 생각한다.

노무현 정권 출범시기에는 춘천지역 '노사모'의 핵심으로 활동하기도 했으나, 현재는 활동하지 않고 있다. 나는 운동의 중심을 농민운동에 두고 있고, 현재는 버섯종균 배양소를 운영하고 있다.

■ 이대식 (1963, 남, 전남 벌교, 대졸, 학생운동/불교운동, 민보상 보상, ○○청소년센터관장)

나는 1963년생으로 전라남도 벌교에서 3남 1녀 가운데 맏이로 태어났다. 중학교까지는 벌교에서 다녔으며, 고등학교는 1979년부터 광주 송정리에서 다니게 되었다. 1980년 송정리에서 5·18광주항쟁을 목격하였고, 이는 의식의 전환점이 되었다.

1982년 동국대학교에 입학한 후 선배들의 권유로 학습을 시작하였다. 학습을 시작하고 얼마 되지 않아 1학년으로는 드물게 노동현장에 투신하였다. 1983년 2학기에 복학했으며, 한국대학생불교연합회에서도 활동했다. 1984~1985년은 가장 열성적으로 운동을 전개했던 시기이며, 이것은 주로 당시 언더서클을 중심으로 한 활동이었다.

1985년이 되면서 대학불교연합회 본부에서 활동하였다. 또한 1985년 5월 본격적인 불교운동의 출발을 알리는 민중불교운동연합이 창립되었고, 여기에서도 대학생 부분의 일을 했다. 1986년 3월에는 파쇼헌법철폐투쟁위원회 위원장으로 시위를 주도하여 시위현장에서 체포되었다. 이 시위로 구속되어 집행유예로 풀려나왔으나, 바로 군에 갈 수밖에 없었고, 군 생활 가운데는 보안사 쪽과 주기적인 면담을 해야 했다.

1988년 복학 후 교내 활동 이외에 민불련에도 지속적으로 관여했는데, 졸업 후 이를 더욱 강화하기 위해 노력했다. 1989년 임수경 방북과 더불어 공안정국이 조성되면서 민불련도 타격을 입게 되는데, 당시 민불련 조직관계자 대부분이 체포된다. 나는 가장 늦게 체포되어 1년 6개월 수감생활을 했다. 출소 후 조계종 총무원을 개편하는 불교 민주화운동에 참여했다가 나와 사회복지 부문에 관심을 갖고 활동하고 있다. 민주화보상을 신청하여 받은 상태이다.

■ 이민상 (1956, 남, 경북 성주, 대구 성장, 대퇴, 학생운동/진보정치, 민보상 미신청, 개인사업)

1956년생으로 경북 성주에서 6남매 가운데 다섯째로 태어났으며, 주 성장지, 주 활동지, 현재까지 거주하고 있는 지역 모두 대구이다. 운동에 관심을 갖게 된 것은 고등학교 때 인혁당 사건에 연루된 형을 둔 임○○이라는 친구를 만나면서부터이다.

고등학교를 졸업한 이후 1979년 경북대학교 식품공학과에 늦깎이 신입생으로 입학했다. 1979년 말에서 1980년 초 본격적으로 사회과학 서적 학습을 시작하였고, 1980년 4월에는 경북대학교 내에 있는 박정희 흉상파괴사건에 연루되었다. 광주항쟁 당시에는 광주의 상황을 알리는 유인물을 제작하여 배포하였으며, 3개월 정도 도피생활을 하였다. 당시 사건으로 1980년 8월 제적되었다. 이후 1980년 9월경 '경북대편지사건'이 터지게 되고 대공분실에 연행되어 1주일가량 고문을 당했으나, 정작 이 사건과 나는 관련이 없었다.

제적된 이후 같이 제적된 선배들과 학교 외부에서 학생운동을 지속하였으며, 운동 자금을 조달하기 위해 사업을 하기도 했다. 그러던 중 1983년 2학년으로 복적할 수 있었으나, 학내 시위를 주동하던 중 교수들과의 충돌로 무기정학에 처해지게 되었고, 이후에는 학교에 다시 돌아가지 않았다.

학교에서 나온 이후에는 먼저 야학을 중심으로 운동을 벌였다. 또한 '일꾼의 집'이라는 노동단체를 만들어 활동하였다. 1987년 6월항쟁 당시에는 대구지역에서 투쟁을 조직화하고 지원하는 역할을 수행하기도 했다. 이후 민중당을 중심으로 진보정당 활동을 했으며, 1992년에는 지자체 선거에서 시의원으로 나온 민중당 후보를 지지하여 활동했다. 이후에는 당원으로만 남아서 활동하고 있다. 선거 후에는 공식적인 활동은 하지 않았으며, 목수일을 하다가, 식당을 했으며, 현재는 축산물 판매업을 하고 있다.

■ 정일수 (1953, 남, 전북 남원, 초졸, 빈민운동, 민보상 미신청, 생활한복제작업체 재직)

나는 남원에서 태어나 초등학교를 졸업했다. 집안이 가난하여 어려서부터 일을 해야했다. 72년 부산으로 가서 양복기술을 배웠는데, 성당을 다니는 양복점 주인을 통해 천주교와 인연을 갖고 지오세 모임에 참여하게 되었다. 지오세 모임은 주1회 하는데 거기서 세상에 대한 이야기를 알게 되었다. 동일방직사건 때 한국노총 위원장이 부산진 국회의원에 출마하는 것을 반대하는 집회에 참석했다가 선거법위반으로 잡혀 단순가담자로 훈방된 후 구속자 석방시위에 참가하면서 의식의 변화가 일어났다.

82년 서울로 올라와 노량진에서 다시 지오세 활동을 시작하여 인쇄노조위원장, 제화노조위원장, 지역노조 사람과 관계를 가졌다. 명동 지오세에 있는 신학생 박○○씨를 통해 빈민운동을 접하게 되었다. 목동에서의 철거투쟁을 시작으로 양평동에서 철거대책준비를 하며 싸웠고, 87년 상계동 철거지역에서 활동하였다. 이후 양복점을 하면서 주거연합서부지역지부 조직국장을 맡아 오류, 봉천, 부천, 시흥의 재개발 지역을 다니며 일했다. 102세대가 있는 하왕2-1철거지역 연대투쟁에도 참가하였는데, 이 지역은 조직력을 갖추고 주도적으로 활동하여 성공한 사례이며 현재 살고 있는 ○○아파트(임대) 지역이다. 봉천동 지역에서 철거투쟁을 지원하며, 투쟁 중인 지역주민과 결혼했다. ○○신협 발기인, 주거연합에 참가하며 여전히 철거지역에 대해 관심을 갖고 있다.

■ 하명길 (1965, 남, 경남 진주, 고졸, 노동운동, 민보상 미신청, 자영업준비중)

나는 진주에서 3남 2녀 중 셋째로 태어났는데, 80년 중학교 3학년 때 어려운 가정형편을 생각하여 돈을 벌기 위해 자동차 정비공장에 취업하였다. 1년 동안 다니다가 야간학교 다니는 친구의 영향으로 고등학교 전기과 야간학교에 입학하였다. 그 후 친척의 전기공장으로 옮겼고, 또 다른 전기회사를 다녔다. 회사에 다니다가 군대를 다녀왔다. 군대에서 허리부상이 있어 제대 후 높은 임금의 현장근무를 포기하고 전자회사를 들어가기로 했다. 전기기술을 가지고 87년 TV브라운관을 만드는 공장에 기능직으로 취업하였다.

이 공장에서 노조 대의원으로 선출되었고, 노조활동 중에 해고통지를 받았다. 이 때문에 부당해고 철회를 외치며 사내에서 집회를 주도 했다. 많은 사람의 신임을 얻어 89년 노조지부장에 당선되었고, 임금인상 투쟁에서 큰 성과를 내었다. 평택, 구미에 있는 다른 노조들과도 집회를 했는데 그 과정에서 세상에 대하여 조금 알게 되었다.

집회 · 시위 주도로 1년 넘게 목포교도소에서 수감생활을 했다. 조사를 받는 과정에서 많이 맞았고, 그것을 알리려고 할아버지가 면회를 왔을 때 기습적으로 옷을 벗어서 매맞은 알몸을 보여줬다. 할아버지는 그로 인한 충격으로 돌아가신 것 같다. 91년 6월에 출소를 하였다. 그 후 창원노동문제상담소(87년 경남노동자협의회가 바뀐 것)에서 다른 회사 해고자들과 노조지원 사업을 하였다. 상근비 없이 활동하다 가정형편도 그렇고 하여 생선장사를 한 11년 하였다. 현재 통일중공업해고자 모임을 유지하고, 민주노동당활동을 하고 있으며, 기름배달 사업을 하다 업종전환을 준비 중이다.

■ 허일동 (1966, 여, 강원도 홍천, 대졸, 학생운동, 민보상 미신청, 전업주부)

나는 1966년 11월 6남매 중 장녀로 태어났다. 주성장지는 강원도 이며, 부모님이 교사였기 때문에 강원도 내 여러 지역을 옮겨 다녔다. 초등학교 때부터 노래에 소질을 보여, 고등학교 시절 음악 과외를 받으며 음대를 준비해 경희대 음대에 85년도에 입학했다.

하지만 음대 진학 초기 대부분이 화려하고 부유했던 음대생들에게 괴리감을 느꼈다. '가장 화려한 집단 속에서' 난 왜 살아야 하는지, 어떻게 살아야 하는지를 고민했다. 1학년 겨울 방학 내내 혼자 고민하다가 본격적으로 활동을 해야겠다고 결론을 내린 후 선배를 찾아가 운동을 시작하겠다고 이야기했다. 결심한 이후 적극적으로 집회에 참석하고 동아리에서 주도적인 역할을 했다. 3학년 때는 총학생회 문화부장을 맡았고, 이어 전대협 문화부를 맡아 활동하였다. 전대협 활동 당시 통일문화선봉대의 사업 일환으로 통일노래한마당을 주최하다 구속되어 7개월 반을 감옥에서 생활했다. 구속 당시 집에서 자고 있다 들이닥친 경찰에 의해 남산으로 끌려갔는데 끌려간 첫날 심한 욕설과 구타를 당했다. 그래서 그 다음날 찾아온 변호사를 통해 이 사실을 알려 당시 한겨레신문에 크게 보도 된 후 더 이상의 폭력은 경험하지 않았다.

이후 전대협 활동 당시 알고 지냈던 다른 학교 문화부장과 92년도에 결혼하였다. 결혼한 이후에도 남편이 활동을 하고 있어서 경제적으로 생활을 책임지기 위해 학원 강사를 하기도 하고, 시부모님 가게에서 일을 돕기도 했다. 또 지역에서 노래모임을 만들어 활동하기도 했다. 2002년 대선 당시에는 노무현 대선캠프에서 2년 정도 활동을 했다. 현재는 어느 정도 생활이 안정되어 늦둥이 막내를 키우며 전업주부로 생활하고 있다. 민주화운동 보상에 관련해서는 신청하려 했으나, 국가보안법 관련자여서 신청할 수가 없었다.

4. 조사결과 분석

위에서 보여준 80심층면접자의 기본 인적 사항과 개요를 통하여 각 사람에 대한 개괄적인 이해가 가능했을 것이다. 이제부터는 위에서 밝힌 다섯 범주의 질문을 바탕으로 심층면접자들의 경험을 중심으로 1980년대 민주화운동을 아래로부터 접근해 들어가고자 한다.

1) 그들도 평범한 출신이다

1980년대에는 민주화운동을 일제 강점기 독립운동으로, 민주화운동가를 독립운동가로 생각하는 경향이 있었다. 또한 이들을 영웅시 하는 경향도 있었다. 대체로 영웅은 영웅적 출생 신화를 가지고 있어서 원래 비범한 사람으로 태어나서 영웅이 된다는 서사를 가지고 있다. 그렇다면 1980년대 민주화운동에 참여했던 사람들은 어떤 사람들이었을까? 이는 이번 조사에 참여한 14명이 성장한 사회 안팎의 배경과 그들의 사회관, 세계관을 살펴봄으로써 알 수 있다.

(1) 어린 시절 우리 사회에 대한 인식

우선 1950년대 출생자 6명의 가정환경이 어떠한가를 살펴보도록 한다.

박상진(1950년생, 남, 경남 출신)의 아버지는 건설현장 노동자, '노가다'를 하신 분이었고, 그러다보니 집안은 어려웠다. 전시에 한반도 대부분의 가정이 그랬듯이 피난을 다니며 집안이 '쑥대밭'이 되었다.

정일수(1953년생, 남, 전북 출신)는 지리산 밑 마을, 식구 많고 가난한 집안에서 태어났다. 국민학교를 마치자, 만15세에 '입덜이'로서 집을 떠나 서울로 상경했다가 1970년경 부산으로 가서 양복점 일을 하였다.

김오현(1956년생, 남, 전남 출신)의 집안은 일제강점과 분단, 전쟁으로 커다란 영향을 받았다. 그의 아버지는 무학이다. 왜냐하면 할아버지가 일제가 싫다고 창씨개명을 하지 않았기 때문이다. 할아버지와 증조부는 유학자이자 지주로서 지역 사회에서는 양반에 속하였고, 일제의 강점에 저항했다. 또한 분단과 전쟁은 김오현의 집안에 커다란 재앙을 가져다주었다.

> 6.25때 저희 집안이 몰살당했다고 해서 ○○리에 있는 사람들은 저희 집안을 거의 다 알아요. 그것 땜에. 나중에 이제 그– 인민군이 이제 후퇴하면서 우리 집안 식구들을 몰살했던 그 민주

청년동맹 사람들을 나중에 회문산에서 공개처형했다는 얘기를 나중에 들었어요(김오현).

김오현의 집안은 일대에서 유명한 지주집안이었다. 1950년 6·25가 발발하던 초기 인민군이 지역을 점령하면서 소위 '인공'[22]치하에서 과거 지방 좌익, 즉 '바닥 빨갱이'들이 기승을 부리면서 김오현의 증조부모, 조부모를 포함하여 8명 일가를 지방 좌익인 '민주청년동맹'원들이 학살하는 사건이 벌어졌다.

그런데 역설적인 것은 1950년 9월 하순, 인민군이 후퇴하면서 이 지역에 들어와 불법적으로 학살을 자행했던 민주청년동맹원들을 잡아가 회문산에서 처형했다는 점이다. 이런 역설적인 사건이 벌어진 탓인지 김오현의 지방 좌익에 대한 회고에는 '적개심'이 묻어나지 않고 있다. 그래서 레드컴플렉스가 "원래 없었다"고 한다. 그런 집안의 분위기 때문인지, 1970년대 김오현의 형은 '민주화청년학생연합사건'에 연루되어 체포되었고, 김오현 자신도 고등학교 시절부터 사회적 의식에 눈을 뜨게 되었다.

이민상(1956년생, 남, 경북 출신)은 집안이 중농 규모로 농촌에서는 잘사는 편이었다. 그의 형과 삼촌은 모두 초등학교 교사와 교장이었다. 이후 그가 사회운동에 참여하면서 이런 문제가 서로 영향을 주게 된다.

네 명이 모두 남성이라면 박교희와 박민영은 여성이다. 박교희(1958년생, 여, 부산)는 어렵지 않은 환경에서 자라났다면, 박민영(1958년생, 여, 서울)의 집안은 일제 강점, 분단과 전쟁으로부터 다 영향을 받은 집안이다.

경남에서 태어나시기는 했지만 굉장히 힘드셨던 거고. 아마 거의 고아처럼 지내셨던 거 같아요. 으흠, 살수가 없으니깐 일본으로 이제- 밀항해서 일본에서 고생고생하시다가 해방되니깐 이제 오셔서 군에 입대하신 거죠. (……) 아마 (일본에서는) 신문배달 하셨다는 얘기 많이 하시고요. '양자로 있으면서 인제 그런 서러움, 민족적 서러움을 받았다'는 얘기 하시고, 그래도 '그 집에서 기술을 배웠다. 그래서 한국에 와서는 공장 생활이라도 할 수 있었다'고 하셨어요. 또 (어머니 집안도 일본에 있었는데) 일본에서 뭐- 스키를 타고 다녔다고 얘기를 하니깐, 우리 어머니가 굉장히 부유하게 사신 거고, 외할아버지는 알아주는 인제 나일론 공학자고 또 뭐- '리승기' 박사 쪽하고 그런 친분이 있으셨을 것 같아요. 해방되어, 인제 한국에

---

22) '인공'의 개념은 당시 이중적이었던 것으로 보인다. 일차적으로는 북한의 국명인 '조선민주주의인민공화국'을 가리키지만, 더 중요한 것은 1945년 9월 여운형 선생이 주도적으로 만든 좌우 합작품인 '조선인민공화국(대통령 이승만, 부통령 여운형)'을 가리킨다는 것이다. 조선인민공화국(인공)은 미군 하지 장군에 의해 부인당했으나 지방 인민위원회의 역할은 분단정부가 세워질 때까지 계속되었고, 한국전쟁이 발발하면서 전국 각지에 그 인민위원회가 다시 부활하게 되었다.

오신 뒤에 전쟁 직전에 인제 납북이-. 우리 할머니 표현에요. 외할머니 표현이 '너희 외할아버지 납북이 되셨다'(박민영).

일제시대에 아버지 쪽은 가난했고, 어머니 쪽은 부유했으나, 외할아버지가 납북되는 바람에 전쟁 중에 결혼했던 부모님의 형편 역시 어려울 수밖에 없었다. 아버지가 섬유기계 기사였는데 1970년대 중반 퇴사 후 장해를 입어 어머니가 봉제공장 노동자로 일하게 되었다.

전체적으로 보아 1950년대 생들의 집안환경은 지주로부터 소작농, 지식인 집안에서 노동자, 농민으로 다양했다.

(2) 국가의 지배이데올로기의 내면화와 극복

국가·사회적으로 볼 때 이들이 어릴 때 자라난 환경에 가장 많은 영향을 주었다고 볼 수 있고, 이후 민주화운동을 하는 과정에서 극복해야 할 지배이데올로기가 있다면 그것은 '반공이데올로기'였을 것이다.

이미 언급했듯이 김오현은 좌익에 의해 피해를 입은 경우이지만, 스스로 레드컴플렉스가 없었다고 얘기했다. 그러기에 그는 고등학교 때부터 형의 영향과 교회의 영향으로 사회의식을 갖게 되었다.

> '백OO'목사님이 하여튼 그- 그때 당시에 들었던 얘기 가운데, 끙- 거- 제사를 못 지내게 하잖아요. 그 교회에서는. 그런데 그분은 에- 하여튼 그건 우상숭배가 아니다. 우리로선 전통이고 조상을 갖다가 예를 갖추는 것이다. 그래서 제사를 지내라. 그게 개신교 목사님인데도 상당히 개방적이었어요. 그런 것들이 우리한테 굉장히 가슴에 와 닿고 막 그랬었는데. 나중에 '백OO'목사님이 인제 그 정부에서 하도 그렇게 우리가 10월 달인가 데모를 했어요. 유신헌법 반대 데모, 긍게 우리(광주제일고등학교)가 데모하고 나서 일주일인가 이주일 뒤에 신일고, 서울의 신일고에서 데모 했는데, 우리가 먼저 1차하고 2차까지 하고 그다음에 아마 신일고에서 아마 학생들이 데모했던 걸로 기억나고(김오현).

김오현의 이러한 경험은 1970년대 중후반 희귀한 일만은 아니었다. 1974년 민청학련사건 당시 관련된 '한국기독학생회총연맹(KSCF)'23) 고등부 조직이 일부 기독교 계통의 고등학교

---

23) 1948년 4월 25일 조직되어 6개 교단(기장, 감리교, 예장통합, 성공회, 복음교단, 구세군)으로부터 학원선교를 위임받은 50여년의 역사와 전통을 가진 에큐메니칼 학원 선교 단체로써 신앙과 학문의 세계를

에도 조직되어 있었다. 김오현은 당시 광주고등학생들과 함께 반유신 데모를 하게 될 만큼 급진적이었고, 그의 이런 의식과 실천력은 1980년 5·18광주민주화운동 당시 시민군의 참여로 나타나게 되었다.

이민상의 경우에는 어려서는 안온한 집안 환경에 따라 순탄하게 자라난 편이었다. 그러나 대학을 간 형이 1974년 '인민혁명당사건'에 연루되어 사회의식을 어렴풋이나마 갖게 되었고, 친구들과 학내 민주화운동을 하면서 급진적 운동방식을 획득하게 되었다. 그럼에도 불구하고 그는 내재되어 있던 레드컴플렉스를 다음과 같이 표현했다.

> 레드콤플렉스 그런 게 인제, 내가 인제 한, 두 번의 어떤 고런… 박정희를 깨는 과정에서의 어떤, 일종의 뭐 혼란이라 할까. 뭐, 고런 부분들이 없다고는 보기 어렵겠죠. (……) 콤플렉스는 가볍게 지나갔다고 생각이 드는데, 그것을 나는 수용하고 있었다는 생각이 들어요(이민상).

이러한 얘기는 1960, 70년대 반공이데올로기가 극성을 부리던 반공규율사회에서 개인들에게 반공이데올로기가 구체적인 힘을 가지고 내면화되었음을 보여준다.

박교희는 1970년대 당시 평균적인 반공이데올로기를 갖고 있었던 것으로 보인다.

> 사진에 무장 공비인가 뭔가 잡혔다고 신문에 실렸는데 뿔이 없었어요. 내 연배에는 아마 그런 말씀 하시는 분들 많을 거예요. 너무나 그 지저분하고 얼그러져 있어서, 일그려져 있어서 잘생겼다는 느낌이야 조금도 안 들었겠지만. 너무나 똑같은 사람인거예요. 우와 그때 충격. 그리고 또 어려서 잊어 버렸겠죠. 하여튼 (무장공비도) 사람이었어요(박교희).

박교희의 지적대로 '뿔난 빨갱이' 표상은 북한 사람들에 대한 직접적인 경험이 없던 분단이후 세대들에게는 너무도 당연한 결과일 것이다. 한국전쟁 이후 통일을 주장했던 조봉암과 장준하 같은 사람이 간첩으로 몰려 사형 또는 의문사를 했던 사회적 분위기에서 해방 전후 북한 사람들에 대한 보다 구체적인 경험을 가졌던 분단 1세대조차도 북한 사람이 우리와 같은 인간이라는 말을 침묵했다. 심지어 학교의 국어시간에는 북괴를 규탄하는 반공글짓기를 했고, 음악시간에는 북한 사람을 '조국의 원쑤'로서 배웠고, 미술시간에 반공미술을 그릴 때면

결합시키고 학문사회 내에서 기독교의 선교적 사명을 감당하는 조직이다. 1948년 4월 25일 한국기독학생회(KSCF)로 창립되어 1957년 기독학생운동을 한국기독학생회(KSCM)로 통일, 1958년 한국기독학생회(KSCM)와 YMCA 대학생위원회가 협의회를 창립하여 공동 협의해 오다가 1969년 11월 23일 한국기독교교회협의회(KNCC) 소속 6개 교단의 학원 선교 위임단체로서 한국기독학생회총연맹(KSCF)을 창립하게 되었다. 대학부와 고등부 두 축이 중심적이다. * 참고: http://www.kscf.or.kr/소개.

의례껏 뿔 달린 붉은 도깨비를 그리도록 교육되었다. 사회적으로는 수시로 개최되는 북괴규탄궐기대회, 간첩일망타진 전시회, 6·25 북괴만행 전시회 등의 분위기에서 분단 이후 세대들로서는 북한 사람이 '동족'이라는 생각을 하는 것도 불경한 금단의 영역이었을 것이다. 1980년대 민주화운동 참여자들의 대부분이 이러한 분위기에서 성장했던 것은 의문의 여지가 없다.

반공이데올로기가 두려움을 내포하고 있다면, 지배이데올로기의 하나인 국가주의는 개인들에게 애국심으로 수용되었던 것으로 보인다. 박민영은 "제가 초등학교 인제 5, 6학년 때고, 그때는 전혀 몰랐던 그런 사회의식은 없었으니깐. 인제 유신 찬양 웅변하러 다녔다니까요"라고 회고하며, 당시의 자신을 '창피'하게 생각했다. 박교희는 유신헌법 등장 당시 나왔던 유신의 노래도 기억하고 있다.

> 10월 17일 유신은 김유신 같아서
> 삼국통일 하듯이 남북통일 되고는
> 근대화 목말라 바가지에 물 떠서
> 목마르자 물주는 바가지를 밀어요.

10월유신의 노래는 산토끼 노래에 가사를 바꾼 것이라고 하는데, 당시 청소년들이 따라 부름으로써 판단이 중지된 채, 자연스럽게 박정희 유신체제를 찬양하는 것이 애국심이라고 인식했던 것으로 보인다.

한편 1960년대 출생자들에게도 그러한 양상은 그리 다르지 않아 보인다. 강덕영(1961년생, 남, 전남)이나 박춘상(1962년생, 남, 강원), 이대식(1963년생, 남, 전남), 하명길(1965년생, 남, 경남) 역시 반공이데올로기를 내면화했고, 반공주의가 애국심이라고 믿으며 자라났다.

1980년 당시 고등학생에 재학 중이었던 박춘상은 학내에서 '민주화의 봄'이나 '5·18광주민주화운동'과 같은 얘기를 꺼낼 수도 없던 상황을 다음과 같이 회고했다.

> 우리는 그 당시 고등학교 때 학교 내에서 좀 이렇게 얘기해도 되는 상황에서는 그랬지만은, 일절 그 관계만 딱 벗어나면 아예 말을 못했지. 왜냐면 굉장히 그 살벌한 그거였거든. 그 뭐, 그 당시만 해도 **완전 빨갱이**로 학교에서 그냥 몰아버리고. 뭐 선생님한테 질문 잘못하면, 질문에 대해서 대답을 해주는 게 아니라, '너, 그거 어디서 들었어?' 이래가지고 교무실에 끌고 가요. 그니까 그 말을 못하지(박춘상, 강조는 인용자 주).

빨갱이나 북한 사람은 그야말로 두려움의 존재였고, 반면 미국은 중요한 나라이며 우리의 최고의 우방이라고 인식(강덕영)하였다.

반면 1960년대 출생자들은 1950년대 출생자들에 비해 계급 차별적 의식이 보다 더 두드러지게 나타나는 경향이 보인다. 이는 강덕영이나 김병철(1963년생, 남, 충북 출신), 김이동(1960년생, 여, 대구), 김철민(1962년생, 남, 서울), 박춘상, 허일동(1966년생, 여, 서울) 등에게서 발견된다. 김병철은 충북에서 가난한 집안의 칠남매 중 막내아들이어서 공장노동자였던 누나의 도움으로 고등학교에 가기 위해 서울로 올라올 수 있었다.

> 내가 처음으로 인제 '평준화'된 저기에서 '인문계'로 시험을 치게 됐는데, 어쨌든 인제 거기에서 인제 떨어지게 된 거예요. 떨어지고 나서 인제 정말 재미없게 생활을 하는데, 누나가 인제 '서울'에서 인제 공장을 다녔던 누나가 있었는데, "서울에서 한번 갈 생각 없느냐". 이런 식으로 얘기가 된 거죠. 그래서- '서울'로 왔는데, '서울' 생활이 너무 안 맞는 거예요. 그러니까 '서울'의 화려함과 내 어떤 저기하고는 코드가, 지금 와서 코드가 안 맞는 거예요. 그러니까 막 깡패 비슷하게 쌈질하러 다니고, (……) 유일하게 칠남매 중에서 제가 대학교 처음 갔고, 나머진 다 국민학교 출신 이예요(김병철).

60년대 생들이 50년대 생에 비해 계급 차별적 의식 더 발달했는지에 관해서는 더 많은 연구가 필요한 대목이다. 다만 산업화의 효과가 본격적으로 나타나기 시작하는 것이 1960년대 보다는 1970년대이기 때문에 전후(戰後) 대부분이 가난했던 시절인 60~70년대 초반에 청소년기를 보냈던 50년대 생보다는 70~80년대 초반에 청소년기를 보냈던 60년대 생의 '상대적 박탈감(relative deprivation)'이 더 클 수밖에 없었을 것이라고 추측할 수 있다. 그러한 시대상을 반영한 소설로는 『어둠의 자식들』(황석영, 현암사, 1980), 『꼬방동네 사람들』(이동철, 현암사, 1981)[24]이나, 『난쟁이가 쏘아올린 작은 공』('난쏘공'으로 줄임; 조세희, 1979) 등을 꼽을 수 있다. 이러한 소설은 당대를 반영하는 최고의 책으로 꼽히면서 수많은 사람들이 사회의식을 형성하는 데 기여하였다. 김철민도 우울했던 고등학생 시절 이러한 책을 읽으며 세상의 모순에 눈을 뜨기 시작했다.

> 『꼬방동네 사람들』, 『난쏘공』이니, 그런 거를 읽었죠. 고3때 이제 그런 거를 읽었던 거 같은데. 그러면서 이제 상당히 뭐가 이게 '잘못됐구나' 그런 거를- 느끼게 됐죠. (……) (박정희 대통령 저격 때) 별로 그렇게 충격 같은 건 없었죠. 어쨌든 뭐 그때 좋아했던 거 같아요, 저는

---

24) 주지하듯이 『어둠의 자식들』이나, 『꼬방동네 사람들』 모두 전 국회의원 이철용이 대명(代名)이나 가명으로 펴낸, 실화를 바탕으로 한 책이다.

79년이니까 제가 2학년 때였던 거 같은데, 뭐 80년 때에도 뭐- 어쨌든 우리도 한번 나가야 돼는 거 아니냐. 뭐 이런- '4·19' 때는 고등학생들이 뭐 했다는데. 뭐 이런-거는 했었죠. 나가진 않았지만.

    1960년대 생들의 경우 반공이데올로기의 내면화 정도는 다소 차이가 있다고 하더라도 이를 어느 정도 내면화하고 있었다. 또한 집안 환경이나 사회적 인식의 정도에 따라서 사회적 모순을 어느 정도 감지한 사람도 있었지만, 사회에 대한 비판의식은 고등학교를 졸업한 후에야 본격적으로 형성된다.

    80심층면접자의 경우 가정환경에서 극단적으로 가난한 층이나 부유한 층만 있었던 것은 아니다. 이 가운데 극히 일부는 청소년기부터 반공이데올로기나 유신체제에 반감을 품었던 사람도 있었으나 대부분은 이를 내면화했던 것으로 보인다. 다만 직접 경험을 하게 되는 경제적 차이로 인해 계급 차별의식이 나름대로 형성되어 있었던 사람들이 여럿 있었다.

2) '죽기 아니면 까무러치기' 정신으로 민주화를 향한 운동 전개

(1) 1980년대 소용돌이의 중앙: 1980년 5·18광주민주화운동

    한국의 1950년대 생이나 1960년대 생, 즉 1980년대의 20, 30대 청년들에게 만일 이 사건이 일어나지 않았다면 그들의 청년기와 그 이후의 삶은 어떠했을까? 1979년 12월12일 신군부 쿠데타로 집권한 전두환 정권에 대한 청년학생, 지식인들의 반감과 저항의식은 커졌겠지만, 1980년대에 소용돌이친 거대한 힘이 형성되는 데에는 좀 더 많은 시간이 걸리지 않았을까? 이러한 거대한 소용돌이의 중심에는 바로 1980년 5·18광주민주화운동이 놓여 있었다.

    김오현은 당시 20대 중반 광주의 청년으로서 광주항쟁에 직접 뛰어들었고, 5월 29일 진압군에 끌려 나와 11개월 형을 살고, 대통령 사면으로 출감했다. 또한 박상진은 이미 1970년대 당시 기자로서 양심적인 목소리를 내었던 게 빌미가 되어, 1980년대 5·17 직후 계엄사 합동수사반에 체포되어 군법재판을 받고 10개월 형을 살아야 했다. 또한 이민상은 1980년 당시 20대 중반 나이의 만학도로서 대학 재학 중, 5월의 봄 시절 교내의 박정희 흉상을 파괴했고, 광주항쟁을 알리는 유인물을 뿌리고 도피생활을 하다가 계엄사 측에서 가족들의 생계를 협박하는 통에 자수를 해야 하는 아픔을 가지고 있었다. 또한 정일수는 가난한 양복공으로서 1970년대 '가톨릭노동청년회(JOC)' 활동을 시작하여 1978년 동일방직사건으로 커다란 충격을 받고 1979년 부마항쟁에 참여하게 되었다.

또한 1960년대 생인 강덕영도 5·18이 사회적 각성을 하는 중요한 계기가 되어 기독교 교회 중심의 활동을 넘어서 학교 안에 비합법 사회과학 학습동아리를 만들고 적극적인 활동을 해나가게 되었다. 박교희는 대학생이 된 이래로『해방전후사의 인식』(한길사, 1980) 등을 읽으면서 사회에 대한 눈을 뜨게 되어 야학교사로 활동하고 연극 동아리에도 참여하였다. 서서히 형성되던 의식에 급진화되면서 1980년대 지역 교사협의회를 만드는 데 앞장서게 된 계기는 바로 5·18이었다. 박민영 역시 5·18 직전까지는 교내 민주화 문제를 중심으로 학생회부활을 위한 활동에 주력하였다.

한편 1980년 당시 고등학생이었던 박춘상이나 이대식, 김철민 등에게도 5·18은 세계가 180도 반전되는 계기였다. 이대식은 광주 소재 고등학교 2학년에 재학할 당시 광주부근에서 계엄군에게 불신검문을 당했던 악몽을 잊지 못했다. 한편으로는 공포감, 또 한편으로는 분노감이 직접적으로 형성되어 대학에 입학하여 운동에 투신하는 계기가 되었다. 박춘상은 고등학교 재학 시절 리영희의『우상과 이성』(한길사, 1980), 한완상의『민중과 지식인』(정우사, 1978) 등을 읽으며 사회적 의식을 어느 정도 키운 바탕 위에서 대학에 입학하여 5·18광주민주화운동을 학내에 알리는 활동을 하였고, 전방입소거부에도 참여하였다. 김철민 역시 고등학생 시절 사회적 각성이 일어나 1981년 대학 입학도 하기 전에 학내 사회과학동아리에 참가하게 되었다.

(2) 1980년대 다양한 사회운동 분야

사회적 모순과 시대적 사명에 대한 이들의 자각은 1987년 6월항쟁으로 모아져 간다. 그 과정에서 그들은 보다 구체적으로 다음과 같은 부문운동을 전개해 나갔다.

14명 가운데 1970년대 이후 현재까지 민주언론운동을 해온 박상진, 1980년대에 대학에 진학하지 않았던 정일수와 하명길을 제외하고, 모두 1980년대 학생운동에서부터 활동을 시작하였다.

1980년대 대학생들에게는 '대학생'이라는 지위는 영광이면서 동시에 커다란 짐이었다. 80년대 20대 가운데 대학생 비율이 20~30%에 불과했기 때문에 4년제 대학생은 대부분의 집안에서 첫 대학생이라는 영예를 안은 존재였고, 사회적으로는 '최고학부생'이라는 축복을 받은 존재였다. 다른 한편 한국의 1970, 80년대 경제 상황에서 집안이 중상층 정도는 되어야 대학에 진학할 수 있었고, 미래 상류층, 또는 독재군부정권의 비호를 받는 지식인층으로 진입할 수 있는 조건이 될 수 있다는 점에서 사회적 부채감이 작용하기도 했다. 대학에 진학했던 11명 중에서 학생운동을 거쳐 노동운동에 진출했던 사람은 모두 4명이다. 1980년대에는 억압적 독재정권 치하에서 해방되는 조건을 사회혁명으로 인식하는 경향이 확산되었고, 청년들의 상당수가 사회를 바꿀 수 있는 가장 강력한 힘을 노동운동에서 찾은 것으로 보인다. 강덕영은 다음과 같이 고민하였다.

> 그땐 이미 상당히 학생운동의 정도가 심화되면서 82년도만 되도 '이게 혁명의 길인가 보다. 혁명의 길인가 보다. 이건 한 번 가면 돌이킬 수 없는 그런 길인데 이 길로 가야 되나? 데모 한번만 치는 그런 낭만적인 것이 아니고, 이 길로 가면 운동가가 되고 혁명가가 되는 일인데…' 이런 생각이 많이 있으면서 상당히 갈등을 많이 했죠(강덕영).

당시 이러한 고민은 대개 시위를 주도한 후 구속되면서 노동운동을 준비하는 것으로 결론을 맺는 경향이 있었다. 1982년 강덕영은 교내 시위를 주도하여 구속되었다. 교도소에서

〈표 Ⅳ-2〉 1980년대 민주화운동 당시 주요 활동 분야

순서	이름*	생년	성별	1980s 거주지	적극 참여 운동 부문	주요 역할	구속 기타
1	강덕영	1961	남	인천	학생운동/노동운동	동아리건설 및 지도자, 노동조합 건설 주도	구속 2회
2	김병철	1963	남	서울	학생운동/문화(서점)운동	학내운동 주도	강제징집
3	김오현	1956	남	광주	야학/학생운동	야학 주도	5 · 18 구속
4	김이동	1960	여	서울	학생운동/양심수운동	간사 활동	남편 옥바라지
5	김철민	1962	남	서울 인천	학생운동/노동운동	노조건설 및 비합법조직 활동	강제징집, 구속
6	박교희	1958	여	충남	학생운동/참교육운동	지회건설	교사 해직
7	박민영	1958	여	서울	학생운동/노동운동/여성운동	학생회 주도, 노조건설 주도	학교 제적, 공장 해고
8	박상진	1950	남	경기	민주언론운동	언론운동 주도	구속, 언론사 해고
9	박춘상	1962	남	강원	학생운동/농민운동	학내운동 주도, 농민운동 주도	훈방, 유치 포함 전과 21범
10	이대식	1963	남	서울	학생운동/노동운동/불교운동	불교운동 간부	구속, 강제징집
11	이민상	1956	남	대구	학생운동 / 빈민운동 (야학 중심)	야학 관련 단체 주도적 건설	구속(92년)
12	정일수	1953	남	서울	노동자가톨릭운동/빈민운동	철거운동 주도	선거법위반 체포, 훈방
13	하명길	1965	남	마산	노동운동	노동조합 지부장	구속
14	허일동	1966	여	서울	학생운동/문화운동	학생운동 주도	90년 구속

그는 "많은 동지들을 만나고, 힘을 얻고, 같이 또 단식도 하고, 그러면서 더욱 단련시키고, 앞으로 '이 길이 나에게 주어진 길인가 보다'라고 하는 것도 확인하고", 1년 후 석방되어 본격적으로 현장에 들어갈 준비를 하였다.

> 인천인가에서, 아마도 용접을 배웠는데…, 용접하고 선반을 배웠어요. 용접하고 선반을 배워 가지고, 용접은 연대 나온 선배들이 많든 '금강철공소' 이런 게 있는데, 가짜 철공소죠. 거기서 앞에 노동했던 사람들이 많은데, 가가지고 용접을 배우는 데가 있었어요. 한, 두 달 배웠고, 또 인천에 가서 작은 공업사에 모집 포스터 보고 가서 선반을 또 한 육 개월 배웠죠.

1985년경 그는 작은 기업에서 파업투쟁을 하던 중, 위장취업자라는 사실이 밝혀져 결국 해고당하고 말았다. 이대식의 경우, 노동현장에 투신했다가 다시 복학하지만, 김철민이나 박민영 등은 강덕영과 비슷한 길을 갔다. 한, 두 번 파업을 주도하여 해고되면 전국적 노동자 블랙리스트에 올라가 어디에도 취업하기 어려워진다. 이럴 경우 방향을 선회하여 다른 부문 운동을 찾아가는 경향이었다.

하명길은 기능직 노동자로서 의식의 자각에 따라 노동조합운동을 하게 된 경우로 1987년 7 · 8 · 9월 노동자대투쟁에 주도적으로 참여했다. 그 결과 1989년에는 직장노조 지부장에 당선되면서 노동운동의 경계를 넘어서서 사회의식이 확대되었다.

한편 1980년대에 학생운동을 경유했건 하지 않았건 간에 노동운동 외의 부문운동을 했던 사람들도 적지 않다. 박상진은 1970년대 말에 민주언론운동을 시작하여 1980년 초 해고된 후에도 계속 민주언론운동을 전개해 나갔고, 1987년 이후에는 한편으로는 복직투쟁을 하면서 대안언론에 해당하는 『월간 말』(1984년경)과 『한겨레신문』(1988년경) 창간 사업에 나섰다.

이들이 주로 시민사회에서 부문운동을 키우는 데 기여하였다면, 박교희는 참교육의 불모 지에서 참교육운동을 했다. '좌(짜)장면을 먹어서도 안 되고, 좌(자)전거를 타서도 안 되며, 특히 좌측으로 좌전거를 타는 것은 금지되며, 좌변기를 써서도 안 된다'고 하던 분위기에서 박교희는 남편과 함께 1989 전국교사노동조합 결성에 참여하였고, 결국 부부해직을 당하고 야 만다.

> 89년 결성식에 참석하고 저기 각서를 안 쓰면서, 그 때 각서 쓰게 하는 작업이 집요 한 거 아시죠? 그 부모님들이 자살한 그런 선생님들도 계셨거든요. (……) '짤린다 학교에서 짤리 면 선생 목숨 끝이다. 부모님이 말려라' 부모님들이 시골에서 올라오셔서 울고불고 그 연로하 신 분들이. 그러는 과정에서 막 화병으로 돌아가시는 분도 있고, (……) 그때 어쨌든 역사

앞에 나 스스로에게 옳다고 믿는 일을 즐겁게 했고, 특히 인제, 저 같은 경우는 부부가 다 이렇게 했기 때문에 뭐 어쩌고저쩌고 갑자기 돈이 이렇게 너무 없어져서 심난은 했으나 뭐 더 짜증낼게 서로 없잖아요(박교희).

박교희에게 부부해직이 고난의 새로운 시작은 아니었다. 1980년대 교직에 투신하면서부터 참교육을 세우기 위한 노력을 시작하였고, 1990년대 중반 복직 후에도 참교육을 위한 노력은 계속되었다. 이들의 헌신과 노력에는 남녀라는 구분은 별로 의식되지 않는 것이었다.[25]

특히 1980년대 운동에서 커다란 비중을 차지하면서 사회적 의식화, 각성의 계기를 만든 부문활동 중 하나가 야학이다. 김오현은 광주에서 5·18항쟁을 일으킨 들불야학의 전통을 이어받아 1980년대 중반까지 야학 활동을 계속하였다. 또한 이민상은 야학활동을 조직적으로 하기 위하여 '도시문제연구소'를 세워 야학교사를 양성하기도 했다. 이때 야학의 성격은 '노동운동으로 투신'하기 위한 전 단계 교육으로서의 성격을 갖고 있었고, 야학교사 역시 그러한 목적에 따라 양성되었다.

정일수는 가톨릭노동청년회를 통하여 사회의식을 각성한 이후 1980년대 후반 상계동 철거 문제를 접하면서 도시 빈민 활동에 주력해왔다. 또한 농촌 출신이었던 박춘상의 경우 학생운동 후에 농민운동에 뛰어들었다. 이대식은 불교운동에 뛰어 들어 법난 후 위기에 선 불교조직 속에 민주화의 씨앗을 키우는데 주력했다.

각 방면에서 국가의 탄압과 개인적 두려움을 뛰어넘어 민주화를 향한 염원과 의지가 확산되고, 성장하여 1987년 6월항쟁으로 모아질 수 있었다. 6월항쟁의 직접적인 도화선은 박종철 의문사와 이한열의 죽음과 같은 국가폭력이었지만, 이러한 국가폭력은 30년 독재정권의 모순과 문제점의 압축적 표상일 뿐 6월항쟁의 원인이 될 수는 없었다. 오히려 6월항쟁을 준비하고 탄압과 공포정치 속에서도 민주화를 준비해온 이러한 주체들이 객관적 상황을 적절히 활용한 결과 '직선제 민주주의'를 쟁취할 수 있었던 것이다.

(3) 구속 등 국가 탄압에 의한 희생

국가 탄압이 강력할수록 민주화운동은 더욱더 급진적이 되었다. 또한 민주화운동이 급진적일수록 국가폭력에 의한 희생자는 더욱 늘어나게 되었다. 박춘상은 자신을 '전과 21범'이라

---

25) 엄밀히 보자면 민주화운동에서도 성차별은 존재했으나, 1980년대 민주화운동가들은 정치적 민주화라는 대의를 위해 성별문제는 작은 것으로 취급한 경향이 있었다.

고 부른다. 〈표 Ⅳ-2〉에서 보듯 민주화운동을 한 사람치고 구속되지 않거나, 직장에서 해고되지 않은 사람은 드물다고 할 만큼 국가의 탄압은 광범위했다.

이 시대를 가장 적나라하게 표상하는 사건이 '강제징집' 사건('강집'으로 줄임)이라고 할 수 있다. 강집은 1980년 9월 계엄령 위반자 64명을 강제로 조기 전방 입영시켰던 사건으로부터 시작되었다. 그리고 전두환 정권은 1982년 '녹화사업'을 시작하여 '복무 중 특별순화교육을 시키고 일부는 학내·재야 프락치로 활용'한다는 계획을 무리하게 진행하던 중 여러 명의 청년이 의문사를 당하는 일까지 벌어졌다. 김병철, 김철민, 이대식 모두 구속과 동시에 증발하듯이 군대에 입영하게 되었다.

여기에서 김병철은 전형적인 경우이다. 1983년 봄 김병철은 학내 시위 도중 사복형사에게 체포되어 유치장에서 곧바로 강집당하였다. 그는 의정부 보충대에 배치되었는데, 가자마자 그에게 돌아온 것은 다른 사병이 먹다가 만 밥과 그 부대에서 누구도 입어본 적이 없을 정도로 거대한 군복이었다. 그는 더욱 기가 막힌 현실을 발견하게 되었다.

> 고대 경제학과 다녔던 친구가, 그 지금 기억이 나는데, 그 친구는 소아마비였어요. 다리 소아마비에다가 팔까지, 반신이 소아마비라고 그러데요. 근데, 내가 볼 때에도 체격도 왜소하고, 그러니까 군대생활 도저히 할 수 없는 상황…(김병철).

소아마비 장애인조차도 군대에 강집되어 왔던 그런 야만적인 군대 생활에서도 김병철은 다소 넉살좋게 버텨나갔다. 어느 날은 소대장의 물건을 찾던 중 '관찰일기'라는 것을 발견하게 되었다. 소대장이 자신의 일거수일투족을 기록하고 있었던 것이다. 휴가를 나와 학교를 가면 형사는 바로 나와 위로 아닌 위로를 한다며 술을 사준다며 회유하려 들었다.

한편 김철민은 이런 생활에서 정성희 씨의 의문사를 경험하게 되었다.[26] 대학 친구에게 군 생활에 대한 불평을 적은 편지를 사신형태로 보냈다가 날벼락 같은 사건을 만나게 되었다. 1982년 6월 어느 날 그의 부대로 전곡의 보안사령부가 파견한 지프차가 한 대 들어 왔다.

> 경복궁 앞에 와서 거기서 다시 차를 갈아타고, 어디론가 갔는데 후암동, 후암동에 그 '공작분실'이라고 아마 있었던 거 같은데, 거기로 간 거 같습니다. 이층- 단독주택-이었고, 거기서 한 열흘 있었죠. (……) 요지는 '군대에서 단파방송을 청취를 하고, 선동할 목적으로, 학생들을 선동할 목적으로 편지를 작성해서 보냈다'라는 걸 이제 자백하라. 이런 거였었죠. (……) 하여

---

26) "데모 막다가 군대 끌려갔소", 『한겨레21』, 2005/06/24.

간 나중에는 그 잠을 한 3일을 안 재우니까 뭐, 판단이나 의지나 이런 게 싹없어지고. 하여간 하라는 대로 이렇게 해서, 차를 또 타라고 그러더라고요. 저는 이제 '끝난, 끝났나보다.' 이렇게 생각을 했는데 끝난 게 아니었고, 이제 서빙고 대공분실로 갔어요. (……) 하여간 야만적으로 맞고, 그때 다친 허리가 지금도 이제 허리가 아프죠. 그러다가 이제 뭐 내용은 결국 똑같은 거였고. 나중에 이제 '단파라디오'가 아니라, '단파라디오'는 물증이 없으니까, '삐라'를 보고 했다. 뭐 이제 이렇게 서로 합의를 해가지고 그 선에서 이제 싸인을 하고, '국가보안법위반'으로 이제 구속이 됐죠(김철민).

이런 과정에 그는 대학 동아리 친구들을 모두 자백해야 했다. 군사재판에서 집행유예판결을 받았으나 김철민은 고문의 후유증인 요통보다도 굴욕감과 자책감, 자괴감으로 두고두고 괴로움을 당했다. 이러한 죄책감이 그가 1990년대 초반까지 급진적 노동운동을 하게 되는 중요한 동인이 되었다.

1970년대부터 민주화운동을 했던 박상진은 1980년 신군부 계엄사에 체포되어 강압적 수사를 받았고, 김오현 역시 5·18의 주범으로서 연행되어 1년형을 살고 석방되었다. 그러나 대개 교도소는 양심수들에게 부족했던 공부를 할 수 있는 기간이거나 다른 학교, 다른 사회 부문에서 활동해온 운동가들을 만나는 또 다른 기회를 제공하여 이들의 민주화를 향한 의식을 오히려 함양하는 계기가 되었다.

그럼에도 불구하고 많은 민주화운동 참가자들에게 강제징집, 체포와 수사, 수감 과정은 일련의 '외상후스트레스' 증후군을 만들었던 것으로 보인다. 허일동은 음악을 전공하는 여성으로서 1980년대 말, 1990년대 초 '용맹'한 활동을 했지만, 깊은 공포심과 고통을 갖게 되었다.

저는 DJ 정부가 들어설 때까지, 맨날 시위하고 도망 다니는 꿈을 꿨어요. 지금도 간혹 무슨 사건이 터질 때마다 그런 불안감이 생기거든요. 공포 같은 거. 먼저 번에 간첩단 잡은 사건[27], 최○○ 씨는 저랑 같이 '전대협' 때 같이 사무국장을 했던 친구예요. 그러니까, 나는 너무나

---

27) 서울중앙지법 형사25부(재판장 김동오)는 16일 이른바 '일심회'를 조직해 북한 공작원과 접촉하고 국가기밀을 수집·전달한 혐의 등으로 구속 기소된 장민호(45·미국명 장마이클) 씨에게 징역 9년에 자격정지 9년과 추징금 1,900만원을 선고했다. 재판부는 장 씨와 함께 구속 기소된 이정훈(44) 씨와 손정목(43) 씨에게 징역 6년 및 자격정지 6년, 이진강(44) 씨에게 징역 5년에 자격정지 5년, 최기영(40) 씨에게 징역 4년에 자격정지 4년을 선고했다. 하지만 법원은 범죄사실 중 이적단체 구성 혐의에 대해서는 "이적성은 인정되나 최초 구성원이 4명에 불과한 점, 조직 결성식 없이 개별 활동한 점 등을 보면 이적단체로 보기 어렵다"며 무죄를 선고했다. 재판부는 또 이들이 55개 항목의 국가 기밀을 수집·탐지해 북한에 전달한 혐의에 대해 절반 이상인 34개 항목을 무죄로 판단했다(『인터넷법률신문』, 2007/04/18).

평범하고, 평범하게 살아가고 있는데, 그런 일이 생길 때마다 뭐 그런 공포감들이 생기고 (……) 근데 그런 상황과 비슷하게 꿈을 계속 꿀 때도 있고, 뭐 아니면 막, 쫓아와가지고 도망 다니고, 시위하는데 나만 살짝 빠져나오는 꿈, 막 이런 거 있잖아요. 총을 막 쏘는데, 나만 총알 안 맞고 빠져나오고 막 그런. 그럴 때 인제 막 그러는 거예요 인제. 정말 사람, 이렇게 나의 내면에 대해서 막 들여다보이는 것 같아요. 아무리 어려운 상황에서 당당하게 맞서도 나만 피해가고 싶고, 막 그런- 것도 인간 심리에 있잖아요. 그런 꿈속에 그런- 심리가 나오는 거 같아요. 그러니까, 그런 공포증에 계속 시달렸던 거 같아요(허일동).

이러한 강박관념은 비단 허일동의 것만은 아닐 것이다. 1980년대 민주화운동을 했던 대다수의 사람들이 무의식에 젖어들어 있는 두려움, 마음의 상처를 가지고 있을 것이다.

3) 그래도 삶은 계속된다: 1980년대 운동의 과제와 희망

우선 90년대 이후 이들의 사회운동의 지속여부를 살펴보고자 한다. 1987년 6월항쟁과 7·8·9월 노동자대투쟁은 운동의 끝이 아니라 새로운 시작이었다. 이전까지의 운동은 힘들었으나 적이 분명하고, 최소한의 합의 가능한 목표가 명백했다. 그러나 대통령 직선제라는 하나의 목표가 이루어졌다 하더라도 당시 민주화운동 세력들이 요구했던 자주, 민주, 통일이라는 과제는 21세기가 되도록 달성하지 못하였다. 심지어 '민주화의 민주화'(홍성태, 2007/06/10)라는 주장이 나올 만큼 이제는 민주화 세력이나 민주화 목표, 방식 자체가 민주화가 될 것을 요구받고 있다. 이제 80심층면접자들의 1990년대 이후 삶의 과정, 현재 우리 사회에 대한 진단, 그리고 이들이 제기하는 한국 사회 민주화의 과제 등을 살펴보겠다.

(1) 1990년대 이후의 삶

대부분의 민주화운동 참여자들은 1980년대 후반부터 1990년대 초반까지 내부적으로 치열한 몇 가지 문제에 시달리게 된다. 한 가지는 한국 사회의 성격에 대한 분분한 분석과 그에 따른 운동 방향 설정을 둘러싼 투쟁, 소위 '사상투쟁'(줄여서 사투)이 1980년대 중반부터 시작하여 1990년대 초반까지 모든 운동 분야로 확산되었다. 이는 이번 조사대상자 모두에게 해당되어 자신의 입장을 갖지 못하는 사람은 운동권에서 주변화되는 문제를 겪기도 했다.

〈표 Ⅳ-3〉 1990년대 이후 심층면접자들의 운동성과 삶

순서	이름*	생년	성별	1980s 거주지	현 거주지	80년대 운동분야	90년대 이후 운동 및 사회경제적 활동	기타
1	강덕영	1961	남	인천	서울	학생운동/노동운동	1990년대 초 지역운동 언론사 관리직	위암 투병 중 생명운동 관심
2	김병철	1963	남	서울	인천	학생운동/문화운동	안함, 아파트관리소장	
3	김오현	1956	남	광주	광주	야학/학생운동	시민사회운동, 지자체 정치운동	시의원 (1995~2002)
4	김이동	1960	여	서울	서울	학생운동/양심수운동	안함, 전업주부	운동권 남편 바라지
5	김철민	1962	남	서울 인천	서울	학생운동/노동운동	90년대 초 비합노동운동, 벤처기업 관리직	고문후유증/ 이혼
6	박교희	1958	여	충남	충남	학생운동/참교육운동	교육운동 지속	
7	박민영	1958	여	서울	서울	학생운동/노동운동/여성운동	90년대 초 여성운동을 거쳐 평화통일운동	
8	박상진	1950	남	경기	서울	민주언론운동	언론문화운동, 대안언론 관리직	
9	박춘상	1962	남	강원	강원	학생운동/농민운동	농민운동 지속	
10	이대식	1963	남	서울	서울	학생운동/노동운동/불교운동	빈민청소년운동	혈액암 투병 중
11	이민상	1956	남	대구	대구	학생운동/빈민운동(야학 중심)	90년대 초 정당운동 구속, 석방 후 사업	이혼
12	정일수	1953	남	서울	서울	노동자가톨릭운동/빈민운동	빈민철거반대운동	
13	하명길	1965	남	마산	경남	노동운동	노조지원사업, 민주노동당원 활동, 자영업	
14	허일동	1966	여	서울	서울	학생운동/문화운동	90년대 초 통일문화운동, 구속, 석방 후 전업주부	운동권 남편 바라지

또 하나는 1980년대 말, 1990년대 초 사회주의권의 붕괴에 따른 운동의 지속성 여부나 운동 방향 설정 문제가 관건이 되었다. 이 문제는 위의 사상투쟁과 관련 크다. 다시 말해 사상투쟁에서 '신식민지국가독점자본주의론'을 주장했던 민중민주주의파(PD계열)들은 유럽사회주의적 운동노선에 입각했기 때문에 소련을 위시한 동구 사회주의권의 붕괴는 사상의 대 혼란을 가져오는 중요한 계기로 작용하였다. 반면 '반제반봉건민족해방론'을 목표로 내세웠던 민족해방론파(NL계열)들은 문제의 출발을 한반도에 설정하고 남북의 통일과 민족자주를 지향함으로써 사회주의권 붕괴 문제에 다소 거리를 두었다.

그러나 문제가 여기서 그친 것은 아니었다. 1980년대 중후반 '3저 호황'에 따라 한국 경제는

비약적인 성장을 하여 1990년대 초중반경에는 세계화의 기치를 내걸었던 반면, 북한 경제는 1980년대 내부 모순과 함께 1990년대 중반 천연재해와 식량난, 에너지난을 겪으면서 총체적 모순을 겪게 되었다. 이런 상황에 NL계열조차 동요와 좌절을 경험할 수밖에 없었다. 따라서 1990년대 중반이 되면 어느 계열이건 사회운동 목표의 상실감 속에서 1980년대식 운동방식에 회의를 느끼며 수많은 운동 참여자들이 운동의 자리를 떠나게 되었다.

80심층면접자 가운데에서도 계속 사회운동에 참여하고 있다고 말할 수 있는 사람은 7, 8명 정도이다. 강덕영은 운동의 경계를 넘나들고 있는데, 그는 위암 말기 판정을 받은 후 생명운동, 생태계운동, 대안적 삶의 방식에 관심을 갖게 되었다. 민주동문회에는 지속적으로 참여하고 있는데, 요즘 대학생들의 문제의식 수준이 낮은 것에 대해 걱정이 대단하다.

김병철은 직접적인 사회운동을 하지는 않지만, 직장 생활을 하면서도 마라톤에 지대한 관심을 갖고 있고, 민주동문회 활동을 통하여 사회적 문제의식을 표출해오고 있다.

김오현은 1990년대 중반부터 2002년경까지 지방기초의원을 지냈고, 지금은 지역시민운동의 대표를 맡고 있다.

김이동의 경우 1980년대 민주화가족협의회의 간사로서 활동했지만 현재는 구체적인 사회단체 활동은 하고 있지 않다. 요즘의 최대 관심은 아이 교육문제이다. 최근 교복 값 거품 논란이 생기자 학부모를 규합하여 교복공동구매운동을 하는 등 생활민주화운동을 실천하고 있다.

김철민은 1990년대 격동의 시기, 비합법노동운동을 계속하였으나, 운동 목표의 상실과 수배의 압박 속에서 결국 조직이 해소되면서 사회운동을 그만두게 되었다. 이러한 커다란 상실감 속에서 결국 운동을 통해 만났던 처와도 이혼하게 되었다. 당시 운동권이 사회적 진출을 할 때 두 방향으로 많이 나갔는데, 하나는 학원가이고, 또 하나는 벤처기업이다. 김철민은 벤처기업에 투신하여 때로는 창업, 때로는 전문관리자로 활동하고 있다.

박교희와 박민영은 전혀 다른 환경이지만 계속 운동을 하고 있는 여성운동가이다. 박교희는 1989년 전교조 출범 과정에서 해직된 후 1990년대 중반에 복직되어 계속적인 참교육 실천을 하고 있으나, 요즘의 후배 교사들이 자신들과 다름을 체감하고 있다.

박민영은 사회운동계에서 한길로 가는 사람으로 유명하다. 그는 1990년대 여성운동을 잠시 거쳐 90년대 후반부터 현재까지 평화통일운동에 헌신하고 있다. 그의 막내 동생이 1991년 명지대생 강경대 씨를 사망에 이르게 한 진압부대원이었고, 양심의 가책 때문에 양심선언과 함께 탈영을 하여 동생의 뒷바라지를 해야 했고, 역시 운동권인 남편이 노동활동으로 해고당하여 생계를 책임져야 했다.

박상진은 1990년대 윤이상 서거 이후 윤이상평화재단을 창립하는 데 주역을 담당하여 현재도 언론문화운동을 하고 있다.

박춘상은 1980년대 농민운동을 현재도 지속하고 있다. 종교계 농민조직이나 전국농민조직에서도 활동하였으나, 그는 관료제 조직에 염증을 느껴 대안농업운동, 공동체운동에 진력하고 있다. 요즘은 특히 농촌살리기운동도 같이 하고 있다.

이대식은 운동의식의 시작이 된 사회적 차별에 대한 저항의식을 요즘에도 지속적으로 살려 빈민청소년들과 함께 하는 공동체운동을 하고 있다.

이민상은 야학운동에서 만난 처와 최근에 이혼하면서 자신의 삶에 대해 성찰할 수 있는 중요한 계기를 맞았는데, 1990년대 IMF파동 과정에서 운영하고 있던 건설회사가 부도를 맞아 현재는 식당 프랜차이즈 사업을 하고 있다.

정일수 역시 빈민, 노동자로서 운동을 시작하여 1980년대 고 제정구 씨가 주도한 천주교도시빈민회에 참여하게 되었다. 그것이 계기가 되어 상계동철거지역에서 활동하면서 6월항쟁에 참여하여 사회의식이 확대·심화되었고, 현재도 계속 운동을 하고 있다.

하명길은 노동운동을 하는 동안 많은 우여곡절을 겪었다. 1980년대 말 노조지부장에 당선되면서 지역에서 중요한 활동을 하였으나, 1년여 교도소 수감생활 후 출옥하여 운동할 수 있는 조건을 회복하지 못하였다. 그 후 민주노동당원으로서 창원노동문제상담소에서 다른 해고자들과 함께 노조지원사업을 하고 있다. 또한 생계해결을 위해서 자영업을 하고 있다.

허일동은 1990년대 초 '자민통사건'으로 구속되어 석방된 이후로 운동을 계속하고 있는 남편을 뒷바라지 하면서 자녀 양육에 힘쓰고 있다. 현재 그는 운동권 출신의 여성이 기형아를 낳는 문제에 주목하고 있고, 교육문제를 가장 큰 사회문제 중 하나로 보고 있다.

(2) 현재 우리 사회에 대한 진단과 과제

1980년대 20·30대로 불꽃처럼 스스로를 불살라 세상을 밝히고자 하며 살았던 이들은 현재 우리 사회를 진단하면서 나름대로의 과제와 해결방안을 제시하고 있다.

첫째, 여러 사람이 지적하고 있듯, 현재 가장 큰 사회문제는 교육문제와 사회양극화문제이다. 교육을 통한 계급 재생산 문제나 빈익빈 부익부의 심화 문제가 결국 심각한 사회불평등 문제로 발전한다고 보고 있다. 그래서 강덕영 같은 사람은 다음과 같은 실천을 통해 문제해결의 가닥을 잡고자 한다.

> 일찍 제가 생명운동하고 대안학교 운동을 이해해가지고 큰딸은 중학교 졸업하자마자, 둘째는 중학교부터 대안교육을 시켜가지고. 거기는 이제 뭐, 저도 애들한테 공부 잘하라든가 뭐

사회적으로 좋은 학교를 가라라든가, 이런 요구를 안 하는 대신에 애들도 자기가 하고 싶은 일을 학교 내에서 열심히 할 수 있는, 서로가 욕심을 안 부리는 거죠. 저도 욕심을 안 부리지만 지들도 부모한테 욕심을 안 부리는 쪽으로… (강덕영).

그는 삶의 질은 개인과 사회적 행복의 실천에 있지, 양적 성장에 있지 않다고 봄으로써 이 대안적 생활양식을 실천할 수 있었다. 그래서 암환자임에도 불구하고 생활에는 활기를 띠고 있다. 앞에서 지적한 대로 김이동 역시 교복공동구매운동 등과 같이 생활운동을 통하여 사회불평등문제를 시정하고 삶의 질을 향상시키는 데 관심을 갖고 있다. 또한 김오현도 저소득층 아동의 급식운동을 하고 있다. 결국 그들은 혁명을 통한 세계의 변혁에 대해서는 유보한 대신 현재 삶의 질에 관심을 갖고 실천 가능한 대안적 생활운동 속에서 희망을 추구하고 있다.

둘째, 민주화는 절대적 좌표에 고정된 개념이 아니라, 시대의 변화에 따라 내용을 달리하는 것이다. 또한 하나의 목표가 완수되었다고 운동의 사명이 마감된 것이 아니라, 새로운 더 높은 목표가 도출되는 것이다.

우선 현 단계 민주화와 노무현 정권을 둘러싼 평가를 보면, 1980년대 '민주화는 산업화를 완성시켰다'(강덕영)라며 우선 현재 한국 사회의 성장의 본질에 대해 언급하였다. 1980년대 민주화운동은 '사회주의 관념이나 사회주의적 금서에서 나온 것이 아니다'(김오현), '정치권 386은 처음 있는 일이 아니다. 4·19세대나 6·3세대, 민청학련세대도 정치권에 다 들어갔다'(김오현), 김오현은 운동권 정치인, 또는 소위 좌파 지식인들의 무능력이 문제가 아니라 현 정치권의 무능력이 문제라고 보고 있다.

반면, 박춘상은 한국은 아직도 '분단된 자주권 없는 나라'라고 인식하며 최근 타결된 한미 FTA 문제는 사실상 본질이 아니라고 보고 있다. 다시 말해 1987년 이전이나 현재나 한국은 본질적인 면에서 달라진 게 없다는 인식이다. 이러한 인식에 박민영은 적극 공감하여 자주권 회복운동이 결국 평화통일운동의 한 축이며 민중적 생존권운동이라고 인식한다.

셋째, 2000년대 민주화과정에서 진행되고 있는 과거사정리운동과 민주화기념운동에 대해서는 여러 가지 견해가 분분하다. 앞의 〈표IV-1〉과 〈표IV-2〉에서 보듯이 구류가 아닌 구속되었거나 강제징집, 강제해고 등을 당했던 사람은 총 14명 중 12명이나 된다. 단 5·18관련자여서 민주화보상법에는 직접 관련이 없는 김오현과 박상진을 제외하고 10명은 현재의 민주화보상법에 따라 민주화 관련자로 인정을 받거나 보상을 받을 수 있는 자격을 가지고 있다. 그런데 실제로 보상신청을 한 사람은 단 두 명이다. 그런데 두 명 모두 암환자라는 점을 고려한다고 할 때 사실상 대부분이 신청하지 않은 것과 마찬가지이다.

IV. 심층면접조사를 통해서 본 1980년대 민주화운동 참여자의 실태　**137**

실제로 1980년대 민주화운동에 적극 참여했던 운동 관련자들의 통계는 거의 잡히고 있지 않은데, 2005년 현재 '민주화운동관련자명예회복및보상심의위원회'가 민주화운동 관련자로 인정한 사람은 11,990명에 불과하다. 이것은 1968년 이후 민주화운동을 한 사람들 전체 가운데 신청한 결과이므로 그중 80년대 관련자는 더욱 적을 것으로 생각된다.

그렇다면 왜 이들은 신청하지 않은 것인가? 미신청이 이러한 법이나 제도에 대한 반대의 행위인가? V장의 집담회에서 보겠지만 신청하지 않는 데에는 나름대로 공감대가 서있는 것으로 보인다. 전과 21범인 박춘상을 통하여 미신청을 둘러싼 생각을 경청해보기로 한다.

> 물론 피해를 본 건 뭐 당연, 피해를 보고 당하고, 고생하고, 그런 건 맞죠. 그건 누구나 다 그건 맞는데, 그거를, 그 의미를 좀 다르게 생각하는 거지. 그니까 뭐냐면 지금- 좀 더 심하게 얘기하면, 지금 뭐, 민주화가 됐다고 생각도 안 할 수도 있고, 그리고 지금의 정부와 정권이 그런 거를 시행할 자격이 있겠느냐, 이런 데까지도 갈 수가 있고, 근데 이제 개인적으로 볼 때는 그렇게 한 이유는 다음 세대 애들이 누려야 될 권리, 또 사회적인 그 변화된 그런 데에서의 사회 그런 삶. 그런 것들을 위한 것이지, 내가 뭐 운동선수 뭐 해 가지고 메달 따 가지고 그런 것처럼, 뭐 받으려고 한 게 아니다 이거죠(박춘상).

박춘상에 따르면 피해가 있는 만큼 보상은 있어야 한다. 그러나 그는 현재 한국이 민주화가 되었느냐에는 이견이 있고, 현 정부가 민주화 보상을 할 자격이 있느냐는 문제가 있으며, 나아가 보상은 운동 당사자들이 아니라, 후세대가 받아야 할 몫이라고 인식하고 있다. 또한 그는 보상 문제를 둘러싸고 개인적 보상이 아니라, 단체에 기부하여 민주화운동 계승사업에 쓰는 게 바람직하다는 견해를 제시하였다.

5. 소결: 설문 조사와 심층면접조사의 결과 비교

설문조사를 통한 통계적 접근과 심층면접을 통한 질적 접근은 상호보완성을 갖는다. 심층면접의 결과가 설문조사를 통해 드러나지 않았던 개인의 심층적인 내면세계와 민주화운동이 개인에게 미친 영향을 보다 미시적인 측면에서, 그리고 개인의 생애사 주기를 포괄하여 드러내준다면, 설문조사는 일반적인 측면에서 민주화운동 참여자들의 사회인구학적 특성과 의식 상태를 계량화된 수치를 통해 보여준다.

설문조사에서 드러나지 않았던 부분들이 심층면접의 특성이 살아나면서 강하게 부각되었던 것은 다음과 같은 것이었다. 먼저 심층면접은 개인이 성장기에 느꼈던 가정환경이나, 사회적 환경을 그들의 생생한 구술을 통해 드러내주고 있다. 일제식민지 시기, 전쟁, 분단과 얽힌 가족사, 생생하게 남아 있는 청소년기의 기억, 반공이데올로기나, 국가주의에 대한 개인적 경험과 기억 등을 통해 심층면접자 개인에 대한 이해뿐만 아니라 그가 자란 시기의 사회사적 특성을 유추해 볼 수 있는 기회를 가질 수 있었다.

둘째, 심층면접자들이 왜, 어떠한 경로로 민주화운동에 참여하게 되었고, 운동 당시 그들이 느꼈던 감정은 어떤 것이었나를 보다 깊이 이해할 수 있었다. 특히 국가폭력에 대한 개인의 기억과 후유증, 이것이 현재 개인에게 어떻게 재현되고, 상처로 남아 있는지를 알 수 있었다. 고문 과정에서 동료나 형사가 요구하는 사람의 이름을 자백 할 수밖에 없었고, 그것으로 인해 지금까지 상처와 회한을 가지고 살아가는 사람, 아직도 시위를 하고 도망 다니는 꿈을 꾸고 있는 사람들의 구체적인 이야기는 설문조사와 같은 양적조사에서는 발견되기 어렵다. 이러한 문제는 심층면접을 통하여 드러낼 수 있다.

셋째, 심층면접 자료는 운동과 그 이후의 삶의 경로 변화, 그에 대한 개인의 의식, 삶의 질곡 등을 세세하게 보여준다. 분석 자체에서는 이러한 미시적인 맥락이 자세하게 드러나지 않았지만, 심층면접 구술자료집에는 각 개인의 삶의 이력이 생생하게 담겨 있다.

넷째, 현재 한국 사회의 민주화 정도에 대한 입장과 평가, 민주화운동 관련 명예회복과 보상에 대한 부분에서도 이들의 생생한 목소리는 그대로 드러난다. 특히 민주화운동 관련 명예회복과 보상 문제의 경우 설문조사 항목은 '어떠한 형태의 보상도 바라지 않음으로', '보상신청 대상자가 아님', '보상신청 관련정보 부족', '보상보다 진실규명, 명예회복, 질적 민주화가 우선' 정도로 제시되었는데, 이것으로는 왜 이들이 보상을 바라지 않는지, 보상 자체를 어떻게 생각하고 받아들이는지에 대한 내용은 알 수 없다. 심층면접과정, 특히 다음 에서 살펴볼 집단면접에서는 왜 국가의 명예회복이나 보상에 민주화운동 참여자들이 적극적으로 참여하지 않는지, 이에 대한 그들의 느낌이나 생각이 무엇인지 잘 드러나고 있다.

여러 일반적인 사항들에 대해서는 설문조사와 심층면접조사를 같이 활용할 경우 보다 체계적이고 신뢰도가 높은 조사 결과를 얻을 수 있을 것으로 판단된다. 예를 들어 설문 문항 13번의 '민주화운동 경력으로 인해 사회활동에 어려움을 겪은 적이 있는가?'라는 질문 에 대해 ①번의 '취업 및 직업선택의 어려움'을 선택한 응답자가 전체 응답자의 53.4%에 달했다. 이러한 응답은 다소 추상적인데 반해 심층면접과정에서 80심층면접자가 자신의 친구들이나 주위 동료들이 일반적으로 직장을 구하지 못해 어렵게 살고 있으며, 정규 직장보 다 안정성이 떨어지는 학원이나, 보험설계사 등의 직업을 가질 수밖에 없었던 보다 구체적인 이야기를 드러낼 수 있게 되었다. 따라서 통계 숫자가 설명해주지 못하는 구체적인 사실들을 심층면접을 통해 밝힐 수 있었다.

또한 설문 23번 문항의 현재 한국 사회의 민주화 정도에 대한 만족도를 묻는 질문에서 응답자의 90.6%가 보통 이하라고 응답했고, '불만족'과 '매우 불만족'이 60.2%를 차지했는데, 이러한 응답은 심층면접의 결과와도 대체로 일치하는 것이며, 심층면접은 이들이 왜 이러한 평가를 내리는지에 대해 보다 심층적인 이해를 가능케 할 근거를 제공한다.

이와 유사하게 설문 문항 32번 '한국이 실질적 민주화를 이룩하는데 걸림돌이 되는 것은 무엇인가?'라는 질문에 대해 1순위가 양극화의 심화(42.7%), 2순위가 민족분단(32.7%)이라는 응답이 나왔는데, 이 또한 심층면접자들의 면담결과를 통계적으로 확인해주는 결과이다.

또한 심층면접에서 면접자들은 대다수가 여전히 과거 운동을 함께 했던 동료들과 연락을 주고받고 있음을 밝혔는데, 설문 문항 36번 '과거에 같이 활동했던 동료들과 아직도 지속적으로 연락을 주고받거나, 모임을 유지하고 있습니까?'라는 질문에 대해 83.9%가 '그렇다'는 응답을 보여 심층면접의 내용을 지지하는 결과를 보여주고 있다.

지면의 제약 상 여러 사례를 제시할 수는 없지만 설문조사와 심층면접조사를 병행한 이번 조사연구는 두 연구방법의 상호보완적 성격을 드러내며, 앞으로 보다 진전된 조사연구 설계를 위한 하나의 전범이 될 것으로 본다.

V. 민주화운동 참여자 집단면접을 통해서 본 1980년대 운동의 쟁점과 과제

1. 집단면접 조사대상자의 선정과정과 토론 주제

1) 집단면접 조사대상자 선정과정

집단면접은 2007년 3월 9일 4시 30분~8시 경까지 민주화운동기념사업회 2층 대회의실에서 한성대학교 김귀옥 교수의 사회로 진행되었다. 집단면접 참가자들은 80년대 민주화운동 참여자로 심층면접에 응했던 4인(강덕영, 김오현, 이대식, 허일동)과 80년대 민주화운동 참여자로 현 경희대학교 민주동문회 사무국장 이창진,[28] 성공회대학교의 조희연 교수, 민주화운동기념사업회 관계자(현종철), 민주화운동공제회 관계자(김익중, 유영표, 장임원)와 한성대학교 전쟁과평화연구소 연구진(윤충로)이었다.

집단면접자는 우선 80년대 민주화운동 참여자에 대한 심층면접을 진행하는 과정에서 대상자에게 집단면접에 응할 의사가 있는지를 타진하고, 참여 의사가 있음을 밝힌 대상자들을 중심으로 4인을 선정하였다. 또한 경희대학교 민주동문회 사무국장인 이창진은 자신이 민주화운동 참여자이며 80년대 이후 지속적으로 민주동문회 활동을 해왔기 때문에 현장의 이야기를 가장 잘 대변할 수 있는 적임자 가운데 한 사람이라고 판단하여 집단면접에 참가를 요청하였다.

성공회대학교의 조희연 교수는 학술부문에서 민주화운동과 관련한 지속적인 연구업적을 쌓아온 연구자로 80년대 상황을 전체적으로 조망하고, 논의의 방향을 제시하는데 중요한 역할을 수행하였다. 또한 민주화운동공제회의 장임원 이사장과 유영표 상임이사는 60년대 이후 현재까지 민주화운동에 관련하여 운동의 전체 흐름을 이해하는데 유익한 조언을 제공해 주었다.

---

28) 심층면접자 4인과 경희대학교 민주동문회 사무국장은 가명 처리했으며, 이외의 참석자들은 실명을 그대로 기재하였다.

2) 토론 주제

집단면접 조사의 토론 주제는 다음과 같다.

☐ 80년대 민주화운동과 6월항쟁의 성격
 • 70년대 민주화운동과 80년대 민주화운동의 비교
 • 80년대 민주화운동에 대한 인식
 • 6월항쟁을 가능케 했던 조건

☐ '386세대'에 대한 논쟁
 • 언론이나 사회 일각에서 제기하는 '386세대'론에 대한 해석
 • 자신들이 해석하는 80년대 운동 관련자들의 특성

☐ 운동 관련자의 명예와 보상문제
 • 명예와 보상문제에 대한 시각: '민주화보상법'의 적용을 중심으로
 • 현행 보상제도의 한계와 미래의 방향

☐ 민주화운동 기념사업에 대한 평가와 전망

☐ 현재 민주화운동에 대한 평가와 향후 전망

2. 집단면접의 주요 내용과 쟁점

1) 1980년대 민주화운동과 6월항쟁의 성격

집단면접자들은 80년대를 "불꽃같이 살았던, 살 수 있게 해 주었던 시대"(허일동), "혁명을 꿈꾸었던 시대"(강덕영), "아픔의 성격이 복잡해지고, 다양해지며, 운동의 주체가 분화되었던 시대"(장임원) 등으로 다양하게 표현했다. 그렇지만 이 속에 일관되게 흐르고 있는 정서는 시대적 아픔을 자기화하고 변혁을 꿈꾸었던 시대에 대한 자부심이었다.

80년대의 민주화운동은 60·70년대의 민주화운동을 계승하면서도 일정한 단절 혹은 과거의 운동을 뛰어넘는 과감성을 보이는데, 이번 집단면접에서 두드러지게 부각된 것은 이론적 논의의 활성화와 운동 목표·지향의 차별성이다.

> 60, 70년대 학생운동은 80년대처럼 이론적인 걸 드러내놓고 논의하지 못했는데 6·25가 지난지도 얼마 안 되고, 말만 조금하면 빨갱이로 몰아세우고 간첩으로 몰아세우고 이런 게 다반사였어요. 그래서 대체로 절차적인 민주주의, 서구적인 민주주의 이런 것을 내세웠고, 상당히 휴머니즘적 성격이 강했죠(유영표).

기존의 많은 연구들에서도 공통적으로 지적하는 바와 같이 과거와 다르게 80년대는 운동의 과학화, 이론화를 추구했던 시기였으며, 강력한 이념적 지향을 보였던 시기였다. 이대식은 이를 다음과 같이 설명한다.

> 60, 70년대하고 80년대의 대별된 부분은 80년대에 들어와서는 이념성을 확보했다는 점을 부각시키고 싶어요. … 80년대는 이념성을 확보한 속에서 전략적 목표가 분명했고, 권력투쟁, 권력쟁취라는 표현을 했는데 분명하게 체제구성을 통한 새로운 체제의 구현과 갈망, 예를 들어 계급운동의 조직적 활동과 희망, 이런 측면들이 80년대 투쟁의 한 면이었다고 판단하고 있습니다.[29]

이론적 논의의 활성화와 이념적 지향은 국가권력에 대한 도전, 궁극적으로는 국가권력을

---

[29] 김동춘은 "80년대 운동이념의 급진화는 한국 지성계의 허약성을 적나라하게 드러내주는 부끄러운 기억"이라고 논의하기도 한다(김동춘, 1997: 91). 그러나 운동의 측면에서 보았을 때 당시 이론적 논쟁은 새로운 세계에 대한 다양한 실천적 고민을 담고 있었던 것으로 그 역사적 의미를 지닌다.

혁명적으로 대체하려는 급진적 운동의 목표와 지향으로 연결되는데, 이러한 급진성의 역사적 계기는 5·18광주민주화운동이었다. "80년대는 60, 70년대까지 누적된 개발독재의 다양하고 복합적인 모순이 폭발적으로 표현된 시기"(조희연)라고 볼 수 있는데, 여기에 도화선이 되었던 것이 5·18이었던 것이다.

> 80년 초반에 민주화에 좋은 기회가 왔는데, 그때 전두환 파시즘체제가 들어왔고, 광주에서 그 패배의 절망이 있었습니다. … 더 이상 뚫고 나갈 방법이 없었던 우리는 혁명을 꿈꿨죠(강덕영).

5·18은 더 이상 타협할 수 없는 국가권력의 본질을 드러낸 사건이었다. 이는 국가권력 자체에 대한 문제제기와 이에 대한 변혁의 필요성을 인식하게 하였으며, 80년대 운동의 이론과 실천의 급진화와 운동의 지속을 가능케 했던 동력이었다.[30]

6월항쟁은 5·18이후 지속된 투쟁의 정점에 서있는 사건이었다. 당시 항쟁이 비록 절차적·형식적 민주주의의 달성이라는 제한적인 목표 실현으로 막을 내렸다고 하더라도, 이는 80년대 민주화운동의 가장 큰 결실이었다. 6월항쟁에는 "60, 70년대 그리고 파쇼화된 전두환식의 개발독재체제 하에서 억압되고, 잉태된 다층적 복합모순에 대한 다양한 저항들이"(조희연) 깃들어 있었다고 볼 수 있는데, 먼저 조희연은 그 성격을 다음과 같이 총괄하였다.

> (6월항쟁은) 따져놓고 보면 위아래가 복합적으로 상호작용한 모델인 것 같아요. 아래로부터의 투쟁과 위로부터의 지배세력의 응전이 복합적으로 작용하면서 점진적이면서 전투적으로 진행된 민주화. … 우리 사회의 지배세력들이 일정하게 응전한 위로부터의 민주화, 6·29선언으로 표현되는데, 이것을 민주화세력, 대중들이 만족했냐, 그건 아니죠. 그 공간을 뛰어넘어 민주화의 영역과 지평을 확장시켜온 과정이 아닐까 이렇게 생각합니다.

올해로 20주년을 맞이한 6월항쟁에 대해 사회적으로 그 의미와 성과, 한계를 되돌아보는 다양한 논의가 전개되고 있는데, 집단면접자들은 6월항쟁을 80년대 운동의 정점이며, 전환점으로 보면서 이에 대한 다양한 해석과 평가를 내놓았다. 그들은 6월항쟁을 부문운동이 활성화되고, 다양한 운동이 본격적으로 전개되기 시작한 계기(강덕영),[31] 민주화운동이 대중화

---

30) 한상진이 1999년 자신의 강의를 들었던 1,200명을 대상으로 우편설문조사를 한 결과 80년대 학생들에게 가장 큰 영향을 끼친 사건으로는 87년 6월항쟁이 37%, 80년 광주민주화운동이 34%를 차지했다(한상진 엮음, 2003: 15~16).

31) 조희연은 이를 "지금까지 진행되고 있는 타 운동을 가능케 하는 희망과 동력, 열망, 이해관계" 등을 함축했던 사건으로 이야기하기도 한다.

시대로 접어든 계기이며, 승리할 수 있다는 희망을 준 아름다운 기억(허일동), 민주화뿐만 아니라 통일의 과제를 누구나 자유롭게 이야기할 수 있게 된 계기(이창진)로 자리매김한다. 또한 현재의 입장에서 6월항쟁을 볼 때 이는 한국 민주주의에 일종의 마지노선을 설정한 사건이며, 이후 세대의 운동은 최소한 이 기반 위에서 출발할 수 있게 되었다는 평가도 제기되었다(조희연). 물론 6·29선언 이후 급격한 투쟁의 퇴조에 대해 비판적 입장을 보여주는 경우도 있었지만(김오현), 참석자들 대부분은 6월항쟁의 역사적 가치, 그리고 이것이 이후 운동에 미친 긍정적 영향을 부각시키고자 했다. 집단면접자들에게 6월항쟁은 단지 과거의 역사라기보다는 지금까지 살아있는 기억이며, 민주화운동에 대한 긍지와 자부심을 일깨우는 중요한 원동력이었다.

2) '386세대' 담론에 대한 해석과 평가

80년대 민주화운동은 다양한 세대와 계층을 포괄하여 전개되었다. 그럼에도 불구하고 '386'은 80년대 민주화운동의 상징처럼 이야기된다.[32] 이는 당시 민주화운동을 수행했던 특정 세대를 포괄적으로 담론화한 것이며, 80년대 세대를 특징짓는 용어로 사용되고 있다. 집단면접자들의 386세대에 대한 이해와 평가를 살펴보기 전에 80년대 세대에 대한 이희영의 설명을 간략히 살펴보자.

> 90년대 초반을 지나면서 한국 사회에서는 한 연대가 고유명사로 회자되기 시작했다. '1980년대' 그리고 '1980년대 세대'. 지나간 10년 정도를 나타내는 '1980년대'는 전후 경제성장과 반공이라는 기반 위에 건설된 한국 사회가 변혁의 요구와 투쟁으로 들끓었던 격동의 시간을 말한다. 동의어처럼 떠올려지는 소위 '80년대 세대'는 이 80년대 한국 사회운동을 젊은 청년으로서 경험했던 한 연령층이다(이희영, 1999: 382).

위의 논의에서 볼 수 있는 바와 같이 '386'에 대한 범주화, '80년대 세대'라는 분류는 당시 청년세대로 광주의 5·18과 80년대 민주화운동 경험을 체현하고 있는 세대를 지칭한다고 볼 수 있다. 그렇다면 집단면접자들은 '386세대'라는 용어를 어떻게 인식하고 의미를 부여할까?

---

32) 성유보는 '386세대'를 "지금 나이 30대고, 80년대 대학생활을 했고 60년대 출생한 세대가 스스로에게 매긴 '집단명칭'이다. … 이들 중 많은 사람은 운동가가 되었고 데모대가 되었으며, 그러한 민주화운동을 겉으로는 외면한 듯 도서관에만 드나들던 학생들은 마음속으로 '나는 다른 방법으로 사회에 기여하겠다'고 다짐했던 세대다"(≪서울신문≫, 1999/05/03)라고 논의했다.

집단면접자들은 '386세대' 담론을 수구보수언론이 정치권에 진입한 80년대 민주화운동세대를 비판하기 위해 사용하고 있다고 지적하면서 정치권으로 들어간 '386'들과 자신들을 구분지어 설명하는데, 여기에는 정치권으로 진입한 '386'에 대한 애정과 비판이 동시에 함축되고 있다. 먼저 허일동은 정치적 신념을 가지고 정치 활동을 하고 있는 '386'에 대해 의미를 부여하고 신뢰를 표명한다.

> 정치발전을 위해…. 거기(정치권)에서 우리의 가치를 실현하는 것이 자기 역할을 하는 것이라면 오히려 건강하게 사는 것이라고 생각했거든요. … 물론 너무나 잘못하는 것을 빼고는 그렇게 부정하고 싶지 않거든요. 잘하는 영역에서 무엇인가를 해내는 것이 좋다고 생각해요(허일동).

그러나 이러한 의미 부여는 운동에 대한 도덕적 순수성을 잃지 않은 경우로 제한된다. 정치권에 진입한 '386'이 "정치권에서 살아남기 힘들고, 적응하기 힘들기 때문에 나쁜 것 먼저 배우면서 이걸 소위 적응이라고 생각해가는 그런 과정을 보면서 안타까워지는"(허일동) 현실을 이야기하며, 이것이 과거의 가치를 갉아먹고 있는 것이라고 평가하는 것이다.

또한 김오현은 '386'과 민주화운동세력이 희화화되고 있는 현실에 대해 큰 우려를 표명했다. 그는 정치권에 진입한 '386'들이 "자기가 소속한 정당이나 혹은 특정 인물의 계보로서 처신한 행동들을 보면서 부정적 여론이 형성되기 시작"했고, 참여정부에 들어오면서 과거 민주화운동세력의 사회적, 도덕적 위상이 급속히 추락했다고 본다.

> 참여정부에 들어와서 보니깐 … 운동권 모두가 같이 죽게 생긴 거죠. 과거에 감옥에 들어갔고, 운동을 했고 하는 것은 … 6월항쟁 너만 했냐, 나도 했다. 공무원이나 기업하는 사람들까지도 너만 했냐, 우리도 했다. … 이상을 실현하려고 노력했지만 그런 고통에 대한 대가들이 지금에 와서는 같이 침몰해 버려요. 인제 운동했다고 해봤자 일반 대중 누구도 인정하지 않아요(김오현).

이러한 평가는 '386세대'로 불리는 민주화운동세력의 일부가 정치권으로 진입하면서 나타났던 부정적 이미지가 전체 '386세대' 혹은 민주화운동세력 전반으로 확산되고 있다는 위기의식을 담고 있다. 이는 곧, 소수 정치화된 '386세대', 그리고 이로 인해 함께 매도당하는 '386세대'와 민주화운동세력들에 대한 안타까움을 토로하는 것이다.

그렇지만 이들의 논의는 단순히 현재 직면하고 있는 현실의 한계를 지적하는데서 멈추지 않는다. 이들은 지금이 드러나지 않은 다수 '386세대', 혹은 '80년대 세대'의 위상과 역할을 재고하고, 민주주의의 진전을 위해 노력해야 할 때임을 제언한다.

과거 운동했던 사람들은 좀 더 내부적인 반성과 결속을 다질 수 있는 계기로 삼아야 한다. … '386' 문제는 우리 자신의 거울이라고 생각해야 되기 때문에 우리의 반성이 반드시 전제되어야 하고, 정치권에 진출한 몇몇 '386'을 비난하는 것으로 그쳐서는 안 된다(김오현).

우리가 가질 수 있는 것은 도덕적 우월성밖에 없지 않습니까? 우리의 가치가 단순히 권력을 가짐으로써만 이루어지는 것이 아니라 생활과 도덕적인 것, 이런 작은 것 속에서 가치를 실현해야 한다는 생각이 들어요. … 우리를 표현하는 건 뭘 했다는 것이 중요한 것이 아니라 어떤 모습으로 살아가느냐 하는 것을 가지고 사람들에게 평가받는 것이다. 이런 생각을 하거든요(허일동).

이와 같은 현실에 대한 지속적인 고민과 이해의 시도, 자기반성, 그리고 이것으로부터 나올 수 있는 새로운 운동에 대한 모색은 '80년대 세대'의 특성을 보여주는 것이라고 할 수 있다.[33]

전체적인 논의를 통해 집단면접자들은 정치 수사적 '386세대' 담론과 현실에서의 다수 '386세대'가 지닌 정체성이 현격한 차이를 지님을 지적했다. 현재의 상황이 어렵기는 하지만 이들에게 과거 운동 경험은 자부심의 커다란 원천이었으며, 진보의 희망은 아직도 유효했다.

3) 민주화운동 관련자의 명예회복과 보상에 대한 입장과 평가

민주화운동 관련자의 명예회복과 보상에 대한 문제는 민주화보상법에 대한 입장과 평가를 중심으로 논의되었다. 민주화보상법은 '아래부터의 투쟁'을 통해 제정된 것이며, 그 대표적인 사례는 1998년 11월 4일부터 무려 422일간 진행된 '민족민주열사 명예회복과 의문의 죽음 진상규명 특별법 제정을 위한 국회 앞 천막농성'이다. 이러한 투쟁의 결과 2000년 1월 12일 법률 제6123호로 민주화보상법이 제정되었다. 법률 제정 이후 2000~2004년까지 4차에 걸쳐 민주화보상위원회에서 민주화운동 관련자를 심의했으며, 총 접수건수는 11,990건, 이 가운데 보상신청은 1,539건, 명예회복을 신청한 사건은 10,451건이었다(민주화운동관련자명

---

33) 이해영은 80년대 세대의 특성을 다음과 같이 정리한다. ① 80년대를 경험한 세대는 그나마 문제의 인식과 해결 수단의 선택에 있어 민주적 토론과 건강한 상호비판 훈련을 경험해 본 사실상 예가 드문 세대 가운데 하나이다. ② 80년대의 적은 하나의 반이성, 비합리 그 자체였다. ③ 80년대는 무엇보다 집단행동의 시대였다. … 다양한 연대의 경험이야말로 80년대가 다음 세기 멀리까지 가져가야만 하는 전통 가운데 하나일 것이다. ④ 민중지향성이라고 불리는 '낮은 곳'에 대한 관심이야 말로 80년대의 징표이다(이해영, 1999: 81-83).

예회복및보상심의위원회, 2005a: 39).[34]

　민주화보상법은 그 역사적 의의에도 불구하고, 민주화운동 참여자들에게 큰 호응을 받지 못하고 있는 것으로 보인다. 현재까지의 상황을 볼 때 민주화운동과정에서 피해를 입은 사람들이 상당수 신청을 않고 있는 것으로 여겨지며, 이는 정부의 과거청산 작업에 대한 불만의 표시이자 무언의 항의라고 보인다(이영재, 2005: 163). 그렇다면 민주화보상법을 바라보는 집단면접자들의 입장은 어떤 것이며, 이들은 이를 어떻게 평가하고 있을까? 집단면접자들은 민주화보상법 자체의 역사적 의미는 인정하지만, 그것이 지닌 문제점으로 민주화운동 관련자 범위, 보상방식과 명예회복의 의미, 보상 주체의 문제 등을 지적하였다.

　첫째, 민주화운동 관련자 범위의 문제에 대해 허일동은 다음과 같이 이야기한다.

　　국보법 같은 경우 저는 처음에 되는 줄 알고 신청하려고 했는데 안 되더라고요. 국보법을
　　허무는데 도움이 된다 싶어서 하려했는데 안 되니 어쩔 수 없지요. 현실적으로 법이 존재하는
　　한에서 그것을 보상하는 게 쉬운 문제는 아니지만 긍정적으로 검토해야 하는 것이 아닐까?
　　왜 국보법은 안 되는 것인지에 대해서 저는 참 많은 의문을 가졌던 것 같아요(허일동).

　역대정권들은 민주화운동에 대한 가혹한 탄압수단으로 법적 제도를 활용하였고, 내란죄, 소요죄, 간첩죄, 국가보안법 등 형법이나 관련 특별법을 활용하여 민주화운동을 탄압하였다. 그렇지만 민주화보상법은 이러한 형사적인 불법행위는 민주화운동 관련자의 범위에서 제외하고 있다(민주화운동관련자명예회복및보상심의위원회, 2005a: 114).

　또한 이창진은 "수배자 문제는 심각한데요. … 애쓴 사람들은 운동 관련자가 안 되는 것 같아요"라고 이야기 하는데, 이는 민주화운동 관련자들의 피해 현실과 법률상의 괴리문제를 보여주는 것이다. 민주화운동 과정에서 심각한 피해를 입었던 '수배', '기소유예', '강제징집', '취업거부' 등은 명예회복대상이 아니며, 학사징계나 구류는 명예회복의 대상이다. 이는 입법과정에서부터 민주화운동의 피해와 내용에 대해 인식이 부족했음을 보여주는 것이다(이영재, 2005: 164).[35]

---

34) 자세한 사건처리상황은 민주화운동관련자명예회복및보상심의위원회(2005a; 2005b; 2005c) 참조.
35) 조희연은 이것이 민주화운동 관련자의 범위를 '최소주의'적으로 협소하게 규정함으로써 발생한 문제라고 설명한다(조희연, 2002). 이러한 최소주의적 설정은 민주화운동 기간에서도 나타난다. 2000년 법에서는 민주화운동의 범위를 삼선개헌 발의일인 1969년 8월 7일 이후로 규정하였고, 2007년 개정법에서는 한일회담반대시위일인 1964년 3월 24일 이후로 규정하고 있는데, 이는 민주화운동관련자명예회복및보상심의위원회가 제안하고 있는 1961년 5월 16일 군사쿠데타로 시기에도 미치지 못하는 것이다(민주화운동관련자명예회복및보상심의위원회, 2005a: 116). 집단면접참가자들에게서는 민주화운동의 시기설정에 대해서는 제대로 논의가 이루어지지 않았는데, 이는 이들이 주로 그 시기와는 직접

둘째, 보상방식에서 물질적 보상은 운동 참여자들의 희생과 순수성을 금전으로 치환한다는 생각을 갖게 하고, 이는 민주화운동 참여자들이 민주화보상법 자체를 받아들이지 않는 요인으로 작용하고 있다.

> 돈으로 보상받고 싶지 않죠. 몇 푼 받고 '너는 돈 받았으니까 됐다'. 이런 취급을 받을 텐데, 거기에 대해서 마음이 안 좋을 거라고 생각해서 많이 신청들 안 한 것 같고….(허일동).

> 우리나라에서 국가 이념, 사상을 바로 세우기 위해서는 과거 독립운동이라든지 민주화운동을 했던 사람을 없는 것까지 찾아서 보상하고 명예회복하고 해야 되는데 그러지 않고 있다는 거죠. 그냥 돈 몇 푼 줘서 잠재우는 식으로 가는 거고. … 보상이나 돈으로 얼마 주느냐 이런 게 문제가 아니라, 사회적으로 민주화운동을 했던 사람을 존경할 수 있는 것이 되어야 실질적인 명예회복이다(이창진).

이들이 중요시 하고 있는 것은 물질적 보상이 아니라, 사회적으로 민주화운동의 명확한 의미와 위상을 세워내는 일이다. 이러기 위해서는 보상이 우선되는 것이 아니라 과거사에 대한 진상규명이 우선되어야 한다. 과거 민주화운동 사건에 대한 진상규명 후에 사회적 합의를 통해 적절한 보상이 진행된 것이 아니라 '보상우선주의가' 작용하면서 민주화보상법의 의미가 퇴색하고 있는 것이다(이영재, 2005: 168).

셋째, 보상주체의 문제는 한국 사회의 민주화의 진전과 보상이 맞물려야 하는데 그렇지 못하다는 판단을 함축하고 있다.

> 보상 자체가 잘못된 것 같아요. 정말 민주화운동이 우리나라 발전에 기여했다. 이런 사람들이 보상하고 있는 게 아니라 위에서 시키니까 어쩔 수 없이 비주체적인 모습으로 보상하고 있다는 생각이듭니다(이창진).

> '누가 누구를 보상하고, 누가 누구를 명예회복시킨다는 말이냐'. … '김대중, 노무현 정권이 과연 우리를 명예회복시키고 보상을 해 줄 정당한 자격이 있느냐?'라는 문제를 제기하는 사람이 많습니다(강덕영).

적인 관련이 없는 80년대 운동 참여자들이었기 때문인 것으로 보인다.

이는 민주화이행과정에서 민주주의의 진전뿐만 아니라 민주화관련자 명예회복과 보상에 대한 사회적 합의가 충분치 않은 상황에서 시행되고 있는 민주화보상법이 오히려 명예회복과 보상 양자 모두를 퇴색시킬 수 있다는 의식을 함축하고 있는 것이다.

집단면접자들은 민주화운동보상의 궁극적인 의미는 민주화를 위해 자신을 헌신한 사람들이 사회적인 존경의 대상이 될 수 있는 가치를 창출하는 것이라고 입을 모으며, 이를 위한 한 방안으로 조희연 교수는 집단면접과정에서 국가유공자의 한 범주로 '민주화유공자'의 범주를 만들 것을 제안하기도 했다. 보상방식에서는 개별보상방식보다는 사회적인 공적 기금을 마련하고, 이 기금을 바탕으로 민주화운동과정에서 피해를 받은 사람들의 재교육, 일자리 창출, 의료혜택 등을 수행하자는 의견이 개진되기도 했다(강덕영). 또한 보상을 받은 사람들 가운데 뜻을 모을 수 있는 사람들이 기금을 마련하여 민주주의와 인권을 위한 재단을 만드는 방안도 제시되었다.

민주화보상법의 제1조는 "이 법은 민주화운동과 관련하여 희생된 자와 그 유족에 대하여 국가가 명예회복 및 보상을 행함으로써 이들의 생활안정과 복지향상을 도모하고, 민주주의의 발전과 국민화합에 기여함을 목적으로 한다"라고 밝히고 있다. 집단면접자들은 자신뿐만 아니라 과거 민주화운동을 함께했던 동료들의 현실생활의 어려움과 경제적 어려움을 토로한다. 민주화보상법에서 밝히고 있는 '생활안정과 복지향상'이 실제로 이들에게 절실히 필요한 것이다. 그러나 이들이 더욱 중요시 하는 것은 물질적 보상에 우선하여 민주화운동의 역사적 의미와 가치를 바로 세우는 일이다. 이것이 80년대 운동의 진정한 가치를 현재에 구현하는 길이며, 정체된 민주주의를 진전시키는 길이다.

4) 민주화운동 기념사업에 대한 평가와 전망: '민주화운동기념사업회'의 활동과 전망을 중심으로

민주화운동 기념사업은 민주화운동을 올바른 기억으로 만들어가는 것이다. 이는 민주화운동의 과거사를 올바른 역사로 만드는 민주화운동의 역사화 작업, 현재 미완의 민주주의 투쟁을 연속시키는 민주화운동의 현재화 작업, 민주화운동의 정신을 차세대에게 전수하는 민주화운동의 미래화 작업을 포괄한다(조희연, 2002: 470). 한국의 민주주의가 '이행기의 민주주의'임을 고려할 때 이러한 기념사업은 민주주의에 비역진적 성격을 부여하고, 민주주의를 공고화하며, 보다 심화·발전시키기 위해 매우 중요한 과제이다.

2001년 11월 13일 설립된 민주화운동기념사업회는 공적 기구로서 이러한 여러 측면의 민주화운동 기념사업을 체계적으로 수행하며, 민주주의 발전의 선도 기관으로 역할을 정립하고자 노력하고 있다(민주화운동기념사업회, 2006b). 그렇다면 집단면접자들은 민주화운동 기념사업, 특히 민주화운동기념사업회의 활동과 방향에 대해 어떠한 입장을 가지고 있을까? 집단면접자들은 민주화운동기념사업회와 관련하여 다음과 같은 세 가지 정도의 문제를 제기했다.

첫째, 가장 크게 지적할 수 있는 것은 민주화운동기념사업회와 민주화운동 참여자의 '거리' 의 문제이다.

> 여러 가지 어려움이 있었을 거라고 이해하지만 '우리 조직인가?' 하는 생각이 많이 듭니다. 말 그대로 민주화운동을 했던 사람들의 마음을 담아내는 일을 하지 못했던 것 같습니다. … 아직 예산도 적고 법률적인 한계도 있지만, '여러분과 함께 만들겠습니다. 여러분의 조직입니다'라는 인식과 이미지를 못준 것 같고. … 저희는 민주화운동세력으로서 그 한 사람으로서 … 좀 더 주체적으로 함께 할 수 있는 민주화운동기념사업회가 되었으면 좋겠다는 생각을 해봅니다(강덕영).

> 저는 별로 할 말이 없는데 민주화운동기념사업회가 저한테 할 말이 없게 만든 게 더 문제라고 생각합니다. 제가 관심도 없고 어떻게 돌아가는지도 모르게 만든 게 문제라고 생각합니다. 내가 가까이 가도 되는 데구나. 나와 상관이 있는 데구나. 이런 과정을 통해 함께 하는 게 진짜 중요한 것 같아요(허일동).

여기에서 미루어 생각할 수 있는 것은 이러한 거리감이 민주화운동 참여자뿐만 아니라 시민들에게도 유사하게 적용될 수 있다는 점이다. 민주화기념사업회가 자신의 궁극적인 목적-민주화운동의 기념을 통해 과거 민주화운동을 역사화하고, 현재 민주주의를 추동하며, 민주적인 시민을 길러내는 것 등-을 효율적으로 달성하기 위해서는 시민들에게 친밀하게 다가갈 수 있는 방안에 대한 보다 깊은 고민이 필요하다.

둘째, 다른 기능보다 교육기능이 활성화되어야 한다는 제안이다.

> 행사, 전시 중심이 아니라 교육기능이 활성화되어 청소년들이 민주화운동의 정당성이나 보편적 가치를 자기 삶의 가치관에 반영할 수 있는 계기로 활용되어야 한다고 생각합니다(이대식).

교육부분의 활성화는 민주화운동기념사업회의 중장기발전계획의 일환으로 계획되어 있다(민주화운동기념사업회, 2006b). 독일에서는 일반 청소년 교육에서는 말할 것도 없고, 군

입대 후 교육과정에서도 반드시 홀로코스트 기념관을 방문하여 인권과 민주화의 중요성을 강조하는 시민교육이 실시되고 있다. 민주화운동기념사업회와 정부는 민주화를 발전시킬 수 있는 청소년과 군인, 일반 국민을 대상으로 한 민주화 교육 프로그램을 다양화하고, 심화시킬 필요가 있다.

셋째, 민주화운동기념사업회의 활동 영역을 보다 넓히고, 현실적인 운동에도 개입할 것에 대한 제안이다(이창진). 이러한 제안은 운동의 현실적 필요성에서 제기된 것일 수 있지만, 민주화운동기념사업회의 위상과 현실적 역할 등을 고려할 때 실질적으로 어려운 문제라고 볼 수 있다. 그렇지만 이러한 제안은 민주화운동기념사업회의 역할에 대한 기대치가 그만큼 높다는 것을 반영하는 것이라고 볼 수 있다.

한국 사회에서 민주화운동 기념사업을 본격적으로 논의하기 시작한 것은 그리 오랜 일이 아니며, 그 짧은 역사에서 민주화운동기념사업회는 핵심적인 주체의 하나로 활동해왔다. 2002년부터 공식적으로 활동을 개시한 민주화운동기념사업회에 대한 여러 제안들은 아직 가야 할 길이 멀고 해결해야 될 과제가 산적해 있음을 의미한다. 여기에서 가장 중요한 것은 민주화운동기념사업회가 시민과 더불어 호흡할 수 있는 조직으로 성장해 나가는 것이며, 사실 집단면접자들이 가장 강조한 것도 그 점이라고 할 수 있다.

5) 현재 민주화운동에 대한 평가와 향후 전망

대체로 집단면접자들은 현재 한국 사회의 민주주의 이행과정과 민주화운동에 대해 위기의식을 가지고 있었다. 이러한 위기는 사회의 객관적 조건과 운동의 주체적 조건, 이 모두로부터 파생된 것이라고 할 수 있다. 먼저 객관적인 조건으로 가장 크게 부각된 것은 세계체제, 국내의 구조적 조건을 동시에 반영하고 있는 '신자유주의'의 문제이다. 80년 이후로 강화되기 시작하여 1997년 IMF를 겪으며 결정적으로 심화된 신자유주의는 이제 한국 사회를 규율하는 구조적 틀이 되었다. 개방, 신자유주의의 급속한 팽창은 민주주의를 확장하려는 노력, 속도에 비해 민주주의를 형식화하려는 자본의 속도를 더 가속화시키며(조희연), 이는 한국 사회의 민주주의의 이행을 지체시키고 있는 것이다.

현재 민주주의의 이행과 민주화운동의 주체적 조건 또한 결코 낙관적이지 않다. 강덕영이 먼저 지적하는 것은 30·40대의 보수화이다.

소위 말해 IMF 이후에 신자유주의가 오면서 굉장히 먹고사는 문제가 힘들다보니까, 사회주도세력이었던 30대 후반 40대가 급격히 보수화되고 있는 이런 현실에서 우리가(민주화운동세력) 지속적으로 그들에 대한 리더십을 발휘할 수 있을까? … 여론 주도세력이 노무현 정권에서 등을 돌린 것처럼 민주화운동세력 전체에게도 등을 돌려버릴 가능성이 대단히 높다.

이러한 상황은 운동 주체의 재생산의 한계와 결합하여 위기의식을 더욱 증폭시키고 있다. 학생운동의 퇴조, 이로 인한 활동가 재충원의 어려움은 운동세대의 단절이라는 위기의식을 낳고 있는 것이다.

또한 문제가 되는 것은 투쟁 대상, 투쟁 전선의 불명확함이다.

우리 앞에 과제들이 많음에도 불구하고 여러 가지 상실감에 의해서 무엇을, 어떤 가치를 위해 살아가야 하는가에 대한 합의가 없다고 생각해요. … 예전에는 독재정권이 있고 전선이 분명했기 때문에 싸워야 될 것도 분명했고, 내가 바쳐야 될 것도 분명했지만 지금은 너무나 다양한 생활 속에서… 살아가야 할 목표 이런 것들이 보이지 않는… (허일동).

군부독재의 종식과 전투적 운동의 퇴조, 그와 더불어 진행된 한국 사회의 다양한 모순구조의 발현은 한편으로는 부문운동의 활성화를 가져왔지만, 다른 한편으로는 과거와 같은 독재/민주라는 명확한 모순지형을 희석시켰다. 새로운 가치의 합의, 혹은 새로운 운동의 전망을 세우지 못한 상태에서 지속적으로 전개되는 신자유주의, 자본의 공세는 운동세력의 결집과 주체 역량을 약화시키는 요인으로 작용하고 있는 것이다. 이러한 현실 인식은 과거 운동에 대한 회고와 반성으로도 연결된다.

6월항쟁과 사회주의 붕괴를 보면서 우리가 변해온 것들도 한 번 돌이켜 봐야 될 텐데 어떤 면에서 우리가 너무 경직된 사고를 하지 않았나 반성합니다. … 90년대에 들어와서 사회적으로 좀 더 조직적으로 운동을 펼쳤다면 지금보다 훨씬 나은 민주주의를 쟁취할 수 있었을 거고 신자유주의의 늪에 빠져들지 않았을 수 있다고 보는데… (강덕영).

과거 운동에 대한 아쉬움은 현재 한국 사회와 민주주의 이행에 대한 위기의식을 동시에 반영하고 있다.

현재 한국의 민주화운동, 민주주의 이행에 관한 여러 가지 우려가 있음에도 불구하고 한국 민주주의의 성취 정도에 대한 낙관적인 견해도 피력되었다.

다행스러운 건 6월항쟁이 민주주의에 일종의 마지노선 같은 걸 설정해 둔 것 같아요. 앞으로

갈 때 굉장히 혼란스러워요. 앞이 안 보이니까 합의도 안 되고. 그런데 뒤로 갈려고 그러면 최소한 물러설 수 없는 마지노선이 있는 것 같아요. 2004년도 대통령 탄핵도 그랬죠(조희연).

6월항쟁 이후 한국 사회의 민주주의의 진전은 한국 사회의 민주주의가 어떤 지점에서 불가역적인, 혹은 양보할 수 없는 최소한의 민주적 합의점을 만들었다는 것이다. 이것은 이후 한국의 민주주의가 최소한의 절차적·형식적 민주주의의 틀 안에서 진전될 수 있다는 희망을 이야기 하는 것이다.

집단면접자들은 민주화운동의 진전과 진보적 민주주의의 실현을 위해서는 통일 문제, 비정규직 문제, FTA 문제 등 산적한 많은 문제를 해결해야 하며, 이를 위해서는 새로운 가치의 합의, 한국 사회에 대한 보다 치밀한 분석과 이론적 논의, 이에 걸맞은 '386세대'의 역할이 필요함을 밝힌다. 그렇지만 이들의 논의는 경직되거나, 전투적이기보다는 보다 현실적이다. 전체적으로 보아 이는 "386세대의 자아정체성이나 사회에 대한 기본 태도는 연속성을 보이나, 고민의 내용이나 문제해결 방법 등은 옛날보다 훨씬 유연해진 것으로 볼 수 있다"(한상진 엮음, 2003: 13)라는 논의에 부합한다.

6월항쟁 이후 20년, 한국 사회의 민주주의는 얼마나 진전되었고, 민주주의의 미래는 희망적인가? 이에 대한 대답은 단순하지 않다. 신자유주의의 심화와 사회의 개별화와 보수화, 형식적 민주주의의 진전에도 불구하고 여전히 우리의 삶을 속박하고 있는 '국가보안법'과 같은 권위주의체제의 유산은 한국 사회의 민주주의 이행의 불균등성을 보여준다. 집단면접자들이 토로하는 위기의식은 바로 이러한 사회 현실을 반영한 것이다. 그렇지만 분명한 것은 지금의 고민은 과거의 고민과 다른, 한층 더 성숙되고 심화된 민주주의의 미래를 향하고 있다는 점이다. 이것은 한편으로는 고통스런 현실을 반영하지만, 다른 한편으로는 새로운 희망을 함축하고 있다.

VI. 맺음말

1. 조사 결과의 요약

이 연구는 설문지를 통한 양적 조사와 심층면접, 집단면접을 통한 질적 조사를 결합하여 양적 조사에서 발견되기 어려운 민주화운동 참여자들의 의식과 동기, 고통의 궤적을 추적할 수 있는 새로운 가능성을 제시하려 했다. 설문조사법의 양적 접근을 통해 민주화운동 참여자들의 일반적인 의식의 편차나 삶의 유형을 살펴보았다면, 심층면접을 통한 질적 접근은 이들의 보다 심층적인 내면세계를 보여준다.

이번 조사는 80년대 민주화운동 참여자들의 과거 운동 경험과 당시의 의식, 운동으로 인한 피해와 후유증, 현재의 생활상태, 현재 한국 사회 민주화에 대한 의식과 민주화의 전망 등을 살펴보고자 했다. 이를 위해 전국에 걸쳐 700명에 대한 설문조사, 14명에 대한 심층면접, 80년대 민주화운동 참여자 5명, 전문연구자, 연구진 등 11명이 참여한 집단면접을 실시했다.

1) 설문조사

설문조사에 대한 결과는 아래와 같은 8개 주제에서 특징적인 것을 개략적으로 요약하고 그 함의를 밝히는 것으로 제시하겠다.

- □ 1980년대 민주화운동 참여와 관련된 전반적 사항
- □ 1980년대 민주화운동이 사회활동과 가족생활에 미친 영향
- □ 민주화운동 참여자의 경제적 형편
- □ 1980년대 한국 민주화운동에 관한 전반적 의견
- □ 1987년 6월항쟁에 대한 평가와 계승
- □ 과거 민주화운동에 대한 국가의 역할
- □ (사)민주화운동공제회에 대한 견해
- □ 민주화운동기념사업회에 대한 의견과 평가

(1) 1980년대 민주화운동 참여와 관련된 전반적 사항

민주화운동에 참여했던 조사대상자의 반수 이상이 학생운동분야에서 운동하였고, 다음 순위는 노동운동이었다. 민주화운동 당시의 경제적 상황에 대한 주관적 평가는 중간층 이하가 다수를 차지한다. 민주화운동에 참여하는데 가장 큰 영향을 준 사람은 '선배'라는 응답이 많았고, 학력별로 보면 대졸 이상일수록 선배의 영향력이 컸다. 운동에 참여하게 된 계기는 학습모임이 가장 큰 영향을 끼쳤다. 학습모임은 1980년대 당시 대학 전반에 형성된 문화로 선배들이 학습모임을 통해 후배에게 영향을 끼쳐 운동에 참여한 경우가 많았다고 볼 수 있다.

민주화운동과정에서의 피해 실태를 보면 80년대를 '불신검문의 시대'라고까지 표현한 바와 같이 압도적 다수가 불신검문을 당한 경험을 가지고 있다. 또한 조사대상자의 다수가 구속 · 구금의 경험을 가지고 있었다. 구속 · 구금의 사유는 '집회 및 시위'〉'점거농성'〉'조직사건'〉'노동운동'〉'국가보안법'의 순으로 나타났고, 구속 기간은 6개월 미만이 반수 이상을 차지하고, 6개월 이상~2년도 상당수를 차지한다. 구속 기간은 젊을수록 짧은 반면, 현재 50대 층에서 구속 기간이 2년 이상인 자가 가장 많았다. 이는 이 연령대에 조직사건 연루자가 가장 많았기 때문이다.

구속 · 구금 경험이 있는 조사대상자 가운데 대다수가 정신적 · 신체적 위해를 당했으며, 대표적인 위해유형은 '모욕적 언사 및 협박'〉'구타'〉'잠안재우기' 등의 순이었다. 강제징집의 경우 전체 남성 응답자(497) 가운데 4.8%인 24명이었는데, 이들에 대한 가장 큰 위해 유형은 군기관의 감시 및 관찰, 군기관에 의한 연행 조사였다. 구속 · 구금 · 강집자 가운데 이러한 위해로 인해 신체적 · 정신적 후유증을 갖게 되었다고 응답한 것은 21%정도인데, 이들 중 60% 이상이 전혀 치료를 받지 못하고 있다. 후유증의 영향은 인간관계 형성 장애, 실직과 같은 경제적 어려움 등으로 연결된다. 이는 국가폭력으로 인한 사회적 고통이 개인화되고, 방치되고 있는 현실을 보여주는 것이다.

(2) 1980년대 민주화운동이 사회활동과 가족생활에 미친 영향

민주회운동이 사회활동에 미친 가장 큰 영향은 취업 및 직업 선택의 어려움이며, 그 다음으로는 정보기관 및 경찰 등의 감시로 사회활동이 위축된 것이다. 또한 주위로부터의 냉대나 따돌림도 적지 않았다. 이러한 상황은 민주화운동으로 인한 피해가 당시에 국한된 것이 아니라 이후의 생활에도 지속적인 영향을 주고 있음을 보여준다.

개인의 민주화운동 경력은 사회활동뿐만 아니라 가족생활에도 큰 영향을 끼쳤다. 부모 및 친척과의 불화, 가족 신상의 피해나 불이익이 발생했으며, 자녀 교육, 결혼생활에도 어려움을 겪는 것으로 나타났다.

(3) 민주화운동 참여자의 경제적 형편

경제적 상황에서 우선 직업면을 살펴보면 이번 조사에서는 다른 어떤 부분보다 시민단체 활동가가 많았다. 통상 직업분류에는 시민단체 활동가가 포함되지 않기 때문에 이를 설문에 포함시켜 명확히 분류하고자 했다. 시민단체 활동가가 다수를 차지한다는 것은 민주화운동 참여자들의 상당수가 여전히 운동에 몸담고 있음을 보여주는 것이다. 또한 자영업이나 무직을 제외한 상태에서 고용형태를 살펴본 결과 상당수가 상용직에 근무하고 있었는데 이는 다소 놀라운 결과라고 할 수 있다.

월평균 수입은 101~200만원이 가장 많은 수를 차지했고, 다음으로는 201~300만 원이었다. 100만 원 이하도 상당수를 차지했다. 주택보유 현황에서는 자가 보유가 49.9% 정도로 한국의 자가 점유율 55.6%에도 미치지 못하고 있다. 그렇지만 주관적 계층평가에서는 스스로를 중간층으로 평가하는 사람의 비율의 상당히 높게 나타났다. 민주화운동 참여자의 높은 학력이 이들이 중간층 의식을 갖는데 작용했을 것이라는 추론을 할 수 있다.

'민주화운동을 하지 않았다면 자신의 경제적 형편이 어떻게 되었을 것인가?'라는 질문 항목에 대해서는 다수가 더 좋아졌을 것이라고 응답했다. 학력이 높을수록 더 좋아졌을 것이라는 응답이 높았다. 이러한 평가는 운동을 후회하는 것으로도 볼 수 있으나, 민주화운동에 대한 높은 자긍심을 볼 때 자신의 운동이 다른 기득권을 포기한 희생이었음을 강조하는 것이라는 해석이 더 타당하다고 하겠다.

(4) 1980년대 한국 민주화운동에 관한 전반적 의견

80년대나 현재나 운동에 대해 긍정적인 입장을 취하는 데는 큰 변화가 없었다. 그렇지만 5점 척도상 '매우 긍정'의 비율은 크게 떨어졌다. 특히 성별에 따른 차이를 볼 때 과거 여성의 경우는 남성에 비해 '매우 긍정'이 적었는데 이는 과거 운동방식이 성차별적 형태를 띠고 있었기 때문이 아닐까 추측할 수 있다. 현재 전반적으로 '매우 긍정'이 적어진 것은 일상적 삶의 어려움, 그리고 시간이 흐름에 따라 과거 운동에 대해 보다 객관적으로 평가하는 것이 가능해졌기 때문이라고도 볼 수 있다.

한국 사회의 민주화 정도에 대한 평가에서는 '보통' 이하가 절대 다수를 차지한다. 또한 '불만족'과 '매우 불만족'이 60.2%를 차지한다. 정치, 경제, 노동, 언론, 문화, 교육, 행정관료, 경찰사법의 모든 부분에서 불만족도가 높으며, '매우 불만족'이 가장 높은 것이 경제 부문, 다음으로는 노동부문이다. 경제부문과 노동부문이 가장 큰 불만족도를 나타낸 것은 현실 경제여건의 어려움을 보여주는 것이라고 볼 수 있다. 이를 반영하듯 한국이 실질적 민주화를 이룩하는데 가장 큰 걸림돌이 되는 것이 무엇인가를 묻는 질문에 대해 전체 조사대상자 가운데 54%가 양극화문제를 선택했다.

'한국 사회의 민주화에 시민단체가 얼마나 기여했는가'라는 질문에 대해서는 대다수가 긍정적인 응답을 했으며, 현재 시민단체에 자신이 어떠한 형태로든 관여하고 있다는 응답도 74%에 달했다. 또한 전체 응답자의 83.9%가 과거 활동을 같이했던 동료들과 지속적으로 교류하고 있다고 응답했다. 이러한 결과는 과거의 운동이 단절된 것이 아니라 인적·조직적 형태는 달리하더라도 여전히 지속되고 있음을 보여주고 있다.

(5) 1987년 6월항쟁에 대한 평가와 계승

조사대상자의 대부분은 적극적으로든 소극적으로든 6월항쟁에 참여하였다. 그렇지만 '6월항쟁의 과제가 충분히 해결되었다'는 응답은 거의 없었다. 대부분의 조사대상자들은 '6월항쟁의 과제 중 일부만 해결되었다'는 입장을 보여주었다. 이는 형식적 민주주의의 진전에도 불구하고 민주주의의 질적 심화가 아직 매우 미흡하다는 의식을 반영하는 것으로 보인다. 거의 과반수에 달하는 조사대상자는 6월항쟁 정신을 계승한 한국 사회의 최우선 과제가 '실질적 민주화의 구현'이라고 응답했다.

(6) 과거 민주화운동에 대한 국가의 역할

조사대상자들은 민주화운동 참여자를 위해 국가가 해야 될 일의 우선순위를 '진실규명〉명예회복〉책임자 처벌〉보상〉기념사업'의 순으로 보았다. 이번 조사로 본다면 보상은 그리 중요한 사안이 아닌 것이다. 이러한 상황을 반영하듯 조사대상자의 2/3가량이 명예회복이나 보상을 신청하지 않았다. 이들이 보상을 신청하지 않은 가장 큰 이유는 '보상을 바라지 않기 때문'이라는 것이었다.

보상을 바라지 않는 이유에 대해서는 심층면접에서 보다 명확히 드러나듯이 보상 자체를 거절하는 문제라기보다는, 보상 주체에 대한 회의감과 보상자 인정 기준과 보상 방식에 대한 문제점이다. 특히 보상 기준 문제에 대해서는 1980년대 민주화운동에 있어서 국가보안법 적용자에 대한 배제를 둘러싼 문제의식과 보상 방식에 있어서 개인별 보상에 대한 문제점 등에 대해 심각한 회의를 표명하고 있다.

(7) (사)민주화운동공제회에 대한 견해

민주화운동 참여자의 상호부조 조직이라고 할 수 있는 공제회의 필요성에 대해서는 압도적인 다수가 긍정적이었다. 또한 이러한 단체의 재원조달 방식은 자주적 조달원칙과 더불어 가능하면 정부보조를 받아야 한다는 것이 다수의 의견이었다. 공제회가 가장 우선적으로 제공할 부분은 자녀교육부분에 대한 지원이었는데, 이는 조사대상자들의 연령적 특성을 반영한 것이라고 볼 수 있다.

(8) 민주화운동기념사업회에 대한 의견과 평가

대다수의 조사대상자들은 민주화운동기념사업회에 대해 알고 있었다. 그렇지만 상대적으로 기념사업회의 사업에 대한 인지도는 다소 떨어지는 편이었다. 기념사업회의 역할에 대한 평가에서 가장 긍정적인 부분, 그리고 기념사업회가 가장 우선적으로 해야 될 일로 나타난 것은 민주화운동 관련 사료 수집과 역사정리/연구 부분이었다. 이것은 조사대상자들이 국가가 가장 먼저 해야 될 일을 진상규명으로 보았던 것과도 연관된다고 볼 수 있다.

기념사업회의 활동에서 앞으로 좀 더 보완하고, 대내외적 인지도를 높여야 할 부분은 대외협력 및 연대사업, 민주주의전당 건립의 부분이라고 할 수 있다. 이 두 부분은 모두 단기적 사안이 아닌, 장기적 전망과 계획을 필요로 하는 것이다. 특히 민주주의전당의 건립은 조사대상자들이 강하게 제기했던 민주화운동 역사화 작업, 민주화를 위한 교육의 필요성 등을 담아낼 요람으로 그 역할을 기대해 볼 수 있다.

전체적으로 보아 조사대상자들이 이야기하는 민주화운동기념사업회의 활동 방향과 전망은 민주화운동 정신의 계승과 역사정리 작업, 이를 위한 기념사업과 교육사업 등으로 집약된다고 할 수 있으며, 이는 현 기념사업회의 활동기조, 전망과도 합치하는 부분이다.

2) 심층면접과 집단면접

심층면접은 청소년기 사회인식의 형성, 대학생·청년기의 운동 경험과 이로 인한 고통,

80년 이후의 삶과 사회에 대한 인식 등의 내용을 중심으로 진행하였다.

심층면접자들의 연령은 크게 50년대 생(6명)과 60년대 생(8명)으로 나누어진다. 50년대 생들의 집안 환경은 대체로 일제의 강점, 전쟁과 분단의 영향을 받았고, 부모세대의 사회계급적 기반은 지주로부터 소작농, 지식인집안에서 농민 등으로 다양했다. 사회경제적인 측면에서 50년대 생들이 60~70년대 초반 모두 가난한 시기에 청소년 시기를 보냈다면, 60년대 생들의 성장기는 70~80년대 초반으로 산업화 효과가 본격적으로 나타나는 시기였다. 60년대 생들이 50년대 생들에 비해 계급적 차별의식이 더 발달했는지에 대해서는 보다 심층적인 연구가 필요하지만 심층면접의 결과는 60년대 출생자들이 50년대 출생자들에 비해 계급적 차별의식이 보다 더 두드러짐을 보여준다.

청소년기 지배이데올로기의 내면화과정을 살펴보면 가장 강력한 영향력을 발휘하고 있는 것은 역시 반공이데올로기였다. 1960, 70년대 '반공규율사회'에서 반공이데올로기는 심층면접자들에게 구체적인 힘을 가지고 내면화되고 있었고, 이는 다시 국가주의, 애국심과 결합한다. 청소년기 심층면접자들은 반공주의와 애국심을 등치시키고 있었다. 물론 심층면접자 중 일부가 반공이데올로기나 유신체제에 반감을 품었던 것을 이야기하고 있지만, 대부분은 이를 내면화하고 있었던 것으로 보인다.

이들의 의식의 전환에 결정적인 영향을 끼친 것은 5·18광주민주화운동이었다. 광주를 직접 경험했건 그렇지 않았건 광주는 도덕적 분노에 불을 댕겼던 촉발제였다. 전체 14명의 심층면접자 가운데 80년대에 대학을 다닌 것은 11명이었고, 이 가운데 학생운동을 거쳐 노동운동에 진출한 사람들은 모두 4명이었다. 대학 재학 중에는 야학활동에 참여한 경우가 많았고, 이를 통해 노동운동의 실마리를 찾으려는 시도도 있었다. 1980년대 청년들의 상당수는 사회를 바꿀 수 있는 가장 강력한 힘을 노동운동에서 찾고자 했던 것으로 보인다.

1980년대에 학생운동을 경유했건 그렇지 않았건 노동운동 외의 부문운동을 했던 사람들도 적지 않았다. 심층면접자들의 경우도 민주언론운동, 참교육운동, 농민운동, 종교운동 등 다양한 분야에서 활동하였고, 이러한 지속적인 준비와 활동이 6월항쟁의 근간이 되었다고 볼 수 있다.

1980년대 국가의 탄압이 강할수록 민주화운동은 더욱 급진화되었고, 그만큼 희생자는 늘었다. 심층면접자들의 경우도 여러 사건에 연루되어 무자비한 고문을 당하고 옥살이를 하거나, 각 분야의 활동으로 군에 강제징집당하거나, 해직되거나 하는 등 많은 고초를 겪었다. 이러한 경험은 육체적·정신적 고통을 수반할 수밖에 없는 것이었다. 그렇지만 육체적 고통보다 더 큰 상처로 남아 있는 것은 정신적인 고통이었다. 고문을 당하면서 친구들을 자백해야 했던 굴욕감, 자책감, 자괴감이 지워지지 않는 상처로 남은 경우도 있고, 체포·고문·구속 등에 대한 경험과 불안감이 일종의 외상후스트레스로 남아 아직도 악몽을 꾸기도 한다. 폭력에 대한 무의식적 공포는 아직도 많은 사람들의 상처로 남아있는 것이다.

1987년 6월항쟁 이후 많은 변화가 있었다. 군부독재타도라는 단일한 전선이 무너지면서 국내적으로는 형식적 민주화의 진전, 3저 호황, 외적으로는 1989년 이후 가속화된 사회주의 권의 몰락이 한국 사회의 정치·사회적 지형을 바꿔놓고 있었고, 이것은 운동에도 영향을 끼쳤다. 변화된 지형에서 '80년대식' 운동방식은 많은 한계를 노정하게 되었고, 많은 사람들이 운동에서 일상으로 돌아갔다. 심층면접자 가운데에도 현재까지 계속 사회운동에 참여하고 있다고 말할 수 있는 사람은 7·8명 정도이다. 이들은 시민운동, 농민운동, 통일운동, 빈민운동 등 다양한 분야에서 운동을 전개하고 있다. 그렇지만 거의 대부분의 심층면접자는 과거 민주화운동에 참여했던 지인들과 만남을 지속하고 있었다. 이러한 인적인 연결망은 과거 민주화운동의 자산이며, 민주화의 진전을 위한 토대가 될 수 있다.

심층면접자들은 현재 한국 사회의 민주화 정도에 대해 상당히 비판적인 입장을 보여주었다. 이들 가운데 다수가 현재 한국 사회의 가장 큰 문제를 교육문제와 사회양극화문제로 꼽았다. 그리고 민주화운동에 관련해서는 민주화 자체가 하나의 동적인 과정이라는 입장을 보였고, 현 상황에 적합한 운동의 문제제기, 전개방식이 필요하다는 입장을 밝혔다. 현재 이들은 세계변혁과 같은 급진적 변화방식은 유보한 대신 보다 구체적이고 현실적인 운동지향, 현재 삶의 질의 제고에 관심을 갖고 실천 가능한 대안적 생활운동 등을 모색하고 있다.

집단면접은 80년대 민주화운동과 6월항쟁의 성격, '386세대' 논쟁에 대한 입장, 명예와 보상문제, 민주화운동 기념사업에 대한 평가와 전망, 현재 민주화운동에 대한 평가와 향후 전망을 중심으로 이루어졌다.

먼저 80년대 민주화운동은 60·70년대의 민주화운동을 계승하면서도 일정한 단절 혹은 과거운동을 뛰어넘는 과감성을 보인다. 집단면접자들은 80년대 민주화운동의 특성을 운동의 과학화, 이론화, 궁극적으로 국가권력의 혁명적 대체까지도 염두에 둔 급진적 운동으로 이야기 한다.

6월항쟁에 대해서는 부분운동이 활성화되고, 다양한 운동이 본격적으로 전개되기 시작한 계기, 승리할 수 있는 희망을 준 아름다운 기억, 더 이상 후퇴할 수 없는 민주주의의 마지노선을 설정한 일대 사건 등 다양한 입장이 표명되었다. 참석자들의 대부분은 6월항쟁의 역사적 가치, 이것이 이후 운동에 미친 긍정적 영향을 부각시키고자 했는데, 이들에게 6월항쟁은 민주화운동에 대한 긍지와 자부심을 일깨우는 중요한 원동력이었다.

'386세대'론에 대해 집단면접자들은 비판적 입장을 취했다. 386세대, 혹은 운동세력의 위기는 운동세력 전반의 위기라기보다는 소수 정치화된 '386'의 부정적 이미지가 전체 민주화운동세력으로 확산되는 과정에서 나타난 현상이라는 입장을 보였다. 이들은 지금이 오히려 드러나지 않은 다수 80년대 민주화운동 참여자의 위상과 역할을 재고하고, 민주주의의 진전을 위해 노력할 때임을 제언한다.

민주화운동에 관련된 명예회복과 보상에 대해서는 현행 제도적인 측면의 문제가 크게 부각되었다. 명예회복과 보상대상을 '최소주의적'으로 정의함으로써 과거 민주화운동에 참여했고, 이로 인해 고통 받았던 많은 사람들이 배제되고 있다는 것이다. 물질적 보상에 대해서도 비판적 입장을 취했는데, 이들은 과거사에 대한 진상규명, 민주화운동의 명확한 의미와 위상을 세우는 것이 우선이라고 입을 모았다. 또한 민주화운동 보상의 궁극적 의미는 민주화를 위해 헌신한 사람들이 사회적 존경의 대상이 될 수 있는 가치를 창출하는 것이라고 논의한다. 이들은 물질주의적 보상이 민주화운동을 희화화할 수 있다는 위기감을 가지고 있으며, 이러한 상황은 많은 사람들이 국가의 명예회복, 보상 조치를 외면하는 결과를 낳고 있다.

민주화운동 기념사업에 대한 논의는 특히 민주화운동기념사업회의 활동과 전망에 대한 논의로 집중되었다. 집단면접 참석자들은 기념사업회와 민주화운동 참여자의 '거리좁히기', 다른 기능보다 교육기능을 강화할 것을 제안했다. 전체적인 논의에서 가장 강조된 것은 기념사업회가 시민과 더불어 호흡할 수 있는 조직으로 성장해 가야 한다는 것이었다.

심층면접자들이 현재 한국 사회의 민주화에 대해 비판적인 입장을 보인 것과 같이 집단면접자들은 한국 사회의 민주주의 이행과정과 민주화운동에 대해 위기의식을 가지고 있었다. 여기에는 객관적 조건으로 신자유주의의 급속한 팽창, 주체적 조건으로 30·40대의 보수화와 새로운 운동 주체 확장의 어려움이 동시에 작용하고 있다고 보았다. 집단면접자들은 민주화운동의 진전과 민주주의의 실현을 위해서는 통일, 비정규직, 한미FTA 문제와 같은 산적한 많은 문제들을 해결해야 하며, 이를 위해서는 새로운 가치의 합의, 한국 사회에 대한 보다 치밀한 분석과 이론적 논의, 이에 적합한 민주화운동세력의 역할이 필요함을 밝히고 있다.

마지막으로 이 조사연구는 설문조사를 통한 양적 연구와 심층면접을 통한 질적 연구를 동시에 진행함으로써 둘 중 하나의 방법에 의지하여 연구를 진행한 것보다 풍부한 성과를 얻을 수 있었다. 심층면접은 설문조사에서 드러나지 못한 개인의 심층적인 내면세계와 민주화운동이 개인에게 미친 영향을 보다 섬세하게 드러내 주었다. 반면 설문조사는 민주화운동 참여자들의 사회인구학적 특성과 의식의 일반적 특성을 계량화된 수치를 통해 보여주었다.

2. 향후 조사연구의 방향에 대한 제언

'운동 없이 민주화 없다'(최장집, 2002)라는 말은 한국 사회의 민주화의 역사를 적절히 포착하고 있다. 따라서 민주화의 역사를 수집·기록·기념·교육하는 일은 권위주의적 독재정권에 끊임없이 저항해온 운동의 역사를 복원하는 일이며, 과거 권위주의의 유산을 청산하고 더욱 확장·심화된 민주주의의 미래를 설계하는 일이다. 여기에서 선행되어야 할 것이 민주화운동 관련 자료를 모으고, 이를 역사화하는 작업일 것이다. 이러한 작업은 공식인 기록(당시 재판기록, 문서 자료, 국가기록 등)과 민주화운동에 참여했던 사람들의 사적인 기록(개인적 경험, 기억, 의식 등) 이 양자를 모두 포괄하는 작업이 되어야 할 것이다.

그러나 이러한 작업에는 많은 어려움이 따른다. 특히 민주화운동 참여자들의 사적인 기록을 수집하고, 역사화하는 작업은 그리 쉬운 일이 아니다. 이는 다음과 같은 세 가지 요인이 상호작용하기 때문이라고 할 수 있다.

먼저 지적할 수 있는 것은 다양한 경험과 기억의 '동시대성'이다. 매우 지난(至難)한 과정을 거쳤고, 많은 한계가 있다고 하더라도 한국 사회의 민주화과정은 급속한 산업화만큼이나 매우 빠르게 진행되었다. 과거 운동에 대한 다양한 해석과 판단이 존재하고, 현재의 정치·사회적인 역관계 등의 다양한 요인이 민주화운동 참여자들의 사적인 기록을 역사화하는데 장애요인으로 작용한다.

둘째, 다수 익명의 민주화운동 참여자들의 문제이다. 민주화보상법과 같이 민주화운동 관련자를 '최소주의적'으로 정의할 경우 민주화운동 관련자가 너무 협소하게 정의되며, 다수 익명의 민주화운동 참여자들이 조사 작업과 역사화 작업에서 누락될 수 있다. 그렇지만 70년대 민주화운동 관련자 실태조사팀이 지적한 바와 같이 "'민주화운동 관련자'가 구체적으로 어떤 사람인가에 대한 사회적 합의가 불분명"(김정석 외, 2004)한 현 상황은 개인적인 민주화운동을 자료화하는데 큰 한계로 작용한다.

셋째, 개인의 민주화운동 경험을 자료화하는데 또 다른 한계로 작용하는 것은 민주화운동 참여자들이 가지고 있는 일종의 트라우마(Trauma) 문제라고 할 수 있다. 과거 권위주의시기의 운동은 철저한 보안을 요구하는 측면이 강했고, 현재까지도 이러한 측면은 일종의 피해의식으로 '침묵'해야 할 부분으로 남아 있다.

이 조사 연구도 이러한 어려움을 그대로 안고 출발했다. 첫 번째 문제는 거시적인 정치·사회적인 문제이기 때문에 일종의 구조적인 한계로 작용한다. 이를 넘어서기 위해서는 한국 사회의 민주화의 진척과 과거 민주화운동의 기여에 대한 사회적 가치합의가 필요하다. 두 번째 문제의 경우 보상과 같은 제도적인 차원에서 접근하는 민주화운동 참여자에 대한 접근과 기록 · 자료, 역사화를 위한 민주화운동 참여자에 대한 접근은 구분될 필요가 있을 것으로 여겨진다. 적어도 역사화를 위한 과정에서 민주화운동 참여자의 범위는 가능한 한 '최대주의적 접근' 방식을 취해야 할 것이다.

직접적인 조사에서 가장 크게 부딪치는 문제는 두 번째와 세 번째 문제라고 볼 수 있는데, 이를 극복하기 위해서는 전문 연구자들만으로 조사자를 구성하는 것보다 전문연구자와 운동단체가 결합하여 조사연구를 수행하는 것이 매우 효율적이다. 이 조사의 사례에서 볼 수 있듯이 '민주화운동공제회'와 같은 조직은 조사대상자들에게 신뢰를 갖게 하며, 이 조직의 성원들이 가지고 있는 인적 연결망은 익명의 수많은 민주화운동 참여자들을 표면화하는데 핵심적인 역할을 수행할 수 있다.

큰 틀에서 볼 때 민주화운동 참여자들에 대한 실태조사는 시기별로 보다 확장되어야 하고, 가능한 한 보다 많은 민주화운동 참여자를 포괄해야 하며, 사건사별로 심화될 필요가 있다. 개별적인 연구와 기록을 제외하고, 지역단위 혹은 전국단위로 진행된 민주화운동 참여자 실태조사는 현재까지 2004년 '1970년대 민주화운동 관련자 실태조사'와 이번 '1980년대 민주화운동 관련자 실태조사', 이 두 조사연구가 거의 전부라고 할 수 있다. 그나마 2004년의 연구는 서울/경기권만을 조사한 것이었다. 따라서 이 조사연구가 전국적인 조사로는 최초라고 할 수 있다. 그러나 이 또한 시기(1980년대)와 조사대상(700사례)의 제약을 가지고 있다. 앞으로의 조사는 적어도 민주화운동관련자명예회복및보상심의위원회가 제안하고 있는 1961년 5월 16일 군사쿠데타 시기에서 1990년대까지로 확대되어야 한다. 조사대상 또한 현실적 제약 속에서 '최대주의적 원칙'을 세우고 확대해 나가야 한다. 사건사의 경우 1960년 4 · 19 혁명, 1964년 6 · 3한일회담반대투쟁, 1980년 5 · 18광주민주화운동, 1987년 6월항쟁, 7 · 8 · 9월 노동자대투쟁 등과 같은 전환기적 사건들에 대한 보다 체계적인 양적 · 질적 조사가 진행되어야 한다.

민주화운동과 관련한 질적 연구는 아직 매우 미진한 상태이다. 심층면접의 경우 민주화운동에 대한 이해가 깊은 전문적인 면접자가 필요하며, 장기적인 계획 하에 지속적인 자료수집, 분석 작업이 요구된다. 심층면접은 부문운동별, 개별사건별로 심도 있는 접근이 가능하고, 사건에 대한 이해의 심화뿐만 아니라 특정 사건이 개인의 생애사에 미친 영향을 살펴보는 데에도 매우 유용할 것이다.

특히 심층면접의 경우 민주화운동관련자명예회복및보상심의위원회에 보상을 신청했던 민주화운동 관련자들의 개인 자료를 활용한다면,[36] 이들이 연루되었던 사건이나, 운동과

---

36) 이들에 대한 기본적인 인적 사항은 민주화운동관련자명예회복및보상심의위원회(2005b: 2005c) 참조. 특히 본 위원회의 조사과정에서 취득한 개인 자료는 개인에 대한 심층적 연구에 큰 도움이 될 수

관련된 개인 생애의 질곡을 이해하는데 큰 도움이 될 수 있을 것이며, 심층면접을 진행하는 데에도 매우 유용할 것이다.

또한 이번 설문조사 과정에서 '민주화운동과 관련하여 본인이 소장하고 있는 자료가 있느냐'는 질문에 대해 700명 중 112명(16.0%)이 '그렇다'고 응답했고, 이중 74명이 자료를 기증할 의사가 있다는 입장을 밝혔다. 자료 소장자의 상당수가 기증 의사를 밝혔지만 실제로 많은 사람들이 기증하려면 기념사업회 측의 적극적인 역할이 필요하다. 왜냐하면 독재정권 시절 보안이라는 이유로 자료를 은폐해야 했던 경험이 아직도 나타나고 있기 때문이다. 물론 이러한 문제는 민주화운동에 관련해서만 나타나는 것은 아니다. 정부기관의 문제는 더욱 심각하다고 볼 수 있다. 해방 이래로 독재정권 하에서 기득권층에 불리한 자료들은 은폐되거나 왜곡되었다. 또한 기록에 대한 정부기관의 무관심이나 관리 소홀로 인해 많은 역사적 기록들이 망실되기도 했다. 이러한 인식을 불식시키기 위해서는 민주화운동기념사업회를 위시한 정부기관의 각별한 노력이 필요하다고 할 수 있다.

계속 문제시 되고 있는 '보상'과 '유공'이라는 문제에 대한 제언을 하고자 한다. 개인적 수준에서 '보상'이나 '유공'은 자칫하면 운동의 정신을 훼손하고 가치를 폄하하는 것으로 인식될 수 있다. 국가는 이러한 인식을 불식시켜야 한다. 국민이 공공의 목적을 위해 개인의 이익을 희생하고, 그러한 과정에서 물리적 · 정신적 고통을 당했다면 국가는 응당 그에 대한 보상을 해야 한다. 이는 과거 권위주의정권 시기에 훼손된 국가에 대한 신뢰를 회복하는 과정이다. 이번 조사에서 80민주화운동 참여자들이 보여준 민주화 보상에 대한 부정적인 태도에 대해 정부당국은 조심스런 해석과 적극적 대응조치를 마련할 필요가 있다고 본다. 그들은 정당한 보상을 거부하는 것이 아니라 개인의 사리사욕, 공치사로 비춰질 수 있는 지금과 같은 보상방식을 거부하는 것이다. 운동의 희생성과 가치를 높이 인정하되, 물리적 피해의 정도, 구속의 여부, 구속 기간 등의 기준에 대해 재평가해야 하고, 집단적 보상과 공공성에 기초한 유공 방안에 대한 모색이 필요하다.

이번 조사에서 발견된 사실 중 하나는 1980년대의 운동 스펙트럼이 상당히 다양했다는 것이다. 1945년 해방 당시 한국 사회가 보여주었던 역동성을 방불케 했고, 서구의 다양한 운동노선이나 주의 · 주장들이 아래로부터 나타났음을 발견할 수 있었다. 자유주의운동에서 부터 급진적 민주주의론, 다양한 사회주의론, 맑스 · 레닌주의, 주체사상, 마오주의, 스탈린주의, 트로츠키주의 등 수많은 논의들이 등장하면서 한국 사회의 성격과 나갈 바를 주창했던, 사상의 꽃을 피웠던 '혁명의 시대'라고 할 수 있는 것이다. 30년 가까운 독재의 시대에 이러한

있을 것이다.

다양한 사상들이 싹튼 것은 긍정·부정을 떠나서 놀라운 일이라고 할 수 있다. 물론 운동의 진전 과정과 1980년대 말, 90년대 초 현실 사회주의 국가들의 몰락, 민주화의 진전 속에서 많은 분파들이 명멸되었다. 그렇지만 한국 사회의 민주주의의 재도약을 위해서는 보다 개방된 논의 구조 속에서 다양한 주의·주장, 사상의 싹들이 발아하고, 경쟁하며, 사회적 인식지평을 확장시킬 필요가 있다. 이를 위해서는 과거 민주화운동의 틀과 방법을 넘어서는 보다 다각적이고 포용력 있는 접근과 심화된 연구의 진척이 필요하다.

이번 조사 참여자들이 이구동성으로 외치는 것은 '민주화운동'은 아직 끝나지 않았다는 것이다. 그들은 80년대에 제기되었던 많은 민주화운동의 과제 가운데 실현된 것은 극소수라고 말한다. 신자유주의의 확산은 이들의 이러한 위기의식을 더욱 강화시키고 있다. 이러한 측면에서 볼 때 한국의 민주주의가 가야 할 길은 아직도 멀다. 형식적·실질적 민주화의 진전을 위한 국가·시민사회의 더 많은 헌신과 노력이 지속될 때에야 비로소 1980년대 민주화운동은 21세기 신자유주의의 거친 파고를 헤쳐 나가는 버팀목이 될 수 있다.

〈참고문헌〉

강남훈, 1997,「지식인운동의 전개」, 학술단체협의회, 『6월민주항쟁과 한국사회10년 Ⅱ』, 당대.

강문구, 2003, 『한국 민주화의 비판적 탐색』, 당대.

강신철 외, 1988, 『80년대 학생운동사: 사상이론과 조직노선을 중심으로(80~87)』, 형성사.

광주광역시 5 · 18사료 편찬위원회, 1997~2006, 『5 · 18광주민주화운동자료총서 1-44』.

구해근, 2002, 신광영 옮김, 『한국 노동계급의 형성』, 창작과 비평사.

권인숙, 2005, 『대한민국은 군대다』, 청년사.

김금수, 2004, 『한국노동운동사 6: 민주화이행기의 노동운동(1987~1997)』, 지식마당.

김동춘, 1995, 『한국사회 노동자: 1987년 이후를 중심으로』, 역사비평사.

_____, 1997,「1980년대의 민주변혁운동의 성장과 그 성격」, 학술단체협의회, 『6월민주항쟁
　　　과 한국사회10년 Ⅰ』, 당대.

김명환 · 조희연, 1990,「진보적 학술운동의 전개와 90년대의 전망」, 조희연 엮음, 『한국사회
　　　운동사: 한국 변혁운동의 역사와 80년대의 전개과정』, 한울.

김세균, 1999,「1980년대: 위대한 각성과 새로운 주체 형성의 시대」, 이해영 편, 『1980년대
　　　혁명의 시대』, 새로운세상.

김영수, 1999,「계급주체 형성 과정으로서의 1980년대 노동운동」, 이해영 편, 『1980년대 혁명
　　　의 시대』, 새로운세상.

김 원, 1999, 『잊혀진 것들에 대한 기억』, 이후.

김재균, 2000, 『5 · 18과 한국정치: 광주보상법과 5 · 18 특별법 결정과정 연구』, 한울.

김정석 외, 2004, 『민주화운동 관련자 실태조사: 1970년대 민주화운동 관련자 중 서울/경기
　　　지역 거주자를 중심으로』, 민주화운동기념사업회.

김호기 · 김정훈, 1997,「시민사회와 계급정치」, 학술단체협의회, 『6월민주항쟁과 한국사회10
　　　년 Ⅱ』, 당대.

리영희, 1980, 『우상과 이성』, 한길사.

노중기, 1997,「6월민주항쟁과 노동자대투쟁」, 학술단체협의회, 『6월민주항쟁과 한국사회10
　　　년 Ⅰ』, 당대.

민주화실천가족운동협의회, 2003, 「국가보안법 적용상에 나타난 인권실태」, 국가인권위원회.

민주화운동관련자명예회복및보상심의위원회, 2005a, 『민주화운동백서』.

_____, 2005b, 『민주화운동백서 (인명편Ⅰ)』.

_____, 2005c, 『민주화운동백서 (인명편Ⅱ)』.

민주화운동기념사업회, 2003a, 『한국 학생운동관련 문헌해제』.

_____, 2003b, 『한국 노동운동관련 문헌해제』.

_____, 2003c, 『한국 정치운동관련 문헌해제』.

_____, 2003d, 『한국 기독교 사회참여운동관련 문헌해제』.

_____, 2006a, 『세계의 역사기념시설』.

_____, 2006b, 『민주화운동기념사업회의 중장기발전계획』.

민주화운동기념사업회 연구소 편, 2006, 『한국민주화운동사 연표』, 민주화운동기념사업회.

박영정, 1990, 「80년대 민중문예운동의 전개과정」, 조희연 엮음, 『한국사회운동사: 한국 변혁운동의 역사와 80년대의 전개과정』, 한울.

박원순, 2003, 『역사가 이들을 무죄로 하리라』, 두레.

_____, 2004, 『국가보안법연구 1』, 역사비평사.

박종민, 1995, 「정치항의의 사회심리적 조건」, 한국정치학회, 『한국정치학회보』, 제29집 1호.

박현채 편, 1989, 『한국사회구성체 논쟁 1』, 죽산.

_____ 편, 1990, 『한국사회구성체 논쟁 2』, 죽산.

_____ 외, 1991, 『한국사회구성체 논쟁 3』, 죽산.

_____ 외, 1992, 『한국사회구성체 논쟁 4』, 죽산.

박호성, 2005, 「1980년대 한국 민주주의의 전개: 제도, 의식, 생활의 측면에서」, 한국학중앙연구원 편, 『1980년대 한국사회연구』, 백산서당.

서중석, 1988, 『80년대 민중의 삶과 투쟁』, 역사비평사.

서중석, 1997, 「1960년 이후 학생운동의 특징과 역사적 공과」, 역사문제연구소, 『역사비평』, 겨울호.

성용구, 1991, 「한국대학에서의 1980년대 학생운동과 의식화 학습과정 연구」, 충남대학교 대학원 박사학위논문.

신현준, 1999, 「1980년대 문화적 정세와 민중문화운동」, 이해영 편, 『1980년대 혁명의 시대』, 새로운세상.

심성보, 1997, 「교육현장의 변화와 교육민주화운동」, 『6월민주항쟁과 한국사회10년 Ⅱ』, 당대.

양연수, 1990, 「도시빈민운동의 태동과 그 발전과정」, 조희연 엮음, 『한국사회운동사: 한국 변혁운동의 역사와 80년대의 전개과정』, 한울.

유경순, 2007, 「알려지지 않은 1970~1980년대 노동운동, 그리고 전노협을 돌아보다」, 『내일을 여는 역사』, 봄호.

유시춘 외, 2005, 『70·80년대 실록 민주화운동 Ⅱ: 우리 강물이 되어』, 경향신문사.

윤상철, 1997, 「6월민주항쟁의 전개과정」, 학술단체협의회, 『6월민주항쟁과 한국사회10년Ⅰ』, 당대.

윤수종, 1997, 「농촌사회의 변화와 농민의 대응」, 학술단체협의회, 『6월민주항쟁과 한국사회 10년 Ⅱ』, 당대.

이광일, 2000, 「한국의 민주주의와 노동정치: 급진노동운동의 이론과 실천을 중심으로」, 성균관대학교 대학원 박사학위논문.

이길상, 2005, 「1980년대 교사운동의 전개과정」, 한국학중앙연구원 편, 『1980년대 한국사회연구』, 백산서당.

이병천·조현연 편, 2001, 『20세기 한국의 야만』, 일빛.

이영재, 2005, 「민주화보상법 운용의 현황과 과제」, 공법학회, 『공법연구』, 제34집 1호.

이완범, 2005, 「박정희정부의 교체와 미국, 1979~1980」, 한국학중앙연구원 편, 『1980년대 한국사회연구』, 백산서당.

이원보, 2004, 『한국노동운동사 5: 경제개발기의 노동운동(1961~1987)』, 지식마당.

이산하, 1988, 『불신검문시대』, 여명.

이승희, 1990, 「인간해방·여성해방을 향한 80년대 여성운동」, 조희연 엮음, 『한국사회운동사: 한국 변혁운동의 역사와 80년대의 전개과정』, 한울.

이정찬, 1990, 「자주·대중노선의 정착과 농민운동의 전국단일조직 건설」, 조희연 엮음, 『한국사회운동사: 한국 변혁운동의 역사와 80년대의 전개과정』, 한울.

이철용, 1981, 『꼬방 동네 사람들』, 현암사.

이해영, 1999, 「'사상사'로서의 1980년대: 우리에게 1980년대는 무엇인가?」, 이해영 편, 『1980년대 혁명의 시대』, 새로운세상.

이희영, 1999, 「한국 80년대 세대의 초상: 독일 68세대와의 비교」, 이해영 편, 『1980년대 혁명의 시대』, 새로운세상.

_____, 2005, 「체험된 폭력과 세대 간의 소통: 1980년대 학생운동 경험에 대한 생애사적 재구성 연구」, 한국산업사회학회, 『경제와 사회』, 겨울호.

임영일, 2001, 『한국의 노동운동과 계급정치(1987~1995): 변화를 위한 투쟁, 협상을 위한 투쟁』, 경남대학교 출판부.

임희섭, 1999, 『집합행동과 사회운동의 이론』, 고려대학교 출판부.

전남 사회운동협의회 편(황석영 기록), 1985, 『죽음을 넘어 시대의 어둠을 넘어』, 풀빛.

전재호, 2002, 「한국 민주주의와 학생운동: 민주적 실천과 역사적 희생」, 조희연 편, 『국가폭력, 민주주의 투쟁, 그리고 희생』, 함께읽는책.

_____, 2004, 「1991년 5월 투쟁과 한국 민주주의: 실패의 구조적 원인과 그 의미」, 한국정치학회, 『한국정치학회보』, 제38집 5호.

정관용, 1990, 「80년대 한국사회 정치지형 변화의 배경과 성격」, 조희연 엮음, 『한국사회운동사: 한국 변혁운동의 역사와 80년대의 전개과정』, 한울.

정대화, 1995, 「한국의 정치변동 1987~1992: 국가 · 정치사회 · 시민사회의 관계를 중심으로」, 서울대학교 대학원 박사학위논문.

정진상 외, 2006, 『한국 노동계급의 형성: 1987~2003』, 한울.

정해구, 1997, 「한국정치의 민주화와 개혁의 실패」, 학술단체협의회, 『6월민주항쟁과 한국사회10년 II』, 당대.

_____, 2002, 「한국민주주의와 재야운동」, 조희연 편, 『국가폭력, 민주주의 투쟁, 그리고 희생』, 함께읽는책.

정해구 · 김혜진 · 정상호, 2004, 『6월항쟁과 한국의 민주주의』, 민주화운동기념사업회.

조대엽, 1999, 『한국의 시민운동: 저항과 참여의 동학』, 나남.

조세희, 1979, 『난쟁이가 쏘아올린 작은 공』, 문학과지성.

조현연, 1997, 「한국 정치변동의 동학과 민중운동」, 한국외국어대학교 대학원 박사학위논문.

조희연, 1990, 「80년대 한국 사회운동의 전개와 90년대 발전전망」, 조희연 엮음, 『한국사회운동사: 한국 변혁운동의 역사와 80년대의 전개과정』, 한울.

_____, 1998, 『한국의 국가 · 민주주의 · 정치변동: 보수 · 자유 · 진보의 개방적 경쟁을 위해』, 당대.

_____, 2002, 「민주주의이행과 과거청산」, 조희연 편, 『국가폭력, 민주주의 투쟁, 그리고 희생』, 함께읽는책.

_____, 2004, 『비정상성에 대한 저항에서 정상성에 대한 저항으로』, 아르케.

조희연 · 조현연, 2002, 「국가폭력 · 민주주의투쟁 · 희생에 대한 총론적 이해」, 조희연 편, 『국가폭력, 민주주의 투쟁, 그리고 희생』, 함께읽는책.

채구묵, 2007, 「1980년대 민주노동운동에서 학생 출신 지식인의 역할」, 역사문제연구소, 『역사비평』, 봄호.

채만수 · 김장한, 1990, 「통일전선운동의 전개(민통련 · 국본 · 전민련)」, 조희연 엮음, 『한국

　　　　사회운동사: 한국 변혁운동의 역사와 80년대의 전개과정』, 한울.

최연구, 1990, 「80년대 학생운동의 이념적·조직적 발전과정」, 조희연 엮음, 『한국사회운동
　　　　사: 한국 변혁운동의 역사와 80년대의 전개과정』, 한울.

최장집, 1989, 『한국 현대정치의 구조와 변화』, 까치.

_____, 1996, 『한국민주주의의 조건과 전망』, 나남.

_____, 2002, 『민주화 이후의 민주주의: 한국 민주주의의 보수적 기원과 위기』, 후마니타스.

최정운, 1999, 『오월의 사회과학』, 풀빛.

최형익, 1999, 「1980년대 정치, 그 구조의 전환과 전환의 구조」, 이해영 편, 『1980년대 혁명의
　　　　시대』, 새로운세상.

학술단체협의회, 1989, 『1980년대 한국사회와 지배구조』, 풀빛.

한국기독교협의회 인권위원회, 1987, 『1980년대 민주화운동 Ⅷ』, 한국기독교협의회.

한국사회학회 편, 1990, 『한국사회의 비판적 인식: 80년대 한국사회분석』, 나남.

_____, 1998, 『세계화시대의 인권과 사회운동: 5·18 광주민주화운동의 재조명』,
　　　　나남.

한상진 엮음, 2003, 『386세대, 그 빛과 그늘』, 문학사상사.

한완상, 1978, 『민중과 지식인』, 정우사.

황석영, 1980, 『어둠의 자식들』, 현암사.

5·18광주의거청년동지회 편, 1987, 『광주 민주항쟁 증언록, 1: 무등산깃발』, 광주.

5·18기념재단, 2006a, 『5·18 민중항쟁 연구의 현황 1~3』, 5·18기념재단.

_____, 2006b, 『(구술생애사를 통해 본) 5·18의 기억과 역사』, 1~2, 5·18기념재단.

_____, 2006c, 『5·18 민중항쟁과 문학·예술』, 5·18 기념재단.

_____, 2006d, 『5·18 민중항쟁과 법학』, 5·18 기념재단.

80년대 전반기 학생운동 기념문집 출간위원회, 2006, 『5월광주를 넘어 6월항쟁까지』, 자인.

Cumings, Bruce, 2002, 김동노 외 옮김, 『브루스 커밍스의 한국현대사』, 창작과 비평사.

〈신문 잡지류〉

『한겨레 21』, 2005/06/24.

≪서울신문≫, 1999/05/03.

≪한겨레≫, 2006/07/13.

≪한국일보≫, 2006/12/04.

〈인터넷 자료〉

『데이타뉴스』, 2006/08/18.(www.datanews.co.kr).

『인터넷법률신문』, 2007/04/18.(www.lawtimes.co.kr).

전국농민회총연맹 : http://www.ijunnong.net/new/intro.php.

전국빈민연합 : http://www.binmin.org/.

한국기독교학생총연맹 : http://www.kscf.or.kr/소개.

홍성태, 2007년 6월 10일, "6월항쟁 20주년과 '민주화의 민주화", 「인터넷참여연대 안국동窓」
        (http://www.peoplepower21.org/article/article_view.php?article_id=19928).http://www.l
        awnb.com.

http://www.lawnb.com/lawinfo/law/info_law_searchview.asp?ljo=l&dawid=00015300(2007/06/23
        검색).

부　록

〈부록 1〉 1980년대 민주화운동사 주요사건 연도별 일지

1979년

1월 9일	동아투위소식 송년호(78.12.27)가 문제가 되어 2차 구속
2월 9일	병역문제대책위원회사건
3월 9일	크리스챤아카데미사건
4월 6일	긴급조치 위반학생 구류선고
4월 13일	공주교도소 수감 중인 긴급조치 9호 위반학생 7명이 유신철폐를 외쳐 추가로 기소
4월 13일	YH무역회사 근로자 5백여 명 회사폐업에 항의 농성
4월 15일	민주구국학생연맹사건
5월 5일	안동농민회사건(오원춘사건)
6월 11일	카터방한 반대시위
8월 9일	YH무역 여성 노동자 170여명 신민당사 농성시작
10월 9일	남조선민족해방전선(남민전사건)
11월 16일	부산 · 마산 항쟁
11월 22일	서울대생 '학원민주화를 위한 성명서' 발표
11월 24일	YWCA 위장결혼식 사건
11월 26일	고려대 '79년 학원민주화선언' 발표
11월 26일	KSCF 통합 10주년 기념예배 저지 사건
11월 28일	광주 YWCA 연합기도회 및 민주화 촉구성명

1980년

1월 22~23일	제적 대학생 복학 결정
3월 1일	해태제과 노동자, 8시간 노동제 실시 쟁취
3월 4일	남화전자노조 결성
3월 15일	민주헌정동지회 사무실 개소

3월 15일	신민당 민주화 촉진 궐기대회 개최
3월 28일	서울대 학생회 6년 만에 부활
4월 10일	성균관대생 입영집체훈련 거부
4월 11일	서울지역 9개 대학 대표, 학원사태에 대한 공동성명 발표
4월 11일	롯데·동양·크라운제과·서울식품 등이 서울시 노동위원회의 직권조정에 의해 8시간노동제를 실시
4월 12일	동일방직 해고노동자 복직투쟁위원회, 복직요구 거리 선전전 및 가두시위
4월 14일	서울형사지법, 남조선민족해방전선(남민전)사건 관련 이재문 등 8명 사형 구형
4월 17일	전국금융노조 농성
4월 18일	인천 반도상사 노동자 700여명, 8일간 농성투쟁 후 임금인상 쟁취
4월 21일	사북사태 발생
4월 22일	통혁당재건사건 상고심 선고
5월 4일	민주주의와민족통일을위한국민연합, 학원민주화 및 비상계엄해제를 주장하는 성명 발표
5월 5일	전국민주노동자연맹(전민노련) 결성
5월 6일	학원민주화 등을 요구하며 대학연합 가두시위
5월 13일	서울지역 대학생, 계엄철폐 시위
5월 14일	서울시대 21개 대학 대학생과 지방 11개 대학 대학생 15만여 명, 자정까지 가두시위 전개
5월 15일	전국 60여개 대학 수십만 명의 대학생, 계엄철폐 요구 가두시위 전개, 서울역 회군
5월 16일	기자협회, 보도검열지침 반대 선언
5월 17일	비상계엄 전국 확대 실시
5월 18일	광주민주화운동 발발
7월 4일	계엄사, '김대중 일당의 내란음모사건' 발표
7월 30일	신문협회, '자율정화결의' 발표, 언론인 933명 강제해직
8월 31일	각 대학, 시위관련 학생들 제적
9월 17일	김대중 사형 선고
10월 27일	10·27법난(경신대법난)
11월 14일	신문·방송·통신사 통폐합 결의('언론통폐합')

| 12월 11일 | 서울대 '반파쇼학우투쟁선언' 살포, 교내 시위 전개. 관련자 다수가 경찰에 연행 또는 강제 징집('무림사건') |

1981년

1월 22일	청계피복노조 사무실 강제 폐쇄
2월	전국민주학생연맹(전민학련) 결성
3월 19일	문용식 · 박태건 등 서울대생 300여명 기습 교내시위, 유인물 '반파쇼반민주투쟁선언' 2백여 장 배포
5월 14일	민족통일중앙협의회 발족
6월 10일	도서출판 광민사 대표 이태복(전민노련 중앙위원장), 치안본부 대공분실로 불법연행. '학림사건' 발생

1982년

3월 18일	부산 미문화원 방화사건
5월	한국공해문제연구소(공문연) 창립
5월 26일	성공회 서울교구 사제단, '5 · 18 추모예배 구속신도를 위한 특별미사' 집행
7월 15~16일	사측, 콘트롤데이타노조 간부들에 대한 무차별 집단폭행
9월 30일	회사 고용 폭력배와 경찰, 원풍모방노조 농성장 1차 강제진압
11월 3일	대학가, 학생회날 기념식. '군부독재 타도', '광주항쟁 진상규명 및 책임자 처벌'을 주장하는 서울지역 대학연합 시위 전개

1983년

3월 8일	제적생복교대책위, 구속자석방 등 6개항 요구
3월 18일	한국기독교농민회총연합회 창립총회
5월 3~4일	이윤성(성균관대생) 군 의문사
5월 18일~6월 9일	김영삼 전 신민당 총재 단식농성
5월 31일	함석헌 등 5명 '긴급민주선언'을 발표 후 단식농성
6월 8일	봉천5동 470번지 강제철거
6월 18일	여성평우회 창립총회 개최
8월 27일	야학연합회 사건
9월 30일	민주화운동청년연합(민청련) 창립

11월 11일	서울시내 대학생, 레이건 방한반대 가두시위
11월 30일	강제징집 연세대생 유동현 사망
12월 20일	해직교수협의회 발족
12월 21일	제적생 1,363명, 복교허용조치 발표

1984년

1월 6일	한국노동자복지협의회(한국노협) 결성
3월 16일	대학가, '학원자율화(또는 학원민주화)추진위' 구성
3월 24일	80년 해직언론인협의회 결성
3월 24일	민청련 기관지, 『민주화의 길』 창간
4월 14일	민중문화운동협의회(민문협) 발족
4월 14일	해직언론인협의회 발족
4월 14일	민중문화운동협의회(민문협) 창립
5월 18일	민주화추진협의회(민추협) 발족
10월 7일	민주화추진위원회(민추위, 일명 '깃발'그룹, 위원장 문용식) 결성
10월 16일	민주·통일 국민회의 결성
11월 2일	대우어패럴 노조원 50여명 민한당사에서 농성
12월 19일	민주언론운동협의회 창립총회 개최

1985년

2월 26일	민중민주운동협의회(민민협) 중앙위원회, 민주통일국민회의(국민회의)와의 통합 결의
3월 20일	목동철거 반대 시위
3월 29일	민주통일민중운동연합(민통련) 출범
4월 16일	대우자동차 부평공장 노조원 2,000여명, 파업투쟁 전개
4월 17일	전국학생총연합(전학련) 결성식 개최
5월 4일	서울 광화문 한글회관에서 민중불교운동연합(민불련) 창립
5월 23일	서울미문화원 점거 농성
5월 29일	광주학살정권퇴진을 위한 국민대회
5월 31일	공해문제성직자협의회 결성
6월	민언협, 기관지 『말』 창간

6월 24~29일	구로동맹파업
8월 12일	문교부, 학원안정법 시안 발표
8월 12일	민통련 등 39개 민주단체, '학원안정법반대투쟁위원회' 결성
9월 24일	전학련 복구대회 및 삼민투 결성식
10월 5일	전국노동자 삼민헌법쟁취투쟁위원회(전노삼민헌쟁) 구성
	전국노동자 민중민주민족통일헌법쟁취위원회 결성
10월 11일	IMF·IBRD 서울총회 반대
10월 29일	검찰, 민주화추진위원회(민추위) 사건(일명 '깃발사건') 발표
11월 7일	기청협(EYC), '반군부독재민중민주헌법쟁취특별위원회' 발족
11월 12일	노동부 수원지방사무소 기습 점거
11월 14일	서울지역 사립대사범대생 1,700여명, '순위고사차별조항폐지' 및 '교원대학 철폐' 요구 수업거부 및 교내 철야농성
11월 20일	민주헌법쟁취위원회(민헌쟁위) 구성
12월 28일	민주화실천가족운동협의회(민가협) 결성

1986년

2월 7일	인천지역노동자연맹(인노련) 결성
2월 12일	신민당·민추협, '대통령직선제 개헌 1천만 명 서명운동' 시작
3월	반제반파쇼민족민주투쟁위원회(민민투) 결성
3월 17일	구로 소재 신흥정밀 노동자 박영진 분신
3월 28일	전국 12개 신학대생들, '전국신학대학생연합회' 결성
3월 28일	고려대 교수 28명, 시국선언문 '현 시국에 대한 우리의 견해' 발표
3월 29일	구국학생연맹(구학련)
4월 10일	반미자주화반파쇼민주화투쟁위원회(자민투) 결성
4월 28일	서울대생 이재호·김세진 분신
4월 29일	전국반제반파쇼민족민주투쟁학생연합(민민학련) 창립결성대회 개최
5월 3일	5·3 인천투쟁. 5만여 명의 노동자, 학생, 시민들 참석
5월 10일	YMCA 중등교육자협의회 소속 교사 546명, '교육민주화선언' 발표
5월 15일	서노련사건
5월 17일	민주교육실천협의회 창립
6월	남부노동자연맹(남노련) 결성

6월 21일	한국출판문화운동협의회(한출협) 창립
7월 3일	권인숙, 인천지검에 강제추행혐의로 문귀동 고소, 진상규명 요구
7월 16일	검찰, 부천서 '성모욕행위 무근거' 공식 발표
8월 9일	제헌의회(CA)그룹 결성
9월 6일	「말」지 특집호(86년 9월호) 보도지침 폭로
9월 11일	대학가, 아시안게임저지와 헌법특위분쇄 요구 시위
9월 16일	각계 민주인사 207명, 나까소네 방한반대 성명 발표
10월 10일	서울대 대자보 사건 발생
10월 28일~10월 31일	'전국반외세반독재애국학생투쟁연합'(애학투련) 결성식 및 건국대 점거농성사건(건대사태) 발생.

1987년

1월 14일	치안본부 남영동 대공분실에서 '박종철 고문치사 사건' 발생
2월	풀빛출판사 나병식 대표 구속
2월 26일	전국농민협회 결성
3월 21일	한국여성노동자회(여노회) 창립
4월 13일	전두환, 특별담화 통해 개헌논의 유보, 현행 헌법으로 정부 이양 발표
5월 8일	서울지역대학생대표자협의회(서대협) 발족
5월 18일	천주교정의구현전국사제단, 박종철군 고문치사 사건 진상 폭로
5월 27일	명동 향린교회에서 '민주헌법쟁취 국민운동본부'(국본) 발족식 개최
6월 9일	연세대생 이한열, 교내시위 도중 직격 최루탄에 피격
6월 10일	고문살인 은폐 규탄 및 호헌철폐 국민대회(6.10대회) 개최, 87년 6월항쟁 시작
6월 16일	국본 산하 '민주헌법쟁취국민운동 불교공동위원회' 결성
6월 18일	최루탄 추방대회 개최
6월 26일	민주헌법쟁취 국민평화대행진
7월 16일	방송민주화투쟁위원회 결성
7월 17일	서울지역철거민협의회(서철협) 결성
7월 26일	강제철거 중지와 재개발악법 철폐를 위한 도시빈민대회 개최
7월~9월	87년 7·8·9 노동자 대투쟁
8월 12일	서울지하철공사노조(지하철노조) 결성

8월 19일	전국대학생대표자협의회(전대협) 결성대회 개최
9월 8일	남로당 재건 기도사건 발표
9월 27일	민주교육추진전국교사협의회(전교협) 창립대회 개최
10월 12일	국회에서 대통령 직선제 개헌안 통과
11월 25일	군부독재 종식을 위한 투쟁본부 결성
12월 16일	구로구청 부정투표함 항의 농성 사건
12월 16일	13대 대통령 선거에서 노태우 당선
12월 18일	부재자 투표에 부정이 있었다며 서울 구로구청에 농성 중인 시민·학생 1000여명 강제해산

1988년

1월 16일	국본, '고 박종철열사 및 민주영령 추모제' 개최
3월 6일	민중의당 창당
3월 10일	서울건설일용노동조합(전일노) 결성
3월 29일	한겨레민주당 창당
3월 29일	서울대 총학생회장 후보 김중기, 남북한대학생 체육대회 및 국토순례 제안, 국가보안법 위반혐의로 수배
4월 4일	삼익악기 노동자 6,000여명, 임금인상 요구 준법투쟁 돌입
4월 28일	효성중공업 3개 공장(창원, 영등포, 태릉) 파업
5월 2일	종로구청, 청계피복노조 노조설립신고필증 배부. 청계피복노조 합법성 쟁취
5월 15일	한겨레신문 창간
5월 26일	가톨릭농민회, 기독교농민회총연합회 등 8개 농민단체 회원 3천여 명, 여의도 국회의사당 앞 광장에서 '농축산물 수입반대 농민결의대회' 개최
5월 28일	민주사회를위한변호사모임(민변) 창립
5월 31일	서총련 산하 '조국의평화와자주적통일을위한특별위원회'(조통특위) 결성
6월 7일	전국노동운동단체협의회(전국노운협) 결성
6월 10일	6·10민주화투쟁 1주기 기념대회 및 판문점 출정식 행사 개최
7월 1일	민중불교운동연합사건
7월 17일	서울지역철거민협의회(서철협) 결성
8월 3일	한반도 평화통일을 위한 세계대회 및 범민족대회 추진본부 결성
8월 26일	문화방송(MBC) 노조 방송사상 첫 파업

9월 3일	올림픽을 빙자한 민중운동탄압 규탄대회 개최
9월 10일	한국공해추방운동연합(공추련) 통합 결성
9월 10일	전두환·이순자 구속 처단 및 평화구역 철폐 전국대회 개최
9월 14일	진보정당 건설을 위한 정치연합(진보정치연합) 결성
10월 14일	광주학살 5공비리 주범 전두환-이순자 구속처벌을 위한 투쟁본부 발족
10월 17일	강제징집·삼청교육 사망자 유가족협의회 결성
11월 17일	전국농민단체협의회, 여의도 광장에서 2만여 명이 참가한 가운데 '농축산물 수입개방저지 및 제값받기 전국농민대회' 개최
11월 23일	전두환, 이순자부부 5공비리와 관련해 대국민 사과성명과 함께 백담사 은둔
12월 10일	전국건설노조협의회(건설노협) 결성
12월 17일	전국병원노동조합연맹 결성
12월 23일	한국민족예술인총연합회(민예총) 설립

1989년

1월 21일	전국민족민주운동연합(전민련) 창립대회 개최
2월 27일	부시 방한 반대 시위
3월 14일	전민련 등 8개 단체, '노정권 퇴진을 위한 공동투쟁본부' 결성식 개최
3월 25일	문익환 목사·정경모·유원호 일행, 북경을 경유하여 평양에 도착
4월 15일	대학가 학원자주화 관련 무기휴업
4월 23일	전국건설일용노동조합(전일노) 결성
5월 1일	세계노동절(메이데이) 100주년 기념 전국노동자 대회 개최
5월 28일	전국교직원노동조합(전교조) 결성대회 개최
6월 5일	문규현 신부 방북
6월 30일	임수경(외국어대생) 방북
8월	노동자뉴스제작단(노뉴단) 결성
8월 21일	전교조 교사 대량해직사건
8월 28일	참교육학부모회 결성
8월 30일	KBS, MBC, CBS 노조 박송악법개폐추진위 결성
11월 4일	경제정의실천시민연합(경실련) 창립
11월 11일	전국빈민연합(전빈련) 결성
11월 12일	남한사회주의노동자동맹(사노맹) 출범 선언문 발표

1990년

1월 20일	성균관대 수원캠퍼스에서 '전국노동조합협의회'(전노협) 창립대회 개최
1월 22일	민정당, 민주당, 공화당 3당 합당 선언
4월 1일~5월 27일	전교조, 제주에서 서울까지 이어지는 '참교육 실현을 위한 온나라 걷기대회' 개최
4월 24일	전국농민회총연맹(전농) 창립
5월 9일	민자당 해체 노태우정권 퇴진 국민궐기대회 개최
8월 15일	제1차 범민족대회 개최
8월 15일	범민련 및 범청학련 관련 통일운동가 구속사건 발생
10월 5일	윤석양 이병(외대 러시아어과 4년 제적) 양심선언, 보안사 민간인 불법 사찰 폭로

1991년

1월 23일	조국통일범민족연합남측본부(범민련 남측본부) 결성준비위원회 발족
2월 7일	공명선거실천시민운동협의회(공선협) 발족
3월 9일	수서비리규탄 국민대회 개최
4월 26일	명지대생 강경대, 시위 도중 백골단에 의한 폭행으로 사망
5월 6일	한진중공업 노조위원장 박창수(전노협 중앙위원), 안양병원에서 변사체로 발견
5월 8일	전민련 사회부장 김기설 분신사망
7월 14일	전국노동단체연합(전국노련) 결성
10월 9일	90년 전국노동자대회
12월 15일	천주교정의구현전국연합(천정연) 결성

민주화운동기념사업회

N0. [ ][ ][ ]

1980년대 민주화운동 관련자 실태조사

안녕하십니까?

새해 복 많이 받으시고 만사형통하시길 기원합니다.

한국의 민주주의는 많은 사람들의 희생과 헌신을 통해 발전해 왔습니다. 특히 군부권위주의시대를 마감하고, 한국사회의 민주주의의 새로운 물꼬를 텄던 80년대는 그 어떤 시기보다도 역동적이었습니다. 이 조사는 과거 80년대 민주화운동에 참여하셨던 분들의 소중한 경험을 새롭게 조명하여 당시 운동의 개인사적, 역사적, 현재적 의미를 재평가하고, 이를 통해 한국 민주주의의 역사와 미래를 새로운 시각에서 조망해 보고자 합니다.

이러한 취지로 (사)민주화운동공제회와 한성대 전쟁과평화연구소에서는 '민주화운동기념사업회'의 용역사업에 참여하여 1980년대 한국 민주화운동에 참여했던 분들의 운동 참여 계기와 경험, 운동의 개인적 사회적 의미에 대한 평가, 한국 민주주의의 미래와 전망에 대한 견해 등을 살펴보기 위해 설문조사를 실시하게 되었습니다. 선생님의 소중한 의견은 민주화운동의 역사화, 관련자들을 위한 각종 정책과 사업, 사료 수집 등의 기초 자료로 활용될 것입니다.

바쁘시더라도 성의 있게 응답해 주시기 바랍니다. 본 조사결과는 통계적으로만 처리되며, 개인신상이나 응답내용은 절대 공개되지 않습니다.

응답하여 주셔서 감사합니다.

2007년 1월

민주화운동 관련자 실태조사 연구팀
(사)민주화운동공제회 이사장 장임원
연구책임자 김귀옥 교수
(한성대 전쟁과평화연구소 소장)

설문조사문의

(사)민주화운동공제회 연락처: 02-712-5811   팩스: 02-712-5813
홈페이지주소: http://www.minjugongje.or.kr   서울시 마포구 신공덕동 15-1, 3층 우)121-851
한성대 전쟁과평화연구소 연락처 : 02-760-5870 팩스: 02-760-5861
홈페이지주소: http://www.warandpeace.or.kr

조 사 자		조사날짜	
조사지역			
기록사항			

1. 1980년대에 선생님은 주로 어느 분야에서 민주화운동을 하셨습니까?

   ① 학생운동   ② 노동운동   ③ 재야단체   ④ 종교운동
   ⑤ 농민운동   ⑥ 교육운동   ⑦ 문화운동   ⑧ 여성운동
   ⑨ 기타

2. <u>민주화운동에 참여할 당시</u> 선생님의 종교는 무엇인가요?

   ① 개신교   ② 가톨릭   ③ 불교   ④ 천도교
   ⑤ 없음   ⑥ 기타 (   )

3. 선생님이 <u>민주화운동에 참여할 당시</u> 집안의 경제 상태는 어느 정도였습니까?

   ① 상   ② 중상   ③ 중   ④ 중하   ⑤ 하

4. 선생님이 <u>민주화운동에 참여할 당시</u> 부모님이나 가족 가운데 민주화운동(사회운동, 독립
   운동 등)에 관련된 분이 계셨나요?

   ① 있다   ② 없다

5. 선생님은 1980년대 <u>민주화운동을 하는 과정에서</u> 누구의 영향을 가장 많이 받으셨습니까?
   가장 중요한 한 분만 표시해주십시오.

   ① 선배   ② 동료   ③ 후배
   ④ 선생님   ⑤ 부모님   ⑥ 형제·자매
   ⑦ 종교관계자   ⑧ 자기 자신   ⑨ 없음
   ⑩ 기타 (   )

6. 선생님이 1980년대 민주화운동에 참여하게 된 계기는 무엇입니까? <u>중요한 한 가지만</u>
   표시해주십시오.

   ① 학습모임   ② 야학활동   ③ 노조활동
   ④ 종교단체활동   ⑤ 경제적 차별의식 또는 생존권의 위기감

⑥ 가족 및 주위사람들의 권유나 영향

⑦ 분신, 추락사 등 죽음과 같은 사건을 접한 후 느낀 바가 있어서

⑧ 5·18, 6월 항쟁과 같은 사건을 접한 후 느낀 바가 있어서

⑨ 분단에 대한 자각이나 미국에 대한 예속적 상태를 느껴

⑩ 동아리 활동

⑪ 기타 (   )

7. 선생님께서 1980년대 민주화운동 당시 주로 활동하신 지역은 어디입니까?
   다음의 보기에서 골라 주십시오.

① 서울·경기	② 영남권	③ 호남권	④ 강원·충청·제주

8. 선생님은 불심검문을 당하신 적이 있습니까?

   ① 있음 (→ 8-1번 문항으로)   ② 없음 (→ 9번 문항으로)

   8-1. (8번의 ①에 응답한 경우) 선생님은 첫 불심검문을 당했을 때 어떤 태도를 취하
        셨습니까?

        ① 순순히 응했다   ② 마지못해 응했다   ③ 거부했다

        ④ 기타 (   )

9. 선생님은 1980년대 민주화운동으로 인해 구금 혹은 구속된 적이 있었습니까?

   ① 있음 (→ 9-1번 문항으로)   ② 없음 (→ 11번 문항으로)

   9-1. (9번의 ①에 응답한 경우) 선생님이 구속 혹은 구금된 사유는 무엇이었습니까?
        (두 가지 이상인 경우, 중요한 두 가지만 표시해주십시오.)

        ① 조직 사건   ② 점거 농성   ③ 집회 및 시위

        ④ 금서 구입, 탐독, 소지, 배포   ⑤ 불심검문

        ⑥ 노동운동관련   ⑦ 국가보안법 저촉   ⑧ 기타(   )

   9-2 선생님의 실제 구금 혹은 구속 기간(사면기간 제외)은 모두 어느 정도였습니까?

        ① 6개월 미만   ② 6개월~1년 미만

        ③ 1년~2년 미만   ④ 2년 이상

10. 선생님은 연행 및 조사 과정이나 구속기간 동안 정신적, 혹은 신체적인 위해를 당하신 적이 있습니까?

    ① 있음 (→ 10-1번 문항으로)   ② 없음 (→ 11번 문항으로)

    10-1. 정신적 혹은 신체적인 위해를 당하신 것은 다음 중 어디에 해당합니까? 해당하는 곳에 표시해주십시오.

정신적, 신체적인 위해의 형태	있었음	없었음	미해당
① 모욕적 언사 및 협박			
② 구타			
③ 잠 안 재우기			
④ 물고문			
⑤ 전기고문			
⑥ 성고문 또는 성적 수치심 유발			

11. 선생님은 녹화사업으로 군에 강제징집을 당한 경험이 있으십니까?

    ① 있음 (→ 11-1번 문항으로)   ② 없음 (→ 13번 문항으로)

    11-1. 강제징집 후 다음과 같은 위해를 당하셨습니까?

정신적, 신체적인 위해의 형태	있었음	없었음
① 소대원의 자발적 따돌림이나 구타		
② 군기관의 감시 및 관찰		
③ 프락치 활동 강요		
④ 서신, 서적 등의 소지, 배포로 인한 처벌		
⑤ 군 기관에 의한 연행 조사		
⑥ 제대 후 일정기간 보안 감시		

12. 앞서 (조사·구속, 강제징집) 응답하신 정신적, 신체적인 위해로 인해 <u>지금까지 남아있는 후유증</u>이 있습니까?

    ① 있음 (→ 12-1번 문항으로)   ② 없음 (→ 13번 문항으로)

12-1. 지금까지 남아있는 정신적 후유증을 표시해 주십시오.

정 신 적 후 유 증 유형	있음	없음
① 정신분열증		
② 성격장애		
③ 우울증		
④ 기억력장애		
⑤ 외상성 신경증		
⑥ 사회적응력 장애		

12-2. 지금까지 남아있는 신체적 후유증을 표시해 주십시오.

신 체 적 후 유 증 유형	있음	없음
① 화상		
② 허리 또는 목 디스크		
③ 신체절단 또는 훼손		
④ 시력손상		
⑤ 성기능 장애		

12-3. 지금까지 남아있는 정신적, 신체적 후유증에 대해 현재 적절한 치료를 받고 계십니까?
  ① 그렇다
  ② 후유증이 심할 때만 치료를 받고 있다
  ③ 치료를 거의 받지 못하고 있다
  ④ 아무 치료도 받지 못하고 있다

12-4. 선생님이 판단하시기에 후유증으로 인해 발생한 가장 심각한 문제는 무엇입니까?
  ① 가족 해체
  ② 인간관계 형성 장애 및 사회적 고립
  ③ 실직, 미취업으로 인한 경제적 어려움
  ④ 의료비 과다 지출
  ⑤ 기타 (   )

☞ 다음 페이지로 가주십시오

13. 선생님은 <u>민주화운동 경력으로 인해 사회활동에 어려움</u>을 겪은 적이 있습니까?

(있으면 '<u>있음</u>'에, 없으면 '<u>없음</u>'에 표시해주십시오.)

어려움	여부	
	있음	없음
① 취업 및 직업 선택의 어려움		
② 승진의 어려움 및 주요 보직 배제		
③ 해직 또는 해고		
④ 정보기관 및 경찰 등의 감시로 사회활동 위축		
⑤ 주위로부터의 냉대 혹은 따돌림(이웃과의 교류 장애)		

14. 선생님은 <u>민주화운동 경력으로 가족생활에 어려움</u>을 겪은 적이 있습니까?

(있으면 '<u>있음</u>'에, 없으면 '<u>없음</u>'에 표시해주십시오.)

어려움	여부	
	있음	없음
① 본인의 운동경력으로 인한 가족 신상의 피해 (예: 직장, 승진, 임용 등 불이익)		
② 자녀교육의 어려움		
③ 결혼생활 장애		
④ 부모 및 친인척들과 관계 경직 혹은 단절		

☞ 다음 페이지로 가주십시오

■ 다음은 선생님의 <u>현재 경제활동과 경제상태에 관한 질문</u>입니다. 해당하는 곳에
   ✔표 혹은 알맞은 내용을 기입하여 주십시오.

15. 선생님의 현재 직업을 적어주세요 (   )

   15-1. 자영업이 아닌 경우, 선생님의 현재 고용형태는 어떤 것입니까?
          ① 상용직   ② 임시직   ③ 일용직

※ 다음은 선생님 본인과 선생님 댁의 수입에 관한 질문입니다.

16. 현재 선생님 <u>본인의 월 평균 수입</u> (본인명의 근로소득, 집세, 증권 배당이익, 저축이자
   등 모두 포함)은 어느 정도입니까?
   ① 비 해당 (수입 없음)   ② 100만원 이하
   ③ 101만원 ~ 200만원   ④ 201만원 ~ 300만원
   ⑤ 301만원 ~ 400만원   ⑥ 401만원 ~ 700만원
   ⑦ 701만원 이상

17. 현재 선생님 집안의 경제 상태는 어느 정도입니까?
   ① 상   ② 중상   ③ 중   ④ 중하   ⑤ 하

18. 선생님은 자신이 민주화운동을 하지 않았다면, 선생님의 경제적 형편이 어떻게 되었을
   것이라 생각하십니까?
   ① 더 좋아졌을 것이다
   ② 별로 달라지지 않았을 것이다
   ③ 더 나빠졌을 것이다

19. 현재 선생님 댁의 주 수입원은 누구입니까? (<u>두 분 이상인 경우, 중요한 두 분만</u> 표시해주
   십시오.)
   ① 본인   ② 배우자   ③ 부모   ④ 자녀   ⑤ 국가 보조
   ⑥ 형제 · 자매   ⑦ 희생자 구제비   ⑧ 없음   ⑨ 기타(   )

20. 현재 살고 계신 주택은 자가입니까? 아니면 전세 또는 월세입니까?

① 자가

② 전세

③ 월세(임대)

④ 무상(사옥) 및 기타

☞ 다음 페이지로 가주십시오

■ 다음은 <u>한국의 민주화운동에 대한 선생님의 전반적인 생각</u>을 여쭙고자 합니다.
해당하는 곳에 ✔표 혹은 알맞은 내용을 기입하여 주십시오.

21. 선생님은 80년대 민주화운동 활동에 대해 <u>당시에는</u> 어떻게 생각하셨습니까?
    ① 매우 긍정적　　　　　② 긍정적　　　　　③ 보통
    ④ 부정적　　　　　⑤ 매우 부정적

22. 선생님은 80년대 민주화운동 활동에 대해 <u>현재는</u> 어떻게 생각하십니까?
    ① 매우 긍정적　　　　　② 긍정적　　　　　③ 보통
    ④ 부정적　　　　　⑤ 매우 부정적

23. 선생님이 생각하시는 바람직한 민주주의의 모습과 비교할 때, 현재 한국사회의 민주화는 어느 정도라고 생각하십니까?
    ① 매우 만족　　　　　② 만족　　　　　③ 보통
    ④ 불만족　　　　　⑤ 매우 불만족

※ 24-31. 다음의 영역별로 현재 한국사회의 민주화 정도에 얼마나 만족하시는지 표시하여 주시기 바랍니다.

	① 매우 만족	② 만족	③ 보통	④ 불만족	⑤ 매우 불만족
24. 정치 부문					
25. 경제 부문					
26. 노동 부문					
27. 언론 부문					
28. 문화 부문					
29. 교육 부문					
30. 행정 관료 부문					
31. 경찰 사법 부문					

32. 한국이 실질적 민주화를 이룩하는데 걸림돌이 되고 있는 것은 무엇입니까?
   (두개까지 선택 허용)
   ① 정경유착   ② 지역주의   ③ 남남갈등   ④ 양극화 심화
   ⑤ 비정규직 확대   ⑥ 사회적 약자에 대한 차별   ⑦ 사회보장제도 미흡
   ⑧ 국가보안법 존치 ⑨ 주한미군 주둔 또는 불평등한 한미관계   ⑩ 민족분단
   ⑪ 기타(   )

33. 오랫동안 국가보안법 개폐문제가 대두되어 있습니다. 선생님께서는 어떻게 생각하십니까?
   ① 무조건 폐지   ② 조건부 폐지(예: 통일이 된다면 폐지)
   ③ 독소조항만 삭제하여 개정   ④ 대체입법

34. 선생님은 한국의 민주화에 시민단체 혹은 사회운동단체가 어느 정도 기여하였다고 생각
   하십니까?
   ① 많이 기여했음   ② 어느 정도 기여했음   ③ 그저 그렇다
   ④ 별로 기여하지 못했음   ⑤ 기여하지 못했음

35. 선생님은 현재 시민사회단체에 참여하거나 활동하고 계십니까?
   ① 그렇다 (→ 35-1번 문항으로)   ② 아니다 (→ 36번 문항으로)

   35-1. (35번의 ①에 응답한 경우) 둘 이상의 단체에 참여 또는 활동하는 경우,
        최우선 순위를 두는 단체에서 어떤 형태로 참여하고 계십니까?
        ① 상근자   ② 회원   ③ 비회원으로서 금전적 후원자
        ④ 기타 (   )

36. 선생님께서는 과거에 같이 활동했던 동료들과 아직도 지속적으로 연락을 주고받거나,
   모임을 유지하고 있습니까?
   ① 그렇다   ② 아니다

☞ 다음 페이지로 가주십시오

37. 6월 항쟁 당시 선생님의 참여도는 어떠했습니까?

　① 적극 참여　　　② 소극 참여　　　③ 관망　　　④ 방관　　　⑤ 기타

38. 선생님이 생각하시는 6월 항쟁의 과제가 현재 우리 사회에 어느 정도 해결되었다고 보십니까?

　① 충분히 해결되었다　　② 일부만 해결되었다　　③ 별로 해결되지 않았다

　④ 전혀 해결되지 않았다

39. 6월 10일을 국가기념일로 제정하자는 의견이 있습니다. 선생님은 어떻게 생각하십니까?

　① 동의한다　　　　　　② 반대한다　　　　　　③ 모르겠다

40. 2007년 현재 6월 항쟁의 정신을 계승한 한국사회의 최우선 과제는 무엇으로 생각하십니까?

　① 선진국 진입　　② 실질적 민주화 구현　　③ 평화통일 달성

　④ 사회복지 증진　　⑤ 완전한 자주국가

41. 2007년 현재 한국의 민주화 수준과 미래 과제를 고려할 때, 6월 정신을 계승하면서도 다양한 부문에서 실질적 민주화를 실천하기 위한 노력이 필요하다고 보십니까?

　① 필요하다 (→ 41-1번 문항으로)　　② 필요하지 않다 (→ 42번 문항으로)

　③ 잘 모르겠다 (→ 42번 문항으로)

> 41-1. 앞으로도 실질적 민주화를 위한 노력이 필요하다면, 선생님이 직접 실천 활동에 참여할 의사가 있습니까?
>
> 　① 있다 (→ 41-2번 문항으로)　　　　② 없다 (→ 42번 문항으로)
>
> 　③ 잘 모르겠다 (→ 42번 문항으로)

41-2. 직접 활동에 참여하신다면 어떤 분야에서 활동할 의사가 있습니까?

① 행정, 사법 부문　　② 경제, 노동 부문　　③ 농민 부문

④ 여성 및 가족 부문　　⑤ 평화, 통일 부문　　⑥ 언론 및 문화 교육 부문

⑦ 빈민, 외국인노동자 부문　⑧ 인권 부문　　⑨ 환경, 생태 부문

⑩ 보건 · 의료 부문　　⑪ 정당 · 정치　　⑫ 기타 (　　　　　　)

■ 다음은 선생님의 **민주화활동에 대한 국가의 역할**에 관한 질문입니다.
　해당하는 곳에 ✓표 혹은 알맞은 내용을 기입하여 주십시오.

42. 선생님은 민주화운동보상심의위원회에 명예회복이나 보상을 신청한 적이 있습니까?

① 있음 (→ 43번 문항으로)　　　　② 없음 (→ 42-1번 문항으로)

42-1. (42번의 ②에 응답한 경우) 신청하지 않으신 경우, 그 이유는 무엇입니까?

① 어떤 형태의 보상도 기대하지 않으므로

② 보상신청 대상자가 아님

③ 보상신청 관련 정보 부족

④ 보상보다 진실규명, 명예회복, 질적 민주화 우선

⑤ 기타 : 다른 이유일 경우 적어주세요.

(　　　　　　　　　　　　　　　　)

43. 선생님은 민주화운동과 관련하여 국가로부터 보상이나 생활지원금을 받은 적이 있습니까?

① 있음　　　　　　　　　　　② 없음

44. 선생님은 민주화운동 관련자를 위해 국가가 가장 우선적으로 해야 할 일이 무엇이라고
생각하십니까?

① 진실 규명　　　　　　　② 책임자 처벌

③ 명예 회복　　　　　　　④ 보상

⑤ 기념사업　　　　　　　⑥ 기타 (　　　　　　　　)

45. (사)민주화운동공제회는 민주화운동으로 인해 정신적, 경제적 등 여러 어려움을 겪고
    있는 민주화운동 관련자들의 상호부조, 생활안정과 복리증진을 목표로 설립되었습니다.
    (사)민주화운동공제회의 필요성에 대해 어떻게 생각하십니까?
    ① 매우 긍정   ② 긍정   ③ 보통
    ④ 부정   ⑤ 매우 부정

46. (사)민주화운동공제회 운영에 필요한 재원을 조달하는 방법으로 가장 바람직한 것은
    무엇이라고 생각하십니까?
    ① 전적으로 공제회의 자주적 활동에 의하여 조달한다.
    ② 공제회의 자주적 활동에 의하여 조달함을 원칙으로 하되 가능하다면 정부보조를 받는다.
    ③ 공제회의 자주적 활동에 의하여 조달함을 원칙으로 하되 정부 이외의 외부보조를
       받는다.
    ④ 전적으로 정부보조를 기반으로 재정을 마련한다.
    ⑤ 공제회의 구체적인 상황을 모르겠다.
    ⑥ 기타 의견 (   )

47. 공제회의 수익사업에서 지켜야할 원칙은 무엇이라고 생각하십니까?
    ① 사회적 공익성을 전제하여야 한다.
    ② 수익창출의 기업마인드에 기반 하여야 한다.
    ③ 기타 의견 (   )

48. 공제회가 회원에게 우선적으로 제공하여야할 부문은 무엇이라고 생각하십니까?
    ① 의료지원   ② 자녀교육   ③ 금융지원   ④ 창업지원
    ⑤ 기타 (   )

☞ 다음 페이지로 가주십시오

49. 선생님은 본 조사 이전에 「민주화운동기념사업회」에 대해 들어본 적이 있습니까?

① 들어봤음 (→ 49-1번 문항으로)   ② 들어보지 못했음 (→ 50번 문항으로)

49-1. 민주화운동기념사업회에 대해 들어본 경우, 이 사업회를 어떻게 <u>처음</u> 알게 되었습니까?

① 언론·방송 보도   ② 행사   ③ 기념사업회 발간(홍보)자료

④ 인터넷   ⑤ 주변 사람들을 통해   ⑥ 기타

49-2. 선생님은 민주화운동기념사업회가 하고 있는 일들에 대해 알고 계십니까?

① 알고 있음 (→ 49-3번 문항으로)   ② 모름 (→ 50번 문항으로)

49-3. 민주화운동기념사업회가 하고 있는 일들에 대해 알고 계시다면, 선생님께서 알고 계시는 사업은 무엇이고, 어떻게 생각하십니까?

	평 가				
	① 매우 긍정	② 긍정	③ 보통	④ 부정	⑤ 매우 부정
① 민주화운동 관련 사료수집					
② 민주화운동 역사정리 및 연구					
③ 각종 추모, 기념사업					
④ 대외 협력 및 연대 사업					
⑤ 한국민주주의전당 건립					

50. 선생님은 「민주화운동기념사업회」가 <u>가장 우선적으로</u> 해야 할 일이 무엇이라고 생각하십니까?

   ① 민주화운동 관련 사료수집   ② 민주화운동 역사정리 및 연구

   ③ 각종 추모, 기념사업   ④ 대외협력 및 연대사업

   ⑤ 한국민주주의전당 건립   ⑥ 기타 (   )

51. 선생님은 자신이 관련된 사건, 혹은 1980년대에 활동할 당시 영상, 사진, 문건, 회의록 등 관련 자료를 소장하고 계신가요?

   ① 예 (→ 52-1번 문항으로)   ② 아니오 (→ 53번 문항으로)

      51-1. 소장하신 자료를 '민주화운동기념사업회'에 기증할 의향이 있으신가요?

         ① 예   ② 아니오

☞ 다음 페이지로 가주십시오

52. 선생님의 성별은 어디에 해당합니까?
  ① 남   ② 여

53. 선생님은 만으로 몇 세입니까?
  ① 35~40세   ② 41~45세   ③ 46~50세
  ④ 51~55세   ⑤ 기타 (   )

※ 54-55. 다음 질문은 선생님의 출생지와 성장지에 대한 질문입니다. 다음의 보기에서
  골라 주십시오.

① 서울·경기	② 영남권	③ 호남권	④ 강원·충청·제주

54. 선생님의 출생지는 어디입니까? _____

55. 선생님께서 민주화운동을 하기 전 주로 성장한 곳(중·고등학교 시절을 보낸 곳)은 어디
  입니까? _____

56. 선생님의 최종 학력을 선택해주십시오. (중퇴, 검정고시 포함)
  ① 무학   ② 초등학교   ③ 중학교   ④ 고등학교
  ⑤ 대학교   ⑥ 대학원 이상   ⑦ 기타 (   )

57. 선생님의 <u>현재</u> 혼인상태는 어떠합니까?
  ① 기혼

      → 기혼일 경우, 어디에 해당하십니까? (→ 57-1번 문항으로)
        ㉠ 현재 함께 살고 있음   ㉡ 이혼   ㉢ 별거   ㉣ 사별

  ② 미혼 (→ 58번 문항으로)

57-1. (57번의 ①에 응답한 경우) 선생님의 배우자는 민주화운동과 관련이 있는 분이셨습니까?

① 예 (→ 57-2번 문항으로)   ② 아니오 (58번 문항으로)

57-2. (57-1번의 ①에 응답한 경우) 선생님의 배우자는 어느 분야에서 활동하셨습니까?

① 학생운동   ② 노동운동   ③ 농민운동
④ 여성운동   ⑤ 교육운동   ⑥ 재야단체
⑦ 문화운동   ⑧ 기타 (   )

58. 선생님의 가족 중 (선생님의 부모, 배우자, 직계 자녀에 한정) 현재 생존하고 계시는 분은 어떻게 되십니까? 간단히 적어주세요.

① 가족없음   ② 1명   ③ 2명
④ 3명   ⑤ 4명   ⑥ 5명
⑦ 6명 이상

59. 선생님이 실질적으로 가족을 부양하고 계신가요?

① 예 (→ 59-1번 문항으로)   ② 아니오

59-1. (59번의 ①에 응답한 경우) 선생님이 부양을 책임지고 있는 가족은 몇 명입니까?
       (   ) 명

〈성의 있게 응해주셔서 감사합니다. 선생님의 건강과 가족의 평안함을 기원합니다.〉

직업분류표

□ 조사가 완료된 설문지의 15번 문항을 참조하여, 조사자가 아래의 항 중에
　해당되는 번호를 설문지에 기입한다. 대분류만을 기입한다.

예 : 설문지에 응답자가 '농민'이라고 답한 경우, 조사자는 15번 항에 '7'로 기입한다.

1	의회의원, 고위임직원 및 관리자	○ 의회의원 및 고위임원　○ 행정 및 경영관리자 ○ 일반관리자
2	전문가	○ 과학 전문가　　○ 컴퓨터관련 전문가 ○ 공학 전문가　　○ 보건의료 전문가 ○ 교육 전문가　　○ 행정, 경영 및 재정 전문가 ○ 법률, 사회서비스 및 종교 전문가 ○ 문화, 예술 및 방송관련 전문가 등
3	기술공 및 준전문가	○ 과학관련 기술종사자 ○ 컴퓨터관련 준전문가 ○ 공학관련 기술종사자 ○ 보건의료 준전문가 ○ 교육 준전문가　　　○ 경영 및 재정 준전문가 ○ 사회서비스 및 종교 준전문가 ○ 예술, 연예 및 경기 준전문가 ○ 기타 준전문가
4	사무 종사자	○ 일반사무 관련 종사자 ○ 고객서비스 사무 종사자 등
5	서비스 종사자	○ 대인 서비스 관련 종사자 ○ 조리 및 음식 서비스 종사자 ○ 여행 및 운송관련 종사자 ○ 보안 서비스 종사자 등
6	판매 종사자	○ 도소매 판매 종사자 ○ 통신 판매 종사자 ○ 모델 및 홍보 종사자 등
7	농업, 임업 및 어업 숙련 종사자	○ 농업 숙련 종사자 ○ 임업 숙련 종사자 ○ 어업 숙련 종사자 등
8	기능원 및 관련 기능 종사자	○ 추출 및 건설 기능 종사자 ○ 금속, 기계 및 관련 기능 종사자 ○ 기계설치 및 정비 기능 종사자 ○ 정밀기구, 세공 및 수공예 기능 종사 ○ 기타 기능원 및 관련 기능 종사자 등
9	단순 노무 종사자	○ 서비스 관련 단순노무 종사자 ○ 농림어업 관련 단순 노무 종사자 ○ 제조 관련 단순 노무 종사자 ○ 광업, 건설 및 운송 관련 단순 노무 종사자 등
10	전업주부	
11	무직 또는 학생	
12	시민단체 활동가	
13	기타	

〈부록 3〉 80년대 민주화운동 관련자 실태조사 조사원 지침

80년대 민주화운동 관련자 실태조사 조사원 지침

I. 조사의 목적과 취지

이번에 (사)민주화운동공제회와 한성대 전쟁과평화연구소에서는 민주화운동기념사업회의 "1980년대 민주화운동 참여자 중심으로"한 "민주화운동 관련자 실태 용역" 사업에 참여하여 조사사업을 진행하게 되었습니다. 한국의 민주주의는 많은 사람들의 희생과 헌신을 통해 발전해 왔습니다. 특히 군부독재시대를 마감하고, 한국사회의 민주주의의 새로운 물꼬를 텄던 80년대는 그 어떤 시기보다도 역동적이었습니다. 이 조사는 과거 80년대 민주화운동에 참가하셨던 분들의 소중한 경험을 새롭게 조명하여 당시 운동의 개인사적, 역사적, 현재적 의미를 재평가하고, 이를 통해 한국 민주주의의 역사와 미래를 새로운 시각에서 조망해 보고자 합니다.

이러한 취지로 1980년대 한국 민주화운동에 참여했던 분들의 운동 참여 계기와 경험, 운동의 개인적 사회적 의미에 대한 평가, 한국 민주주의의 미래와 전망에 대한 견해 등을 살펴보기 위해 설문조사를 실시하게 되었습니다. 여러분들이 조사하시는 내용은 민주화운동의 역사화, 관련자들을 위한 각종 정책과 사업, 사료 수집 등의 기초 자료로 활용될 것입니다.

조사원 선생님께서는 설문지 조사를 하기 전에 이 지침서를 반드시 숙지하셔서 조사 과정에 원활하게 사용해 주십시요. 바쁘신 중에도 이번 조사에 참여해주신 조사원 선생님께 진심으로 감사드립니다.

II. 설문조사 전 준비할 사항

1. 설문은 가급적 조사자와 응답자가 1대 1로 만나 작성하는 것을 원칙으로 한다.
2. 설문조사에 대한 응답자의 참여는 강압적이어서는 안 되며, 자발적이어야 한다.
3. 설문 응답자가 섭외되면, 본 조사 전에 조사의 취지를 설명하고 방문조사 시간을 잡는다.
4. 설문조사 장소는 가급적 응답자가 원하는 곳으로 정하도록 한다.
5. 일단 시간이 잡힐 경우 약속은 무조건 지키도록 노력하고, 늦거나 미뤄야 할 경우에는

반드시 미리 전화를 하여 사전 양해를 구하도록 한다.

6. 설문지를 충분히 숙지하여야 한다. 조사 응답자가 질문을 할 경우 충분히 설문지의 내용을 설명할 수 있어야 한다.

7. 조사 시 준비물

   1) 설문지

   2) 심층면접 참가 의향서

   3) 각 단체 소개 리플(민주화기념사업회, (사)민주화운동공제회, 전쟁과평화연구소)

   * 단 리플릿이 비치되지 않은 기관의 것은 지참하지 않음.

   4) 답례품

   5) 필기도구(조사 시 사용할 볼펜)

Ⅲ. 설문조사 과정에서의 유의사항

1. 이 설문조사가 응답자의 익명성과 정보의 비밀을 철저히 보장함을 밝힌다.

2. 만약 설문의 문항에 대해 설명을 요구할 경우 내용을 설명하도록 한다.

3. 설문지 작성이 끝나면 설문지를 다시 한 번 검토한다. 2개 응답이 가능한 질문이 무엇인지 환기시켜준다. (1, 9-1, 19, 32, 58-2)

   - 설문지를 빠짐없이 작성했는지, 1개 문항을 요구한 상황에 2개를 대답하지는 않았는지 등을 검토한다.

4. 설문이 끝나면 응답자에게 심층인터뷰에 응할 의향이 있는지 묻고, 의향이 있을 시에는 지참했던 심층면접 참가의향서를 작성하도록 한다.

5. 설문조사과정에서 의문 나는 사항이 있거나 예상치 못한 문제가 발생할 경우, 담당자에게 연락을 취하도록 한다.

Ⅳ. 설문조사 종료 후 작업

1. 설문지 표지에 있는 조사자, 조사날짜, 조사지역, 기록사항을 기술한다.

2. 15번 문항 현재 직업에 대한 응답의 경우 연구팀에서 제공한 직접 분류표에 따라 조사자가 직업을 분류하여 번호로 표시해 준다.

3. 조사원은 52번 문항에서 소장 자료를 가지고 있다고 응답한 사람에 대해서는 인적 정보를 제출하도록 한다.

4. 설문지를 훼손됨 없이 (사)민주화운동공제회로 반환해야 한다. (심층면접 참가 의향서, 자료기증 의향서가 있을 경우 같이 제출)

〈부록 4〉단 순 빈 도 표

□ 조사원

	빈 도	비 율	유효비율	누적비율
조사원1	10	1.4	1.4	1.4
조사원2	20	2.9	2.9	4.3
조사원3	20	2.9	2.9	7.1
조사원4	6	.9	.9	8.0
조사원5	10	1.4	1.4	9.4
조사원6	8	1.1	1.1	10.6
조사원7	11	1.6	1.6	12.1
조사원8	10	1.4	1.4	13.6
조사원9	20	2.9	2.9	16.4
조사원10	19	2.7	2.7	19.1
조사원11	8	1.1	1.1	20.3
조사원12	10	1.4	1.4	21.7
조사원13	20	2.9	2.9	24.6
조사원14	15	2.1	2.1	26.7
조사원15	20	2.9	2.9	29.6
조사원16	14	2.0	2.0	31.6
조사원17	9	1.3	1.3	32.9
조사원18	34	4.9	4.9	37.7
조사원19	10	1.4	1.4	39.1
조사원20	20	2.9	2.9	42.0
조사원21	20	2.9	2.9	44.9
조사원22	10	1.4	1.4	46.3
조사원23	14	2.0	2.0	48.3
조사원24	5	.7	.7	49.0
조사원25	12	1.7	1.7	50.7

	빈　도	비　율	유효비율	누적비율
조사원26	65	9.3	9.3	60.0
조사원27	10	1.4	1.4	61.4
조사원28	6	.9	.9	62.3
조사원29	27	3.9	3.9	66.1
조사원30	7	1.0	1.0	67.1
조사원31	18	2.6	2.6	69.7
조사원32	23	3.3	3.3	73.0
조사원33	19	2.7	2.7	75.7
조사원34	17	2.4	2.4	78.1
조사원35	29	4.1	4.1	82.3
조사원36	20	2.9	2.9	85.1
조사원37	13	1.9	1.9	87.0
조사원38	5	.7	.7	87.7
조사원39	23	3.3	3.3	91.0
기　　타	63	9.0	9.0	100.0
Total	700	100.0	100.0	

□ 조사지역

전체응답자	빈　도	비　율	유효비율	누적비율
서 울 / 경 기 권	354	50.6	50.6	50.6
영　남　권	138	19.7	19.7	70.3
호　남　권	137	19.6	19.6	89.9
강원/충청/제주	71	10.1	10.1	100.0
Total	700	100.0	100.0	

1. 1980년대에 선생님은 주로 어느 분야에서 민주화운동을 하셨습니까?

전체응답자	빈도	비율	유효비율	누적비율
학생운동	385	55.0	55.0	55.0
노동운동	158	22.6	22.6	77.6
재야단체	51	7.3	7.3	84.9
종교운동	38	5.4	5.4	90.3
농민운동	20	2.9	2.9	93.1
교육운동	16	2.3	2.3	95.4
문화운동	13	1.9	1.9	97.3
기타	19	2.7	2.7	100.0
Total	700	100.0	100.0	

2. 민주화운동에 참여할 당시 선생님의 종교는 무엇인가요?

전체응답자	빈도	비율	유효비율	누적비율
개신교	132	18.9	18.9	18.9
가톨릭	63	9.0	9.0	27.9
불교	34	4.9	4.9	32.7
천도교	3	.4	.4	33.1
없음	456	65.1	65.1	98.3
기타	12	1.7	1.7	100.0
Total	700	100.0	100.0	

3. 선생님이 민주화운동에 참여할 당시 집안의 경제 상태는 어느 정도였습니까?

전체응답자	빈도	비율	유효비율	누적비율
상	2	.3	.3	.3
중상	33	4.7	4.7	5.0
중	207	29.6	29.6	34.6
중하	274	39.1	39.1	73.7
하	182	26.0	26.0	99.7
무응답	2	.3	.3	100.0
Total	700	100.0	100.0	

4. 선생님이 민주화운동에 참여할 당시 부모님이나 가족 가운데 민주화운동에 관련된 분이 계셨나요?

전체응답자	빈도	비율	유효비율	누적비율
있다	86	12.3	12.3	12.3
없다	612	87.4	87.4	99.7
무응답	2	.3	.3	100.0
Total	700	100.0	100.0	

5. 선생님은 1980년대 민주화운동을 하는 과정에서 누구의 영향을 가장 많이 받으셨습니까? 가장 중요한 한 분만 표시해주십시오.

전체응답자	빈도	비율	유효비율	누적비율
선배	451	64.4	64.4	64.4
동료	130	18.6	18.6	83.0
후배	7	1.0	1.0	84.0
선생님	20	2.9	2.9	86.9
부모님	10	1.4	1.4	88.3
형제 · 자매	21	3.0	3.0	91.3
없음	29	4.1	4.1	95.4
종교관계자	10	1.4	1.4	96.9
스스로의 학습	9	1.3	1.3	98.1
기타	12	1.7	1.7	99.9
무응답	1	.1	.1	100.0
Total	700	100.0	100.0	

6. 선생님이 1980년대 민주화운동에 참여하게 된 계기는 무엇입니까?

	빈도	비율	유효비율	누적비율
학습모임	286	40.9	40.9	40.9
야학활동	27	3.9	3.9	44.7
노조활동	50	7.1	7.1	51.9
종교단체활동	55	7.9	7.9	59.7
경제적 차별의식 또는 생존권의 위기감	27	3.9	3.9	63.6
가족 및 주위사람들의 권유나 영향	29	4.1	4.1	67.7
분신, 추락사 등 죽음과 같은 사건을 접한 후 느낀 바가 있어서	25	3.6	3.6	71.3
5·18, 6월 항쟁과 같은 사건을 접한 후 느낀 바가 있어서	125	17.9	17.9	89.1
분단에 대한 자각이나 미국에 대한 예속적 상태를 느껴	35	5.0	5.0	94.1
동아리 활동	10	1.4	1.4	95.6
기타	25	3.6	3.6	99.1
무응답	6	.9	.9	100.0
Total	700	100.0	100.0	

7. 선생님께서 1980년대 민주화운동 당시 주로 활동하신 지역은 어디입니까?

전체응답자	빈도	비율	유효비율	누적비율
서울/경기권	338	48.3	48.3	48.3
영남권	150	21.4	21.4	69.7
호남권	135	19.3	19.3	89.0
강원/충청/제주	77	11.0	11.0	100.0
Total	700	100.0	100.0	

8. 선생님은 불심검문을 당하신 적이 있습니까?

전체응답자	빈도	비율	유효비율	누적비율
있음	564	80.6	80.6	80.6
없음	132	18.9	18.9	99.4
무응답	4	.6	.6	100.0
Total	700	100.0	100.0	

8-1. 선생님은 첫 불심검문을 당했을 때 어떤 태도를 취하셨습니까?

전체응답자	빈도	비율	유효비율	누적비율
미해당	136	19.4	19.4	19.4
순순히 응했다	105	15.0	15.0	34.4
마지못해 응했다	338	48.3	48.3	82.7
거부했다	108	15.4	15.4	98.1
기타	6	.9	.9	99.0
무응답	7	1.0	1.0	100.0
Total	700	100.0	100.0	

불심검문 유경험자	빈도	비율	유효비율	누적비율
순순히 응했다	105	18.6	18.6	18.6
마지못해 응했다	338	59.9	59.9	78.5
거부했다	108	19.1	19.1	97.7
기타	6	1.1	1.1	98.8
무응답	7	1.2	1.2	100.0
Total	564	100.0	100.0	

9. 선생님은 1980년대 민주화운동으로 인해 구속 혹은 구금된 적이 있었습니까?

전체응답자	빈도	비율	유효비율	누적비율
있음	507	72.4	72.4	72.4
없음	189	27.0	27.0	99.4
무응답	4	.6	.6	100.0
Total	700	100.0	100.0	

9-1. 선생님이 구속 혹은 구금된 사유는 무엇이었습니까?

전체응답자	빈도	비율	유효비율	누적비율
미해당	193	27.6	27.6	27.6
조직 사건	66	9.4	9.4	37.0
점거 농성	78	11.1	11.1	48.1
집회 및 시위	285	40.7	40.7	88.9
금서 구입, 탐독, 소지, 배포	10	1.4	1.4	90.3
불심검문	9	1.3	1.3	91.6
노동운동관련	30	4.3	4.3	95.9
국가보안법 저촉	18	2.6	2.6	98.4
기타	6	.9	.9	99.3
무응답	5	.7	.7	100.0
Total	700	100.0	100.0	

구속/구금 유경험자	빈도	비율	유효비율	누적비율
조직 사건	66	13.0	13.0	13.0
점거 농성	78	15.4	15.4	28.4
집회 및 시위	285	56.2	56.2	84.6
금서 구입, 탐독, 소지, 배포	10	2.0	2.0	86.6
불심검문	9	1.8	1.8	88.4
노동운동관련	30	5.9	5.9	94.3
국가보안법 저촉	18	3.6	3.6	97.8
기타	6	1.2	1.2	99.0
무응답	5	1.0	1.0	100.0
Total	507	100.0	100.0	

9-2 선생님의 실제 구속 혹은 구금 기간(사면기간 제외)은 모두 어느 정도였습니까?

전체응답자	빈도	비율	유효비율	누적비율
미해당	193	27.6	27.6	27.6
6개월 미만	313	44.7	44.7	72.3
6개월 ~ 1년 미만	75	10.7	10.7	83.0
1년 ~ 2년 미만	71	10.1	10.1	93.1
2년 이상	31	4.4	4.4	97.6
무응답	17	2.4	2.4	100.0
Total	700	100.0	100.0	

구속/구금 유경험자	빈도	비율	유효비율	누적비율
6개월 미만	313	61.7	61.7	61.7
6개월 ~ 1년 미만	75	14.8	14.8	76.5
1년 ~ 2년 미만	71	14.0	14.0	90.5
2년 이상	31	6.1	6.1	96.6
무응답	17	3.4	3.4	100.0
Total	507	100.0	100.0	

10. 선생님은 연행 및 조사 과정이나 구속기간 동안 정신적, 혹은 신체적인 위해를
    당하신 적이 있습니까?

전체응답자	빈도	비율	유효비율	누적비율
미해당	193	27.6	27.6	27.6
있음	419	59.9	59.9	87.4
없음	81	11.6	11.6	99.0
무응답	7	1.0	1.0	100.0
Total	700	100.0	100.0	

구속/구금 유경험자	빈도	비율	유효비율	누적비율
있음	419	82.6	82.6	82.6
없음	81	16.0	16.0	98.6
무응답	7	1.4	1.4	100.0
Total	507	100.0	100.0	

10-1. 정신적 혹은 신체적인 위해를 당하신 것은 다음 중 어디에 해당합니까?
    ① 모욕적 언사 및 협박

전체응답자	빈도	비율	유효비율	누적비율
미해당	281	40.1	40.1	40.1
있었음	393	56.1	56.1	96.3
없었음	23	3.3	3.3	99.6
무응답	3	.4	.4	100.0
Total	700	100.0	100.0	

연행/구속/구금 중 위해 유경험자	빈 도	비 율	유효비율	누적비율
있었음	393	93.8	93.8	93.8
없었음	23	5.5	5.5	99.3
무응답	3	.7	.7	100.0
Total	419	100.0	100.0	

10-1. 정신적 혹은 신체적인 위해를 당하신 것은 다음 중 어디에 해당합니까?
    ② 구타

전체응답자	빈도	비율	유효비율	누적비율
미해당	281	40.1	40.1	40.1
있었음	305	43.6	43.6	83.7
없었음	108	15.4	15.4	99.1
무응답	6	.9	.9	100.0
Total	700	100.0	100.0	

연행/구속/구금 중 위해 유경험자	빈도	비율	유효비율	누적비율
있었음	305	72.8	72.8	72.8
없었음	108	25.8	25.8	98.6
무응답	6	1.4	1.4	100.0
Total	419	100.0	100.0	

10-1. 정신적 혹은 신체적인 위해를 당하신 것은 다음 중 어디에 해당합니까?

③ 잠 안 재우기

전체응답자	빈도	비율	유효비율	누적비율
미해당	281	40.1	40.1	40.1
있었음	149	21.3	21.3	61.4
없었음	257	36.7	36.7	98.1
무응답	13	1.9	1.9	100.0
Total	700	100.0	100.0	

연행/구속/구금 중 위해 유경험자	빈도	비율	유효비율	누적비율
있었음	149	35.6	35.6	35.6
없었음	257	61.3	61.3	96.9
무응답	13	3.1	3.1	100.0
Total	419	100.0	100.0	

10-1. 정신적 혹은 신체적인 위해를 당하신 것은 다음 중 어디에 해당합니까?

④ 물고문

전체응답자	빈도	비율	유효비율	누적비율
미해당	281	40.1	40.1	40.1
있었음	40	5.7	5.7	45.9
없었음	360	51.4	51.4	97.3
무응답	19	2.7	2.7	100.0
Total	700	100.0	100.0	

연행/구속/구금 중 위해 유경험자	빈도	비율	유효비율	누적비율
있었음	40	9.5	9.5	9.5
없었음	360	85.9	85.9	95.5
무응답	19	4.5	4.5	100.0
Total	419	100.0	100.0	

10-1. 정신적 혹은 신체적인 위해를 당하신 것은 다음 중 어디에 해당합니까?

⑤ 전기고문

전체응답자	빈도	비율	유효비율	누적비율
미해당	281	40.1	40.1	40.1
있었음	15	2.1	2.1	42.3
없었음	383	54.7	54.7	97.0
무응답	21	3.0	3.0	100.0
Total	700	100.0	100.0	

연행/구속/구금 중 위해 유경험자	빈도	비율	유효비율	누적비율
있었음	15	3.6	3.6	3.6
없었음	383	91.4	91.4	95.0
무응답	21	5.0	5.0	100.0
Total	419	100.0	100.0	

10-1. 정신적 혹은 신체적인 위해를 당하신 것은 다음 중 어디에 해당합니까?

⑥ 성고문 또는 성적 수치심 유발

전체응답자	빈도	비율	유효비율	누적비율
미해당	281	40.1	40.1	40.1
있었음	48	6.9	6.9	47.0
없었음	346	49.4	49.4	96.4
무응답	25	3.6	3.6	100.0
Total	700	100.0	100.0	

연행/구속/구금 중 위해 유경험자	빈도	비율	유효비율	누적비율
있었음	48	11.5	11.5	11.5
없었음	346	82.6	82.6	94.0
무응답	25	6.0	6.0	100.0
Total	419	100.0	100.0	

11. 선생님은 녹화사업으로 군에 강제징집을 당한 경험이 있으십니까?

전체응답자	빈도	비율	유효비율	누적비율
있음	24	3.4	3.4	3.4
없음	656	93.7	93.7	97.1
무응답	20	2.9	2.9	100.0
Total	700	100.0	100.0	

11-1. 강제징집 후 다음과 같은 위해를 당하셨습니까?

　　① 소대원의 자발적 따돌림이나 구타

전체응답자	빈도	비율	유효비율	누적비율
미해당	676	96.6	96.6	96.6
있었음	3	.4	.4	97.0
없었음	20	2.9	2.9	99.9
무응답	1	.1	.1	100.0
Total	700	100.0	100.0	

군강제징집 유경험자	빈도	비율	유효비율	누적비율
있었음	3	12.5	12.5	12.5
없었음	20	83.3	83.3	95.8
무응답	1	4.2	4.2	100.0
Total	24	100.0	100.0	

11-1. 강제징집 후 다음과 같은 위해를 당하셨습니까?

　　② 군기관의 감시 및 관찰

전체응답자	빈도	비율	유효비율	누적비율
미해당	676	96.6	96.6	96.6
있었음	21	3.0	3.0	99.6
없었음	2	.3	.3	99.9
무응답	1	.1	.1	100.0
Total	700	100.0	100.0	

군강제징집 유경험자	빈도	비율	유효비율	누적비율
있었음	21	87.5	87.5	87.5
없었음	2	8.3	8.3	95.8
무응답	1	4.2	4.2	100.0
Total	24	100.0	100.0	

11-1. 강제징집 후 다음과 같은 위해를 당하셨습니까?

　　③ 프락치 활동 강요

군강제징집 유경험자	빈도	비율	유효비율	누적비율
있었음	5	20.8	20.8	20.8
없었음	18	75.0	75.0	95.8
무응답	1	4.2	4.2	100.0
Total	24	100.0	100.0	

11-1. 강제징집 후 다음과 같은 위해를 당하셨습니까?

④ 서신, 서적 등의 소지, 배포로 인한 처벌

군강제징집 유경험자	빈도	비율	유효비율	누적비율
있었음	2	8.3	8.3	8.3
없었음	20	83.3	83.3	91.7
무응답	2	8.3	8.3	100.0
Total	24	100.0	100.0	

11-1. 강제징집 후 다음과 같은 위해를 당하셨습니까?

⑤ 군 기관에 의한 연행 조사

군강제징집 유경험자	빈도	비율	유효비율	누적비율
있었음	14	58.3	58.3	58.3
없었음	9	37.5	37.5	95.8
무응답	1	4.2	4.2	100.0
Total	24	100.0	100.0	

11-1. 강제징집 후 다음과 같은 위해를 당하셨습니까?

⑥ 제대 후 일정기간 보안 감시

군강제징집 유경험자	빈도	비율	유효비율	누적비율
있었음	7	29.2	29.2	29.2
없었음	14	58.3	58.3	87.5
무응답	3	12.5	12.5	100.0
Total	24	100.0	100.0	

12. 앞서 (조사·구속, 강제징집) 응답하신 정신적, 신체적인 위해로 인해 지금까지 남아있는 후유증이 있습니까?

전체응답자	빈도	비율	유효비율	누적비율
있음	110	15.7	15.7	15.7
없음	431	61.6	61.6	77.3
무응답	159	22.7	22.7	100.0
Total	700	100.0	100.0	

구속/구금 또는 군강제징집 유경험자	빈 도	비 율	유효비율	누적비율
있음	108	21.2	21.2	21.2
없음	343	67.3	67.3	88.4
무응답	59	11.6	11.6	100.0
Total	510	100.0	100.0	

12-1. 지금까지 남아있는 정신적 후유증을 표시해 주십시오.

　　① 정신분열증

전체응답자	빈도	비율	유효비율	누적비율
미해당	590	84.3	84.3	84.3
있음	6	.9	.9	85.1
없음	104	14.9	14.9	100.0
Total	700	100.0	100.0	

조사/구속/강제징집 후유증 있는 사람	빈도	비율	유효비율	누적비율
있음	6	5.6	5.6	5.6
없음	102	94.4	94.4	100.0
Total	108	100.0	100.0	

12-1. 지금까지 남아있는 정신적 후유증을 표시해 주십시오.

　　② 성격장애

전체응답자	빈도	비율	유효비율	누적비율
미해당	590	84.3	84.3	84.3
있음	29	4.1	4.1	88.4
없음	81	11.6	11.6	100.0
Total	700	100.0	100.0	

조사/구속/강제징집 후유증 있는 사람	빈도	비율	유효비율	누적비율
있음	29	26.9	26.9	26.9
없음	79	73.1	73.1	100.0
Total	108	100.0	100.0	

12-1. 지금까지 남아있는 정신적 후유증을 표시해 주십시오.

　　③ 우울증

전체응답자	빈도	비율	유효비율	누적비율
미해당	590	84.3	84.3	84.3
있음	32	4.6	4.6	88.9
없음	78	11.1	11.1	100.0
Total	700	100.0	100.0	

조사/구속/강제징집 후유증 있는 사람	빈도	비율	유효비율	누적비율
있음	32	29.6	29.6	29.6
없음	76	70.4	70.4	100.0
Total	108	100.0	100.0	

12-1. 지금까지 남아있는 정신적 후유증을 표시해 주십시오.

④ 기억력장애

전체응답자	빈도	비율	유효비율	누적비율
미해당	590	84.3	84.3	84.3
있음	18	2.6	2.6	86.9
없음	92	13.1	13.1	100.0
Total	700	100.0	100.0	

조사/구속/강제징집 후유증 있는 사람	빈도	비율	유효비율	누적비율
있음	18	16.7	16.7	16.7
없음	90	83.3	83.3	100.0
Total	108	100.0	100.0	

12-1. 지금까지 남아있는 정신적 후유증을 표시해 주십시오.

⑤ 외상성 신경증

전체응답자	빈도	비율	유효비율	누적비율
미해당	590	84.3	84.3	84.3
있음	36	5.1	5.1	89.4
없음	73	10.4	10.4	99.9
무응답	1	.1	.1	100.0
Total	700	100.0	100.0	

조사/구속/강제징집 후유증 있는 사람	빈 도	비 율	유효비율	누적비율
있음	36	33.3	33.3	33.3
없음	71	65.7	65.7	99.1
무응답	1	.9	.9	100.0
Total	108	100.0	100.0	

12-1. 지금까지 남아있는 정신적 후유증을 표시해 주십시오.

⑥ 사회적응력 장애

전체응답자	빈도	비율	유효비율	누적비율
미해당	590	84.3	84.3	84.3
있음	31	4.4	4.4	88.7
없음	79	11.3	11.3	100.0
Total	700	100.0	100.0	

조사/구속/강제징집 후유증 있는 사람	빈도	비율	유효비율	누적비율
있음	31	28.7	28.7	28.7
없음	77	71.3	71.3	100.0
Total	108	100.0	100.0	

12-2. 지금까지 남아있는 신체적 후유증을 표시해 주십시오.

　① 화상

전체응답자	빈도	비율	유효비율	누적비율
미해당	590	84.3	84.3	84.3
있음	4	.6	.6	84.9
없음	102	14.6	14.6	99.4
무응답	4	.6	.6	100.0
Total	700	100.0	100.0	

조사/구속/강제징집 후유증 있는 사람	빈 도	비 율	유효비율	누적비율
있음	3	2.8	2.8	2.8
없음	101	93.5	93.5	96.3
무응답	4	3.7	3.7	100.0
Total	108	100.0	100.0	

12-2. 지금까지 남아있는 신체적 후유증을 표시해 주십시오.

　② 허리 또는 목 디스크

전체응답자	빈도	비율	유효비율	누적비율
미해당	590	84.3	84.3	84.3
있음	38	5.4	5.4	89.7
없음	68	9.7	9.7	99.4
무응답	4	.6	.6	100.0
Total	700	100.0	100.0	

조사/구속/강제징집 후유증 있는 사람	빈도	비율	유효비율	누적비율
있음	37	34.3	34.3	34.3
없음	67	62.0	62.0	96.3
무응답	4	3.7	3.7	100.0
Total	108	100.0	100.0	

12-2. 지금까지 남아있는 신체적 후유증을 표시해 주십시오.

③ 신체절단 또는 훼손

전체응답자	빈도	비율	유효비율	누적비율
미해당	590	84.3	84.3	84.3
있음	25	3.6	3.6	87.9
없음	81	11.6	11.6	99.4
무응답	4	.6	.6	100.0
Total	700	100.0	100.0	

조사/구속/강제징집 후유증 있는 사람	빈 도	비 율	유효비율	누적비율
있음	25	23.1	23.1	23.1
없음	79	73.1	73.1	96.3
무응답	4	3.7	3.7	100.0
Total	108	100.0	100.0	

12-2. 지금까지 남아있는 신체적 후유증을 표시해 주십시오.

④ 시력손상

전체응답자	빈도	비율	유효비율	누적비율
미해당	590	84.3	84.3	84.3
있음	6	.9	.9	85.1
없음	100	14.3	14.3	99.4
무응답	4	.6	.6	100.0
Total	700	100.0	100.0	

조사/구속/강제징집 후유증 있는 사람	빈 도	비 율	유효비율	누적비율
있음	6	5.6	5.6	5.6
없음	98	90.7	90.7	96.3
무응답	4	3.7	3.7	100.0
Total	108	100.0	100.0	

12-2. 지금까지 남아있는 신체적 후유증을 표시해 주십시오.

⑤ 성기능 장애

전체응답자	빈도	비율	유효비율	누적비율
미해당	590	84.3	84.3	84.3
있음	4	.6	.6	84.9
없음	102	14.6	14.6	99.4
무응답	4	.6	.6	100.0
Total	700	100.0	100.0	

조사/구속/강제징집 후유증 있는 사람	빈　도	비　율	유효비율	누적비율
있음	4	3.7	3.7	3.7
없음	100	92.6	92.6	96.3
무응답	4	3.7	3.7	100.0
Total	108	100.0	100.0	

12-3. 지금까지 남아있는 정신적, 신체적 후유증에 대해 현재 적절한 치료를 받고 계십니까?

전체응답자	빈도	비율	유효비율	누적비율
미해당	590	84.3	84.3	84.3
그렇다	7	1.0	1.0	85.3
후유증이 심할 때만 치료를 받고 있다	30	4.3	4.3	89.6
치료를 거의 받지 못하고 있다	21	3.0	3.0	92.6
아무 치료도 받지 못하고 있다	46	6.6	6.6	99.1
무응답	6	.9	.9	100.0
Total	700	100.0	100.0	

조사/구속/강제징집 후유증 있는 사람	빈도	비율	유효비율	누적비율
그렇다	7	6.5	6.5	6.5
후유증이 심할 때만 치료를 받고 있다	29	26.9	26.9	33.3
치료를 거의 받지 못하고 있다	21	19.4	19.4	52.8
아무 치료도 받지 못하고 있다	45	41.7	41.7	94.4
무응답	6	5.6	5.6	100.0
Total	108	100.0	100.0	

12-4. 선생님이 판단하시기에 후유증으로 인해 발생한 가장 심각한 문제는 무엇입니까?

전체응답자	빈도	비율	유효비율	누적비율
미해당	590	84.3	84.3	84.3
가족 해체	4	.6	.6	84.9
인간관계 형성 장애 및 사회적 고립	23	3.3	3.3	88.1
실직, 미취업으로 인한 경제적 어려움	28	4.0	4.0	92.1
의료비 과다 지출	11	1.6	1.6	93.7
기타	29	4.1	4.1	97.9
없음	2	.3	.3	98.1
무응답	13	1.9	1.9	100.0
Total	700	100.0	100.0	

조사/구속/강제징집 후유증 있는 사람	빈도	비율	유효비율	누적비율
가족 해체	4	3.7	3.7	3.7
인간관계 형성 장애 및 사회적 고립	23	21.3	21.3	25.0
실직, 미취업으로 인한 경제적 어려움	28	25.9	25.9	50.9
의료비 과다 지출	10	9.3	9.3	60.2
기타	28	25.9	25.9	86.1
없음	2	1.9	1.9	88.0
무응답	13	12.0	12.0	100.0
Total	108	100.0	100.0	

13. 선생님은 민주화운동 경력으로 인해 사회활동에 어려움을 겪은 적이 있습니까?
　① 취업 및 직업 선택의 어려움

전체응답자	빈도	비율	유효비율	누적비율
있음	374	53.4	53.4	53.4
없음	319	45.6	45.6	99.0
무응답	7	1.0	1.0	100.0
Total	700	100.0	100.0	

13. 선생님은 민주화운동 경력으로 인해 사회활동에 어려움을 겪은 적이 있습니까?
　② 승진의 어려움 및 주요 보직 배제

전체응답자	빈도	비율	유효비율	누적비율
있음	54	7.7	7.7	7.7
없음	639	91.3	91.3	99.0
무응답	7	1.0	1.0	100.0
Total	700	100.0	100.0	

13. 선생님은 민주화운동 경력으로 인해 사회활동에 어려움을 겪은 적이 있습니까?
　③ 해직 또는 해고

전체응답자	빈도	비율	유효비율	누적비율
있음	134	19.1	19.1	19.1
없음	559	79.9	79.9	99.0
무응답	7	1.0	1.0	100.0
Total	700	100.0	100.0	

13. 선생님은 민주화운동 경력으로 인해 사회활동에 어려움을 겪은 적이 있습니까?

④ 정보기관 및 경찰 등의 감시로 사회활동 위축

전체응답자	빈도	비율	유효비율	누적비율
있음	276	39.4	39.4	39.4
없음	417	59.6	59.6	99.0
무응답	7	1.0	1.0	100.0
Total	700	100.0	100.0	

13. 선생님은 민주화운동 경력으로 인해 사회활동에 어려움을 겪은 적이 있습니까?

⑤ 주위로부터의 냉대 혹은 따돌림(이웃과의 교류 장애)

전체응답자	빈도	비율	유효비율	누적비율
있음	139	19.9	19.9	19.9
없음	554	79.1	79.1	99.0
무응답	7	1.0	1.0	100.0
Total	700	100.0	100.0	

14. 선생님은 민주화운동 경력으로 가족생활에 어려움을 겪은 적이 있습니까?

① 본인의 운동경력으로 인한 가족 신상의 피해

전체응답자	빈도	비율	유효비율	누적비율
있음	123	17.6	17.6	17.6
없음	563	80.4	80.4	98.0
무응답	14	2.0	2.0	100.0
Total	700	100.0	100.0	

14. 선생님은 민주화운동 경력으로 가족생활에 어려움을 겪은 적이 있습니까?

② 자녀교육의 어려움

전체응답자	빈도	비율	유효비율	누적비율
있음	75	10.7	10.7	10.7
없음	611	87.3	87.3	98.0
무응답	14	2.0	2.0	100.0
Total	700	100.0	100.0	

14. 선생님은 민주화운동 경력으로 가족생활에 어려움을 겪은 적이 있습니까?

　　③ 결혼생활 장애

전체응답자	빈도	비율	유효비율	누적비율
있음	75	10.7	10.7	10.7
없음	611	87.3	87.3	98.0
무응답	14	2.0	2.0	100.0
Total	700	100.0	100.0	

14. 선생님은 민주화운동 경력으로 가족생활에 어려움을 겪은 적이 있습니까?

　　④ 부모 및 친인척들과 관계 경직 혹은 단절

전체응답자	빈도	비율	유효비율	누적비율
있음	233	33.3	33.3	33.3
없음	453	64.7	64.7	98.0
무응답	14	2.0	2.0	100.0
Total	700	100.0	100.0	

15. 선생님의 현재 직업을 적어주세요

전체응답자	빈도	비율	유효비율	누적비율
의회의원, 고위임직원 및 관리자	32	4.6	4.6	4.6
전문가	64	9.1	9.1	13.7
기술공 및 준전문가	105	15.0	15.0	28.7
사무 종사자	75	10.7	10.7	39.4
서비스 종사자	54	7.7	7.7	47.1
판매 종사자	54	7.7	7.7	54.9
농업, 임업 및 어업 숙련 종사자	14	2.0	2.0	56.9
기능원 및 관련 기능 종사자	21	3.0	3.0	59.9
단순 노무 종사자	23	3.3	3.3	63.1
전업주부	18	2.6	2.6	65.7
무직 또는 학생	31	4.4	4.4	70.1
시민단체 활동가	194	27.7	27.7	97.9
기타	15	2.1	2.1	100.0
Total	700	100.0	100.0	

15-1. 자영업이 아닌 경우, 선생님의 현재 고용형태는 어떤 것입니까?

전체응답자	빈도	비율	유효비율	누적비율
미해당	239	34.1	34.1	34.1
상용직	334	47.7	47.7	81.9
임시직	92	13.1	13.1	95.0
일용직	35	5.0	5.0	100.0
Total	700	100.0	100.0	

자영업 종사자가 아닌 경우, 현재 고용형태	빈 도	비 율	유효비율	누적비율
상용직	334	72.5	72.5	72.5
임시직	92	20.0	20.0	92.4
일용직	35	7.6	7.6	100.0
Total	461	100.0	100.0	

16. 현재 선생님 본인의 월 평균 수입 (본인명의 근로소득, 집세, 증권 배당이익, 저축이자 등 모두 포함)은 어느 정도입니까?

전체응답자	빈도	비율	유효비율	누적비율
수입 없음	75	10.7	10.7	10.7
100만원 이하	136	19.4	19.4	30.1
101만원 ~ 200만원	242	34.6	34.6	64.7
201만원 ~ 300만원	144	20.6	20.6	85.3
301만원 ~ 400만원	63	9.0	9.0	94.3
401만원 ~ 700만원	32	4.6	4.6	98.9
701만원 이상	7	1.0	1.0	99.9
무응답	1	.1	.1	100.0
Total	700	100.0	100.0	

17. 현재 선생님 집안의 경제 상태는 어느 정도입니까?

전체응답자	빈도	비율	유효비율	누적비율
상	3	.4	.4	.4
중상	18	2.6	2.6	3.0
중	202	28.9	28.9	31.9
중하	310	44.3	44.3	76.1
하	166	23.7	23.7	99.9
무응답	1	.1	.1	100.0
Total	700	100.0	100.0	

18. 선생님은 자신이 민주화운동을 하지 않았다면, 선생님의 경제적 형편이 어떻게 되었을
    것이라 생각하십니까?

전체응답자	빈도	비율	유효비율	누적비율
더 좋아졌을 것이다	478	68.3	68.3	68.3
별로 달라지지 않았을 것이다	203	29.0	29.0	97.3
더 나빠졌을 것이다	14	2.0	2.0	99.3
무응답	5	.7	.7	100.0
Total	700	100.0	100.0	

19. 현재 선생님 댁의 주 수입원은 누구입니까? (복수응답, 1인)

전체응답자	빈도	비율	유효비율	누적비율
본인	523	74.7	74.7	74.7
배우자	153	21.9	21.9	96.6
부모	6	.9	.9	97.4
자녀	6	.9	.9	98.3
국가 보조	2	.3	.3	98.6
형제·자매	8	1.1	1.1	99.7
희생자 구제비	1	.1	.1	99.9
없음	1	.1	.1	100.0
Total	700	100.0	100.0	

19. 현재 선생님 댁의 주 수입원은 누구입니까? (복수응답, 2인)

전체응답자	빈도	비율	유효비율	누적비율
미해당	491	70.1	70.1	70.1
본인	2	.3	.3	70.4
배우자	195	27.9	27.9	98.3
부모	8	1.1	1.1	99.4
자녀	2	.3	.3	99.7
형제·자매	1	.1	.1	99.9
기타	1	.1	.1	100.0
Total	700	100.0	100.0	

19. 현재 선생님 댁의 주 수입원은 누구입니까? (복수응답, 2인까지 합)

전체응답자		Responses		Percent of Cases
		N	Percent	
$주수입원 (a)	본인	525	57.8%	75.0%
	배우자	348	38.3%	49.7%
	부모	14	1.5%	2.0%
	자녀	8	.9%	1.1%
	국가 보조	2	.2%	.3%
	형제·자매	9	1.0%	1.3%
	희생자 구제비	1	.1%	.1%
	기타	1	.1%	.1%
	없음	1	.1%	.1%
Total		909	100.0%	129.9%

a   Group

20. 현재 살고 계신 주택은 자가입니까? 아니면 전세 또는 월세입니까?

전체응답자	빈도	비율	유효비율	누적비율
자가	349	49.9	49.9	49.9
전세	208	29.7	29.7	79.6
월세(임대)	103	14.7	14.7	94.3
무상(사옥) 및 기타	33	4.7	4.7	99.0
무응답	7	1.0	1.0	100.0
Total	700	100.0	100.0	

21. 선생님은 80년대 민주화운동 활동에 대해 당시에는 어떻게 생각하셨습니까?

전체응답자	빈도	비율	유효비율	누적비율
매우 긍정적	556	79.4	79.4	79.4
긍정적	131	18.7	18.7	98.1
보통	8	1.1	1.1	99.3
부정적	2	.3	.3	99.6
매우 부정적	3	.4	.4	100.0
Total	700	100.0	100.0	

22. 선생님은 80년대 민주화운동 활동에 대해 현재는 어떻게 생각하십니까?

전체응답자	빈도	비율	유효비율	누적비율
매우 긍정적	437	62.4	62.4	62.4
긍정적	229	32.7	32.7	95.1
보통	25	3.6	3.6	98.7
부정적	4	.6	.6	99.3
매우 부정적	4	.6	.6	99.9
무응답	1	.1	.1	100.0
Total	700	100.0	100.0	

23. 선생님이 생각하시는 바람직한 민주주의의 모습과 비교할 때, 현재 한국사회의 민주화는 어느 정도라고 생각하십니까?

전체응답자	빈도	비율	유효비율	누적비율
매우 만족	4	.6	.6	.6
만족	60	8.6	8.6	9.1
보통	213	30.4	30.4	39.6
불만족	309	44.1	44.1	83.7
매우 불만족	113	16.1	16.1	99.9
무응답	1	.1	.1	100.0
Total	700	100.0	100.0	

현재 한국사회의 민주화 정도에 얼마나 만족하시는지 표시하여 주시기 바랍니다.

24. 정치부문

전체응답자	빈도	비율	유효비율	누적비율
매우 만족	4	.6	.6	.6
만족	47	6.7	6.7	7.3
보통	158	22.6	22.6	29.9
불만족	265	37.9	37.9	67.7
매우 불만족	226	32.3	32.3	100.0
Total	700	100.0	100.0	

현재 한국사회의 민주화 정도에 얼마나 만족하시는지 표시하여 주시기 바랍니다.

25. 경제부문

전체응답자	빈도	비율	유효비율	누적비율
매우 만족	1	.1	.1	.1
만족	17	2.4	2.4	2.6
보통	123	17.6	17.6	20.1
불만족	265	37.9	37.9	58.0
매우 불만족	292	41.7	41.7	99.7
무응답	2	.3	.3	100.0
Total	700	100.0	100.0	

현재 한국사회의 민주화 정도에 얼마나 만족하시는지 표시하여 주시기 바랍니다.

26. 노동부문

전체응답자	빈도	비율	유효비율	누적비율
매우 만족	3	.4	.4	.4
만족	24	3.4	3.4	3.9
보통	147	21.0	21.0	24.9
불만족	284	40.6	40.6	65.4
매우 불만족	240	34.3	34.3	99.7
무응답	2	.3	.3	100.0
Total	700	100.0	100.0	

현재 한국사회의 민주화 정도에 얼마나 만족하시는지 표시하여 주시기 바랍니다.

27. 언론부문

전체응답자	빈도	비율	유효비율	누적비율
매우 만족	9	1.3	1.3	1.3
만족	53	7.6	7.6	8.9
보통	162	23.1	23.1	32.0
불만족	245	35.0	35.0	67.0
매우 불만족	229	32.7	32.7	99.7
무응답	2	.3	.3	100.0
Total	700	100.0	100.0	

현재 한국사회의 민주화 정도에 얼마나 만족하시는지 표시하여 주시기 바랍니다.

28. 문화부문

전체응답자	빈도	비율	유효비율	누적비율
매우 만족	8	1.1	1.1	1.1
만족	128	18.3	18.3	19.4
보통	307	43.9	43.9	63.3
불만족	177	25.3	25.3	88.6
매우 불만족	77	11.0	11.0	99.6
무응답	3	.4	.4	100.0
Total	700	100.0	100.0	

현재 한국사회의 민주화 정도에 얼마나 만족하시는지 표시하여 주시기 바랍니다.

29. 교육부문

전체응답자	빈도	비율	유효비율	누적비율
매우 만족	1	.1	.1	.1
만족	19	2.7	2.7	2.9
보통	157	22.4	22.4	25.3
불만족	287	41.0	41.0	66.3
매우 불만족	229	32.7	32.7	99.0
무응답	7	1.0	1.0	100.0
Total	700	100.0	100.0	

현재 한국사회의 민주화 정도에 얼마나 만족하시는지 표시하여 주시기 바랍니다.

30. 행정관료부문

전체응답자	빈도	비율	유효비율	누적비율
매우 만족	2	.3	.3	.3
만족	34	4.9	4.9	5.1
보통	174	24.9	24.9	30.0
불만족	284	40.6	40.6	70.6
매우 불만족	202	28.9	28.9	99.4
무응답	4	.6	.6	100.0
Total	700	100.0	100.0	

현재 한국사회의 민주화 정도에 얼마나 만족하시는지 표시하여 주시기 바랍니다.

31. 경찰사법부문

전체응답자	빈도	비율	유효비율	누적비율
매우 만족	2	.3	.3	.3
만족	25	3.6	3.6	3.9
보통	163	23.3	23.3	27.1
불만족	266	38.0	38.0	65.1
매우 불만족	235	33.6	33.6	98.7
무응답	9	1.3	1.3	100.0
Total	700	100.0	100.0	

32. 한국이 실질적 민주화를 이룩하는데 걸림돌이 되고 있는 것은 무엇입니까?
    (2개 복수응답-1)

전체응답자	빈도	비율	유효비율	누적비율
정경유착	88	12.6	12.6	12.6
지역주의	104	14.9	14.9	27.4
남남갈등	18	2.6	2.6	30.0
양극화 심화	299	42.7	42.7	72.7
비정규직 확대	33	4.7	4.7	77.4
사회적 약자에 대한 차별	21	3.0	3.0	80.4
사회보장제도 미흡	8	1.1	1.1	81.6
국가보안법 존치	40	5.7	5.7	87.3
주한미군 주둔 또는 불평등한 한미관계	69	9.9	9.9	97.1
민족분단	17	2.4	2.4	99.6
기타	3	.4	.4	100.0
Total	700	100.0	100.0	

32. 한국이 실질적 민주화를 이룩하는데 걸림돌이 되고 있는 것은 무엇입니까?

   (2개 복수응답-2)

전체응답자	빈도	비율	유효비율	누적비율
미해당	62	8.9	8.9	8.9
정경유착	4	.6	.6	9.4
지역주의	14	2.0	2.0	11.4
남남갈등	1	.1	.1	11.6
양극화 심화	79	11.3	11.3	22.9
비정규직 확대	48	6.9	6.9	29.7
사회적 약자에 대한 차별	46	6.6	6.6	36.3
사회보장제도 미흡	47	6.7	6.7	43.0
국가보안법 존치	41	5.9	5.9	48.9
주한미군 주둔 또는 불평등한 한미관계	119	17.0	17.0	65.9
민족분단	229	32.7	32.7	98.6
기타	10	1.4	1.4	100.0
Total	700	100.0	100.0	

32. 한국이 실질적 민주화를 이룩하는데 걸림돌이 되고 있는 것은 무엇입니까?

   (2개 복수응답-2개 합)

전체응답자(복수응답합산)		Responses		Percent of Cases
		N	Percent	
$ 걸림돌 (a)	정경유착	92	6.9%	`13.1%
	지역주의	118	8.8%	16.9%
	남남갈등	19	1.4%	2.7%
	양극화 심화	378	28.3%	54.0%
	비정규직 확대	81	6.1%	11.6%
	사회적 약자에 대한 차별	67	5.0%	9.6%
	사회보장제도 미흡	55	4.1%	7.9%
	국가보안법 존치	81	6.1%	11.6%
	주한미군 주둔 또는 불평등한 한미관계	188	14.1%	26.9%
	민족분단	246	18.4%	35.1%
	기타	13	1.0%	1.9%
Total		1338	100.0%	191.1%

a   Group

33. 오랫동안 국가보안법 개폐문제가 대두되어 있습니다. 선생님께서는 어떻게 생각하십니까?

전체응답자	빈도	비율	유효비율	누적비율
무조건 폐지	643	91.9	91.9	91.9
조건부 폐지	14	2.0	2.0	93.9
독소조항만 삭제하여 개정	17	2.4	2.4	96.3
대체입법	23	3.3	3.3	99.6
무응답	3	.4	.4	100.0
Total	700	100.0	100.0	

34. 선생님은 한국의 민주화에 시민단체 혹은 사회운동단체가 어느 정도 기여하였다고 생각하십니까?

전체응답자	빈도	비율	유효비율	누적비율
많이 기여했음	387	55.3	55.3	55.3
어느 정도 기여했음	260	37.1	37.1	92.4
그저 그렇다	38	5.4	5.4	97.9
별로 기여하지 못했음	10	1.4	1.4	99.3
기여하지 못했음	3	.4	.4	99.7
무응답	2	.3	.3	100.0
Total	700	100.0	100.0	

35. 선생님은 현재 시민사회단체에 참여하거나 활동하고 계십니까?

전체응답자	빈도	비율	유효비율	누적비율
그렇다	518	74.0	74.0	74.0
아니다	174	24.9	24.9	98.9
무응답	8	1.1	1.1	100.0
Total	700	100.0	100.0	

35-1. 둘 이상의 단체에 참여 또는 활동하는 경우, 최우선 순위를 두는 단체에서 어떤 형태로 참여하고 계십니까?

전체응답자	빈도	비율	유효비율	누적비율
미해당	182	26.0	26.0	26.0
상근자	176	25.1	25.1	51.1
회원	297	42.4	42.4	93.6
비회원으로서 금전적 후원자	35	5.0	5.0	98.6
기타	10	1.4	1.4	100.0
Total	700	100.0	100.0	

시민사회단체 참여 활동 중인 사람	빈 도	비 율	유효비율	누적비율
상근자	176	34.0	34.0	34.0
회원	297	57.3	57.3	91.3
비회원으로서 금전적 후원자	35	6.8	6.8	98.1
기타	10	1.9	1.9	100.0
Total	518	100.0	100.0	

36. 선생님께서는 과거에 같이 활동했던 동료들과 아직도 지속적으로 연락을 주고받거나, 모임을 유지하고 있습니까?

전체응답자	빈도	비율	유효비율	누적비율
그렇다	587	83.9	83.9	83.9
아니다	103	14.7	14.7	98.6
무응답	10	1.4	1.4	100.0
Total	700	100.0	100.0	

37. 6월 항쟁 당시 선생님의 참여도는 어떠했습니까?

전체응답자	빈도	비율	유효비율	누적비율
적극 참여	459	65.6	65.6	65.6
소극 참여	119	17.0	17.0	82.6
관망	39	5.6	5.6	88.1
기타	83	11.9	11.9	100.0
Total	700	100.0	100.0	

38. 선생님이 생각하시는 6월 항쟁의 과제가 현재 우리 사회에 어느 정도 해결되었다고 보십니까?

전체응답자	빈도	비율	유효비율	누적비율
충분히 해결되었다	16	2.3	2.3	2.3
일부만 해결되었다	473	67.6	67.6	69.9
별로 해결되지 않았다	190	27.1	27.1	97.0
전혀 해결되지 않았다	19	2.7	2.7	99.7
무응답	2	.3	.3	100.0
Total	700	100.0	100.0	

39. 6월 10일을 국가기념일로 제정하자는 의견이 있습니다. 선생님은 어떻게 생각하십니까?

전체응답자	빈도	비율	유효비율	누적비율
동의한다	522	74.6	74.6	74.6
반대한다	63	9.0	9.0	83.6
모르겠다	111	15.9	15.9	99.4
무응답	4	.6	.6	100.0
Total	700	100.0	100.0	

40. 2007년 현재 6월 항쟁의 정신을 계승한 한국사회의 최우선 과제는 무엇으로 생각하십니까?

전체응답자	빈도	비율	유효비율	누적비율
선진국 진입	14	2.0	2.0	2.0
실질적 민주화 구현	334	47.7	47.7	49.7
평화통일 달성	179	25.6	25.6	75.3
사회복지 증진	52	7.4	7.4	82.7
완전한 자주국가	118	16.9	16.9	99.6
무응답	3	.4	.4	100.0
Total	700	100.0	100.0	

41. 2007년 현재 한국의 민주화 수준과 미래 과제를 고려할 때, 6월 정신을 계승하면서도 다양한 부문에서 실질적 민주화를 실천하기 위한 노력이 필요하다고 보십니까?

전체응답자	빈도	비율	유효비율	누적비율
필요하다	681	97.3	97.3	97.3
필요하지 않다	2	.3	.3	97.6
잘 모르겠다	15	2.1	2.1	99.7
무응답	2	.3	.3	100.0
Total	700	100.0	100.0	

41-1. 앞으로도 실질적 민주화를 위한 노력이 필요하다면, 선생님이 직접 실천 활동에 참여할 의사가 있습니까?

전체응답자	빈도	비율	유효비율	누적비율
미해당	19	2.7	2.7	2.7
있다	574	82.0	82.0	84.7
없다	21	3.0	3.0	87.7
잘 모르겠다	85	12.1	12.1	99.9
무응답	1	.1	.1	100.0
Total	700	100.0	100.0	

민주화 실천노력 필요하다는 응답자	빈도	비율	유효비율	누적비율
있다	574	84.3	84.3	84.3
없다	21	3.1	3.1	87.4
잘 모르겠다	85	12.5	12.5	99.9
무응답	1	.1	.1	100.0
Total	681	100.0	100.0	

41-2. 직접 활동에 참여하신다면 어떤 분야에서 활동할 의사가 있습니까?

전체응답자	빈도	비율	유효비율	누적비율
미해당	126	18.0	18.0	18.0
행정, 사법 부문	24	3.4	3.4	21.4
경제, 노동 부문	139	19.9	19.9	41.3
농민 부문	19	2.7	2.7	44.0
여성 및 가족 부문	40	5.7	5.7	49.7
평화, 통일 부문	145	20.7	20.7	70.4
언론 및 문화, 교육 부문	71	10.1	10.1	80.6
빈민, 외국인노동자 부문	17	2.4	2.4	83.0
인권 부문	34	4.9	4.9	87.9
환경, 생태 부문	50	7.1	7.1	95.0
보건·의료 부문	4	.6	.6	95.6
정당, 정치	6	.9	.9	96.4
기타	15	2.1	2.1	98.6
무응답	10	1.4	1.4	100.0
Total	700	100.0	100.0	

실천활동 참여의사 있는 사람	빈도	비율	유효비율	누적비율
행정, 사법 부문	24	4.2	4.2	4.2
경제, 노동 부문	139	24.2	24.2	28.4
농민 부문	19	3.3	3.3	31.7
여성 및 가족 부문	40	7.0	7.0	38.7
평화, 통일 부문	145	25.3	25.3	63.9
언론 및 문화, 교육 부문	71	12.4	12.4	76.3
빈민, 외국인노동자 부문	17	3.0	3.0	79.3
인권 부문	34	5.9	5.9	85.2
환경, 생태 부문	50	8.7	8.7	93.9
보건·의료 부문	4	.7	.7	94.6
정당, 정치	6	1.0	1.0	95.6
기타	15	2.6	2.6	98.3
무응답	10	1.7	1.7	100.0
Total	574	100.0	100.0	

42. 선생님은 민주화운동보상심의위원회에 명예회복이나 보상을 신청한 적이 있습니까?

전체응답자	빈도	비율	유효비율	누적비율
있음	268	38.3	38.3	38.3
없음	430	61.4	61.4	99.7
무응답	2	.3	.3	100.0
Total	700	100.0	100.0	

42-1. 신청하지 않으신 경우, 그 이유는 무엇입니까?

전체응답자	빈도	비율	유효비율	누적비율
미해당	277	39.6	39.6	39.6
어떤 형태의 보상도 기대하지 않으므로	191	27.3	27.3	66.9
보상신청 대상자가 아님	80	11.4	11.4	78.3
보상신청 관련 정보 부족	17	2.4	2.4	80.7
보상보다 진실규명, 명예회복, 질적 민주화 우선	13	1.9	1.9	82.6
기타	28	4.0	4.0	86.6
무응답	94	13.4	13.4	100.0
Total	700	100.0	100.0	

명예회복/보상 신청하지 않은 사람	빈도	비율	유효비율	누적비율
미해당	7	1.6	1.6	1.6
어떤 형태의 보상도 기대하지 않으므로	191	44.4	44.4	46.0
보상신청 대상자가 아님	80	18.6	18.6	64.7
보상신청 관련 정보 부족	17	4.0	4.0	68.6
보상보다 진실규명, 명예회복, 질적 민주화 우선	13	3.0	3.0	71.6
기타	28	6.5	6.5	78.1
무응답	94	21.9	21.9	100.0
Total	430	100.0	100.0	

43. 선생님은 민주화운동과 관련하여 국가로부터 보상이나 생활지원금을 받은 적이 있습니까?

전체응답자	빈도	비율	유효비율	누적비율
있음	145	20.7	20.7	20.7
없음	547	78.1	78.1	98.9
무응답	8	1.1	1.1	100.0
Total	700	100.0	100.0	

44. 선생님은 민주화운동 관련자를 위해 국가가 가장 우선적으로 해야 할 일이 무엇이라고
생각하십니까?

전체응답자	빈도	비율	유효비율	누적비율
진실 규명	349	49.9	49.9	49.9
책임자 처벌	124	17.7	17.7	67.6
명예 회복	140	20.0	20.0	87.6
보상	50	7.1	7.1	94.7
기념사업	25	3.6	3.6	98.3
기타	12	1.7	1.7	100.0
Total	700	100.0	100.0	

45. (사)민주화운동공제회는 민주화운동으로 인해 정신적, 경제적 등 여러 어려움을 겪고
있는 민주화운동 관련자들의 상호부조, 생활안정과 복리증진을 목표로 설립되었습니다.
(사)민주화운동공제회의 필요성에 대해 어떻게 생각하십니까?

전체응답자	빈도	비율	유효비율	누적비율
매우 긍정	162	23.1	23.1	23.1
긍정	374	53.4	53.4	76.6
보통	139	19.9	19.9	96.4
부정	20	2.9	2.9	99.3
매우 부정	1	.1	.1	99.4
무응답	4	.6	.6	100.0
Total	700	100.0	100.0	

46. (사)민주화운동공제회 운영에 필요한 재원을 조달하는 방법으로 가장 바람직한 것은
무엇이라고 생각하십니까?

전체응답자	빈도	비율	유효비율	누적비율
전적으로 공제회의 자주적 조달	191	27.3	27.3	27.3
공제회의 자주적 조달을 원칙, 가능하다면 정부보조 받음	366	52.3	52.3	79.6
공제회의 자주적 조달을 원칙, 정부외의 외부보조 받음	117	16.7	16.7	96.3
전적으로 정부보조를 기본으로 하며 재정마련	3	.4	.4	96.7
공제회의 구체적 상황을 모르겠음	2	.3	.3	97.0
기타	8	1.1	1.1	98.1
무응답	13	1.9	1.9	100.0
Total	700	100.0	100.0	

47. 공제회의 수익사업에서 지켜야할 원칙은 무엇이라고 생각하십니까?

전체응답자	빈도	비율	유효비율	누적비율
사회적 공익성을 전제함	629	89.9	89.9	89.9
수익창출의 기업마인드에 기반하여야 함	54	7.7	7.7	97.6
기타	6	.9	.9	98.4
무응답	11	1.6	1.6	100.0
Total	700	100.0	100.0	

48. 공제회가 회원에게 우선적으로 제공하여야할 부문은 무엇이라고 생각하십니까?
(복수응답 -1)

전체응답자	빈도	비율	유효비율	누적비율
의료지원	189	27.0	27.0	27.0
자녀교육	302	43.1	43.1	70.1
금융지원	103	14.7	14.7	84.9
창업지원	36	5.1	5.1	90.0
기타	47	6.7	6.7	96.7
무응답	23	3.3	3.3	100.0
Total	700	100.0	100.0	

48. 공제회가 회원에게 우선적으로 제공하여야할 부문은 무엇이라고 생각하십니까?
(복수응답 -2)

전체응답자	빈도	비율	유효비율	누적비율
미해당	692	98.9	98.9	98.9
자녀교육	7	1.0	1.0	99.9
기타	1	.1	.1	100.0
Total	700	100.0	100.0	

48. 공제회가 회원에게 우선적으로 제공하여야할 부문은 무엇이라고 생각하십니까?
(복수응답 -2개까지 합)

		Responses		Percent of Cases
		N	Percent	
$최우선과제 (a)	의료지원	189	26.7%	27.0%
	자녀교육	309	43.6%	44.1%
	금융지원	103	14.5%	14.7%
	창업지원	36	5.1%	5.1%
	기타	48	6.8%	6.9%
	무응답	23	3.2%	3.3%
Total		708	100.0%	101.1%

a   Group

49. 선생님은 본 조사 이전에 「민주화운동기념사업회」에 대해 들어본 적이 있습니까?

전체응답자	빈도	비율	유효비율	누적비율
들어봤음	666	95.1	95.1	95.1
들어보지 못했음	29	4.1	4.1	99.3
무응답	5	.7	.7	100.0
Total	700	100.0	100.0	

49-1. 민주화운동기념사업회에 대해 들어본 경우, 이 사업회를 어떻게 처음 알게 되었습니까?

전체응답자	빈도	비율	유효비율	누적비율
미해당	34	4.9	4.9	4.9
언론·방송 보도	144	20.6	20.6	25.4
행사	62	8.9	8.9	34.3
기념사업회 발간(홍보)자료	120	17.1	17.1	51.4
인터넷	26	3.7	3.7	55.1
주변 사람들을 통해	298	42.6	42.6	97.7
기타	16	2.3	2.3	100.0
Total	700	100.0	100.0	

민주화운동 기념사업회 인지자	빈도	비율	유효비율	누적비율
언론·방송 보도	144	21.6	21.6	21.6
행사	62	9.3	9.3	30.9
기념사업회 발간(홍보)자료	120	18.0	18.0	48.9
인터넷	26	3.9	3.9	52.9
주변 사람들을 통해	298	44.7	44.7	97.6
기타	16	2.4	2.4	100.0
Total	666	100.0	100.0	

49-2. 선생님은 민주화운동기념사업회가 하고 있는 일들에 대해 알고 계십니까?

전체응답자	빈도	비율	유효비율	누적비율
미해당	34	4.9	4.9	4.9
알고 있음	460	65.7	65.7	70.6
모름	191	27.3	27.3	97.9
무응답	15	2.1	2.1	100.0
Total	700	100.0	100.0	

민주화운동 기념사업회 인지자	빈도	비율	유효비율	누적비율
알고 있음	460	69.1	69.1	69.1
모름	191	28.7	28.7	97.7
무응답	15	2.3	2.3	100.0
Total	666	100.0	100.0	

49-3. 민주화운동기념사업회가 하고 있는 일들에 대해 알고 계시다면, 선생님께서 알고
계시는 사업은 무엇이고, 어떻게 생각하십니까?

① 민주화운동 관련 사료수집

전체응답자	빈도	비율	유효비율	누적비율
미해당	240	34.3	34.3	34.3
매우 긍정	209	29.9	29.9	64.1
긍정	192	27.4	27.4	91.6
보통	49	7.0	7.0	98.6
부정	2	.3	.3	98.9
매우 부정	1	.1	.1	99.0
무응답	7	1.0	1.0	100.0
Total	700	100.0	100.0	

민주화운동 기념사업회의 활동 인지자	빈도	비율	유효비율	누적비율
매우 긍정	209	45.4	45.4	45.4
긍정	192	41.7	41.7	87.2
보통	49	10.7	10.7	97.8
부정	2	.4	.4	98.3
매우 부정	1	.2	.2	98.5
무응답	7	1.5	1.5	100.0
Total	460	100.0	100.0	

49-3. 민주화운동기념사업회가 하고 있는 일들에 대해 알고 계시다면, 선생님께서 알고
계시는 사업은 무엇이고, 어떻게 생각하십니까?

② 민주화운동 역사정리/연구

전체응답자	빈도	비율	유효비율	누적비율
미해당	240	34.3	34.3	34.3
매우 긍정	195	27.9	27.9	62.1
긍정	187	26.7	26.7	88.9
보통	65	9.3	9.3	98.1
부정	1	.1	.1	98.3
매우 부정	1	.1	.1	98.4
무응답	11	1.6	1.6	100.0
Total	700	100.0	100.0	

민주화운동 기념사업회의 활동 인지자	빈도	비율	유효비율	누적비율
매우 긍정	195	42.4	42.4	42.4
긍정	187	40.7	40.7	83.0
보통	65	14.1	14.1	97.2
부정	1	.2	.2	97.4
매우 부정	1	.2	.2	97.6
무응답	11	2.4	2.4	100.0
Total	460	100.0	100.0	

49-3. 민주화운동기념사업회가 하고 있는 일들에 대해 알고 계시다면, 선생님께서 알고 계시는 사업은 무엇이고, 어떻게 생각하십니까?

③ 각종 추모, 기념사업

전체응답자	빈도	비율	유효비율	누적비율
미해당	240	34.3	34.3	34.3
매우 긍정	153	21.9	21.9	56.1
긍정	175	25.0	25.0	81.1
보통	105	15.0	15.0	96.1
부정	16	2.3	2.3	98.4
매우 부정	1	.1	.1	98.6
무응답	10	1.4	1.4	100.0
Total	700	100.0	100.0	

민주화운동 기념사업회의 활동 인지자	빈도	비율	유효비율	누적비율
매우 긍정	153	33.3	33.3	33.3
긍정	175	38.0	38.0	71.3
보통	105	22.8	22.8	94.1
부정	16	3.5	3.5	97.6
매우 부정	1	.2	.2	97.8
무응답	10	2.2	2.2	100.0
Total	460	100.0	100.0	

49-3. 민주화운동기념사업회가 하고 있는 일들에 대해 알고 계시다면, 선생님께서 알고
계시는 사업은 무엇이고, 어떻게 생각하십니까?

④ 대외협력 및 연대사업

전체응답자	빈도	비율	유효비율	누적비율
미해당	240	34.3	34.3	34.3
매우 긍정	90	12.9	12.9	47.1
긍정	113	16.1	16.1	63.3
보통	183	26.1	26.1	89.4
부정	43	6.1	6.1	95.6
매우 부정	6	.9	.9	96.4
무응답	25	3.6	3.6	100.0
Total	700	100.0	100.0	

민주화운동 기념사업회의 활동 인지자	빈도	비율	유효비율	누적비율
매우 긍정	90	19.6	19.6	19.6
긍정	113	24.6	24.6	44.1
보통	183	39.8	39.8	83.9
부정	43	9.3	9.3	93.3
매우 부정	6	1.3	1.3	94.6
무응답	25	5.4	5.4	100.0
Total	460	100.0	100.0	

49-3. 민주화운동기념사업회가 하고 있는 일들에 대해 알고 계시다면, 선생님께서 알고
계시는 사업은 무엇이고, 어떻게 생각하십니까?

⑤ 한국민주주의전당 건립

전체응답자	빈도	비율	유효비율	누적비율
미해당	240	34.3	34.3	34.3
매우 긍정	88	12.6	12.6	46.9
긍정	115	16.4	16.4	63.3
보통	162	23.1	23.1	86.4
부정	52	7.4	7.4	93.9
매우 부정	11	1.6	1.6	95.4
무응답	32	4.6	4.6	100.0
Total	700	100.0	100.0	

민주화운동 기념사업회의 활동 인지자	빈도	비율	유효비율	누적비율
매우 긍정	88	19.1	19.1	19.1
긍정	115	25.0	25.0	44.1
보통	162	35.2	35.2	79.3
부정	52	11.3	11.3	90.7
매우 부정	11	2.4	2.4	93.0
무응답	32	7.0	7.0	100.0
Total	460	100.0	100.0	

50. 선생님은 「민주화운동기념사업회」가 가장 우선적으로 해야 할 일이 무엇이라고 생각하십니까?

전체응답자	빈도	비율	유효비율	누적비율
민주화운동 관련 사료수집	152	21.7	21.7	21.7
민주화운동 역사정리 및 연구	397	56.7	56.7	78.4
각종 추모, 기념사업	41	5.9	5.9	84.3
대외협력 및 연대사업	55	7.9	7.9	92.1
한국민주주의전당 건립	24	3.4	3.4	95.6
기타	19	2.7	2.7	98.3
무응답	12	1.7	1.7	100.0
Total	700	100.0	100.0	

51. 선생님은 자신이 관련된 사건, 혹은 1980년대에 활동할 당시 영상, 사진, 문건, 회의록 등 관련 자료를 소장하고 계신가요?

전체응답자	빈도	비율	유효비율	누적비율
예	112	16.0	16.0	16.0
아니오	569	81.3	81.3	97.3
무응답	19	2.7	2.7	100.0
Total	700	100.0	100.0	

51-1. 소장하신 자료를 '민주화운동기념사업회'에 기증할 의향이 있으신가요?

전체응답자	빈도	비율	유효비율	누적비율
미해당	588	84.0	84.0	84.0
예	74	10.6	10.6	94.6
아니오	36	5.1	5.1	99.7
무응답	2	.3	.3	100.0
Total	700	100.0	100.0	

활동관련자료 소장자	빈도	비율	유효비율	누적비율
예	74	66.1	66.1	66.1
아니오	36	32.1	32.1	98.2
무응답	2	1.8	1.8	100.0
Total	112	100.0	100.0	

52. 선생님의 성별은 어디에 해당합니까?

전체응답자	빈도	비율	유효비율	누적비율
남	497	71.0	71.0	71.0
여	203	29.0	29.0	100.0
Total	700	100.0	100.0	

53. 선생님은 만으로 몇 세입니까?

전체응답자	빈도	비율	유효비율	누적비율
35~40세	205	29.3	29.3	29.3
41~45세	285	40.7	40.7	70.0
46~50세	141	20.1	20.1	90.1
51~55세	34	4.9	4.9	95.0
기타	31	4.4	4.4	99.4
무응답	4	.6	.6	100.0
Total	700	100.0	100.0	

54. 선생님의 출생지는 어디입니까?

전체응답자	빈도	비율	유효비율	누적비율
서울/경기권	140	20.0	20.0	20.0
영남권	192	27.4	27.4	47.4
호남권	227	32.4	32.4	79.9
강원/충청/제주	140	20.0	20.0	99.9
무응답	1	.1	.1	100.0
Total	700	100.0	100.0	

55. 선생님께서 민주화운동을 하기 전 주로 성장한 곳(중·고등학교 시절을 보낸 곳)은 어디입니까?

전체응답자	빈도	비율	유효비율	누적비율
서울/경기권	220	31.4	31.4	31.4
영남권	169	24.1	24.1	55.6
호남권	192	27.4	27.4	83.0
강원/충청/제주	117	16.7	16.7	99.7
무응답	2	.3	.3	100.0
Total	700	100.0	100.0	

56. 선생님의 최종 학력을 선택해주십시오. (중퇴, 검정고시 포함)

전체응답자	빈도	비율	유효비율	누적비율
무학	5	.7	.7	.7
초등학교	6	.9	.9	1.6
중학교	15	2.1	2.1	3.7
고등학교	73	10.4	10.4	14.1
대학교	482	68.9	68.9	83.0
대학원 이상	113	16.1	16.1	99.1
기타	6	.9	.9	100.0
Total	700	100.0	100.0	

57. 선생님의 현재 혼인상태는 어떠합니까?

전체응답자	빈도	비율	유효비율	누적비율
기혼	618	88.3	88.3	88.3
미혼	80	11.4	11.4	99.7
무응답	2	.3	.3	100.0
Total	700	100.0	100.0	

→ 기혼일 경우, 어디에 해당하십니까?

전체응답자	빈도	비율	유효비율	누적비율
미해당	82	11.7	11.7	11.7
현재 함께 살고 있음	531	75.9	75.9	87.6
이혼	26	3.7	3.7	91.3
별거	18	2.6	2.6	93.9
사별	5	.7	.7	94.6
무응답	38	5.4	5.4	100.0
Total	700	100.0	100.0	

기혼자	빈도	비율	유효비율	누적비율
현재 함께 살고 있음	531	85.9	85.9	85.9
이혼	26	4.2	4.2	90.1
별거	18	2.9	2.9	93.0
사별	5	.8	.8	93.9
무응답	38	6.1	6.1	100.0
Total	618	100.0	100.0	

57-1. 선생님의 배우자는 민주화운동과 관련이 있는 분이셨습니까?

전체응답자	빈도	비율	유효비율	누적비율
미해당	82	11.7	11.7	11.7
예	403	57.6	57.6	69.3
아니오	203	29.0	29.0	98.3
무응답	12	1.7	1.7	100.0
Total	700	100.0	100.0	

기혼자	빈도	비율	유효비율	누적비율
예	403	65.2	65.2	65.2
아니오	203	32.8	32.8	98.1
무응답	12	1.9	1.9	100.0
Total	618	100.0	100.0	

57-2. 선생님의 배우자는 어느 분야에서 활동하셨습니까?

전체응답자	빈도	비율	유효비율	누적비율
미해당	297	42.4	42.4	42.4
학생운동	231	33.0	33.0	75.4
노동운동	94	13.4	13.4	88.9
농민운동	7	1.0	1.0	89.9
여성운동	8	1.1	1.1	91.0
교육운동	18	2.6	2.6	93.6
재야단체	13	1.9	1.9	95.4
문화운동	6	.9	.9	96.3
기타	26	3.7	3.7	100.0
Total	700	100.0	100.0	

배우자가 민주화운동 관련자	빈도	비율	유효비율	누적비율
학생운동	231	57.3	57.3	57.3
노동운동	94	23.3	23.3	80.6
농민운동	7	1.7	1.7	82.4
여성운동	8	2.0	2.0	84.4
교육운동	18	4.5	4.5	88.8
재야단체	13	3.2	3.2	92.1
문화운동	6	1.5	1.5	93.5
기타	26	6.5	6.5	100.0
Total	403	100.0	100.0	

58. 선생님의 가족 중 (선생님의 부모, 배우자, 직계 자녀에 한정) 현재 생존하고 계시는 분은 어떻게 되십니까? 간단히 적어주세요.

전체응답자	빈도	비율	유효비율	누적비율
가족없음	17	2.4	2.4	2.4
1명	38	5.4	5.4	7.9
2명	103	14.7	14.7	22.6
3명	177	25.3	25.3	47.9
4명	218	31.1	31.1	79.0
5명	111	15.9	15.9	94.9
6명 이상	21	3.0	3.0	97.9
무응답	15	2.1	2.1	100.0
Total	700	100.0	100.0	

59. 선생님이 실질적으로 가족을 부양하고 계신가요?

전체응답자	빈도	비율	유효비율	누적비율
예	440	62.9	62.9	62.9
아니오	248	35.4	35.4	98.3
무응답	12	1.7	1.7	100.0
Total	700	100.0	100.0	

59-1. 선생님이 부양을 책임지고 있는 가족은 몇 명입니까?

전체응답자	빈도	비율	유효비율	누적비율
미해당	260	37.1	37.1	37.1
1명	41	5.9	5.9	43.0
2명	90	12.9	12.9	55.9
3명	165	23.6	23.6	79.4
4명	101	14.4	14.4	93.9
5명	28	4.0	4.0	97.9
6명 이상	8	1.1	1.1	99.0
무응답	7	1.0	1.0	100.0
Total	700	100.0	100.0	

직계가족 부양자	빈도	비율	유효비율	누적비율
1명	41	9.3	9.3	9.3
2명	90	20.5	20.5	29.8
3명	165	37.5	37.5	67.3
4명	101	23.0	23.0	90.2
5명	28	6.4	6.4	96.6
6명 이상	8	1.8	1.8	98.4
무응답	7	1.6	1.6	100.0
Total	440	100.0	100.0	

	1980년대에 선생님은 주로 어느 분야에서 민주화운동을 하셨습니까?																
	Total		①학생운동		②노동운동		③재야단체		④종교운동		⑤농민운동		⑥교육운동		⑦문화운동		⑧기타	
	N	%	N	%	N	%	N	%	N	%	N	%	N	%	N	%	N	%
Total	700	100.0	385	55.0	158	22.6	51	7.3	38	5.4	20	2.9	16	2.3	13	1.9	19	2.7
성별																		
남	497	100.0	269	54.1	108	21.7	45	9.1	25	5.0	19	3.8	11	2.2	8	1.6	12	2.4
여	203	100.0	116	57.1	50	24.6	6	3.0	13	6.4	1	.5	5	2.5	5	2.5	7	3.4
연령별																		
3 5 ~ 4 0 세	205	100.0	165	80.5	18	8.8	2	1.0	8	3.9	1	.5	1	.5	3	1.5	7	3.4
4 1 ~ 4 5 세	285	100.0	171	60.0	72	25.3	15	5.3	14	4.9	2	.7	0	.0	7	2.5	4	1.4
4 6 ~ 5 0 세	141	100.0	39	27.7	53	37.6	17	12.1	9	6.4	8	5.7	10	7.1	2	1.4	3	2.1
5 1 ~ 5 5 세	34	100.0	5	14.7	10	29.4	7	20.6	3	8.8	3	8.8	4	11.8	1	2.9	1	2.9
기 타	31	100.0	2	6.5	4	12.9	10	32.3	4	12.9	6	19.4	1	3.2	0	.0	4	12.9
무 응 답	4	100.0	3	75.0	1	25.0	0	.0	0	.0	0	.0	0	.0	0	.0	0	.0
성장지역별																		
서울 / 경기권	220	100.0	136	61.8	53	24.1	13	5.9	8	3.6	2	.9	2	.9	3	1.4	3	1.4
영 남 권	169	100.0	92	54.4	40	23.7	16	9.5	4	2.4	2	1.2	6	3.6	4	2.4	5	3.0
호 남 권	192	100.0	98	51.0	31	16.1	15	7.8	24	12.5	9	4.7	5	2.6	2	1.0	8	4.2
강원/충청/제주	117	100.0	59	50.4	32	27.4	7	6.0	2	1.7	7	6.0	3	2.6	4	3.4	3	2.6
무 응 답	2	100.0	0	.0	2	100.0	0	.0	0	.0	0	.0	0	.0	0	.0	0	.0
학력별																		
무 학	5	100.0	0	.0	2	40.0	0	.0	1	20.0	1	20.0	1	20.0	0	.0	0	.0
초 등 학 교	6	100.0	0	.0	3	50.0	3	50.0	0	.0	0	.0	0	.0	0	.0	0	.0
중 학 교	15	100.0	0	.0	15	100.0	0	.0	0	.0	0	.0	0	.0	0	.0	0	.0
고 등 학 교	73	100.0	14	19.2	42	57.5	6	8.2	5	6.8	4	5.5	0	.0	0	.0	2	2.7
대 학 교	482	100.0	308	63.9	77	16.0	35	7.3	20	4.1	15	3.1	7	1.5	7	1.5	13	2.7
대 학 원 이 상	113	100.0	62	54.9	15	13.3	7	6.2	12	10.6	0	.0	8	7.1	6	5.3	3	2.7
기 타	6	100.0	1	16.7	4	66.7	0	.0	0	.0	0	.0	0	.0	0	.0	1	16.7
본인월평균수입																		
수 입 없 음	75	100.0	35	46.7	16	21.3	12	16.0	2	2.7	4	5.3	1	1.3	1	1.3	4	5.3
100만원 이하	136	100.0	68	50.0	40	29.4	12	8.8	6	4.4	6	4.4	0	.0	2	1.5	2	1.5
101~200만원	242	100.0	144	59.5	48	19.8	11	4.5	21	8.7	6	2.5	1	.4	3	1.2	8	3.3
201~300만원	144	100.0	81	56.3	32	22.2	10	6.9	5	3.5	4	2.8	6	4.2	3	2.1	3	2.1
301~400만원	63	100.0	35	55.6	12	19.0	3	4.8	3	4.8	0	.0	7	11.1	3	4.8	0	.0
401~700만원	32	100.0	17	53.1	9	28.1	3	9.4	1	3.1	0	.0	1	3.1	1	3.1	0	.0
701만원 이상	7	100.0	5	71.4	1	14.3	0	.0	0	.0	0	.0	0	.0	0	.0	1	14.3
무 응 답	1	100.0	0	.0	0	.0	0	.0	0	.0	0	.0	0	.0	0	.0	1	100.0

	민주화운동에 참여할 당시 선생님의 종교는 무엇인가요?													
	Total		①개신교		②가톨릭		③불교		④천도교		⑤없음		⑥기타	
	N	%	N	%	N	%	N	%	N	%	N	%	N	%
Total	700	100.0	132	18.9	63	9.0	34	4.9	3	.4	456	65.1	12	1.7
성별														
남	497	100.0	95	19.1	47	9.5	22	4.4	3	.6	320	64.4	10	2.0
여	203	100.0	37	18.2	16	7.9	12	5.9	0	.0	136	67.0	2	1.0
연령별														
35~40세	205	100.0	34	16.6	16	7.8	1	.5	2	1.0	148	72.2	4	2.0
41~45세	285	100.0	45	15.8	23	8.1	19	6.7	1	.4	193	67.7	4	1.4
46~50세	141	100.0	30	21.3	13	9.2	7	5.0	0	.0	89	63.1	2	1.4
51~55세	34	100.0	12	35.3	4	11.8	5	14.7	0	.0	11	32.4	2	5.9
기타	31	100.0	11	35.5	7	22.6	1	3.2	0	.0	12	38.7	0	.0
무응답	4	100.0	0	.0	0	.0	1	25.0	0	.0	3	75.0	0	.0
성장지역별														
서울/경기권	220	100.0	35	15.9	20	9.1	9	4.1	2	.9	149	67.7	5	2.3
영남권	169	100.0	23	13.6	14	8.3	12	7.1	1	.6	116	68.6	3	1.8
호남권	192	100.0	56	29.2	15	7.8	7	3.6	0	.0	110	57.3	4	2.1
강원/충청/제주	117	100.0	18	15.4	14	12.0	5	4.3	0	.0	80	68.4	0	.0
무응답	2	100.0	0	.0	0	.0	1	50.0	0	.0	1	50.0	0	.0
학력별														
무학	5	100.0	2	40.0	1	20.0	0	.0	0	.0	2	40.0	0	.0
초등학교	6	100.0	0	.0	1	16.7	1	16.7	0	.0	4	66.7	0	.0
중학교	15	100.0	2	13.3	1	6.7	0	.0	0	.0	12	80.0	0	.0
고등학교	73	100.0	16	21.9	5	6.8	2	2.7	0	.0	49	67.1	1	1.4
대학교	482	100.0	81	16.8	45	9.3	21	4.4	3	.6	323	67.0	9	1.9
대학원 이상	113	100.0	30	26.5	9	8.0	9	8.0	0	.0	63	55.8	2	1.8
기타	6	100.0	1	16.7	1	16.7	1	16.7	0	.0	3	50.0	0	.0
본인월평균수입														
수입 없음	75	100.0	15	20.0	9	12.0	5	6.7	0	.0	43	57.3	3	4.0
100만원 이하	136	100.0	30	22.1	9	6.6	4	2.9	1	.7	91	66.9	1	.7
101~200만원	242	100.0	47	19.4	27	11.2	13	5.4	2	.8	149	61.6	4	1.7
201~300만원	144	100.0	24	16.7	11	7.6	9	6.3	0	.0	98	68.1	2	1.4
301~400만원	63	100.0	8	12.7	6	9.5	1	1.6	0	.0	46	73.0	2	3.2
401~700만원	32	100.0	5	15.6	1	3.1	1	3.1	0	.0	25	78.1	0	.0
701만원 이상	7	100.0	2	28.6	0	.0	1	14.3	0	.0	4	57.1	0	.0
무응답	1	100.0	1	100.0	0	.0	0	.0	0	.0	0	.0	0	.0

	선생님이 민주화운동에 참여할 당시 집안의 경제 상태는 어느 정도였습니까?													
	Total		①상		②중상		③중		④중하		⑤하		무응답	
	N	%	N	%	N	%	N	%	N	%	N	%	N	%
Total	700	100.0	2	.3	33	4.7	207	29.6	274	39.1	182	26.0	2	.3
성별														
남	497	100.0	1	.2	20	4.0	148	29.8	193	38.8	134	27.0	1	.2
여	203	100.0	1	.5	13	6.4	59	29.1	81	39.9	48	23.6	1	.5
연령별														
35~40세	205	100.0	1	.5	9	4.4	57	27.8	81	39.5	56	27.3	1	.5
41~45세	285	100.0	0	.0	11	3.9	78	27.4	124	43.5	72	25.3	0	.0
46~50세	141	100.0	1	.7	6	4.3	45	31.9	48	34.0	40	28.4	1	.7
51~55세	34	100.0	0	.0	3	8.8	13	38.2	11	32.4	7	20.6	0	.0
기 타	31	100.0	0	.0	4	12.9	12	38.7	9	29.0	6	19.4	0	.0
무 응 답	4	100.0	0	.0	0	.0	2	50.0	1	25.0	1	25.0	0	.0
성장지역별														
서울/경기권	220	100.0	1	.5	13	5.9	65	29.5	83	37.7	56	25.5	2	.9
영 남 권	169	100.0	0	.0	9	5.3	57	33.7	61	36.1	42	24.9	0	.0
호 남 권	192	100.0	1	.5	10	5.2	53	27.6	77	40.1	51	26.6	0	.0
강원/충청/제주	117	100.0	0	.0	1	.9	31	26.5	53	45.3	32	27.4	0	.0
무 응 답	2	100.0	0	.0	0	.0	1	50.0	0	.0	1	50.0	0	.0
학력별														
무 학	5	100.0	0	.0	1	20.0	0	.0	2	40.0	2	40.0	0	.0
초 등 학 교	6	100.0	0	.0	0	.0	2	33.3	2	33.3	2	33.3	0	.0
중 학 교	15	100.0	0	.0	0	.0	0	.0	6	40.0	9	60.0	0	.0
고 등 학 교	73	100.0	1	1.4	2	2.7	15	20.5	28	38.4	27	37.0	0	.0
대 학 교	482	100.0	0	.0	18	3.7	149	30.9	196	40.7	117	24.3	2	.4
대학원 이상	113	100.0	1	.9	12	10.6	38	33.6	39	34.5	23	20.4	0	.0
기 타	6	100.0	0	.0	0	.0	3	50.0	1	16.7	2	33.3	0	.0
본인월평균수입														
수 입 없음	75	100.0	0	.0	3	4.0	24	32.0	26	34.7	22	29.3	0	.0
100만원 이하	136	100.0	0	.0	6	4.4	33	24.3	59	43.4	37	27.2	1	.7
101~200만원	242	100.0	1	.4	9	3.7	71	29.3	94	38.8	67	27.7	0	.0
201~300만원	144	100.0	0	.0	11	7.6	43	29.9	55	38.2	34	23.6	1	.7
301~400만원	63	100.0	0	.0	3	4.8	23	36.5	21	33.3	16	25.4	0	.0
401~700만원	32	100.0	0	.0	1	3.1	10	31.3	15	46.9	6	18.8	0	.0
701만원 이상	7	100.0	1	14.3	0	.0	2	28.6	4	57.1	0	.0	0	.0
무 응 답	1	100.0	0	.0	0	.0	1	100.0	0	.0	0	.0	0	.0

	선생님이 민주화운동에 참여할 당시 부모님이나 가족 가운데 민주화운동에 관련된 분이 계셨나요?							
	Total		①있다		②없다		무응답	
	N	%	N	%	N	%	N	%
Total	700	100.0	86	12.3	612	87.4	2	.3
성별								
남	497	100.0	70	14.1	426	85.7	1	.2
여	203	100.0	16	7.9	186	91.6	1	.5
연령별								
35~40세	205	100.0	29	14.1	175	85.4	1	.5
41~45세	285	100.0	24	8.4	260	91.2	1	.4
46~50세	141	100.0	20	14.2	121	85.8	0	.0
51~55세	34	100.0	5	14.7	29	85.3	0	.0
기 타	31	100.0	8	25.8	23	74.2	0	.0
무 응 답	4	100.0	0	.0	4	100.0	0	.0
성장지역별								
서울/경기권	220	100.0	20	9.1	200	90.9	0	.0
영 남 권	169	100.0	20	11.8	149	88.2	0	.0
호 남 권	192	100.0	33	17.2	157	81.8	2	1.0
강원/충청/제주	117	100.0	13	11.1	104	88.9	0	.0
무 응 답	2	100.0	0	.0	2	100.0	0	.0
학력별								
무 학	5	100.0	1	20.0	4	80.0	0	.0
초 등 학 교	6	100.0	1	16.7	5	83.3	0	.0
중 학 교	15	100.0	2	13.3	13	86.7	0	.0
고 등 학 교	73	100.0	10	13.7	63	86.3	0	.0
대 학 교	482	100.0	56	11.6	425	88.2	1	.2
대학원 이상	113	100.0	15	13.3	97	85.8	1	.9
기 타	6	100.0	1	16.7	5	83.3	0	.0
본인월평균수입								
수 입 없 음	75	100.0	15	20.0	59	78.7	1	1.3
100만원 이하	136	100.0	11	8.1	125	91.9	0	.0
101~200만원	242	100.0	35	14.5	206	85.1	1	.4
201~300만원	144	100.0	15	10.4	129	89.6	0	.0
301~400만원	63	100.0	4	6.3	59	93.7	0	.0
401~700만원	32	100.0	5	15.6	27	84.4	0	.0
701만원 이상	7	100.0	1	14.3	6	85.7	0	.0
무 응 답	1	100.0	0	.0	1	100.0	0	.0

선생님은 1980년대 민주화운동을 하는 과정에서 누구의 영향을 가장 많이 받으셨습니까? 가장 중요한 한 분만 표시해주십시오.

	Total		①선배		②동료		③후배		④선생님		⑤부모님		⑥형제·자매		⑦종교관계자		⑧자기자신		⑨없음		⑩기타		무응답	
	N	%	N	%	N	%	N	%	N	%	N	%	N	%	N	%	N	%	N	%	N	%	N	%
Total	700	100.0	451	64.4	130	18.6	7	1.0	20	2.9	10	1.4	21	3.0	10	1.4	9	1.3	29	4.1	12	1.7	1	.1
성별																								
남	497	100.0	319	64.2	93	18.7	5	1.0	11	2.2	7	1.4	17	3.4	8	1.6	6	1.2	23	4.6	7	1.4	1	.2
여	203	100.0	132	65.0	37	18.2	2	1.0	9	4.4	3	1.5	4	2.0	2	1.0	3	1.5	6	3.0	5	2.5	0	.0
연령별																								
35~40세	205	100.0	154	75.1	23	11.2	0	.0	6	2.9	3	1.5	11	5.4	0	.0	1	.5	5	2.4	2	1.0	0	.0
41~45세	285	100.0	188	66.0	56	19.6	2	.7	7	2.5	3	1.1	4	1.4	7	2.5	3	1.1	11	3.9	4	1.4	0	.0
46~50세	141	100.0	81	57.4	32	22.7	1	.7	5	3.5	3	2.1	3	2.1	0	.0	4	2.8	8	5.7	4	2.8	0	.0
51~55세	34	100.0	14	41.2	11	32.4	1	2.9	1	2.9	1	2.9	1	2.9	1	2.9	0	.0	2	5.9	1	2.9	1	2.9
기타	31	100.0	11	35.5	8	25.8	3	9.7	0	.0	0	.0	2	6.5	2	6.5	1	3.2	3	9.7	1	3.2	0	.0
무응답	4	100.0	3	75.0	0	.0	0	.0	0	.0	1	25.0	0	.0	0	.0	0	.0	0	.0	0	.0	0	.0
성장지역별																								
서울/경기권	220	100.0	145	65.9	42	19.1	1	.5	6	2.7	1	.5	11	5.0	0	.0	2	.9	9	4.1	3	1.4	0	.0
영남권	169	100.0	113	66.9	29	17.2	2	1.2	7	4.1	4	2.4	2	1.2	1	.6	2	1.2	6	3.6	3	1.8	0	.0
호남권	192	100.0	118	61.5	36	18.8	2	1.0	6	3.1	4	2.1	4	2.1	4	2.1	3	1.6	9	4.7	5	2.6	1	.5
강원/충청/제주	117	100.0	74	63.2	22	18.8	2	1.7	1	.9	1	.9	4	3.4	5	4.3	2	1.7	5	4.3	1	.9	0	.0
무응답	2	100.0	1	50.0	1	50.0	0	.0	0	.0	0	.0	0	.0	0	.0	0	.0	0	.0	0	.0	0	.0
학력별																								
무학	5	100.0	2	40.0	1	20.0	0	.0	0	.0	0	.0	0	.0	0	.0	1	20.0	0	.0	0	.0	1	20.0
초등학교	6	100.0	2	33.3	3	50.0	0	.0	1	16.7	0	.0	0	.0	0	.0	0	.0	0	.0	0	.0	0	.0
중학교	15	100.0	7	46.7	6	40.0	0	.0	0	.0	1	6.7	1	6.7	0	.0	0	.0	0	.0	0	.0	0	.0
고등학교	73	100.0	28	38.4	26	35.6	0	.0	6	8.2	0	.0	2	2.7	1	1.4	2	2.7	7	9.6	1	1.4	0	.0
대학교	482	100.0	337	69.9	82	17.0	4	.8	7	1.5	7	1.5	14	2.9	5	1.0	3	.6	17	3.5	6	1.2	0	.0
대학원 이상	113	100.0	72	63.7	11	9.7	3	2.7	5	4.4	1	.9	4	3.5	4	3.5	3	2.7	5	4.4	5	4.4	0	.0
기타	6	100.0	3	50.0	1	16.7	0	.0	1	16.7	1	16.7	0	.0	0	.0	0	.0	0	.0	0	.0	0	.0
본인월평균수입																								
수입 없음	75	100.0	40	53.3	21	28.0	0	.0	2	2.7	0	.0	3	4.0	1	1.3	3	4.0	4	5.3	1	1.3	0	.0
100만원 이하	136	100.0	88	64.7	25	18.4	0	.0	2	1.5	4	2.9	0	.0	2	1.5	2	1.5	9	6.6	4	2.9	0	.0
101~200만원	242	100.0	171	70.7	32	13.2	4	1.7	8	3.3	1	.4	9	3.7	2	.8	2	.8	8	3.3	5	2.1	0	.0
201~300만원	144	100.0	90	62.5	30	20.8	2	1.4	5	3.5	2	1.4	6	4.2	3	2.1	0	.0	3	2.1	2	1.4	1	.7
301~400만원	63	100.0	38	60.3	14	22.2	0	.0	3	4.8	2	3.2	1	1.6	1	1.6	1	1.6	3	4.8	0	.0	0	.0
401~700만원	32	100.0	21	65.6	6	18.8	1	3.1	0	.0	0	.0	1	3.1	1	3.1	1	3.1	1	3.1	0	.0	0	.0
701만원 이상	7	100.0	3	42.9	2	28.6	0	.0	0	.0	1	14.3	0	.0	0	.0	0	.0	1	14.3	0	.0	0	.0
무응답	1	100.0	0	.0	0	.0	0	.0	0	.0	0	.0	1	100.0	0	.0	0	.0	0	.0	0	.0	0	.0

	Total		① 학습모임		② 야학활동		③ 노조활동		④ 종교단체활동		⑤ 경제적 차별의식 또는 생존권의 위기감		⑥ 가족 및 주위사람들의 권유나 영향		⑦ 분신, 추락사 등 죽음과 같은 사건을 접한 후 느낀 바가 있어서		⑧ 5·18, 6월 항쟁과 같은 사건을 접한 후 느낀 바가 있어서		⑨ 분단에 대한 자각이나 미국에 대한 예속적 상태를 느껴		⑩ 동아리 활동		⑪ 기타		무응답	
	N	%	N	%	N	%	N	%	N	%	N	%	N	%	N	%	N	%	N	%	N	%	N	%	N	%
Total	700	100.0	286	40.9	27	3.9	50	7.1	55	7.9	27	3.9	29	4.1	25	3.6	125	17.9	35	5.0	10	1.4	25	3.6	6	.9
성별																										
남	497	100.0	202	40.6	16	3.2	34	6.8	40	8.0	20	4.0	17	3.4	18	3.6	95	19.1	28	5.6	5	1.0	19	3.8	3	.6
여	203	100.0	84	41.4	11	5.4	16	7.9	15	7.4	7	3.4	12	5.9	7	3.4	30	14.8	7	3.4	5	2.5	6	3.0	3	1.5
연령별																										
35~40세	205	100.0	84	41.0	6	2.9	8	3.9	11	5.4	7	3.4	9	4.4	11	5.4	49	23.9	12	5.9	2	1.0	4	2.0	2	1.0
41~45세	285	100.0	132	46.3	7	2.5	21	7.4	20	7.0	8	2.8	13	4.6	5	1.8	46	16.1	12	4.2	5	1.8	13	4.6	3	1.1
46~50세	141	100.0	58	41.1	14	9.9	12	8.5	10	7.1	4	2.8	2	1.4	2	1.4	20	14.2	8	5.7	2	1.4	3	2.1	0	.0
51~55세	34	100.0	8	23.5	0	.0	7	20.6	5	14.7	2	5.9	1	2.9	1	2.9	4	11.8	1	2.9	1	2.9	4	11.8	0	.0
기타	31	100.0	3	9.7	0	.0	2	6.5	9	29.0	2	6.5	2	6.5	5	16.1	5	16.1	2	6.5	0	.0	1	3.2	0	.0
무응답	4	100.0	1	25.0	0	.0	0	.0	0	.0	0	.0	0	.0	1	25.0	1	25.0	0	.0	0	.0	0	.0	1	25.0
성장지역별																										
서울/경기권	220	100.0	98	44.5	15	6.8	11	5.0	13	5.9	6	2.7	7	3.2	6	2.7	36	16.4	10	4.5	7	3.2	6	2.7	5	2.3
영남권	169	100.0	76	45.0	7	4.1	10	5.9	8	4.7	6	3.0	6	3.6	6	3.6	33	19.5	10	5.9	1	.6	6	3.6	1	.6
호남권	192	100.0	67	34.9	3	1.6	14	7.3	25	13.0	9	4.7	12	6.3	9	4.7	37	19.3	9	4.7	1	.5	6	3.1	0	.0
강원/충청/제주	117	100.0	45	38.5	2	1.7	15	12.8	9	7.7	5	4.3	4	3.4	4	3.4	18	15.4	6	5.1	1	.9	7	6.0	0	.0
무응답	2	100.0	0	.0	0	.0	0	.0	0	.0	1	50.0	0	.0	0	.0	1	50.0	0	.0	0	.0	0	.0	0	.0
학력별																										
무학	5	100.0	1	20.0	0	.0	2	40.0	2	40.0	0	.0	0	.0	0	.0	0	.0	0	.0	0	.0	0	.0	0	.0
초등학교	6	100.0	0	.0	1	16.7	1	16.7	0	.0	0	.0	0	.0	2	33.3	2	33.3	0	.0	0	.0	0	.0	0	.0
중학교	15	100.0	3	20.0	1	6.7	9	60.0	1	6.7	1	6.7	0	.0	0	.0	0	.0	0	.0	0	.0	0	.0	0	.0
고등학교	73	100.0	14	19.2	4	5.5	24	32.9	4	5.5	7	9.6	6	8.2	3	4.1	5	6.8	3	4.1	0	.0	2	2.7	1	1.4
대학교	482	100.0	221	45.9	16	3.3	11	2.3	36	7.5	18	3.7	17	3.5	13	2.7	89	18.5	28	5.8	7	1.5	21	4.4	5	1.0
대학원 이상	113	100.0	45	39.8	4	3.5	3	2.7	11	9.7	1	.9	5	4.4	7	6.2	28	24.8	4	3.5	3	2.7	2	1.8	0	.0
기타	6	100.0	2	33.3	1	16.7	0	.0	1	16.7	0	.0	1	16.7	0	.0	0	.0	0	.0	0	.0	1	16.7	0	.0
본인월평균수입																										
수입 없음	75	100.0	24	32.0	3	4.0	6	8.0	7	9.3	4	5.3	1	1.3	3	4.0	15	20.0	4	5.3	1	1.3	5	6.7	2	2.7
100만원 이하	136	100.0	50	36.8	6	4.4	9	6.6	10	7.4	9	6.6	7	5.1	6	4.4	29	21.3	7	5.1	1	.7	2	1.5	0	.0
101~200만원	242	100.0	96	39.7	11	4.5	13	5.4	24	9.9	9	3.7	14	5.8	9	3.7	40	16.5	12	5.0	2	.8	10	4.1	2	.8
201~300만원	144	100.0	70	48.6	4	2.8	12	8.3	9	6.3	5	3.5	5	3.5	2	1.4	21	14.6	6	4.2	5	3.5	3	2.1	2	1.4
301~400만원	63	100.0	29	46.0	3	4.8	4	6.3	3	4.8	0	.0	2	3.2	2	3.2	15	23.8	2	3.2	1	1.6	4	6.3	0	.0
401~700만원	32	100.0	14	43.8	0	.0	2	6.3	6	18.8	2	6.3	0	.0	3	9.4	4	12.5	2	6.3	0	.0	1	3.1	0	.0
701만원 이상	7	100.0	3	42.9	0	.0	0	.0	0	.0	0	.0	2	28.6	0	.0	0	.0	0	.0	2	28.6	0	.0	0	.0
무응답	1	100.0	0	.0	0	.0	0	.0	0	.0	0	.0	0	.0	0	.0	1	100.0	0	.0	0	.0	0	.0	0	.0

	선생님께서 1980년대 민주화운동 당시 주로 활동하신 지역은 어디입니까?									
	Total		① 서울/경기권		② 영남권		③ 호남권		④ 강원/충청/제주	
	N	%	N	%	N	%	N	%	N	%
Total	700	100.0	338	48.3	150	21.4	135	19.3	77	11.0
성별										
남	497	100.0	217	43.7	116	23.3	100	20.1	64	12.9
여	203	100.0	121	59.6	34	16.7	35	17.2	13	6.4
연령별										
35~40세	205	100.0	98	47.8	52	25.4	36	17.6	19	9.3
41~45세	285	100.0	148	51.9	50	17.5	51	17.9	36	12.6
46~50세	141	100.0	68	48.2	36	25.5	23	16.3	14	9.9
51~55세	34	100.0	13	38.2	7	20.6	13	38.2	1	2.9
기타	31	100.0	9	29.0	4	12.9	11	35.5	7	22.6
무응답	4	100.0	2	50.0	1	25.0	1	25.0	0	.0
성장지역별										
서울/경기권	220	100.0	207	94.1	6	2.7	2	.9	5	2.3
영남권	169	100.0	33	19.5	134	79.3	0	.0	2	1.2
호남권	192	100.0	53	27.6	5	2.6	132	68.8	2	1.0
강원/충청/제주	117	100.0	43	36.8	5	4.3	1	.9	68	58.1
무응답	2	100.0	2	100.0	0	.0	0	.0	0	.0
학력별										
무학	5	100.0	3	60.0	1	20.0	1	20.0	0	.0
초등학교	6	100.0	4	66.7	1	16.7	1	16.7	0	.0
중학교	15	100.0	10	66.7	4	26.7	1	6.7	0	.0
고등학교	73	100.0	43	58.9	12	16.4	12	16.4	6	8.2
대학교	482	100.0	231	47.9	103	21.4	87	18.0	61	12.7
대학원 이상	113	100.0	43	38.1	27	23.9	33	29.2	10	8.8
기타	6	100.0	4	66.7	2	33.3	0	.0	0	.0
본인월평균수입										
수입 없음	75	100.0	36	48.0	16	21.3	15	20.0	8	10.7
100만원 이하	136	100.0	76	55.9	29	21.3	22	16.2	9	6.6
101~200만원	242	100.0	114	47.1	50	20.7	55	22.7	23	9.5
201~300만원	144	100.0	63	43.8	28	19.4	29	20.1	24	16.7
301~400만원	63	100.0	24	38.1	20	31.7	9	14.3	10	15.9
401~700만원	32	100.0	19	59.4	5	15.6	5	15.6	3	9.4
701만원 이상	7	100.0	5	71.4	2	28.6	0	.0	0	.0
무응답	1	100.0	1	100.0	0	.0	0	.0	0	.0

	선생님은 불심검문을 당하신 적이 있습니까?							
	Total		① 있음		② 없음		무응답	
	N	%	N	%	N	%	N	%
Total	700	100.0	564	80.6	132	18.9	4	.6
성별								
남	497	100.0	443	89.1	51	10.3	3	.6
여	203	100.0	121	59.6	81	39.9	1	.5
연령별								
35~40세	205	100.0	167	81.5	37	18.0	1	.5
41~45세	285	100.0	224	78.6	60	21.1	1	.4
46~50세	141	100.0	120	85.1	20	14.2	1	.7
51~55세	34	100.0	31	91.2	3	8.8	0	.0
기 타	31	100.0	20	64.5	10	32.3	1	3.2
무 응 답	4	100.0	2	50.0	2	50.0	0	.0
성장지역별								
서울/경기권	220	100.0	187	85.0	33	15.0	0	.0
영 남 권	169	100.0	135	79.9	32	18.9	2	1.2
호 남 권	192	100.0	143	74.5	47	24.5	2	1.0
강원/충청/제주	117	100.0	98	83.8	19	16.2	0	.0
무 응 답	2	100.0	1	50.0	1	50.0	0	.0
학력별								
무 학	5	100.0	4	80.0	1	20.0	0	.0
초 등 학 교	6	100.0	5	83.3	1	16.7	0	.0
중 학 교	15	100.0	10	66.7	5	33.3	0	.0
고 등 학 교	73	100.0	52	71.2	20	27.4	1	1.4
대 학 교	482	100.0	397	82.4	83	17.2	2	.4
대 학 원 이 상	113	100.0	90	79.6	22	19.5	1	.9
기 타	6	100.0	6	100.0	0	.0	0	.0
본인월평균수입								
수 입 없 음	75	100.0	64	85.3	11	14.7	0	.0
100만원 이하	136	100.0	106	77.9	29	21.3	1	.7
101~200만원	242	100.0	192	79.3	49	20.2	1	.4
201~300만원	144	100.0	123	85.4	21	14.6	0	.0
301~400만원	63	100.0	46	73.0	16	25.4	1	1.6
401~700만원	32	100.0	30	93.8	2	6.3	0	.0
701만원 이상	7	100.0	2	28.6	4	57.1	1	14.3
무 응 답	1	100.0	1	100.0	0	.0	0	.0

	선생님은 첫 불심검문을 당했을 때 어떤 태도를 취하셨습니까?										
	Total		① 순순히 응했다		②마지못해 응했다		③ 거부했다		④ 기타		무응답	
	N	%	N	%	N	%	N	%	N	%	N	%
Total	564	100.0	105	18.6	338	59.9	108	19.1	6	1.1	7	1.2
성별												
남	443	100.0	82	18.5	266	60.0	86	19.4	4	.9	5	1.1
여	121	100.0	23	19.0	72	59.5	22	18.2	2	1.7	2	1.7
연령별												
35~40세	167	100.0	34	20.4	104	62.3	28	16.8	0	.0	1	.6
41~45세	224	100.0	41	18.3	137	61.2	40	17.9	2	.9	4	1.8
46~50세	120	100.0	19	15.8	70	58.3	27	22.5	2	1.7	2	1.7
51~55세	31	100.0	6	19.4	18	58.1	6	19.4	1	3.2	0	.0
기 타	20	100.0	5	25.0	8	40.0	6	30.0	1	5.0	0	.0
무 응 답	2	100.0	0	.0	1	50.0	1	50.0	0	.0	0	.0
성장지역별												
서울/경기권	187	100.0	32	17.1	119	63.6	33	17.6	2	1.1	1	.5
영 남 권	135	100.0	29	21.5	79	58.5	26	19.3	1	.7	0	.0
호 남 권	143	100.0	29	20.3	79	55.2	29	20.3	2	1.4	4	2.8
강원/충청/제주	98	100.0	15	15.3	61	62.2	19	19.4	1	1.0	2	2.0
무 응 답	1	100.0	0	.0	0	.0	1	100.0	0	.0	0	.0
학력별												
무 학	4	100.0	3	75.0	1	25.0	0	.0	0	.0	0	.0
초 등 학 교	5	100.0	1	20.0	1	20.0	3	60.0	0	.0	0	.0
중 학 교	10	100.0	2	20.0	7	70.0	1	10.0	0	.0	0	.0
고 등 학 교	52	100.0	9	17.3	28	53.8	14	26.9	1	1.9	0	.0
대 학 교	397	100.0	75	18.9	243	61.2	71	17.9	4	1.0	4	1.0
대학원 이상	90	100.0	15	16.7	56	62.2	16	17.8	0	.0	3	3.3
기 타	6	100.0	0	.0	2	33.3	3	50.0	1	16.7	0	.0
본인월평균수입												
수 입 없 음	64	100.0	16	25.0	29	45.3	19	29.7	0	.0	0	.0
100만원 이하	106	100.0	21	19.8	63	59.4	20	18.9	2	1.9	0	%
101~200만원	192	100.0	29	15.1	116	60.4	43	22.4	1	.5	3	1.6
201~300만원	123	100.0	28	22.8	77	62.6	17	13.8	0	.0	1	.8
301~400만원	46	100.0	7	15.2	27	58.7	6	13.0	3	6.5	3	6.5
401~700만원	30	100.0	3	10.0	25	83.3	2	6.7	0	.0	0	.0
701만원 이상	2	100.0	0	.0	1	50.0	1	50.0	0	.0	0	.0
무 응 답	1	100.0	1	100.0	0	.0	0	.0	0	.0	0	.0

	선생님은 1980년대 민주화운동으로 인해 구속 혹은 구금된 적이 있었습니까?							
	Total		① 있음		② 없음		무응답	
	N	%	N	%	N	%	N	%
Total	700	100.0	507	72.4	189	27.0	4	.6
성별								
남	497	100.0	391	78.7	103	20.7	3	.6
여	203	100.0	116	57.1	86	42.4	1	.5
연령별								
35~40세	205	100.0	129	62.9	74	36.1	2	1.0
41~45세	285	100.0	203	71.2	80	28.1	2	.7
46~50세	141	100.0	123	87.2	18	12.8	0	.0
51~55세	34	100.0	26	76.5	8	23.5	0	.0
기 타	31	100.0	24	77.4	7	22.6	0	.0
무 응 답	4	100.0	2	50.0	2	50.0	0	.0
성장지역별								
서울/경기권	220	100.0	153	69.5	66	30.0	1	.5
영 남 권	169	100.0	124	73.4	45	26.6	0	.0
호 남 권	192	100.0	138	71.9	51	26.6	3	1.6
강원/충청/제주	117	100.0	90	76.9	27	23.1	0	.0
무 응 답	2	100.0	2	100.0	0	.0	0	.0
학력별								
무 학	5	100.0	4	80.0	1	20.0	0	.0
초 등 학 교	6	100.0	5	83.3	1	16.7	0	.0
중 학 교	15	100.0	9	60.0	6	40.0	0	.0
고 등 학 교	73	100.0	45	61.6	27	37.0	1	1.4
대 학 교	482	100.0	361	74.9	119	24.7	2	.4
대 학 원 이 상	113	100.0	78	69.0	34	30.1	1	.9
기 타	6	100.0	5	83.3	1	16.7	0	.0
본인월평균수입								
수 입 없 음	75	100.0	58	77.3	17	22.7	0	.0
100만원 이하	136	100.0	97	71.3	39	28.7	0	.0
101~200만원	242	100.0	170	70.2	69	28.5	3	1.2
201~300만원	144	100.0	106	73.6	38	26.4	0	.0
301~400만원	63	100.0	49	77.8	14	22.2	0	.0
401~700만원	32	100.0	24	75.0	7	21.9	1	3.1
701만원 이상	7	100.0	3	42.9	4	57.1	0	.0
무 응 답	1	100.0	0	.0	1	100.0	0	.0

선생님이 구속 혹은 구금된 사유는 무엇이었습니까?																				
	Total		① 조직 사건		② 점거 농성		③ 집회 및 시위		④ 금서 구입, 탐독, 소지, 배포		⑤ 불심검문		⑥ 노동운동 관련		⑦ 국가보안법 저촉		⑧ 기타		무응답	
	N	%	N	%	N	%	N	%	N	%	N	%	N	%	N	%	N	%	N	%
Total	507	100.0	66	13.0	78	15.4	285	56.2	10	2.0	9	1.8	30	5.9	18	3.6	6	1.2	5	1.0
성별																				
남	391	100.0	53	13.6	60	15.3	222	56.8	8	2.0	6	1.5	16	4.1	17	4.3	4	1.0	5	1.3
여	116	100.0	13	11.2	18	15.5	63	54.3	2	1.7	3	2.6	14	12.1	1	.9	2	1.7	0	.0
연령별																				
35~40세	129	100.0	10	7.8	22	17.1	79	61.2	0	.0	3	2.3	4	3.1	8	6.2	1	.8	2	1.6
41~45세	203	100.0	20	9.9	43	21.2	113	55.7	4	2.0	4	2.0	12	5.9	5	2.5	0	.0	2	1.0
46~50세	123	100.0	20	16.3	9	7.3	71	57.7	4	3.3	2	1.6	12	9.8	2	1.6	3	2.4	0	.0
51~55세	26	100.0	9	34.6	0	.0	11	42.3	1	3.8	0	.0	0	.0	2	7.7	2	7.7	1	3.8
기타	24	100.0	7	29.2	4	16.7	9	37.5	1	4.2	0	.0	2	8.3	1	4.2	0	.0	0	.0
무응답	2	100.0	0	.0	0	.0	2	100.0	0	.0	0	.0	0	.0	0	.0	0	.0	0	.0
성장지역별																				
서울/경기권	153	100.0	15	9.8	22	14.4	88	57.5	4	2.6	3	2.0	13	8.5	4	2.6	1	.7	3	2.0
영남권	124	100.0	20	16.1	24	19.4	62	50.0	3	2.4	3	2.4	5	4.0	7	5.6	0	.0	0	.0
호남권	138	100.0	23	16.7	24	17.4	71	51.4	1	.7	3	2.2	6	4.3	4	2.9	5	3.6	1	.7
강원/충청/제주	90	100.0	8	8.9	8	8.9	63	70.0	2	2.2	0	.0	5	5.6	3	3.3	0	.0	1	1.1
무응답	2	100.0	0	.0	0	.0	1	50.0	0	.0	0	.0	1	50.0	0	.0	0	.0	0	.0
학력별																				
무학	4	100.0	0	.0	0	.0	3	75.0	0	.0	0	.0	1	25.0	0	.0	0	.0	0	.0
초등학교	5	100.0	1	20.0	1	20.0	1	20.0	0	.0	1	20.0	1	20.0	0	.0	0	.0	0	.0
중학교	9	100.0	0	.0	1	11.1	7	77.8	0	.0	0	.0	1	11.1	0	.0	0	.0	0	.0
고등학교	45	100.0	5	11.1	11	24.4	19	42.2	0	.0	0	.0	8	17.8	1	2.2	0	.0	1	2.2
대학교	361	100.0	45	12.5	52	14.4	214	59.3	5	1.4	6	1.7	14	3.9	16	4.4	5	1.4	4	1.1
대학원 이상	78	100.0	14	17.9	12	15.4	39	50.0	5	6.4	2	2.6	4	5.1	1	1.3	1	1.3	0	.0
기타	5	100.0	1	20.0	1	20.0	2	40.0	0	.0	0	.0	1	20.0	0	.0	0	.0	0	.0
본인 월평균 수입																				
수입 없음	58	100.0	12	20.7	10	17.2	23	39.7	1	1.7	1	1.7	5	8.6	4	6.9	2	3.4	0	.0
100만원 이하	97	100.0	10	10.3	11	11.3	60	61.9	2	2.1	3	3.1	8	8.2	2	2.1	0	.0	1	1.0
101~200만원	170	100.0	20	11.8	26	15.3	102	60.0	2	1.2	4	2.4	7	4.1	6	3.5	0	.0	3	1.8
201~300만원	106	100.0	13	12.3	14	13.2	62	58.5	3	2.8	1	.9	8	7.5	3	2.8	1	.9	1	.9
301~400만원	49	100.0	3	6.1	11	22.4	27	55.1	1	2.0	0	.0	1	2.0	3	6.1	3	6.1	0	.0
401~700만원	24	100.0	7	29.2	5	20.8	10	41.7	1	4.2	0	.0	1	4.2	0	.0	0	.0	0	.0
701만원 이상	3	100.0	1	33.3	1	33.3	1	33.3	0	.0	0	.0	0	.0	0	.0	0	.0	0	.0

	선생님의 실제 구속 혹은 구금 기간(사면기간 제외)은 모두 어느 정도였습니까?											
	Total		① 6개월 미만		② 6개월~1년 미만		③ 1년~2년 미만		④ 2년 이상		무응답	
	N	%	N	%	N	%	N	%	N	%	N	%
Total	507	100.0	313	61.7	75	14.8	71	14.0	31	6.1	17	3.4
성별												
남	391	100.0	223	57.0	58	14.8	65	16.6	31	7.9	14	3.6
여	116	100.0	90	77.6	17	14.7	6	5.2	0	.0	3	2.6
연령별												
35~40세	129	100.0	92	71.3	16	12.4	11	8.5	3	2.3	7	5.4
41~45세	203	100.0	127	62.6	32	15.8	30	14.8	6	3.0	8	3.9
46~50세	123	100.0	68	55.3	20	16.3	24	19.5	9	7.3	2	1.6
51~55세	26	100.0	10	38.5	5	19.2	3	11.5	8	30.8		.0
기 타	24	100.0	14	58.3	2	8.3	3	12.5	5	20.8	0	.0
무 응 답	2	100.0	2	100.0	0	.0	0	.0	0	.0	0	.0
성장지역별												
서울/경기권	153	100.0	101	66.0	25	16.3	20	13.1	4	2.6	3	2.0
영 남 권	124	100.0	78	62.9	18	14.5	14	11.3	10	8.1	4	3.2
호 남 권	138	100.0	81	58.7	22	15.9	17	12.3	12	8.7	6	4.3
강원/충청/제주	90	100.0	51	56.7	10	11.1	20	22.2	5	5.6	4	4.4
무 응 답	2	100.0	2	100.0	0	.0	0	.0	0	.0	0	.0
학력별												
무 학	4	100.0	3	75.0	1	25.0	0	.0	0	.0	0	.0
초 등 학 교	5	100.0	3	60.0	2	40.0	0	.0	0	.0	0	.0
중 학 교	9	100.0	8	88.9	1	11.1	0	.0	0	.0	0	.0
고 등 학 교	45	100.0	26	57.8	8	17.8	5	11.1	2	4.4	4	8.9
대 학 교	361	100.0	220	60.9	50	13.9	56	15.5	24	6.6	11	3.0
대학원 이상	78	100.0	51	65.4	12	15.4	10	12.8	3	3.8	2	2.6
기 타	5	100.0	2	40.0	1	20.0	0	.0	2	40.0	0	.0
본인 월평균 수입												
수 입 없 음	58	100.0	30	51.7	12	20.7	9	15.5	5	8.6	2	3.4
100만원 이하	97	100.0	68	70.1	18	18.6	7	7.2	2	2.1	2	2.1
101~200만원	170	100.0	108	63.5	16	9.4	31	18.2	8	4.7	7	4.1
201~300만원	106	100.0	60	56.6	19	17.9	16	15.1	6	5.7	5	4.7
301~400만원	49	100.0	32	65.3	7	14.3	4	8.2	5	10.2	1	2.0
401~700만원	24	100.0	14	58.3	3	12.5	3	12.5	4	16.7	0	.0
701만원 이상	3	100.0	1	33.3	0	.0	1	33.3	1	33.3	0	.0

		선생님은 연행 및 조사 과정이나 구속기간 동안 정신적, 혹은 신체적인 위해를 당하신 적이 있습니까?							
		Total		① 있음		② 없음		무응답	
		N	%	N	%	N	%	N	%
Total		507	100.0	419	82.6	81	16.0	7	1.4
성별									
	남	391	100.0	332	84.9	55	14.1	4	1.0
	여	116	100.0	87	75.0	26	22.4	3	2.6
연령별									
	35~40세	129	100.0	98	76.0	30	23.3	1	.8
	41~45세	203	100.0	168	82.8	32	15.8	3	1.5
	46~50세	123	100.0	109	88.6	12	9.8	2	1.6
	51~55세	26	100.0	24	92.3	2	7.7	0	.0
	기 타	24	100.0	18	75.0	5	20.8	1	4.2
	무 응 답	2	100.0	2	100.0	0	.0	0	.0
성장지역별									
	서울/경기권	153	100.0	127	83.0	23	15.0	3	2.0
	영 남 권	124	100.0	104	83.9	20	16.1	0	.0
	호 남 권	138	100.0	114	82.6	23	16.7	1	.7
	강원/충청/제주	90	100.0	73	81.1	14	15.6	3	3.3
	무 응 답	2	100.0	1	50.0	1	50.0	0	.0
학력별									
	무 학	4	100.0	4	100.0	0	.0	0	.0
	초 등 학 교	5	100.0	2	40.0	2	40.0	1	20.0
	중 학 교	9	100.0	8	88.9	1	11.1	0	.0
	고 등 학 교	45	100.0	32	71.1	12	26.7	1	2.2
	대 학 교	361	100.0	301	83.4	56	15.5	4	1.1
	대학원 이상	78	100.0	67	85.9	10	12.8	1	1.3
	기 타	5	100.0	5	100.0	0	.0	0	.0
본인 월평균 수입									
	수 입 없 음	58	100.0	48	82.8	9	15.5	1	1.7
	100만원 이하	97	100.0	76	78.4	19	19.6	2	2.1
	101~200만원	170	100.0	143	84.1	26	15.3	1	.6
	201~300만원	106	100.0	89	84.0	14	13.2	3	2.8
	301~400만원	49	100.0	40	81.6	9	18.4	0	.0
	401~700만원	24	100.0	20	83.3	4	16.7	0	.0
	701만원 이상	3	100.0	3	100.0	0	.0	0	.0

		정신적 혹은 신체적인 위해를 당하신 것은 다음 중 어디에 해당합니까? 해당하는 곳에 표시해주십시오.												
				① 모욕적 언사, 협박						② 구타				
	Total		있었음		없었음		무응답		있었음		없었음		무응답	
	N	%	N	%	N	%	N	%	N	%	N	%	N	%
Total	419	100.0	393	93.8	23	5.5	3	.7	305	72.8	108	25.8	6	1.4
성별														
남	332	100.0	312	94.0	20	6.0	0	.0	260	78.3	71	21.4	1	.3
여	87	100.0	81	93.1	3	3.4	3	3.4	45	51.7	37	42.5	5	5.7
연령별														
35~40세	98	100.0	89	90.8	7	7.1	2	2.0	70	71.4	25	25.5	3	3.1
41~45세	168	100.0	158	94.0	9	5.4	1	.6	123	73.2	44	26.2	1	.6
46~50세	109	100.0	104	95.4	5	4.6	0	.0	77	70.6	30	27.5	2	1.8
51~55세	24	100.0	23	95.8	1	4.2	0	.0	20	83.3	4	16.7	0	.0
기 타	18	100.0	17	94.4	1	5.6	0	.0	13	72.2	5	27.8	0	.0
무 응 답	2	100.0	2	100.0	0	.0	0	.0	2	100.0	0	.0	0	.0
성장지역별														
서울/경기권	127	100.0	119	93.7	6	4.7	2	1.6	89	70.1	35	27.6	3	2.4
영 남 권	104	100.0	94	90.4	10	9.6	0	.0	82	78.8	22	21.2	0	.0
호 남 권	114	100.0	110	96.5	4	3.5	0	.0	83	72.8	29	25.4	2	1.8
강원/충청/제주	73	100.0	69	94.5	3	4.1	1	1.4	50	68.5	22	30.1	1	1.4
무 응 답	1	100.0	1	100.0	0	.0	0	.0	1	100.0	0	.0	0	.0
학력별														
무 학	4	100.0	4	100.0	0	.0	0	.0	2	50.0	2	50.0	0	.0
초 등 학 교	2	100.0	2	100.0	0	.0	0	.0	1	50.0	0	.0	1	50.0
중 학 교	8	100.0	7	87.5	0	.0	1	12.5	4	50.0	3	37.5	1	12.5
고 등 학 교	32	100.0	30	93.8	2	6.3	0	.0	19	59.4	13	40.6	0	.0
대 학 교	301	100.0	282	93.7	18	6.0	1	.3	231	76.7	67	22.3	3	1.0
대학원 이상	67	100.0	63	94.0	3	4.5	1	1.5	45	67.2	21	31.3	1	1.5
기 타	5	100.0	5	100.0	0	.0	0	.0	3	60.0	2	40.0	0	.0
본인 월평균 수입														
수 입 없 음	48	100.0	44	91.7	4	8.3	0	.0	36	75.0	11	22.9	1	2.1
100만원 이하	76	100.0	70	92.1	5	6.6	1	1.3	48	63.2	26	34.2	2	2.6
101~200만원	143	100.0	135	94.4	6	4.2	2	1.4	108	75.5	32	22.4	3	2.1
201~300만원	89	100.0	84	94.4	5	5.6	0	.0	72	80.9	17	19.1	0	.0
301~400만원	40	100.0	38	95.0	2	5.0	0	.0	27	67.5	13	32.5	0	.0
401~700만원	20	100.0	19	95.0	1	5.0	0	.0	12	60.0	8	40.0	0	.0
701만원 이상	3	100.0	3	100.0	0	.0	0	.0	2	66.7	1	33.3	0	.0

	정신적 혹은 신체적인 위해를 당하신 것은 다음 중 어디에 해당합니까? 해당하는 곳에 표시해주십시오.													
	Total		③ 잠안재우기						④ 물고문					
			있었음		없었음		무응답		있었음		없었음		무응답	
	N	%	N	%	N	%	N	%	N	%	N	%	N	%
Total	419	100.0	149	35.6	257	61.3	13	3.1	40	9.5	360	85.9	19	4.5
성별														
남	332	100.0	126	38.0	198	59.6	8	2.4	38	11.4	281	84.6	13	3.9
여	87	100.0	23	26.4	59	67.8	5	5.7	2	2.3	79	90.8	6	6.9
연령별														
35~40세	98	100.0	23	23.5	72	73.5	3	3.1	1	1.0	93	94.9	4	4.1
41~45세	168	100.0	57	33.9	105	62.5	6	3.6	14	8.3	146	86.9	8	4.8
46~50세	109	100.0	43	39.4	62	56.9	4	3.7	10	9.2	92	84.4	7	6.4
51~55세	24	100.0	17	70.8	7	29.2	0	.0	11	45.8	13	54.2	0	.0
기타	18	100.0	9	50.0	9	50.0	0	.0	3	16.7	15	83.3	0	.0
무응답	2	100.0	0	.0	2	100.0	0	.0	1	50.0	1	50.0	0	.0
성장지역별														
서울/경기권	127	100.0	42	33.1	78	61.4	7	5.5	7	5.5	111	87.4	9	7.1
영남권	104	100.0	34	32.7	68	65.4	2	1.9	9	8.7	93	89.4	2	1.9
호남권	114	100.0	46	40.4	65	57.0	3	2.6	15	13.2	95	83.3	4	3.5
강원/충청/제주	73	100.0	27	37.0	45	61.6	1	1.4	8	11.0	61	83.6	4	5.5
무응답	1	100.0	0	.0	1	100.0	0	.0	1	100.0	0	.0	0	.0
학력별														
무학	4	100.0	1	25.0	3	75.0	0	.0	1	25.0	3	75.0	0	.0
초등학교	2	100.0	1	50.0	0	.0	1	50.0	0	.0	1	50.0	1	50.0
중학교	8	100.0	1	12.5	6	75.0	1	12.5	0	.0	7	87.5	1	12.5
고등학교	32	100.0	10	31.3	20	62.5	2	6.3	3	9.4	27	84.4	2	6.3
대학교	301	100.0	107	35.5	188	62.5	6	2.0	30	10.0	261	86.7	10	3.3
대학원 이상	67	100.0	27	40.3	37	55.2	3	4.5	4	6.0	58	86.6	5	7.5
기타	5	100.0	2	40.0	3	60.0	0	.0	2	40.0	3	60.0	0	.0
본인 월평균 수입														
수입 없음	48	100.0	21	43.8	26	54.2	1	2.1	7	14.6	39	81.3	2	4.2
100만원 이하	76	100.0	24	31.6	51	67.1	1	1.3	4	5.3	67	88.2	5	6.6
101~200만원	143	100.0	45	31.5	89	62.2	9	6.3	12	8.4	121	84.6	10	7.0
201~300만원	89	100.0	35	39.3	53	59.6	1	1.1	7	7.9	81	91.0	1	1.1
301~400만원	40	100.0	15	37.5	25	62.5	0	.0	5	12.5	35	87.5	0	.0
401~700만원	20	100.0	8	40.0	11	55.0	1	5.0	4	20.0	15	75.0	1	5.0
701만원 이상	3	100.0	1	33.3	2	66.7	0	.0	1	33.3	2	66.7	0	.0

	Total		⑤ 전기고문						⑥ 성고문, 성적수치심 유발					
정신적 혹은 신체적인 위해를 당하신 것은 다음 중 어디에 해당합니까? 해당하는 곳에 표시해주십시오.			있었음		없었음		무응답		있었음		없었음		무응답		
	N	%	N	%	N	%	N	%	N	%	N	%	N	%
Total	419	100.0	15	3.6	383	91.4	21	5.0	48	11.5	346	82.6	25	6.0
성별														
남	332	100.0	12	3.6	305	91.9	15	4.5	30	9.0	283	85.2	19	5.7
여	87	100.0	3	3.4	78	89.7	6	6.9	18	20.7	63	72.4	6	6.9
연령별														
3 5 ~ 4 0 세	98	100.0	1	1.0	93	94.9	4	4.1	11	11.2	81	82.7	6	6.1
4 1 ~ 4 5 세	168	100.0	4	2.4	154	91.7	10	6.0	15	8.9	143	85.1	10	6.0
4 6 ~ 5 0 세	109	100.0	5	4.6	97	89.0	7	6.4	16	14.7	84	77.1	9	8.3
5 1 ~ 5 5 세	24	100.0	4	16.7	20	83.3	0	.0	4	16.7	20	83.3	0	.0
기 타	18	100.0	1	5.6	17	94.4	0	.0	1	5.6	17	94.4	0	.0
무 응 답	2	100.0	0	.0	2	100.0	0	.0	1	50.0	1	50.0	0	.0
성장지역별														
서울 / 경기권	127	100.0	2	1.6	116	91.3	9	7.1	18	14.2	102	80.3	7	5.5
영 남 권	104	100.0	6	5.8	96	92.3	2	1.9	14	13.5	87	83.7	3	2.9
호 남 권	114	100.0	6	5.3	104	91.2	4	3.5	11	9.6	97	85.1	6	5.3
강원/충청/제주	73	100.0	1	1.4	66	90.4	6	8.2	4	5.5	60	82.2	9	12.3
무 응 답	1	100.0	0	.0	1	100.0	0	.0	1	100.0	0	.0	0	.0
학력별														
무 학	4	100.0	0	.0	4	100.0	0	.0	0	.0	4	100.0	0	.0
초 등 학 교	2	100.0	0	.0	1	50.0	1	50.0	0	.0	1	50.0	1	50.0
중 학 교	8	100.0	0	.0	7	87.5	1	12.5	1	12.5	6	75.0	1	12.5
고 등 학 교	32	100.0	1	3.1	29	90.6	2	6.3	6	18.8	24	75.0	2	6.3
대 학 교	301	100.0	10	3.3	279	92.7	12	4.0	28	9.3	257	85.4	16	5.3
대학원 이상	67	100.0	3	4.5	59	88.1	5	7.5	10	14.9	52	77.6	5	7.5
기 타	5	100.0	1	20.0	4	80.0	0	.0	3	60.0	2	40.0	0	.0
본인 월평균 수입														
수 입 없 음	48	100.0	1	2.1	45	93.8	2	4.2	7	14.6	38	79.2	3	6.3
100만원 이하	76	100.0	4	5.3	68	89.5	4	5.3	7	9.2	65	85.5	4	5.3
101~200만원	143	100.0	3	2.1	128	89.5	12	8.4	18	12.6	114	79.7	11	7.7
201~300만원	89	100.0	4	4.5	83	93.3	2	2.2	13	14.6	72	80.9	4	4.5
301~400만원	40	100.0	1	2.5	39	97.5	0	.0	2	5.0	37	92.5	1	2.5
401~700만원	20	100.0	1	5.0	18	90.0	1	5.0	0	.0	18	90.0	2	10.0
701만원 이상	3	100.0	1	33.3	2	66.7	0	.0	1	33.3	2	66.7	0	.0

	선생님은 녹화사업으로 군에 강제징집을 당한 경험이 있으십니까?							
	Total		① 있음		② 없음		무응답	
	N	%	N	%	N	%	N	%
Total	700	100.0	24	3.4	656	93.7	20	2.9
성별								
남	497	100.0	24	4.8	466	93.8	7	1.4
여	203	100.0	0	.0	190	93.6	13	6.4
연령별								
3 5 ~ 4 0 세	205	100.0	0	.0	197	96.1	8	3.9
4 1 ~ 4 5 세	285	100.0	8	2.8	270	94.7	7	2.5
4 6 ~ 5 0 세	141	100.0	11	7.8	129	91.5	1	.7
5 1 ~ 5 5 세	34	100.0	3	8.8	31	91.2	0	.0
기 타	31	100.0	2	6.5	25	80.6	4	12.9
무 응 답	4	100.0	0	.0	4	100.0	0	.0
성장지역별								
서울/경기권	220	100.0	3	1.4	208	94.5	9	4.1
영 남 권	169	100.0	5	3.0	161	95.3	3	1.8
호 남 권	192	100.0	5	2.6	183	95.3	4	2.1
강원/충청/제주	117	100.0	11	9.4	102	87.2	4	3.4
무 응 답	2	100.0	0	.0	2	100.0	0	.0
학력별								
무 학	5	100.0	0	.0	5	100.0	0	.0
초 등 학 교	6	100.0	0	.0	6	100.0	0	.0
중 학 교	15	100.0	0	.0	14	93.3	1	6.7
고 등 학 교	73	100.0	2	2.7	65	89.0	6	8.2
대 학 교	482	100.0	17	3.5	458	95.0	7	1.5
대학원 이상	113	100.0	5	4.4	102	90.3	6	5.3
기 타	6	100.0	0	.0	6	100.0	0	.0
본인월평균수입								
수 입 없 음	75	100.0	1	1.3	73	97.3	1	1.3
100만원 이하	136	100.0	1	.7	129	94.9	6	4.4
101~200만원	242	100.0	7	2.9	226	93.4	9	3.7
201~300만원	144	100.0	6	4.2	134	93.1	4	2.8
301~400만원	63	100.0	5	7.9	58	92.1	0	.0
401~700만원	32	100.0	4	12.5	28	87.5	0	.0
701만원 이상	7	100.0	0	.0	7	100.0	0	.0
무 응 답	1	100.0	0	.0	1	100.0	0	.0

	강제징집 후 다음과 같은 위해를 당하셨습니까?													
	Total		① 소대원의 자발적 따돌림, 구타						② 군기관의 감시, 관찰					
			있었음		없었음		무응답		있었음		없었음		무응답	
	N	%	N	%	N	%	N	%	N	%	N	%	N	%
Total	24	100.0	3	12.5	20	83.3	1	4.2	21	87.5	2	8.3	1	4.2
성별														
남	24	100.0	3	12.5	20	83.3	1	4.2	21	87.5	2	8.3	1	4.2
여	0	.0	0	.0	0	.0	0	.0	0	.0	0	.0	0	.0
연령별														
35~40세	0	.0	0	.0	0	.0	0	.0	0	.0	0	.0	0	.0
41~45세	8	100.0	1	12.5	7	87.5	0	.0	7	87.5	1	12.5	0	.0
46~50세	11	100.0	1	9.1	9	81.8	1	9.1	9	81.8	1	9.1	1	9.1
51~55세	3	100.0	1	33.3	2	66.7	0	.0	3	100.0	0	.0	0	.0
기타	2	100.0	0	.0	2	100.0	0	.0	2	100.0	0	.0	0	.0
무응답	0	.0	0	.0	0	.0	0	.0	0	.0	0	.0	0	.0
성장지역별														
서울/경기권	3	100.0	1	33.3	1	33.3	1	33.3	2	66.7	0	.0	1	33.3
영남권	5	100.0	0	.0	5	100.0	0	.0	5	100.0	0	.0	0	.0
호남권	5	100.0	1	20.0	4	80.0	0	.0	5	100.0	0	.0	0	.0
강원/충청/제주	11	100.0	1	9.1	10	90.9	0	.0	9	81.8	2	18.2	0	.0
무응답	0	.0	0	.0	0	.0	0	.0	0	.0	0	.0	0	.0
학력별														
무학	0	.0	0	.0	0	.0	0	.0	0	.0	0	.0	0	.0
초등학교	0	.0	0	.0	0	.0	0	.0	0	.0	0	.0	0	.0
중학교	0	.0	0	.0	0	.0	0	.0	0	.0	0	.0	0	.0
고등학교	2	100.0	0	.0	2	100.0	0	.0	2	100.0	0	.0	0	.0
대학교	17	100.0	2	11.8	14	82.4	1	5.9	14	82.4	2	11.8	1	5.9
대학원 이상	5	100.0	1	20.0	4	80.0	0	.0	5	100.0	0	.0	0	.0
기타	0	.0	0	.0	0	.0	0	.0	0	.0	0	.0	0	.0
본인 월평균 수입														
수입 없음	1	100.0	0	.0	1	100.0	0	.0	1	100.0	0	.0	0	.0
100만원 이하	1	100.0	0	.0	1	100.0	0	.0	1	100.0	0	.0	0	.0
101~200만원	7	100.0	1	14.3	6	85.7	0	.0	5	71.4	2	28.6	0	.0
201~300만원	6	100.0	1	16.7	4	66.7	1	16.7	5	83.3	0	.0	1	16.7
301~400만원	5	100.0	0	.0	5	100.0	0	.0	5	100.0	0	.0	0	.0
401~700만원	4	100.0	1	25.0	3	75.0	0	.0	4	100.0	0	.0	0	.0

	강제징집 후 다음과 같은 위해를 당하셨습니까?													
	Total		③ 프락치 활동 강요						④ 서신,서적 등의 소지, 배포로 인한 처벌					
			있었음		없었음		무응답		있었음		없었음		무응답	
	N	%	N	%	N	%	N	%	N	%	N	%	N	%
Total	24	100.0	5	20.8	18	75.0	1	4.2	2	8.3	20	83.3	2	8.3
성별														
남	24	100.0	5	20.8	18	75.0	1	4.2	2	8.3	20	83.3	2	8.3
여	0	.0	0	.0	0	.0	0	.0	0	.0	0	.0	0	.0
연령별														
35~40세	0	.0	0	.0	0	.0	0	.0	0	.0	0	.0	0	.0
41~45세	8	100.0	0	.0	8	100.0	0	.0	1	12.5	6	75.0	1	12.5
46~50세	11	100.0	5	45.5	5	45.5	1	9.1	1	9.1	9	81.8	1	9.1
51~55세	3	100.0	0	.0	3	100.0	0	.0	0	.0	3	100.0	0	.0
기 타	2	100.0	0	.0	2	100.0	0	.0	0	.0	2	100.0	0	.0
무 응 답	0	.0	0	.0	0	.0	0	.0	0	.0	0	.0	0	.0
성장지역별														
서울/경기권	3	100.0	0	.0	2	66.7	1	33.3	0	.0	2	66.7	1	33.3
영 남 권	5	100.0	2	40.0	3	60.0	0	.0	0	.0	4	80.0	1	20.0
호 남 권	5	100.0	0	.0	5	100.0	0	.0	1	20.0	4	80.0	0	.0
강원/충청/제주	11	100.0	3	27.3	8	72.7	0	.0	1	9.1	10	90.9	0	.0
무 응 답	0	.0	0	.0	0	.0	0	.0	0	.0	0	.0	0	.0
학력별														
무 학	0	.0	0	.0	0	.0	0	.0	0	.0	0	.0	0	.0
초 등 학 교	0	.0	0	.0	0	.0	0	.0	0	.0	0	.0	0	.0
중 학 교	0	.0	0	.0	0	.0	0	.0	0	.0	0	.0	0	.0
고 등 학 교	2	100.0	1	50.0	1	50.0	0	.0	0	.0	2	100.0	0	.0
대 학 교	17	100.0	3	17.6	13	76.5	1	5.9	1	5.9	14	82.4	2	11.8
대학원 이상	5	100.0	1	20.0	4	80.0	0	.0	1	20.0	4	80.0	0	.0
기 타	0	.0	0	.0	0	.0	0	.0	0	.0	0	.0	0	.0
본인 월평균 수입														
수 입 없 음	1	100.0	0	.0	1	100.0	0	.0	0	.0	0	.0	1	100.0
100만원 이하	1	100.0	1	100.0	0	.0	0	.0	0	.0	1	100.0	0	.0
101~200만원	7	100.0	1	14.3	6	85.7	0	.0	0	.0	7	100.0	0	.0
201~300만원	6	100.0	1	16.7	4	66.7	1	16.7	1	16.7	4	66.7	1	16.7
301~400만원	5	100.0	2	40.0	3	60.0	0	.0	1	20.0	4	80.0	0	.0
401~700만원	4	100.0	0	.0	4	100.0	0	.0	0	.0	4	100.0	0	.0

	강제징집 후 다음과 같은 위해를 당하셨습니까?												
	Total		⑤ 군기관에 의한 연행조사						⑥ 제대 후 일정기간 보안감시				
			있었음		없었음		무응답		있었음		없었음		무응답	
	N	%	N	%	N	%	N	%	N	%	N	%	N	%
Total	24	100.0	14	58.3	9	37.5	1	4.2	7	29.2	14	58.3	3	12.5
성별													
남	24	100.0	14	58.3	9	37.5	1	4.2	7	29.2	14	58.3	3	12.5
여	0	.0	0	.0	0	.0	0	.0	0	.0	0	.0	0	.0
연령별													
35~40세	0	.0	0	.0	0	.0	0	.0	0	.0	0	.0	0	.0
41~45세	8	100.0	5	62.5	3	37.5	0	.0	0	.0	8	100.0	0	.0
46~50세	11	100.0	9	81.8	1	9.1	1	9.1	5	45.5	5	45.5	1	9.1
51~55세	3	100.0	0	.0	3	100.0	0	.0	1	33.3	0	.0	2	66.7
기 타	2	100.0	0	.0	2	100.0	0	.0	1	50.0	1	50.0	0	.0
무 응 답	0	.0	0	.0	0	.0	0	.0	0	.0	0	.0	0	.0
성장지역별													
서울/경기권	3	100.0	0	.0	2	66.7	1	33.3	0	.0	2	66.7	1	33.3
영 남 권	5	100.0	4	80.0	1	20.0	0	.0	2	40.0	3	60.0	0	.0
호 남 권	5	100.0	1	20.0	4	80.0	0	.0	2	40.0	2	40.0	1	20.0
강원/충청/제주	11	100.0	9	81.8	2	18.2	0	.0	3	27.3	7	63.6	1	9.1
무 응 답	0	.0	0	.0	0	.0	0	.0	0	.0	0	.0	0	.0
학력별													
무 학	0	.0	0	.0	0	.0	0	.0	0	.0	0	.0	0	.0
초 등 학 교	0	.0	0	.0	0	.0	0	.0	0	.0	0	.0	0	.0
중 학 교	0	.0	0	.0	0	.0	0	.0	0	.0	0	.0	0	.0
고 등 학 교	2	100.0	1	50.0	1	50.0	0	.0	1	50.0	1	50.0	0	.0
대 학 교	17	100.0	11	64.7	5	29.4	1	5.9	4	23.5	11	64.7	2	11.8
대학원 이상	5	100.0	2	40.0	3	60.0	0	.0	2	40.0	2	40.0	1	20.0
기 타	0	.0	0	.0	0	.0	0	.0	0	.0	0	.0	0	.0
본인 월평균 수입													
수 입 없 음	1	100.0	1	100.0	0	.0	0	.0	0	.0	1	100.0	0	.0
100만원 이하	1	100.0	1	100.0	0	.0	0	.0	1	100.0	0	.0	0	.0
101~200만원	7	100.0	3	42.9	4	57.1	0	.0	0	.0	7	100.0	0	.0
201~300만원	6	100.0	5	83.3	0	.0	1	16.7	2	33.3	3	50.0	1	16.7
301~400만원	5	100.0	4	80.0	1	20.0	0	.0	2	40.0	3	60.0	0	.0
401~700만원	4	100.0	0	.0	4	100.0	0	.0	2	50.0	0	.0	2	50.0

	앞서 (조사·구속, 강제징집) 응답하신 정신적, 신체적인 위해로 인해 지금까지 남아있는 후유증이 있습니까?							
	Total		① 있음		② 없음		무응답	
	N	%	N	%	N	%	N	%
Total	510	100.0	108	21.2	343	67.3	59	11.6
성별								
남	394	100.0	95	24.1	257	65.2	42	10.7
여	116	100.0	13	11.2	86	74.1	17	14.7
연령별								
35~40세	129	100.0	10	7.8	99	76.7	20	15.5
41~45세	205	100.0	37	18.0	144	70.2	24	11.7
46~50세	123	100.0	34	27.6	79	64.2	10	8.1
51~55세	27	100.0	17	63.0	9	33.3	1	3.7
기 타	24	100.0	10	41.7	10	41.7	4	16.7
무 응 답	2	100.0	0	.0	2	100.0	0	.0
성장지역별								
서울/경기권	153	100.0	31	20.3	104	68.0	18	11.8
영 남 권	124	100.0	24	19.4	88	71.0	12	9.7
호 남 권	139	100.0	36	25.9	88	63.3	15	10.8
강원/충청/제주	92	100.0	17	18.5	62	67.4	13	14.1
무 응 답	2	100.0	0	.0	1	50.0	1	50.0
학력별								
무 학	4	100.0	0	.0	3	75.0	1	25.0
초 등 학 교	5	100.0	1	20.0	2	40.0	2	40.0
중 학 교	9	100.0	0	.0	8	88.9	1	11.1
고 등 학 교	45	100.0	13	28.9	18	40.0	14	31.1
대 학 교	363	100.0	70	19.3	255	70.2	38	10.5
대학원 이상	79	100.0	23	29.1	53	67.1	3	3.8
기 타	5	100.0	1	20.0	4	80.0	0	.0
본인 월평균 수입								
수 입 없 음	58	100.0	19	32.8	32	55.2	7	12.1
100만원 이하	97	100.0	21	21.6	62	63.9	14	14.4
101~200만원	172	100.0	29	16.9	123	71.5	20	11.6
201~300만원	106	100.0	22	20.8	74	69.8	10	9.4
301~400만원	49	100.0	10	20.4	34	69.4	5	10.2
401~700만원	25	100.0	6	24.0	16	64.0	3	12.0
701만원 이상	3	100.0	1	33.3	2	66.7	0	.0

지금까지 남아있는 정신적 후유증을 표시해 주십시오.

구분	Total N	Total %	① 정신분열증 있음 N	%	없음 N	%	② 성격장애 있음 N	%	없음 N	%	③ 우울증 있음 N	%	없음 N	%	④ 기억력 장애 있음 N	%	없음 N	%	⑤ 외상성 신경증 있음 N	%	없음 N	%	무응답 N	%	⑥ 사회적응력 장애 있음 N	%	없음 N	%
Total	108	100.0	6	5.6	102	94.4	29	26.9	79	73.1	32	29.6	76	70.4	18	16.7	90	83.3	36	33.3	71	65.7	1	.9	31	28.7	77	71.3
성별																												
남	95	100.0	6	6.3	89	93.7	28	29.5	67	70.5	27	28.4	68	71.6	17	17.9	78	82.1	33	34.7	61	64.2	1	1.1	27	28.4	68	71.6
여	13	100.0	0	.0	13	100.0	1	7.7	12	92.3	5	38.5	8	61.5	1	7.7	12	92.3	3	23.1	10	76.9	0	.0	4	30.8	9	69.2
연령별																												
35~40세	10	100.0	1	10.0	9	90.0	4	40.0	6	60.0	3	30.0	7	70.0	0	.0	10	100.0	3	30.0	6	60.0	1	10.0	4	40.0	6	60.0
41~45세	37	100.0	0	.0	37	100.0	8	21.6	29	78.4	9	24.3	28	75.7	4	10.8	33	89.2	8	21.6	29	78.4	0	.0	11	29.7	26	70.3
46~50세	34	100.0	3	8.8	31	91.2	9	26.5	25	73.5	13	38.2	21	61.8	9	26.5	25	73.5	12	35.3	22	64.7	0	.0	7	20.6	27	79.4
51~55세	17	100.0	2	11.8	15	88.2	5	29.4	12	70.6	4	23.5	13	76.5	3	17.6	14	82.4	8	47.1	9	52.9	0	.0	5	29.4	12	70.6
기타	10	100.0	0	.0	10	100.0	3	30.0	7	70.0	3	30.0	7	70.0	2	20.0	8	80.0	5	50.0	5	50.0	0	.0	4	40.0	6	60.0
무응답	0	.0	0	.0	0	.0	0	.0	0	.0	0	.0	0	.0	0	.0	0	.0	0	.0	0	.0	0	.0	0	.0	0	.0
성장지역별																												
서울/경기권	31	100.0	1	3.2	30	96.8	9	29.0	22	71.0	12	38.7	19	61.3	3	9.7	28	90.3	7	22.6	24	77.4	0	.0	8	25.8	23	74.2
영남권	24	100.0	1	4.2	23	95.8	6	25.0	18	75.0	10	41.7	14	58.3	4	16.7	20	83.3	7	29.2	17	70.8	0	.0	6	25.0	18	75.0
호남권	36	100.0	4	11.1	32	88.9	12	33.3	24	66.7	5	13.9	31	86.1	10	27.8	26	72.2	15	41.7	20	55.6	1	2.8	12	33.3	24	66.7
강원/충청/제주	17	100.0	0	.0	17	100.0	2	11.8	15	88.2	5	29.4	12	70.6	1	5.9	16	94.1	7	41.2	10	58.8	0	.0	5	29.4	12	70.6
무응답	0	.0	0	.0	0	.0	0	.0	0	.0	0	.0	0	.0	0	.0	0	.0	0	.0	0	.0	0	.0	0	.0	0	.0
학력별																												
무학	0	.0	0	.0	0	.0	0	.0	0	.0	0	.0	0	.0	0	.0	0	.0	0	.0	0	.0	0	.0	0	.0	0	.0
초졸 이하	1	100.0	1	100.0	0	.0	1	100.0	0	.0	1	100.0	0	.0	1	100.0	0	.0	1	100.0	0	.0	0	.0	1	100.0	0	.0
중졸 이하	0	.0	0	.0	0	.0	0	.0	0	.0	0	.0	0	.0	0	.0	0	.0	0	.0	0	.0	0	.0	0	.0	0	.0
고졸 이하	13	100.0	2	15.4	11	84.6	4	30.8	9	69.2	2	15.4	11	84.6	1	7.7	12	92.3	6	46.2	7	53.8	0	.0	3	23.1	10	76.9
대졸 이하	70	100.0	1	1.4	69	98.6	20	28.6	50	71.4	20	28.6	50	71.4	13	18.6	57	81.4	23	32.9	46	65.7	1	1.4	20	28.6	50	71.4
대학원 이상	23	100.0	1	4.3	22	95.7	4	17.4	19	82.6	9	39.1	14	60.9	2	8.7	21	91.3	6	26.1	17	73.9	0	.0	7	30.4	16	69.6
무응답	1	100.0	1	100.0	0	.0	0	.0	1	100.0	0	.0	1	100.0	1	100.0	0	.0	0	.0	1	100.0	0	.0	0	.0	1	100.0
본인 월평균 수입																												
수입없음	19	100.0	4	21.1	15	78.9	8	42.1	11	57.9	8	42.1	11	57.9	6	31.6	13	68.4	4	21.1	15	78.9	0	.0	9	47.4	10	52.6
100만원 이하	21	100.0	0	.0	21	100.0	8	38.1	13	61.9	5	23.8	16	76.2	3	14.3	18	85.7	6	28.6	15	71.4	0	.0	5	23.8	16	76.2
101~200만원	29	100.0	1	3.4	28	96.6	8	27.6	21	72.4	5	17.2	24	82.8	4	13.8	25	86.2	10	34.5	19	65.5	0	.0	7	24.1	22	75.9
201~300만원	22	100.0	0	.0	22	100.0	3	13.6	19	86.4	10	45.5	12	54.5	4	18.2	18	81.8	10	45.5	12	54.5	0	.0	6	27.3	16	72.7
301~400만원	10	100.0	0	.0	10	100.0	2	20.0	8	80.0	2	20.0	8	80.0	0	.0	10	100.0	4	40.0	6	60.0	0	.0	2	20.0	8	80.0
401~700만원	6	100.0	0	.0	6	100.0	1	16.7	5	83.3	2	33.3	4	66.7	2	33.3	4	66.7	2	33.3	3	50.0	1	16.7	2	33.3	4	66.7
701만원 이상	1	100.0	1	100.0	0	.0	0	.0	1	100.0	0	.0	1	100.0	1	100.0	0	.0	0	.0	1	100.0	0	.0	0	.0	1	100.0

지금까지 남아있는 신체적 후유증을 표시해 주십시오.

구분	Total N	Total %	①화상 있음 N	있음 %	없음 N	없음 %	무응답 N	무응답 %	②허리또는목디스크 있음 N	있음 %	없음 N	없음 %	무응답 N	무응답 %	③신체절단또는훼손 있음 N	있음 %	없음 N	없음 %	무응답 N	무응답 %	④시력손상 있음 N	있음 %	없음 N	없음 %	무응답 N	무응답 %	⑤장기손해 있음 N	있음 %	없음 N	없음 %	무응답 N	무응답 %
Total	108	100.0	3	2.8	101	93.5	4	3.7	37	34.3	67	62.0	4	3.7	25	23.1	79	73.1	4	3.7	6	5.6	98	90.7	4	3.7	4	3.7	100	92.6	4	3.7
성별 남	95	100.0	3	3.2	90	94.7	2	2.1	33	34.7	60	63.2	2	2.1	22	23.2	71	74.7	2	2.1	6	6.3	87	91.6	2	2.1	4	4.2	89	93.7	2	2.1
여	13	100.0	0	.0	11	84.6	2	15.4	4	30.8	7	53.8	2	15.4	3	23.1	8	61.5	2	15.4	0	.0	11	84.6	2	15.4	0	.0	11	84.6	2	15.4
연령별 35~40세	10	100.0	1	10.0	7	70.0	2	20.0	2	20.0	6	60.0	2	20.0	3	30.0	5	50.0	2	20.0	0	.0	8	80.0	2	20.0	0	.0	8	80.0	2	20.0
41~45세	37	100.0	1	2.7	34	91.9	2	5.4	13	35.1	22	59.5	2	5.4	6	16.2	29	78.4	2	5.4	1	2.7	34	91.9	2	5.4	1	2.7	34	91.9	2	5.4
46~50세	34	100.0	0	.0	34	100.0	0	.0	10	29.4	24	70.6	0	.0	10	29.4	24	70.6	0	.0	1	2.9	33	97.1	0	.0	2	5.9	32	94.1	0	.0
51~55세	17	100.0	1	5.9	16	94.1	0	.0	9	52.9	8	47.1	0	.0	4	23.5	13	76.5	0	.0	2	11.8	15	88.2	0	.0	1	5.9	16	94.1	0	.0
기타	10	100.0	0		10	100.0	0		3	30.0	7	70.0	0		2	20.0	8	80.0	0		2	20.0	8	80.0	0		0		10	100.0	0	
무응답	0		0		0		0		0		0		0		0		0		0		0		0		0		0		0		0	
성장지역별 서울/경기	31	100.0	1	3.2	29	93.5	1	3.2	9	29.0	21	67.7	1	3.2	6	19.4	24	77.4	1	3.2	1	3.2	29	93.5	1	3.2	1	3.2	29	93.5	1	3.2
영남권	24	100.0	0	.0	24	100.0	0	.0	5	20.8	19	79.2	0	.0	9	37.5	15	62.5	0	.0	1	4.2	23	95.8	0	.0	1	4.2	23	95.8	0	.0
호남권	36	100.0	2	5.6	34	94.4	0	.0	18	50.0	18	50.0	0	.0	7	19.4	29	80.6	0	.0	3	8.3	33	91.7	0	.0	2	5.6	34	94.4	0	.0
충청권	17	100.0	0	.0	14	82.4	3	17.6	5	29.4	9	52.9	3	17.6	3	17.6	11	64.7	3	17.6	1	5.9	13	76.5	3	17.6	0	.0	14	82.4	3	17.6
강원/충청/제주	0		0		0		0		0		0		0		0		0		0		0		0		0		0		0		0	
기타	0		0		0		0		0		0		0		0		0		0		0		0		0		0		0		0	
무응답	1	100.0	0		1	100.0	0		1	100.0	0		0		1	100.0	0		0		0		1	100.0	0		0		1	100.0	0	
학력별 중졸이하	0		0		0		0		0		0		0		0		0		0		0		0		0		0		0		0	
고졸	13	100.0	1	7.7	11	84.6	1	7.7	4	30.8	8	61.5	1	7.7	2	15.4	10	76.9	1	7.7	0	.0	12	92.3	1	7.7	2	15.4	10	76.9	1	7.7
대졸	70	100.0	2	2.9	68	97.1	0	.0	27	38.6	43	61.4	0	.0	19	27.1	51	72.9	0	.0	4	5.7	66	94.3	0	.0	1	1.4	69	98.6	0	.0
대학원이상	23	100.0	0	.0	20	87.0	3	13.0	4	17.4	16	69.6	3	13.0	4	17.4	16	69.6	3	13.0	2	8.7	18	78.3	3	13.0	0	.0	20	87.0	3	13.0
무응답	1	100.0	0		1	100.0	0		0		1	100.0	0		0		1	100.0	0		0		1	100.0	0		0		1	100.0	0	
본인월평균수입 수입없음	19	100.0	1	5.3	18	94.7	0	.0	6	31.6	13	68.4	0	.0	7	36.8	12	63.2	0	.0	3	15.8	16	84.2	0	.0	3	15.8	16	84.2	0	.0
100만원 이하	21	100.0	1	4.8	19	90.5	1	4.8	9	42.9	11	52.4	1	4.8	4	19.0	16	76.2	1	4.8	0	.0	20	95.2	1	4.8	0	.0	20	95.2	1	4.8
101~200만원	29	100.0	0	.0	27	93.1	2	6.9	12	41.4	15	51.7	2	6.9	6	20.7	21	72.4	2	6.9	1	3.4	26	89.7	2	6.9	1	3.4	26	89.7	2	6.9
201~300만원	22	100.0	0	.0	21	95.5	1	4.5	6	27.3	15	68.2	1	4.5	4	18.2	17	77.3	1	4.5	1	4.5	20	90.9	1	4.5	0	.0	21	95.5	1	4.5
301~400만원	10	100.0	0		10	100.0	0		3	30.0	7	70.0	0		3	30.0	7	70.0	0		0		10	100.0	0		0		10	100.0	0	
401~700만원	6	100.0	1	16.7	5	83.3	0		0	.0	6	100.0	0		1	16.7	5	83.3	0		1	16.7	5	83.3	0		0	.0	6	100.0	0	
701만원 이상	1	100.0	0		1	100.0	0		0		1	100.0	0		0		1	100.0	0		0		1	100.0	0		0		1	100.0	0	

	지금까지 남아있는 정신적, 신체적 후유증에 대해 현재 적절한 치료를 받고 계십니까?											
	Total		① 그렇다		② 후유증이 심할 때만 치료를 받고 있다		③ 치료를 거의 받지 못하고 있다		④ 아무 치료도 받지 못하고 있다		무응답	
	N	%	N	%	N	%	N	%	N	%	N	%
Total	108	100.0	7	6.5	29	26.9	21	19.4	45	41.7	6	5.6
성별												
남	95	100.0	7	7.4	26	27.4	18	18.9	40	42.1	4	4.2
여	13	100.0	0	.0	3	23.1	3	23.1	5	38.5	2	15.4
연령별												
35~40세	10	100.0	1	10.0	0	.0	1	10.0	8	80.0	0	.0
41~45세	37	100.0	0	.0	9	24.3	9	24.3	16	43.2	3	8.1
46~50세	34	100.0	2	5.9	12	35.3	4	11.8	15	44.1	1	2.9
51~55세	17	100.0	2	11.8	4	23.5	7	41.2	4	23.5	0	.0
기타	10	100.0	2	20.0	4	40.0	0	.0	2	20.0	2	20.0
성장지역별												
서울/경기권	31	100.0	2	6.5	10	32.3	4	12.9	15	48.4	0	.0
영남권	24	100.0	1	4.2	5	20.8	6	25.0	8	33.3	4	16.7
호남권	36	100.0	4	11.1	10	27.8	8	22.2	14	38.9	0	.0
강원/충청/제주	17	100.0	0	.0	4	23.5	3	17.6	8	47.1	2	11.8
학력별												
초등학교	1	100.0	0	.0	1	100.0	0	.0	0	.0	0	.0
고등학교	13	100.0	1	7.7	4	30.8	3	23.1	2	15.4	3	23.1
대학교	70	100.0	4	5.7	22	31.4	12	17.1	30	42.9	2	2.9
대학원 이상	23	100.0	1	4.3	2	8.7	6	26.1	13	56.5	1	4.3
기타	1	100.0	1	100.0	0	.0	0	.0	0	.0	0	.0
본인월평균수입												
수입 없음	19	100.0	1	5.3	5	26.3	4	21.1	8	42.1	1	5.3
100만원 이하	21	100.0	3	14.3	4	19.0	3	14.3	11	52.4	0	.0
101~200만원	29	100.0	1	3.4	11	37.9	6	20.7	9	31.0	2	6.9
201~300만원	22	100.0	0	.0	4	18.2	5	22.7	11	50.0	2	9.1
301~400만원	10	100.0	0	.0	4	40.0	2	20.0	4	40.0	0	.0
401~700만원	6	100.0	1	16.7	1	16.7	1	16.7	2	33.3	1	16.7
701만원 이상	1	100.0	1	100.0	0	.0	0	.0	0	.0	0	.0

	선생님이 판단하시기에 후유증으로 인해 발생한 가장 심각한 문제는 무엇입니까?																
	Total		① 가족 해체		② 인간관계 형성 장애 및 사회적 고립		③ 실직, 미취업으로 인한 경제적 어려움		④ 의료비 과다 지출		⑤ 기타		⑥ 없음		무응답	
	N	%	N	%	N	%	N	%	N	%	N	%	N	%	N	%
Total	108	100.0	4	3.7	23	21.3	28	25.9	10	9.3	28	25.9	2	1.9	13	12.0
성별																
남	95	100.0	4	4.2	18	18.9	26	27.4	8	8.4	26	27.4	2	2.1	11	11.6
여	13	100.0	0	.0	5	38.5	2	15.4	2	15.4	2	15.4	0	.0	2	15.4
연령별																
35~40세	10	100.0	0	.0	3	30.0	4	40.0	0	.0	2	20.0	0	.0	1	10.0
41~45세	37	100.0	1	2.7	6	16.2	11	29.7	6	16.2	6	16.2	1	2.7	6	16.2
46~50세	34	100.0	2	5.9	9	26.5	6	17.6	2	5.9	12	35.3	0	.0	3	8.8
51~55세	17	100.0	0	.0	4	23.5	6	35.3	2	11.8	4	23.5	0	.0	1	5.9
기타	10	100.0	1	10.0	1	10.0	1	10.0	0	.0	4	40.0	1	10.0	2	20.0
성장지역별																
서울/경기권	31	100.0	2	6.5	9	29.0	9	29.0	3	9.7	7	22.6	0	.0	1	3.2
영남권	24	100.0	1	4.2	3	12.5	6	25.0	1	4.2	7	29.2	1	4.2	5	20.8
호남권	36	100.0	1	2.8	8	22.2	10	27.8	5	13.9	9	25.0	0	.0	3	8.3
강원/충청/제주	17	100.0	0	.0	3	17.6	3	17.6	1	5.9	5	29.4	1	5.9	4	23.5
학력별																
초등학교	1	100.0	0	.0	1	100.0	0	.0	0	.0	0	.0	0	.0	0	.0
고등학교	13	100.0	0	.0	3	23.1	4	30.8	1	7.7	3	23.1	0	.0	2	15.4
대학교	70	100.0	3	4.3	16	22.9	17	24.3	6	8.6	19	27.1	0	.0	9	12.9
대학원 이상	23	100.0	1	4.3	3	13.0	7	30.4	2	8.7	6	26.1	2	8.7	2	8.7
기타	1	100.0	0	.0	0	.0	0	.0	1	100.0	0	.0	0	.0	0	.0
본인월평균수입																
수입 없음	19	100.0	1	5.3	5	26.3	6	31.6	0	.0	6	31.6	0	.0	1	5.3
100만원 이하	21	100.0	0	.0	4	19.0	7	33.3	3	14.3	6	28.6	0	.0	1	4.8
101~200만원	29	100.0	2	6.9	5	17.2	11	37.9	2	6.9	5	17.2	1	3.4	3	10.3
201~300만원	22	100.0	0	.0	6	27.3	2	9.1	2	9.1	5	22.7	1	4.5	6	27.3
301~400만원	10	100.0	0	.0	2	20.0	1	10.0	2	20.0	4	40.0	0	.0	1	10.0
401~700만원	6	100.0	1	16.7	1	16.7	1	16.7	0	.0	2	33.3	0	.0	1	16.7
701만원 이상	1	100.0	0	.0	0	.0	0	.0	1	100.0	0	.0	0	.0	0	.0

선생님은 민주화운동 경력으로 인해 사회활동에 어려움을 겪은 적이 있습니까?

구분		Total N	%	① 취업/직업선택의 어려움 있음 N	%	없음 N	%	모름 N	%	② 소속의 어려움 있음 N	%	없음 N	%	모름 N	%	③ 퇴직/해고 있음 N	%	없음 N	%	모름 N	%	④ 각종 사회활동 위축 있음 N	%	없음 N	%	모름 N	%	⑤ 이웃과의 교류장애 있음 N	%	없음 N	%	모름 N	%
Total		700	100.0	374	53.4	319	45.6	7	1.0	54	7.7	639	91.3	7	1.0	134	19.1	559	79.9	7	1.0	276	39.4	417	59.6	7	1.0	139	19.9	554	79.1	7	1.0
성별	남	497	100.0	281	56.5	212	42.7	4	.8	40	8.0	453	91.1	4	.8	92	18.5	401	80.7	4	.8	220	44.3	273	54.9	4	.8	105	21.1	388	78.1	4	.8
	여	203	100.0	93	45.8	107	52.7	3	1.5	14	6.9	186	91.6	3	1.5	42	20.7	158	77.8	3	1.5	56	27.6	144	70.9	3	1.5	34	16.7	166	81.8	3	1.5
연령별	35세 이하	205	100.0	88	42.9	116	56.6	1	.5	11	5.4	193	94.1	1	.5	24	11.7	180	87.8	1	.5	51	24.9	153	74.6	1	.5	26	12.7	178	86.8	1	.5
	41~45세	285	100.0	176	61.8	105	36.8	5	1.8	14	4.9	266	93.3	5	1.8	54	18.9	226	79.3	5	1.8	104	36.5	176	61.8	5	1.8	45	15.8	235	82.5	5	1.8
	46~50세	141	100.0	77	54.6	63	44.7	1	.7	20	14.2	120	85.1	1	.7	38	27.0	102	72.3	1	.7	82	58.2	58	41.1	1	.7	40	28.4	100	70.9	1	.7
	51~55세	34	100.0	21	61.8	13	38.2	0	.0	5	14.7	29	85.3	0	.0	8	23.5	26	76.5	0	.0	22	64.7	12	35.3	0	.0	12	35.3	22	64.7	0	.0
	56세 이상	31	100.0	10	32.3	21	67.7	0	.0	4	12.9	27	87.1	0	.0	8	25.8	23	74.2	0	.0	16	51.6	15	48.4	0	.0	16	51.6	15	48.4	0	.0
성장기 지역별	서울/직할시	220	100.0	112	50.9	108	49.1	0	.0	17	7.7	203	92.3	0	.0	48	21.8	172	78.2	0	.0	90	40.9	130	59.1	0	.0	40	18.2	180	81.8	0	.0
	중소도시	169	100.0	91	53.8	77	45.6	1	.6	18	10.7	150	88.8	1	.6	31	18.3	137	81.1	1	.6	62	36.7	106	62.7	1	.6	34	20.1	134	79.3	1	.6
	읍/면 농어촌	192	100.0	97	50.5	91	47.4	4	2.1	11	5.7	177	92.2	4	2.1	31	16.1	157	81.8	4	2.1	75	39.1	113	58.9	4	2.1	38	19.8	150	78.1	4	2.1
	외국	117	100.0	74	63.2	41	35.0	2	1.7	8	6.8	107	91.5	2	1.7	23	19.7	92	78.6	2	1.7	48	41.0	67	57.3	2	1.7	27	23.1	88	75.2	2	1.7
	기타	2	100.0	1	50.0	1	50.0	0	.0	0	.0	2	100.0	0	.0	0	.0	2	100.0	0	.0	1	50.0	1	50.0	0	.0	0	.0	2	100.0	0	.0
학력별		5	100.0	2	40.0	3	60.0	0	.0	2	40.0	3	60.0	0	.0	3	60.0	2	40.0	0	.0	3	60.0	2	40.0	0	.0	3	60.0	2	40.0	0	.0
		6	100.0	2	33.3	4	66.7	0	.0	1	16.7	5	83.3	0	.0	2	33.3	4	66.7	0	.0	2	33.3	4	66.7	0	.0	4	66.7	2	33.3	0	.0
		15	100.0	8	53.3	7	46.7	0	.0	1	6.7	14	93.3	0	.0	9	60.0	6	40.0	0	.0	5	33.3	10	66.7	0	.0	4	26.7	11	73.3	0	.0
		73	100.0	40	54.8	33	45.2	0	.0	9	12.3	64	87.7	0	.0	23	31.5	50	68.5	0	.0	30	41.1	43	58.9	0	.0	18	24.7	55	75.3	0	.0
		482	100.0	270	56.0	207	42.9	5	1.0	24	5.0	453	94.0	5	1.0	77	16.0	400	83.0	5	1.0	186	38.6	291	60.4	5	1.0	83	17.2	394	81.7	5	1.0
		113	100.0	61	54.0	50	44.2	2	1.8	17	15.0	94	83.2	2	1.8	17	15.0	94	83.2	2	1.8	47	41.6	64	56.6	2	1.8	25	22.1	86	76.1	2	1.8
주활동 지역	서울/경기	338	100.0	182	53.8	154	45.6	2	.6	25	7.4	311	92.0	2	.6	75	22.2	261	77.2	2	.6	136	40.2	200	59.2	2	.6	62	18.3	274	81.1	2	.6
	강원/충청	150	100.0	80	53.3	70	46.7	—	—	21	14.0	129	86.0	—	—	35	23.3	115	76.7	—	—	56	37.3	94	62.7	—	—	32	21.3	118	78.7	—	—
	전라/제주	135	100.0	70	51.8	62	45.9	3	2.2	6	4.4	126	93.3	3	2.2	16	11.9	116	85.9	3	2.2	54	40.0	78	57.8	3	2.2	27	20.0	105	77.8	3	2.2
	경상	77	100.0	44	57.1	31	40.3	2	2.6	2	2.6	73	94.8	2	2.6	8	10.4	67	87.0	2	2.6	30	39.0	45	58.4	2	2.6	18	23.4	57	74.0	2	2.6
운동참여 분야		385	100.0	214	55.6	169	43.9	2	.5	17	4.4	366	95.1	2	.5	39	10.1	344	89.4	2	.5	134	34.8	249	64.7	2	.5	53	13.8	330	85.7	2	.5
		158	100.0	55	34.8	101	63.9	2	1.3	24	15.2	132	83.5	2	1.3	73	46.2	83	52.5	2	1.3	72	45.6	84	53.2	2	1.3	35	21.3	121	76.6	2	1.3
		51	100.0	26	51.0	24	49.0	1	2.0	2	3.9	48	94.1	1	2.0	2	3.9	48	96.1	1	2.0	30	55.5	86	41.2	1	2.0	22	43.1	29	56.9	1	2.0
		38	100.0	13	34.2	24	63.2	1	2.6	1	2.6	36	94.7	1	2.6	2	5.3	35	92.1	1	2.6	10	26.3	27	71.1	1	2.6	7	18.4	30	78.9	1	2.6
		20	100.0	4	18.8	16	80.0	—	—	—	—	20	100.0	—	—	3	15.0	17	85.0	—	—	12	40.0	12	60.0	—	—	8	40.0	12	60.0	—	—
		16	100.0	3	18.8	6	46.2	1	6.3	8	50.0	11	43.8	1	6.3	12	75.0	4	18.8	1	6.3	9	37.5	7	56.3	1	6.3	4	25.0	11	68.8	1	6.3
		13	100.0	7	53.8	6	46.2	—	—	2	15.4	11	84.6	—	—	1	7.7	12	92.3	—	—	6	46.2	7	53.8	—	—	2	15.4	11	84.6	—	—
		19	100.0	6	31.6	12	63.2	1	5.3	1	5.3	18	94.7	1	5.3	1	5.3	18	94.7	1	5.3	8	42.1	10	52.6	1	5.3	8	42.1	10	52.6	1	5.3
본인 평균 월수입	100만원 이하	75	100.0	44	58.7	31	41.3	—	—	6	8.0	69	92.0	—	—	19	25.3	56	74.7	—	—	35	46.7	40	53.3	—	—	25	33.3	50	66.7	—	—
	101~200만원	66	100.0	31	48.5	34	50.7	1	.7	6	8.6	60	90.7	1	.7	12	17.9	53	79.4	1	.7	52	38.2	83	61.0	1	.7	29	21.3	106	77.9	1	.7
	201~300만원	242	100.0	123	50.8	116	47.9	3	1.2	8	3.3	231	95.5	3	1.2	43	17.8	196	81.0	3	1.2	86	35.5	153	63.2	3	1.2	44	18.2	195	80.6	3	1.2
	301~400만원	144	100.0	87	60.4	55	38.2	2	1.4	17	11.8	125	86.8	2	1.4	30	20.8	112	77.8	2	1.4	68	47.2	74	51.4	2	1.4	22	15.3	120	83.3	2	1.4
	401~700만원	63	100.0	37	58.7	25	39.7	1	1.6	9	14.3	53	84.1	1	1.6	9	14.3	53	84.1	1	1.6	22	34.9	40	63.5	1	1.6	13	20.6	49	77.8	1	1.6
	701만원 이상	32	100.0	15	46.9	17	53.1	0	.0	5	15.6	27	84.4	0	.0	6	18.8	26	81.3	0	.0	10	31.3	22	68.8	0	.0	3	9.4	29	90.6	0	.0
	없음	1	100.0	1	100.0	0	.0	0	.0	1	100.0	0	.0	0	.0	0	.0	1	100.0	0	.0	1	100.0	0	.0	0	.0	1	100.0	0	.0	0	.0

선생님은 민주화운동 경력으로 가족생활에 어려움을 겪은 적이 있습니까?

(① 가족신상의 피해, 불이익 · ② 자녀교육의 어려움 · ③ 결혼생활 장애 · ④ 부모, 친인척들과 관계경직·단절)

구분	Total N	Total %	① 있음 N	① 있음 %	① 없음 N	① 없음 %	① 무응답 N	① 무응답 %	② 있음 N	② 있음 %	② 없음 N	② 없음 %	② 무응답 N	② 무응답 %	③ 있음 N	③ 있음 %	③ 없음 N	③ 없음 %	③ 무응답 N	③ 무응답 %	④ 있음 N	④ 있음 %	④ 없음 N	④ 없음 %	④ 무응답 N	④ 무응답 %
Total	700	100.0	123	17.6	563	80.4	14	2.0	75	10.7	611	87.3	14	2.0	75	10.7	611	87.3	14	2.0	233	33.3	453	64.7	14	2.0
성별 남	497	100.0	95	19.1	394	79.3	8	1.6	57	11.5	432	86.9	8	1.6	59	11.9	430	86.5	8	1.6	175	35.2	314	63.2	8	1.6
여	203	100.0	28	13.8	169	83.3	6	3.0	18	8.9	179	88.2	6	3.0	16	7.9	181	89.2	6	3.0	58	28.6	139	68.5	6	3.0
연령별 35~40세	205	100.0	18	8.8	185	90.2	2	1.0	8	3.9	195	95.1	2	1.0	6	2.9	197	96.1	2	1.0	60	29.3	143	69.8	2	1.0
41~45세	285	100.0	45	15.8	232	81.4	8	2.8	17	6.0	260	91.2	8	2.8	27	9.5	250	87.7	8	2.8	81	28.4	196	68.8	8	2.8
46~50세	141	100.0	39	27.7	99	70.2	3	2.1	30	21.3	108	76.6	3	2.1	27	19.1	111	78.7	3	2.1	64	45.4	74	52.5	3	2.1
51~55세	34	100.0	14	41.2	20	58.8	0	.0	12	35.3	22	64.7	0	.0	9	26.5	25	73.5	0	.0	14	41.2	20	58.8	0	.0
기타	31	100.0	7	22.6	23	74.2	1	3.2	8	25.8	22	71.0	1	3.2	6	19.4	24	77.4	1	3.2	13	41.9	17	54.8	1	3.2
무응답	4	100.0	0	.0	4	100.0	0	.0	0	.0	4	100.0	0	.0	0	.0	4	100.0	0	.0	1	25.0	3	75.0	0	.0
성장지역별 서울/경기	220	100.0	35	15.9	185	84.1	0	.0	20	9.1	200	90.9	0	.0	20	9.1	200	90.9	0	.0	62	28.2	158	71.8	0	.0
영남	169	100.0	35	20.7	133	78.7	1	.6	24	14.2	144	85.2	1	.6	20	11.8	148	87.6	1	.6	61	36.1	107	63.3	1	.6
호남	192	100.0	30	15.6	155	80.7	7	3.6	22	11.5	163	84.9	7	3.6	20	10.4	165	85.9	7	3.6	63	32.8	122	63.5	7	3.6
강원/충청/제주	117	100.0	23	19.7	88	75.2	6	5.1	8	6.8	103	88.0	6	5.1	14	12.0	97	82.9	6	5.1	46	39.3	65	55.6	6	5.1
무응답	2	100.0	0	.0	2	100.0	0	.0	1	50.0	1	50.0	0	.0	1	50.0	1	50.0	0	.0	1	50.0	1	50.0	0	.0
학력별 중졸이하	5	100.0	2	40.0	3	60.0	0	.0	1	20.0	4	80.0	0	.0	1	20.0	4	80.0	0	.0	3	60.0	2	40.0	0	.0
고졸	6	100.0	1	16.7	5	83.3	0	.0	1	16.7	5	83.3	0	.0	1	16.7	5	83.3	0	.0	3	50.0	3	50.0	0	.0
대재	15	100.0	2	13.3	13	86.7	0	.0	4	26.7	11	73.3	0	.0	3	20.0	12	80.0	0	.0	3	20.0	12	80.0	0	.0
대졸	73	100.0	11	15.1	61	83.6	1	1.4	12	16.4	60	82.2	1	1.4	8	11.0	64	87.7	1	1.4	22	30.1	50	68.5	1	1.4
대학원이상	482	100.0	80	16.6	391	81.1	11	2.3	50	10.4	421	87.3	11	2.3	50	10.4	421	87.3	11	2.3	161	33.4	310	64.3	11	2.3
기타	113	100.0	25	22.1	86	76.1	2	1.8	7	6.2	104	92.0	2	1.8	11	9.7	100	88.5	2	1.8	38	33.6	73	64.6	2	1.8
무응답	6	100.0	2	33.3	4	66.7	0	.0	0	.0	6	100.0	0	.0	1	16.7	5	83.3	0	.0	3	50.0	3	50.0	0	.0
민주화운동 참여·진행 경력 상태 상	2	100.0	0	.0	1	50.0	1	50.0	0	.0	1	50.0	1	50.0	0	.0	1	50.0	1	50.0	1	50.0	0	.0	1	50.0
중	33	100.0	6	18.2	27	81.8	0	.0	4	12.1	29	87.9	0	.0	4	12.1	29	87.9	0	.0	11	33.3	22	66.7	0	.0
하	207	100.0	37	17.9	166	80.2	4	1.9	16	7.7	187	90.3	4	1.9	22	10.6	181	87.4	4	1.9	63	30.4	140	67.6	4	1.9
(274)	274	100.0	43	15.7	226	82.5	5	1.8	32	11.7	237	86.5	5	1.8	28	10.2	241	88.0	5	1.8	88	32.1	181	66.1	5	1.8
(182)	182	100.0	37	20.3	141	77.5	4	2.2	23	12.6	155	85.2	4	2.2	21	11.5	157	86.3	4	2.2	69	37.9	109	59.9	4	2.2
무응답	2	100.0	0	.0	2	100.0	0	.0	0	.0	2	100.0	0	.0	0	.0	2	100.0	0	.0	1	50.0	1	50.0	0	.0
본인 월평균 수입 100만원이하	75	100.0	23	30.7	51	68.0	1	1.3	16	21.3	58	77.3	1	1.3	14	18.7	60	80.0	1	1.3	29	38.7	44	58.7	2	2.7
101~200만원	136	100.0	23	16.9	111	81.6	2	1.5	17	12.5	117	86.0	2	1.5	12	8.8	122	89.7	2	1.5	48	35.3	86	63.2	2	1.5
201~300만원	242	100.0	39	16.1	196	81.0	7	2.9	24	9.9	211	87.2	7	2.9	23	9.5	212	87.6	7	2.9	79	32.6	156	64.5	7	2.9
301~400만원	144	100.0	23	16.0	118	81.9	3	2.1	10	6.9	131	91.0	3	2.1	16	11.1	125	86.8	3	2.1	51	35.4	91	63.2	2	1.4
401~700만원	63	100.0	9	14.3	53	84.1	1	1.6	3	4.8	59	93.7	1	1.6	5	7.9	57	90.5	1	1.6	17	27.0	45	71.4	1	1.6
701만원이상	32	100.0	5	15.6	27	84.4	0	.0	5	15.6	27	84.4	0	.0	5	15.6	27	84.4	0	.0	7	21.9	25	78.1	0	.0
(7)	7	100.0	1	14.3	6	85.7	0	.0	0	.0	7	100.0	0	.0	0	.0	7	100.0	0	.0	2	28.6	5	71.4	0	.0
무응답	1	100.0	0	.0	1	100.0	0	.0	0	.0	1	100.0	0	.0	0	.0	1	100.0	0	.0	0	.0	1	100.0	0	.0

선생님의 현재 직업을 적어주세요.

	Total		① 의학/의료, 고위임직원 및 관리자		② 전문가		③ 기술공 및 준전문가		④ 사무 종사자		⑤ 서비스 종사자		⑥ 판매 종사자		⑦ 농업, 임업 및 어업 숙련 종사자		⑧ 기능원 및 관련 기능 종사자		⑨ 단순 노무 종사자		⑩ 전업주부		⑪ 무직 또는 학생		⑫ 시민단체 활동가		⑬ 기타	
	N	%	N	%	N	%	N	%	N	%	N	%	N	%	N	%	N	%	N	%	N	%	N	%	N	%	N	%
Total	700	100.0	32	4.6	64	9.1	105	15.0	75	10.7	54	7.7	54	7.7	14	2.0	21	3.0	23	3.3	18	2.6	31	4.4	194	27.7	15	2.1
성별																												
남	497	100.0	25	5.0	43	8.7	62	12.5	55	11.1	40	8.0	49	9.9	13	2.6	16	3.2	15	3.0	1	.2	26	5.2	140	28.2	12	2.4
여	203	100.0	7	3.4	21	10.3	43	21.2	20	9.9	14	6.9	5	2.5	1	.5	5	2.5	8	3.9	17	8.4	5	2.5	54	26.6	3	1.5
연령별																												
35~40세	205	100.0	9	4.4	17	8.3	26	12.7	22	10.7	12	5.9	15	7.3	2	1.0	5	2.4	6	2.9	7	3.4	2	1.0	79	38.5	3	1.5
41~45세	285	100.0	13	4.6	25	8.8	44	15.4	36	12.6	24	8.4	24	8.4	3	1.1	10	3.5	7	2.5	9	3.2	9	3.2	71	24.9	10	3.5
46~50세	141	100.0	6	4.3	14	9.9	22	15.6	14	9.9	14	9.9	13	9.2	4	2.8	6	4.3	10	7.1	1	.7	8	5.7	28	19.9	1	.7
51~55세	34	100.0	3	8.8	4	11.8	6	17.6	0	.0	2	5.9	2	5.9	2	5.9	0	.0	0	.0	1	2.9	4	11.8	10	29.4	0	.0
기타	31	100.0	1	3.2	4	12.9	6	19.4	3	9.7	2	6.5	0	.0	3	9.7	0	.0	0	.0	0	.0	7	22.6	4	12.9	1	3.2
무응답	4	100.0	0	.0	0	.0	1	25.0	0	.0	0	.0	0	.0	0	.0	0	.0	0	.0	0	.0	1	25.0	2	50.0	0	.0
성장지역별																												
서울/경기권	220	100.0	7	3.2	19	8.6	37	16.8	28	12.7	15	6.8	12	5.5	2	.9	3	1.4	7	3.2	8	3.6	13	5.9	65	29.5	4	1.8
영남권	169	100.0	3	1.8	19	11.2	28	16.6	12	7.1	14	8.3	20	11.8	1	.6	6	3.6	10	5.9	5	3.0	4	2.4	45	26.6	2	1.2
호남권	192	100.0	19	9.9	14	7.3	24	12.5	16	8.3	11	5.7	13	6.8	8	4.2	6	3.1	2	1.0	2	1.0	13	6.8	61	31.8	3	1.6
강원/충청/제주	117	100.0	3	2.6	12	10.3	16	13.7	19	16.2	13	11.1	9	7.7	3	2.6	6	5.1	4	3.4	3	2.6	1	.9	22	18.8	6	5.1
무응답	2	100.0	0	.0	0	.0	0	.0	0	.0	1	50.0	0	.0	0	.0	0	.0	0	.0	0	.0	0	.0	1	50.0	0	.0
학력별																												
무학/초등학교 졸	5	100.0	0	.0	0	.0	1	20.0	0	.0	0	.0	0	.0	1	20.0	0	.0	2	40.0	0	.0	1	20.0	0	.0	0	.0
중학교 졸	6	100.0	0	.0	0	.0	2	33.3	0	.0	0	.0	0	.0	1	16.7	0	.0	0	.0	0	.0	2	33.3	1	16.7	0	.0
고등학교 졸	15	100.0	0	.0	0	.0	1	6.7	1	6.7	0	.0	1	6.7	0	.0	3	20.0	4	26.7	2	13.3	0	.0	3	20.0	0	.0
전문대학 졸	73	100.0	2	2.7	1	1.4	5	6.8	7	9.6	12	16.4	4	5.5	3	4.1	4	5.5	7	9.6	2	2.7	5	6.8	15	20.5	6	8.2
대학교 졸	482	100.0	19	3.9	40	8.3	68	14.1	59	12.2	41	8.5	44	9.1	9	1.9	14	2.9	10	2.1	14	2.9	17	3.5	140	29.0	7	1.5
대학원 졸	113	100.0	10	8.8	22	19.5	28	24.8	7	6.2	1	.9	5	4.4	0	.0	0	.0	0	.0	0	.0	6	5.3	32	28.3	2	1.8
무응답	6	100.0	1	16.7	1	16.7	0	.0	1	16.7	0	.0	0	.0	0	.0	0	.0	0	.0	0	.0	0	.0	3	50.0	0	.0
본인 월평균 수입																												
수입 없음	75	100.0	0	.0	3	4.0	2	2.7	1	1.3	2	2.7	1	1.3	1	1.3	1	1.3	2	2.7	14	18.7	25	33.3	21	28.0	2	2.7
100만원 이하	136	100.0	0	.0	13	9.6	15	11.0	8	5.9	9	6.6	8	5.9	3	2.2	0	.0	10	7.4	2	1.5	3	2.2	61	44.9	4	2.9
101~200만원	242	100.0	4	1.7	13	5.4	41	16.9	24	9.9	22	9.1	21	8.7	6	2.5	8	3.3	9	3.7	1	.4	1	.4	89	36.8	3	1.2
201~300만원	144	100.0	11	7.6	14	9.7	30	20.8	20	13.9	15	10.4	14	9.7	3	2.1	8	5.6	1	.7	1	.7	1	.7	20	13.9	6	4.2
301~400만원	63	100.0	8	12.7	11	17.5	12	19.0	15	23.8	2	3.2	7	11.1	1	1.6	3	4.8	1	1.6	0	.0	0	.0	3	4.8	0	.0
401~700만원	32	100.0	8	25.0	9	28.1	4	12.5	5	15.6	3	9.4	3	9.4	0	.0	0	.0	0	.0	0	.0	0	.0	0	.0	0	.0
701만원 이상	7	100.0	1	14.3	1	14.3	1	14.3	2	28.6	1	14.3	0	.0	0	.0	1	14.3	0	.0	0	.0	0	.0	0	.0	0	.0
무응답	1	100.0	0	.0	0	.0	0	.0	0	.0	0	.0	0	.0	0	.0	0	.0	0	.0	0	.0	1	100.0	0	.0	0	.0

	자영업이 아닌 경우, 선생님의 현재 고용형태는 어떤 것입니까?							
	Total		① 상용직		② 임시직		③ 일용직	
	N	%	N	%	N	%	N	%
Total	461	100.0	334	72.5	92	20.0	35	7.6
성별								
남	317	100.0	236	74.4	62	19.6	19	6.0
여	144	100.0	98	68.1	30	20.8	16	11.1
연령별								
35~40세	155	100.0	120	77.4	26	16.8	9	5.8
41~45세	179	100.0	134	74.9	33	18.4	12	6.7
46~50세	89	100.0	56	62.9	22	24.7	11	12.4
51~55세	19	100.0	14	73.7	4	21.1	1	5.3
기 타	17	100.0	8	47.1	7	41.2	2	11.8
무 응 답	2	100.0	2	100.0	0	.0	0	.0
성장지역별								
서울/경기권	151	100.0	106	70.2	29	19.2	16	10.6
영 남 권	109	100.0	80	73.4	22	20.2	7	6.4
호 남 권	126	100.0	90	71.4	26	20.6	10	7.9
강원/충청/제주	74	100.0	57	77.0	15	20.3	2	2.7
무 응 답	1	100.0	1	100.0	0	.0	0	.0
학력별								
무 학	3	100.0	1	33.3	1	33.3	1	33.3
초 등 학 교	3	100.0	2	66.7	0	.0	1	33.3
중 학 교	11	100.0	7	63.6	2	18.2	2	18.2
고 등 학 교	43	100.0	30	69.8	8	18.6	5	11.6
대 학 교	306	100.0	223	72.9	64	20.9	19	6.2
대학원 이상	89	100.0	65	73.0	17	19.1	7	7.9
기 타	6	100.0	6	100.0	0	.0	0	.0
본인 월평균 수입								
수 입 없 음	17	100.0	5	29.4	6	35.3	6	35.3
100만원 이하	97	100.0	54	55.7	28	28.9	15	15.5
101~200만원	178	100.0	129	72.5	42	23.6	7	3.9
201~300만원	100	100.0	81	81.0	13	13.0	6	6.0
301~400만원	44	100.0	41	93.2	2	4.5	1	2.3
401~700만원	20	100.0	19	95.0	1	5.0	0	.0
701만원 이상	5	100.0	5	100.0	0	.0	0	.0

	현재 선생님 본인의 월 평균 수입 (본인명의 근로소득, 집세, 증권 배당이익, 저축이자 등 (모두 포함)은 어느 정도입니까?																	
	Total		①수입 없음		②100만원 이하		③101~200만원		④201~300만원		⑤301~400만원		⑥401~700만원		⑦701만원 이상		무응답	
	N	%	N	%	N	%	N	%	N	%	N	%	N	%	N	%	N	%
Total	700	100.0	75	10.7	136	19.4	242	34.6	144	20.6	63	9.0	32	4.6	7	1.0	1	.1
성별																		
남	497	100.0	52	10.5	71	14.3	171	34.4	114	22.9	53	10.7	31	6.2	4	.8	1	.2
여	203	100.0	23	11.3	65	32.0	71	35.0	30	14.8	10	4.9	1	.5	3	1.5	0	.0
연령별																		
35~40세	205	100.0	14	6.8	54	26.3	84	41.0	32	15.6	12	5.9	8	3.9	1	.5	0	.0
41~45세	285	100.0	28	9.8	43	15.1	97	34.0	71	24.9	31	10.9	11	3.9	4	1.4	0	.0
46~50세	141	100.0	16	11.3	30	21.3	38	27.0	32	22.7	15	10.6	8	5.7	2	1.4	0	.0
51~55세	34	100.0	8	23.5	4	11.8	8	23.5	7	20.6	3	8.8	4	11.8	0	.0	0	.0
기타	31	100.0	8	25.8	5	16.1	12	38.7	2	6.5	2	6.5	1	3.2	0	.0	1	3.2
무응답	4	100.0	1	25.0	0	.0	3	75.0	0	.0	0	.0	0	.0	0	.0	0	.0
성장지역별																		
서울/경기권	220	100.0	28	12.7	48	21.8	75	34.1	42	19.1	13	5.9	11	5.0	3	1.4	0	.0
영남권	169	100.0	17	10.1	32	18.9	59	34.9	31	18.3	22	13.0	5	3.0	3	1.8	0	.0
호남권	192	100.0	19	9.9	37	19.3	73	38.0	38	19.8	15	7.8	8	4.2	1	.5	1	.5
강원/충청/제주	117	100.0	11	9.4	18	15.4	34	29.1	33	28.2	13	11.1	8	6.8	0	.0	0	.0
무응답	2	100.0	0	.0	1	50.0	1	50.0	0	.0	0	.0	0	.0	0	.0	0	.0
학력별																		
무학	5	100.0	1	20.0	1	20.0	1	20.0	1	20.0	1	20.0	0	.0	0	.0	0	.0
초등학교	6	100.0	3	50.0	2	33.3	1	16.7	0	.0	0	.0	0	.0	0	.0	0	.0
중학교	15	100.0	3	20.0	4	26.7	5	33.3	2	13.3	1	6.7	0	.0	0	.0	0	.0
고등학교	73	100.0	9	12.3	13	17.8	29	39.7	12	16.4	6	8.2	3	4.1	0	.0	1	1.4
대학교	482	100.0	53	11.0	96	19.9	167	34.6	99	20.5	43	8.9	20	4.1	4	.8	0	.0
대학원 이상	113	100.0	6	5.3	20	17.7	37	32.7	29	25.7	11	9.7	8	7.1	2	1.8	0	.0
기타	6	100.0	0	.0	0	.0	2	33.3	1	16.7	1	16.7	1	16.7	1	16.7	0	.0
본인월평균수입																		
수입 없음	75	100.0	75	100.0	0	.0	0	.0	0	.0	0	.0	0	.0	0	.0	0	.0
100만원 이하	136	100.0	0	.0	136	100.0	0	.0	0	.0	0	.0	0	.0	0	.0	0	.0
101~200만원	242	100.0	0	.0	0	.0	242	100.0	0	.0	0	.0	0	.0	0	.0	0	.0
201~300만원	144	100.0	0	.0	0	.0	0	.0	144	100.0	0	.0	0	.0	0	.0	0	.0
301~400만원	63	100.0	0	.0	0	.0	0	.0	0	.0	63	100.0	0	.0	0	.0	0	.0
401~700만원	32	100.0	0	.0	0	.0	0	.0	0	.0	0	.0	32	100.0	0	.0	0	.0
701만원 이상	7	100.0	0	.0	0	.0	0	.0	0	.0	0	.0	0	.0	7	100.0	0	.0
무응답	1	100.0	0	.0	0	.0	0	.0	0	.0	0	.0	0	.0	0	.0	1	100.0

	현재 선생님 집안의 경제 상태는 어느 정도입니까?													
	Total		① 상		② 중상		③ 중		④ 중하		⑤ 하		무응답	
	N	%	N	%	N	%	N	%	N	%	N	%	N	%
Total	700	100.0	3	.4	18	2.6	202	28.9	310	44.3	166	23.7	1	.1
성별														
남	497	100.0	2	.4	13	2.6	142	28.6	231	46.5	109	21.9	0	.0
여	203	100.0	1	.5	5	2.5	60	29.6	79	38.9	57	28.1	1	.5
연령별														
35~40세	205	100.0	0	.0	5	2.4	61	29.8	87	42.4	51	24.9	1	.5
41~45세	285	100.0	2	.7	8	2.8	73	25.6	142	49.8	60	21.1	0	.0
46~50세	141	100.0	1	.7	3	2.1	46	32.6	58	41.1	33	23.4	0	.0
51~55세	34	100.0	0	.0	1	2.9	12	35.3	10	29.4	11	32.4	0	.0
기타	31	100.0	0	.0	1	3.2	10	32.3	11	35.5	9	29.0	0	.0
무응답	4	100.0	0	.0	0	.0	0	.0	2	50.0	2	50.0	0	.0
성장지역별														
서울/경기권	220	100.0	2	.9	7	3.2	67	30.5	90	40.9	54	24.5	0	.0
영남권	169	100.0	0	.0	6	3.6	49	29.0	74	43.8	39	23.1	1	.6
호남권	192	100.0	0	.0	2	1.0	46	24.0	98	51.0	46	24.0	0	.0
강원/충청/제주	117	100.0	1	.9	3	2.6	40	34.2	47	40.2	26	22.2	0	.0
무응답	2	100.0	0	.0	0	.0	0	.0	1	50.0	1	50.0	0	.0
학력별														
무학	5	100.0	0	.0	1	20.0	1	20.0	2	40.0	1	20.0	0	.0
초등학교	6	100.0	0	.0	0	.0	1	16.7	1	16.7	4	66.7	0	.0
중학교	15	100.0	0	.0	0	.0	3	20.0	8	53.3	4	26.7	0	.0
고등학교	73	100.0	0	.0	1	1.4	15	20.5	36	49.3	21	28.8	0	.0
대학교	482	100.0	2	.4	12	2.5	141	29.3	219	45.4	108	22.4	0	.0
대학원 이상	113	100.0	1	.9	4	3.5	39	34.5	43	38.1	25	22.1	1	.9
기타	6	100.0	0	.0	0	.0	2	33.3	1	16.7	3	50.0	0	.0
본인월평균수입														
수입 없음	75	100.0	0	.0	0	.0	14	18.7	30	40.0	31	41.3	0	.0
100만원 이하	136	100.0	1	.7	0	.0	26	19.1	52	38.2	57	41.9	0	.0
101~200만원	242	100.0	0	.0	2	.8	50	20.7	124	51.2	65	26.9	1	.4
201~300만원	144	100.0	0	.0	5	3.5	54	37.5	78	54.2	7	4.9	0	.0
301~400만원	63	100.0	0	.0	2	3.2	38	60.3	17	27.0	6	9.5	0	.0
401~700만원	32	100.0	1	3.1	5	15.6	17	53.1	9	28.1	0	.0	0	.0
701만원 이상	7	100.0	1	14.3	4	57.1	2	28.6	0	.0	0	.0	0	.0
무응답	1	100.0	0	.0	0	.0	1	100.0	0	.0	0	.0	0	.0

		선생님은 자신이 민주화운동을 하지 않았다면, 선생님의 경제적 형편이 어떻게 되었을 것이라 생각하십니까?								
		Total		① 더 좋아졌을 것이다		② 별로 달라지지 않았을 것이다		③ 더 나빠졌을 것이다		무응답
	N	%	N	%	N	%	N	%	N	%
Total	700	100.0	478	68.3	203	29.0	14	2.0	5	.7
성별										
남	497	100.0	357	71.8	124	24.9	12	2.4	4	.8
여	203	100.0	121	59.6	79	38.9	2	1.0	1	.5
연령별										
3 5 ~ 4 0 세	205	100.0	126	61.5	74	36.1	3	1.5	2	1.0
4 1 ~ 4 5 세	285	100.0	182	63.9	93	32.6	7	2.5	3	1.1
4 6 ~ 5 0 세	141	100.0	114	80.9	26	18.4	1	.7	0	.0
5 1 ~ 5 5 세	34	100.0	28	82.4	4	11.8	2	5.9	0	.0
기 타	31	100.0	26	83.9	4	12.9	1	3.2	0	.0
무 응 답	4	100.0	2	50.0	2	50.0	0	.0	0	.0
성장지역별										
서울 / 경기권	220	100.0	152	69.1	62	28.2	5	2.3	1	.5
영 남 권	169	100.0	105	62.1	55	32.5	7	4.1	2	1.2
호 남 권	192	100.0	146	76.0	44	22.9	1	.5	1	.5
강원/충청/제주	117	100.0	74	63.2	41	35.0	1	.9	1	.9
무 응 답	2	100.0	1	50.0	1	50.0	0	.0	0	.0
학력별										
무 학	5	100.0	4	80.0	1	20.0	0	.0	0	.0
초 등 학 교	6	100.0	5	83.3	0	.0	1	16.7	0	.0
중 학 교	15	100.0	4	26.7	10	66.7	1	6.7	0	.0
고 등 학 교	73	100.0	34	46.6	37	50.7	2	2.7	0	.0
대 학 교	482	100.0	341	70.7	128	26.6	8	1.7	5	1.0
대 학 원 이 상	113	100.0	87	77.0	24	21.2	2	1.8	0	.0
기 타	6	100.0	3	50.0	3	50.0	0	.0	0	.0
본인월평균수입										
T o t a l	700	100.0	478	68.3	203	29.0	14	2.0	5	.7
수 입 없 음	75	100.0	51	68.0	19	25.3	4	5.3	1	1.3
100만원 이하	136	100.0	103	75.7	31	22.8	2	1.5	0	.0
101~200만원	242	100.0	172	71.1	64	26.4	3	1.2	3	1.2
201~300만원	144	100.0	93	64.6	48	33.3	2	1.4	1	.7
301~400만원	63	100.0	37	58.7	24	38.1	2	3.2	0	.0
401~700만원	32	100.0	19	59.4	13	40.6	0	.0	0	.0
701만원 이상	7	100.0	3	42.9	3	42.9	1	14.3	0	.0
무 응 답	1	100.0	0	.0	1	100.0	0	.0	0	.0

현재 선생님 댁의 주 수입원은 누구입니까? 1순위

	Total N	Total %	①본인 N	①본인 %	②배우자 N	②배우자 %	③부모 N	③부모 %	④자녀 N	④자녀 %	⑤국가보조 N	⑤국가보조 %	⑥형제·자매 N	⑥형제·자매 %	⑦희생자구제비 N	⑦희생자구제비 %	⑧없음 N	⑧없음 %
Total	700	100.0	523	74.7	153	21.9	6	.9	6	.9	2	.3	8	1.1	1	.1	1	.1
성별 남	497	100.0	380	76.5	99	19.9	5	1.0	5	1.0	2	.4	4	.8	1	.2	1	.2
성별 여	203	100.0	143	70.4	54	26.6	1	.5	1	.5	0	.0	4	2.0	0	.0	0	.0
연령별 35~40세	205	100.0	151	73.7	48	23.4	3	1.5	0	.0	0	.0	3	1.5	0	.0	0	.0
연령별 41~45세	285	100.0	225	78.9	55	19.3	3	1.1	0	.0	1	.4	1	.4	0	.0	0	.0
연령별 46~50세	141	100.0	104	73.8	34	24.1	0	.0	0	.0	2	1.4	1	.7	0	.0	0	.0
연령별 51~55세	34	100.0	20	58.8	12	35.3	0	.0	0	.0	1	2.9	1	2.9	0	.0	0	.0
연령별 기타	31	100.0	21	67.7	3	9.7	0	.0	6	19.4	0	.0	1	3.2	0	.0	0	.0
연령별 미답	4	100.0	2	50.0	1	25.0	0	.0	0	.0	0	.0	1	25.0	0	.0	0	.0
성장지역별 서울/경기권	220	100.0	159	72.3	52	23.6	3	1.4	0	.0	1	.5	5	2.3	0	.0	0	.0
성장지역별 영남권	169	100.0	132	78.1	33	19.5	1	.6	2	1.2	0	.0	0	.0	1	.5	0	.0
성장지역별 호남권	192	100.0	138	71.9	45	23.4	2	1.0	3	1.6	0	.0	1	.5	0	.0	0	.0
성장지역별 강원/충청/제주	117	100.0	92	78.6	23	19.7	0	.0	0	.0	0	.0	1	.9	1	.9	0	.0
성장지역별 미답	2	100.0	2	100.0	0	.0	0	.0	0	.0	0	.0	0	.0	0	.0	0	.0
학력별 고졸이하	5	100.0	4	80.0	0	.0	0	.0	0	.0	0	.0	1	20.0	0	.0	0	.0
학력별 전문대중퇴	6	100.0	2	33.3	2	33.3	0	.0	1	16.7	1	16.7	0	.0	0	.0	0	.0
학력별 전문대졸	15	100.0	9	60.0	5	33.3	0	.0	0	.0	0	.0	1	6.7	0	.0	0	.0
학력별 대학교중퇴	73	100.0	61	83.6	8	11.0	1	1.4	2	2.7	0	.0	1	1.4	0	.0	0	.0
학력별 대학교졸	482	100.0	350	72.6	117	24.3	6	1.2	3	.6	1	.2	4	.8	1	.2	0	.0
학력별 대학원이상	113	100.0	91	80.5	21	18.6	0	.0	0	.0	0	.0	1	.9	0	.0	0	.0
학력별 미답	6	100.0	6	100.0	0	.0	0	.0	0	.0	0	.0	0	.0	0	.0	0	.0
본인 월평균수입 수입없음	75	100.0	14	18.7	47	62.7	1	1.3	5	6.7	2	2.7	5	6.7	0	.0	1	1.3
본인 월평균수입 100만원이하	136	100.0	81	59.6	50	36.8	2	1.5	0	.0	0	.0	3	2.2	0	.0	0	.0
본인 월평균수입 101~200만원	242	100.0	194	80.2	45	18.6	3	1.2	0	.0	0	.0	0	.0	0	.0	0	.0
본인 월평균수입 201~300만원	144	100.0	136	94.4	8	5.6	0	.0	0	.0	0	.0	0	.0	0	.0	0	.0
본인 월평균수입 301~400만원	63	100.0	60	95.2	2	3.2	0	.0	0	.0	0	.0	0	.0	0	.0	0	.0
본인 월평균수입 401~700만원	32	100.0	31	96.9	1	3.1	0	.0	0	.0	0	.0	0	.0	0	.0	0	.0
본인 월평균수입 701만원이상	7	100.0	7	100.0	0	.0	0	.0	0	.0	0	.0	0	.0	0	.0	0	.0
본인 월평균수입 미답	1	100.0	0	.0	0	.0	0	.0	1	100.0	0	.0	0	.0	0	.0	0	.0

현재 선생님 댁의 주 수입원은 누구입니까? 2순위

	Total N	Total %	⑧없음 N	⑧없음 %	①본인 N	①본인 %	②배우자 N	②배우자 %	③부모 N	③부모 %	④자녀 N	④자녀 %	⑥형제·자매 N	⑥형제·자매 %	⑨기타 N	⑨기타 %
Total	209	100.0	1	.1	2	1.0	195	93.3	8	3.8	2	1.0	1	.5	1	.5
성별 남	149	100.0	1	.2	2	1.3	137	91.9	6	4.0	2	1.3	1	.7	1	.7
성별 여	60	100.0	0	.0	0	.0	58	96.7	2	3.3	0	.0	0	.0	0	.0
연령별 35~40세	50	100.0	0	.0	0	.0	45	90.0	5	10.0	0	.0	0	.0	0	.0
연령별 41~45세	94	100.0	0	.2	1	1.1	90	95.7	2	2.1	1	.4	0	.0	1	1.1
연령별 46~50세	48	100.0	0	.0	1	2.1	45	93.8	2	2.1	0	.0	0	.0	0	.0
연령별 51~55세	8	100.0	0	2.9	0	.0	8	100.0	0	.0	0	.0	0	.0	0	.0
연령별 기타	9	100.0	0	.0	0	.0	7	77.8	0	.0	2	22.2	0	.0	0	.0
연령별 미답																
성장지역별 서울/경기권	60	100.0	0	.0	0	.0	56	93.3	2	3.3	1	1.7	0	.0	1	1.7
성장지역별 영남권	49	100.0	1	2.0	0	.0	44	89.8	4	8.2	0	.0	0	.0	0	.0
성장지역별 호남권	58	100.0	1	1.5	0	.0	55	94.8	1	1.7	1	1.7	0	.0	0	.0
성장지역별 강원/충청/제주	41	100.0	1	2.4	1	2.4	39	95.1	0	.0	0	.0	0	.0	0	.0
성장지역별 미답	1	100.0	0	.0	0	.0	1	100.0	0	.0	0	.0	0	.0	0	.0
학력별 고졸이하	3	100.0	0	.0	0	.0	3	100.0	0	.0	0	.0	0	.0	0	.0
학력별 전문대중퇴	1	100.0	0	.0	0	.0	1	100.0	0	.0	0	.0	0	.0	0	.0
학력별 전문대졸	2	100.0	0	.0	0	.0	2	100.0	0	.0	0	.0	0	.0	0	.0
학력별 대학교중퇴	25	100.0	0	.0	0	.0	25	100.0	0	.0	0	.0	0	.0	0	.0
학력별 대학교졸	136	100.0	1	2.5	2	1.5	125	91.9	5	3.7	2	1.5	1	.7	1	.7
학력별 대학원이상	41	100.0	0	.0	0	.0	38	92.7	3	7.3	0	.0	0	.0	0	.0
학력별 미답	1	100.0	0	.0	0	.0	1	100.0	0	.0	0	.0	0	.0	0	.0
본인 월평균수입 수입없음	36	100.0	1	1.3	0	.0	31	86.1	3	8.3	1	2.8	0	.0	0	.0
본인 월평균수입 100만원이하	77	100.0	0	.0	1	1.3	71	92.2	3	3.9	1	1.3	0	.0	1	1.3
본인 월평균수입 101~200만원	59	100.0	0	.0	1	1.7	56	94.9	2	3.4	0	.0	0	.0	0	.0
본인 월평균수입 201~300만원	22	100.0	0	.0	0	.0	22	100.0	0	.0	0	.0	0	.0	0	.0
본인 월평균수입 301~400만원	11	100.0	0	.0	0	.0	11	100.0	0	.0	0	.0	0	.0	0	.0
본인 월평균수입 401~700만원	3	100.0	0	.0	0	.0	3	100.0	0	.0	0	.0	0	.0	0	.0
본인 월평균수입 701만원이상																
본인 월평균수입 미답																

		현재 선생님 댁의 주 수입원은 누구입니까? 복수응답처리									
		본인	배우자	부모	자녀	국가 보조	형제|자매	희생자 구제비	기타	없음	Total
Total	N	525	348	14	8	2	9	1	1	1	700
	% of Total	75.0	49.7	2.0	1.1	.3	1.3	.1	.1	.1	100.0
sex 남	N	382	236	11	7	2	5	1	1	1	497
	% within	76.9	47.5	2.2	1.4	.4	1.0	.2	.2	.2	
	% of Total	54.6	33.7	1.6	1.0	.3	.7	.1	.1	.1	71.0
여	N	143	112	3	1	0	4	0	0	0	203
	% within	70.4	55.2	1.5	.5	.0	2.0	.0	.0	.0	
	% of Total	20.4	16.0	.4	.1	.0	.6	.0	.0	.0	29.0
연령별 35~40세	N	151	93	8	0	0	3	0	0	0	205
	% within	73.7	45.4	3.9	.0	.0	1.5	.0	.0	.0	
	% of Total	21.6	13.3	1.1	.0	.0	.4	.0	.0	.0	29.3
41~45세	N	226	145	5	0	0	1	1	1	0	285
	% within	79.3	50.9	1.8	.0	.0	.4	.4	.4	.0	
	% of Total	32.3	20.7	.7	.0	.0	.1	.1	.1	.0	40.7
46~50세	N	105	79	1	0	2	2	0	0	0	141
	% within	74.5	56.0	.7	.0	1.4	1.4	.0	.0	.0	
	% of Total	15.0	11.3	.1	.0	.3	.3	.0	.0	.0	20.1
51~55세	N	20	20	0	0	0	1	0	0	1	34
	% within	58.8	58.8	.0	.0	.0	2.9	.0	.0	2.9	
	% of Total	2.9	2.9	.0	.0	.0	.1	.0	.0	.1	4.9
기 타	N	21	10	0	8	0	1	0	0	0	31
	% within	67.7	32.3	.0	25.8	.0	3.2	.0	.0	.0	
	% of Total	3.0	1.4	.0	1.1	.0	.1	.0	.0	.0	4.4
무 응 답	N	2	1	0	0	0	1	0	0	0	4
	% within	50.0	25.0	.0	.0	.0	25.0	.0	.0	.0	
	% of Total	.3	.1	.0	.0	.0	.1	.0	.0	.0	.6

		현재 선생님 댁의 주 수입원은 누구입니까? 복수응답처리									
		본인	배우자	부모	자녀	국가 보조	형제·자매	희생자구제비	기타	없음	Total
Total	N	525	348	14	8	2	9	1	1	1	700
	% of Total	75.0	49.7	2.0	1.1	.3	1.3	.1	.1	.1	100.0
성장지역별 서울/경기권	N	159	108	5	1	1	5	0	1	0	220
	% within	72.3	49.1	2.3	.5	.5	2.3	.0	.5	.0	
	% of Total	22.7	15.4	.7	.1	.1	.7	.0	.1	.0	31.4
영남권	N	133	77	5	2	0	1	0	0	0	169
	% within	78.7	45.6	3.0	1.2	.0	.6	.0	.0	.0	
	% of Total	19.0	11.0	.7	.3	.0	.1	.0	.0	.0	24.1
호남권	N	138	100	3	4	1	2	1	0	1	192
	% within	71.9	52.1	1.6	2.1	.5	1.0	.5	.0	.5	
	% of Total	19.7	14.3	.4	.6	.1	.3	.1	.0	.1	27.4
강원/충청/제주	N	93	62	1	1	0	1	0	0	0	117
	% within	79.5	53.0	.9	.9	.0	.9	.0	.0	.0	
	% of Total	13.3	8.9	.1	.1	.0	.1	.0	.0	.0	16.7
무응답	N	2	1	0	0	0	0	0	0	0	2
	% within	100.0	50.0	.0	.0	.0	.0	.0	.0	.0	
	% of Total	.3	.1	.0	.0	.0	.0	.0	.0	.0	.3
학력별 무학	N	4	3	0	0	0	1	0	0	0	5
	% within	80.0	60.0	.0	.0	.0	20.0	.0	.0	.0	
	% of Total	.6	.4	.0	.0	.0	.1	.0	.0	.0	.7
초등학교	N	2	3	0	1	1	0	0	0	0	6
	% within	33.3	50.0	.0	16.7	16.7	.0	.0	.0	.0	
	% of Total	.3	.4	.0	.1	.1	.0	.0	.0	.0	.9
중학교	N	9	7	0	0	0	1	0	0	0	15
	% within	60.0	46.7	.0	.0	.0	6.7	.0	.0	.0	
	% of Total	1.3	1.0	.0	.0	.0	.1	.0	.0	.0	2.1
고등학교	N	61	33	0	2	0	1	0	0	1	73
	% within	83.6	45.2	.0	2.7	.0	1.4	.0	.0	1.4	
	% of Total	8.7	4.7	.0	.3	.0	.1	.0	.0	.1	10.4
대학교	N	352	242	11	5	1	5	1	1	0	482
	% within	73.0	50.2	2.3	1.0	.2	1.0	.2	.2	.0	
	% of Total	50.3	34.6	1.6	.7	.1	.7	.1	.1	.0	68.9
대학원 이상	N	91	59	3	0	0	1	0	0	0	113
	% within	80.5	52.2	2.7	.0	.0	.9	.0	.0	.0	
	% of Total	13.0	8.4	.4	.0	.0	.1	.0	.0	.0	16.1
기타	N	6	1	0	0	0	0	0	0	0	6
	% within	100.0	16.7	.0	.0	.0	.0	.0	.0	.0	
	% of Total	.9	.1	.0	.0	.0	.0	.0	.0	.0	.9
본인 월평균 수입 수입없음	N	14	48	1	5	2	5	0	0	1	75
	% within	18.7	64.0	1.3	6.7	2.7	6.7	.0	.0	1.3	
	% of Total	2.0	6.9	.1	.7	.3	.7	.0	.0	.1	10.7
100만원 이하	N	81	81	5	1	0	4	0	0	0	136
	% within	59.6	59.6	3.7	.7	.0	2.9	.0	.0	.0	
	% of Total	11.6	11.6	.7	.1	.0	.6	.0	.0	.0	19.4
101~200만원	N	195	116	6	1	0	0	0	1	0	242
	% within	80.6	47.9	2.5	.4	.0	.0	.0	.4	.0	
	% of Total	27.9	16.6	.9	.1	.0	.0	.0	.1	.0	34.6
201~300만원	N	137	64	2	0	0	0	0	0	0	144
	% within	95.1	44.4	1.4	.0	.0	.0	.0	.0	.0	
	% of Total	19.6	9.1	.3	.0	.0	.0	.0	.0	.0	20.6
301~400만원	N	60	24	0	0	0	0	1	0	0	63
	% within	95.2	38.1	.0	.0	.0	.0	1.6	.0	.0	
	% of Total	8.6	3.4	.0	.0	.0	.0	.1	.0	.0	9.0
401~700만원	N	31	12	0	0	0	0	0	0	0	32
	% within	96.9	37.5	.0	.0	.0	.0	.0	.0	.0	
	% of Total	4.4	1.7	.0	.0	.0	.0	.0	.0	.0	4.6
701만원 이상	N	7	3	0	0	0	0	0	0	0	7
	% within	100.0	42.9	.0	.0	.0	.0	.0	.0	.0	
	% of Total	1.0	.4	.0	.0	.0	.0	.0	.0	.0	1.0
무응답	N	0	0	0	1	0	0	0	0	0	1
	% within	.0	.0	.0	100.0	.0	.0	.0	.0	.0	
	% of Total	.0	.0	.0	.1	.0	.0	.0	.0	.0	.1

	현재 살고 계신 주택은 자가입니까? 아니면 전세 또는 월세입니까?											
	Total		① 자가		② 전세		③ 월세(임대)		④ 무상(사옥) 및 기타		무응답	
	N	%	N	%	N	%	N	%	N	%	N	%
Total	700	100.0	349	49.9	208	29.7	103	14.7	33	4.7	7	1.0
성별												
남	497	100.0	256	51.5	136	27.4	77	15.5	22	4.4	6	1.2
여	203	100.0	93	45.8	72	35.5	26	12.8	11	5.4	1	.5
연령별												
3 5 ~ 4 0 세	205	100.0	89	43.4	73	35.6	30	14.6	11	5.4	2	1.0
4 1 ~ 4 5 세	285	100.0	148	51.9	84	29.5	42	14.7	9	3.2	2	.7
4 6 ~ 5 0 세	141	100.0	72	51.1	39	27.7	22	15.6	7	5.0	1	.7
5 1 ~ 5 5 세	34	100.0	20	58.8	6	17.6	6	17.6	1	2.9	1	2.9
기 타	31	100.0	19	61.3	4	12.9	2	6.5	5	16.1	1	3.2
무 응 답	4	100.0	1	25.0	2	50.0	1	25.0	0	.0	0	.0
성장지역별												
서울/경기권	220	100.0	101	45.9	74	33.6	32	14.5	11	5.0	2	.9
영 남 권	169	100.0	91	53.8	47	27.8	24	14.2	6	3.6	1	.6
호 남 권	192	100.0	92	47.9	60	31.3	28	14.6	8	4.2	4	2.1
강원/충청/제주	117	100.0	63	53.8	27	23.1	19	16.2	8	6.8	0	.0
무 응 답	2	100.0	2	100.0	0	.0	0	.0	0	.0	0	.0
학력별												
무 학	5	100.0	4	80.0	1	20.0	0	.0	0	.0	0	.0
초 등 학 교	6	100.0	3	50.0	1	16.7	2	33.3	0	.0	0	.0
중 학 교	15	100.0	7	46.7	3	20.0	5	33.3	0	.0	0	.0
고 등 학 교	73	100.0	38	52.1	25	34.2	7	9.6	1	1.4	2	2.7
대 학 교	482	100.0	238	49.4	140	29.0	79	16.4	21	4.4	4	.8
대학원 이상	113	100.0	56	49.6	36	31.9	10	8.8	10	8.8	1	.9
기 타	6	100.0	3	50.0	2	33.3	0	.0	1	16.7	0	.0
본인월평균수입												
수 입 없 음	75	100.0	39	52.0	21	28.0	9	12.0	5	6.7	1	1.3
100만원 이하	136	100.0	57	41.9	49	36.0	17	12.5	11	8.1	2	1.5
101~200만원	242	100.0	107	44.2	78	32.2	46	19.0	9	3.7	2	.8
201~300만원	144	100.0	80	55.6	38	26.4	22	15.3	3	2.1	1	.7
301~400만원	63	100.0	44	69.8	9	14.3	7	11.1	3	4.8	0	.0
401~700만원	32	100.0	18	56.3	11	34.4	2	6.3	1	3.1	0	.0
701만원 이상	7	100.0	4	57.1	2	28.6	0	.0	1	14.3	0	.0
무 응 답	1	100.0	0	.0	0	.0	0	.0	0	.0	1	100.0

	선생님은 80년대 민주화운동 활동에 대해 당시에는 어떻게 생각하셨습니까?											
	Total		① 매우 긍정적		② 긍정적		③ 보통		④ 부정적		⑤ 매우 부정적	
	N	%	N	%	N	%	N	%	N	%	N	%
Total	700	100.0	556	79.4	131	18.7	8	1.1	2	.3	3	.4
성별												
남	497	100.0	420	84.5	71	14.3	4	.8	1	.2	1	.2
여	203	100.0	136	67.0	60	29.6	4	2.0	1	.5	2	1.0
연령별												
3 5 ~ 4 0 세	205	100.0	153	74.6	49	23.9	1	.5	1	.5	1	.5
4 1 ~ 4 5 세	285	100.0	227	79.6	54	18.9	4	1.4	0	.0	0	.0
4 6 ~ 5 0 세	141	100.0	123	87.2	15	10.6	1	.7	0	.0	2	1.4
5 1 ~ 5 5 세	34	100.0	27	79.4	6	17.6	1	2.9	0	.0	0	.0
기 타	31	100.0	24	77.4	5	16.1	1	3.2	1	3.2	0	.0
무 응 답	4	100.0	2	50.0	2	50.0	0	.0	0	.0	0	.0
성장지역별												
서울 / 경기권	220	100.0	168	76.4	44	20.0	4	1.8	2	.9	2	.9
영 남 권	169	100.0	128	75.7	40	23.7	1	.6	0	.0	0	.0
호 남 권	192	100.0	163	84.9	27	14.1	1	.5	0	.0	1	.5
강원/충청/제주	117	100.0	96	82.1	20	17.1	1	.9	0	.0	0	.0
무 응 답	2	100.0	1	50.0	0	.0	1	50.0	0	.0	0	.0
학력별												
무 학	5	100.0	2	40.0	2	40.0	0	.0	1	20.0	0	.0
초 등 학 교	6	100.0	5	83.3	1	16.7	0	.0	0	.0	0	.0
중 학 교	15	100.0	11	73.3	3	20.0	1	6.7	0	.0	0	.0
고 등 학 교	73	100.0	53	72.6	19	26.0	1	1.4	0	.0	0	.0
대 학 교	482	100.0	394	81.7	81	16.8	4	.8	1	.2	2	.4
대학원 이상	113	100.0	85	75.2	25	22.1	2	1.8	0	.0	1	.9
기 타	6	100.0	6	100.0	0	.0	0	.0	0	.0	0	.0
본인월평균수입												
수 입 없 음	75	100.0	61	81.3	11	14.7	2	2.7	1	1.3	0	.0
100만원 이하	136	100.0	105	77.2	27	19.9	3	2.2	0	.0	1	.7
101~200만원	242	100.0	190	78.5	48	19.8	1	.4	1	.4	2	.8
201~300만원	144	100.0	112	77.8	32	22.2	0	.0	0	.0	0	.0
301~400만원	63	100.0	53	84.1	8	12.7	2	3.2	0	.0	0	.0
401~700만원	32	100.0	30	93.8	2	6.3	0	.0	0	.0	0	.0
701만원 이상	7	100.0	4	57.1	3	42.9	0	.0	0	.0	0	.0
무 응 답	1	100.0	1	100.0	0	.0	0	.0	0	.0	0	.0

	선생님은 80년대 민주화운동 활동에 대해 현재는 어떻게 생각하십니까?												
	Total		① 매우 긍정적		② 긍정적		③ 보통		④ 부정적		⑤ 매우 부정적		무응답	
	N	%	N	%	N	%	N	%	N	%	N	%	N	%
Total	700	100.0	437	62.4	229	32.7	25	3.6	4	.6	4	.6	1	.1
성별														
남	497	100.0	340	68.4	134	27.0	18	3.6	3	.6	1	.2	1	.2
여	203	100.0	97	47.8	95	46.8	7	3.4	1	.5	3	1.5	0	.0
연령별														
35~40세	205	100.0	120	58.5	77	37.6	4	2.0	1	.5	3	1.5	0	.0
41~45세	285	100.0	177	62.1	94	33.0	11	3.9	2	.7	0	.0	1	.4
46~50세	141	100.0	94	66.7	42	29.8	4	2.8	0	.0	1	.7	0	.0
51~55세	34	100.0	23	67.6	7	20.6	3	8.8	1	2.9	0	.0	0	.0
기타	31	100.0	21	67.7	8	25.8	2	6.5	0	.0	0	.0	0	.0
무응답	4	100.0	2	50.0	1	25.0	1	25.0	0	.0	0	.0	0	.0
성장지역별														
서울/경기권	220	100.0	135	61.4	70	31.8	10	4.5	3	1.4	2	.9	0	.0
영남권	169	100.0	108	63.9	57	33.7	4	2.4	0	.0	0	.0	0	.0
호남권	192	100.0	128	66.7	57	29.7	4	2.1	1	.5	1	.5	1	.5
강원/충청/제주	117	100.0	65	55.6	44	37.6	7	6.0	0	.0	1	.9	0	.0
무응답	2	100.0	1	50.0	1	50.0	0	.0	0	.0	0	.0	0	.0
학력별														
무학	5	100.0	2	40.0	3	60.0	0	.0	0	.0	0	.0	0	.0
초등학교	6	100.0	5	83.3	1	16.7	0	.0	0	.0	0	.0	0	.0
중학교	15	100.0	8	53.3	4	26.7	3	20.0	0	.0	0	.0	0	.0
고등학교	73	100.0	42	57.5	28	38.4	2	2.7	1	1.4	0	.0	0	.0
대학교	482	100.0	308	63.9	153	31.7	15	3.1	3	.6	2	.4	1	.2
대학원 이상	113	100.0	68	60.2	38	33.6	5	4.4	0	.0	2	1.8	0	.0
기타	6	100.0	4	66.7	2	33.3	0	.0	0	.0	0	.0	0	.0
본인월평균수입														
수입 없음	75	100.0	51	68.0	20	26.7	4	5.3	0	.0	0	.0	0	.0
100만원 이하	136	100.0	81	59.6	47	34.6	5	3.7	1	.7	2	1.5	0	.0
101~200만원	242	100.0	147	60.7	83	34.3	7	2.9	3	1.2	2	.8	1	.0
201~300만원	144	100.0	84	58.3	55	38.2	4	2.8	0	.0	0	.0	1	.7
301~400만원	63	100.0	45	71.4	14	22.2	4	6.3	0	.0	0	.0	0	.0
401~700만원	32	100.0	25	78.1	6	18.8	1	3.1	0	.0	0	.0	0	.0
701만원 이상	7	100.0	3	42.9	4	57.1	0	.0	0	.0	0	.0	0	.0
무응답	1	100.0	1	100.0	0	.0	0	.0	0	.0	0	.0	0	.0

	선생님이 생각하시는 바람직한 민주주의의 모습과 비교할 때, 현재 한국사회의 민주화는 어느 정도라고 생각하십니까?												
	Total		① 매우 만족		② 만족		③ 보통		④ 불만족		⑤ 매우 불만족		무응답	
	N	%	N	%	N	%	N	%	N	%	N	%	N	%
Total	700	100.0	4	.6	60	8.6	213	30.4	309	44.1	113	16.1	1	.1
성별														
남	497	100.0	1	.2	51	10.3	155	31.2	203	40.8	86	17.3	1	.2
여	203	100.0	3	1.5	9	4.4	58	28.6	106	52.2	27	13.3	0	.0
연령별														
35~40세	205	100.0	1	.5	11	5.4	50	24.4	105	51.2	38	18.5	0	.0
41~45세	285	100.0	1	.4	20	7.0	107	37.5	110	38.6	46	16.1	1	.4
46~50세	141	100.0	1	.7	22	15.6	33	23.4	60	42.6	25	17.7	0	.0
51~55세	34	100.0	0	.0	2	5.9	12	35.3	18	52.9	2	5.9	0	.0
기타	31	100.0	1	3.2	5	16.1	10	32.3	14	45.2	1	3.2	0	.0
무응답	4	100.0	0	.0	0	.0	1	25.0	2	50.0	1	25.0	0	.0
성장지역별														
서울/경기권	220	100.0	3	1.4	16	7.3	55	25.0	104	47.3	42	19.1	0	.0
영남권	169	100.0	1	.6	15	8.9	53	31.4	75	44.4	25	14.8	0	.0
호남권	192	100.0	0	.0	18	9.4	68	35.4	78	40.6	27	14.1	1	.5
강원/충청/제주	117	100.0	0	.0	11	9.4	37	31.6	50	42.7	19	16.2	0	.0
무응답	2	100.0	0	.0	0	.0	0	.0	2	100.0	0	.0	0	.0
학력별														
무학	5	100.0	0	.0	1	20.0	0	.0	3	60.0	1	20.0	0	.0
초등학교	6	100.0	0	.0	0	.0	2	33.3	4	66.7	0	.0	0	.0
중학교	15	100.0	0	.0	0	.0	4	26.7	7	46.7	4	26.7	0	.0
고등학교	73	100.0	0	.0	4	5.5	18	24.7	33	45.2	18	24.7	0	.0
대학교	482	100.0	4	.8	42	8.7	151	31.3	208	43.2	76	15.8	1	.2
대학원 이상	113	100.0	0	.0	13	11.5	36	31.9	51	45.1	13	11.5	0	.0
기타	6	100.0	0	.0	0	.0	2	33.3	3	50.0	1	16.7	0	.0
본인월평균수입														
수입 없음	75	100.0	0	.0	7	9.3	15	20.0	34	45.3	19	25.3	0	.0
100만원 이하	136	100.0	1	.7	2	1.5	31	22.8	68	50.0	34	25.0	0	.0
101~200만원	242	100.0	2	.8	20	8.3	71	29.3	106	43.8	42	17.4	1	.4
201~300만원	144	100.0	0	.0	13	9.0	54	37.5	67	46.5	10	6.9	0	.0
301~400만원	63	100.0	1	1.6	13	20.6	24	38.1	19	30.2	6	9.5	0	.0
401~700만원	32	100.0	0	.0	4	12.5	15	46.9	11	34.4	2	6.3	0	.0
701만원 이상	7	100.0	0	.0	1	14.3	2	28.6	4	57.1	0	.0	0	.0
무응답	1	100.0	0	.0	0	.0	1	100.0	0	.0	0	.0	0	.0

	다음의 영역별로 현재 한국사회의 민주화 정도에 얼마나 만족하시는지 표시하여 주시기 바랍니다. 《정치부문》											
	Total		① 매우 만족		② 만족		③ 보통		④ 불만족		⑤ 매우 불만족	
	N	%	N	%	N	%	N	%	N	%	N	%
Total	700	100.0	4	.6	47	6.7	158	22.6	265	37.9	226	32.3
성별												
남	497	100.0	3	.6	43	8.7	122	24.5	183	36.8	146	29.4
여	203	100.0	1	.5	4	2.0	36	17.7	82	40.4	80	39.4
연령별												
3 5 ~ 4 0 세	205	100.0	0	.0	9	4.4	36	17.6	80	39.0	80	39.0
4 1 ~ 4 5 세	285	100.0	2	.7	17	6.0	69	24.2	104	36.5	93	32.6
4 6 ~ 5 0 세	141	100.0	0	.0	13	9.2	38	27.0	52	36.9	38	27.0
5 1 ~ 5 5 세	34	100.0	0	.0	4	11.8	9	26.5	14	41.2	7	20.6
기 타	31	100.0	2	6.5	4	12.9	6	19.4	14	45.2	5	16.1
무 응 답	4	100.0	0	.0	0	.0	0	.0	1	25.0	3	75.0
성장지역별												
서울/경기권	220	100.0	2	.9	10	4.5	46	20.9	87	39.5	75	34.1
영 남 권	169	100.0	0	.0	11	6.5	33	19.5	68	40.2	57	33.7
호 남 권	192	100.0	2	1.0	14	7.3	43	22.4	76	39.6	57	29.7
강원/충청/제주	117	100.0	0	.0	12	10.3	36	30.8	33	28.2	36	30.8
무 응 답	2	100.0	0	.0	0	.0	0	.0	1	50.0	1	50.0
학력별												
무 학	5	100.0	0	.0	0	.0	2	40.0	3	60.0	0	.0
초 등 학 교	6	100.0	0	.0	0	.0	0	.0	2	33.3	4	66.7
중 학 교	15	100.0	0	.0	1	6.7	0	.0	8	53.3	6	40.0
고 등 학 교	73	100.0	0	.0	3	4.1	11	15.1	31	42.5	28	38.4
대 학 교	482	100.0	2	.4	34	7.1	111	23.0	178	36.9	157	32.6
대학원 이상	113	100.0	2	1.8	9	8.0	33	29.2	40	35.4	29	25.7
기 타	6	100.0	0	.0	0	.0	1	16.7	3	50.0	2	33.3
본인월평균수입												
수 입 없 음	75	100.0	0	.0	4	5.3	8	10.7	28	37.3	35	46.7
100만원 이하	136	100.0	1	.7	3	2.2	19	14.0	58	42.6	55	40.4
101~200만원	242	100.0	2	.8	14	5.8	58	24.0	88	36.4	80	33.1
201~300만원	144	100.0	0	.0	11	7.6	45	31.3	50	34.7	38	26.4
301~400만원	63	100.0	1	1.6	10	15.9	19	30.2	21	33.3	12	19.0
401~700만원	32	100.0	0	.0	5	15.6	7	21.9	15	46.9	5	15.6
701만원 이상	7	100.0	0	.0	0	.0	2	28.6	4	57.1	1	14.3
무 응 답	1	100.0	0	.0	0	.0	0	.0	1	100.0	0	.0

		다음의 영역별로 현재 한국사회의 민주화 정도에 얼마나 만족하시는지 표시하여 주시기 바랍니다. 《경제부문》														
		Total		① 매우 만족		② 만족		③ 보통		④ 불만족		⑤ 매우 불만족		무응답	
		N	%	N	%	N	%	N	%	N	%	N	%	N	%
Total		700	100.0	1	.1	17	2.4	123	17.6	265	37.9	292	41.7	2	.3
성별															
	남	497	100.0	0	.0	12	2.4	97	19.5	185	37.2	201	40.4	2	.4
	여	203	100.0	1	.5	5	2.5	26	12.8	80	39.4	91	44.8	0	.0
연령별															
	35~40세	205	100.0	0	.0	3	1.5	27	13.2	80	39.0	95	46.3	0	.0
	41~45세	285	100.0	1	.4	5	1.8	50	17.5	109	38.2	120	42.1	0	.0
	46~50세	141	100.0	0	.0	7	5.0	29	20.6	51	36.2	54	38.3	0	.0
	51~55세	34	100.0	0	.0	1	2.9	7	20.6	14	41.2	11	32.4	1	2.9
	기 타	31	100.0	0	.0	1	3.2	10	32.3	9	29.0	10	32.3	1	3.2
	무 응 답	4	100.0	0	.0	0	.0	0	.0	2	50.0	2	50.0	0	.0
성장지역별															
	서울/경기권	220	100.0	1	.5	6	2.7	34	15.5	75	34.1	104	47.3	0	.0
	영 남 권	169	100.0	0	.0	6	3.6	27	16.0	65	38.5	71	42.0	0	.0
	호 남 권	192	100.0	0	.0	3	1.6	39	20.3	73	38.0	75	39.1	2	1.0
	강원/충청/제주	117	100.0	0	.0	2	1.7	23	19.7	51	43.6	41	35.0	0	.0
	무 응 답	2	100.0	0	.0	0	.0	0	.0	1	50.0	1	50.0	0	.0
학력별															
	무 학	5	100.0	0	.0	0	.0	0	.0	1	20.0	3	60.0	1	20.0
	초 등 학 교	6	100.0	0	.0	0	.0	2	33.3	2	33.3	2	33.3	0	.0
	중 학 교	15	100.0	0	.0	0	.0	1	6.7	5	33.3	9	60.0	0	.0
	고 등 학 교	73	100.0	0	.0	0	.0	8	11.0	27	37.0	37	50.7	1	1.4
	대 학 교	482	100.0	1	.2	14	2.9	83	17.2	183	38.0	201	41.7	0	.0
	대 학 원 이 상	113	100.0	0	.0	3	2.7	27	23.9	45	39.8	38	33.6	0	.0
	기 타	6	100.0	0	.0	0	.0	2	33.3	2	33.3	2	33.3	0	.0
본인월평균수입															
	수 입 없 음	75	100.0	0	.0	2	2.7	12	16.0	24	32.0	37	49.3	0	.0
	100만원 이하	136	100.0	0	.0	2	1.5	12	8.8	40	29.4	82	60.3	0	.0
	101~200만원	242	100.0	1	.4	5	2.1	35	14.5	92	38.0	109	45.0	0	.0
	201~300만원	144	100.0	0	.0	2	1.4	37	25.7	65	45.1	39	27.1	1	.7
	301~400만원	63	100.0	0	.0	5	7.9	12	19.0	30	47.6	16	25.4	0	.0
	401~700만원	32	100.0	0	.0	0	.0	13	40.6	10	31.3	9	28.1	0	.0
	701만원 이상	7	100.0	0	.0	1	14.3	2	28.6	4	57.1	0	.0	0	.0
	무 응 답	1	100.0	0	.0	0	.0	0	.0	0	.0	0	.0	1	100.0

	다음의 영역별로 현재 한국사회의 민주화 정도에 얼마나 만족하시는지 표시하여 주시기 바랍니다. 《노동부문》													
	Total		① 매우 만족		② 만족		③ 보통		④ 불만족		⑤ 매우 불만족		무응답	
	N	%	N	%	N	%	N	%	N	%	N	%	N	%
Total	700	100.0	3	.4	24	3.4	147	21.0	284	40.6	240	34.3	2	.3
성별														
남	497	100.0	1	.2	18	3.6	108	21.7	204	41.0	164	33.0	2	.4
여	203	100.0	2	1.0	6	3.0	39	19.2	80	39.4	76	37.4	0	.0
연령별														
35~40세	205	100.0	1	.5	5	2.4	48	23.4	72	35.1	79	38.5	0	.0
41~45세	285	100.0	2	.7	10	3.5	59	20.7	121	42.5	93	32.6	0	.0
46~50세	141	100.0	0	.0	7	5.0	24	17.0	59	41.8	51	36.2	0	.0
51~55세	34	100.0	0	.0	2	5.9	5	14.7	15	44.1	11	32.4	1	2.9
기타	31	100.0	0	.0	0	.0	11	35.5	15	48.4	4	12.9	1	3.2
무응답	4	100.0	0	.0	0	.0	0	.0	2	50.0	2	50.0	0	.0
성장지역별														
서울/경기권	220	100.0	2	.9	8	3.6	35	15.9	91	41.4	84	38.2	0	.0
영남권	169	100.0	0	.0	6	3.6	38	22.5	59	34.9	66	39.1	0	.0
호남권	192	100.0	1	.5	9	4.7	46	24.0	85	44.3	49	25.5	2	1.0
강원/충청/제주	117	100.0	0	.0	1	.9	28	23.9	49	41.9	39	33.3	0	.0
무응답	2	100.0	0	.0	0	.0	0	.0	0	.0	2	100.0	0	.0
학력별														
무학	5	100.0	0	.0	1	20.0	1	20.0	1	20.0	1	20.0	1	20.0
초등학교	6	100.0	0	.0	0	.0	0	.0	2	33.3	4	66.7	0	.0
중학교	15	100.0	0	.0	1	6.7	0	.0	7	46.7	7	46.7	0	.0
고등학교	73	100.0	0	.0	0	.0	15	20.5	26	35.6	31	42.5	1	1.4
대학교	482	100.0	2	.4	16	3.3	103	21.4	196	40.7	165	34.2	0	.0
대학원 이상	113	100.0	1	.9	6	5.3	27	23.9	50	44.2	29	25.7	0	.0
기타	6	100.0	0	.0	0	.0	1	16.7	2	33.3	3	50.0	0	.0
본인월평균수입														
수입 없음	75	100.0	1	1.3	2	2.7	11	14.7	22	29.3	39	52.0	0	.0
100만원 이하	136	100.0	1	.7	4	2.9	17	12.5	49	36.0	65	47.8	0	.0
101~200만원	242	100.0	1	.4	8	3.3	56	23.1	94	38.8	83	34.3	0	.0
201~300만원	144	100.0	0	.0	4	2.8	32	22.2	74	51.4	33	22.9	1	.7
301~400만원	63	100.0	0	.0	6	9.5	17	27.0	25	39.7	15	23.8	0	.0
401~700만원	32	100.0	0	.0	0	.0	11	34.4	16	50.0	5	15.6	0	.0
701만원 이상	7	100.0	0	.0	0	.0	3	42.9	4	57.1	0	.0	0	.0
무응답	1	100.0	0	.0	0	.0	0	.0	0	.0	0	.0	1	100.0

	다음의 영역별로 현재 한국사회의 민주화 정도에 얼마나 만족하시는지 표시하여 주시기 바랍니다. 《언론부문》													
	Total		① 매우 만족		② 만족		③ 보통		④ 불만족		⑤ 매우 불만족		무응답	
	N	%	N	%	N	%	N	%	N	%	N	%	N	%
Total	700	100.0	9	1.3	53	7.6	162	23.1	245	35.0	229	32.7	2	.3
성별														
남	497	100.0	7	1.4	42	8.5	115	23.1	171	34.4	160	32.2	2	.4
여	203	100.0	2	1.0	11	5.4	47	23.2	74	36.5	69	34.0	0	.0
연령별														
35~40세	205	100.0	3	1.5	12	5.9	58	28.3	72	35.1	60	29.3	0	.0
41~45세	285	100.0	5	1.8	20	7.0	72	25.3	85	29.8	103	36.1	0	.0
46~50세	141	100.0	1	.7	13	9.2	24	17.0	59	41.8	44	31.2	0	.0
51~55세	34	100.0	0	.0	4	11.8	2	5.9	16	47.1	11	32.4	1	2.9
기 타	31	100.0	0	.0	4	12.9	6	19.4	11	35.5	9	29.0	1	3.2
무 응 답	4	100.0	0	.0	0	.0	0	.0	2	50.0	2	50.0	0	.0
성장지역별														
서울/경기권	220	100.0	2	.9	8	3.6	55	25.0	73	33.2	82	37.3	0	.0
영 남 권	169	100.0	2	1.2	13	7.7	34	20.1	62	36.7	58	34.3	0	.0
호 남 권	192	100.0	5	2.6	19	9.9	39	20.3	72	37.5	55	28.6	2	1.0
강원/충청/제주	117	100.0	0	.0	13	11.1	34	29.1	37	31.6	33	28.2	0	.0
무 응 답	2	100.0	0	.0	0	.0	0	.0	1	50.0	1	50.0	0	.0
학력별														
무 학	5	100.0	0	.0	1	20.0	0	.0	1	20.0	2	40.0	1	20.0
초 등 학 교	6	100.0	0	.0	0	.0	0	.0	4	66.7	2	33.3	0	.0
중 학 교	15	100.0	0	.0	1	6.7	4	26.7	4	26.7	6	40.0	0	.0
고 등 학 교	73	100.0	1	1.4	1	1.4	16	21.9	23	31.5	31	42.5	1	1.4
대 학 교	482	100.0	7	1.5	34	7.1	109	22.6	165	34.2	167	34.6	0	.0
대학원 이상	113	100.0	1	.9	16	14.2	31	27.4	45	39.8	20	17.7	0	.0
기 타	6	100.0	0	.0	0	.0	2	33.3	3	50.0	1	16.7	0	.0
본인월평균수입														
수 입 없 음	75	100.0	1	1.3	1	1.3	11	14.7	29	38.7	33	44.0	0	.0
100만원 이하	136	100.0	1	.7	8	5.9	21	15.4	60	44.1	46	33.8	0	.0
101~200만원	242	100.0	3	1.2	16	6.6	64	26.4	80	33.1	79	32.6	0	.0
201~300만원	144	100.0	1	.7	19	13.2	40	27.8	43	29.9	40	27.8	1	.7
301~400만원	63	100.0	1	1.6	6	9.5	13	20.6	23	36.5	20	31.7	0	.0
401~700만원	32	100.0	2	6.3	2	6.3	10	31.3	9	28.1	9	28.1	0	.0
701만원 이상	7	100.0	0	.0	1	14.3	3	42.9	1	14.3	2	28.6	0	.0
무 응 답	1	100.0	0	.0	0	.0	0	.0	0	.0	0	.0	1	100.0

	Total		① 매우 만족		② 만족		③ 보통		④ 불만족		⑤ 매우 불만족		무응답	
	N	%	N	%	N	%	N	%	N	%	N	%	N	%
다음의 영역별로 현재 한국사회의 민주화 정도에 얼마나 만족하시는지 표시하여 주시기 바랍니다. 《문화부문》														
Total	700	100.0	8	1.1	128	18.3	307	43.9	177	25.3	77	11.0	3	.4
성별														
남	497	100.0	5	1.0	102	20.5	225	45.3	112	22.5	50	10.1	3	.6
여	203	100.0	3	1.5	26	12.8	82	40.4	65	32.0	27	13.3	0	.0
연령별														
3 5 ~ 4 0 세	205	100.0	2	1.0	34	16.6	89	43.4	53	25.9	27	13.2	0	.0
4 1 ~ 4 5 세	285	100.0	4	1.4	54	18.9	127	44.6	67	23.5	32	11.2	1	.4
4 6 ~ 5 0 세	141	100.0	2	1.4	28	19.9	61	43.3	36	25.5	14	9.9	0	.0
5 1 ~ 5 5 세	34	100.0	0	.0	9	26.5	12	35.3	9	26.5	3	8.8	1	2.9
기 타	31	100.0	0	.0	3	9.7	18	58.1	8	25.8	1	3.2	1	3.2
무 응 답	4	100.0	0	.0	0	.0	0	.0	4	100.0	0	.0	0	.0
성장지역별														
서울 / 경기권	220	100.0	2	.9	39	17.7	93	42.3	60	27.3	25	11.4	1	.5
영 남 권	169	100.0	1	.6	36	21.3	64	37.9	45	26.6	23	13.6	0	.0
호 남 권	192	100.0	4	2.1	29	15.1	94	49.0	41	21.4	22	11.5	2	1.0
강원/충청/제주	117	100.0	1	.9	24	20.5	55	47.0	30	25.6	7	6.0	0	.0
무 응 답	2	100.0	0	.0	0	.0	1	50.0	1	50.0	0	.0	0	.0
학력별														
무 학	5	100.0	0	.0	1	20.0	0	.0	3	60.0	0	.0	1	20.0
초 등 학 교	6	100.0	0	.0	0	.0	5	83.3	0	.0	1	16.7	0	.0
중 학 교	15	100.0	0	.0	1	6.7	6	40.0	5	33.3	2	13.3	1	6.7
고 등 학 교	73	100.0	0	.0	4	5.5	31	42.5	22	30.1	15	20.5	1	1.4
대 학 교	482	100.0	6	1.2	93	19.3	207	42.9	120	24.9	56	11.6	0	.0
대 학 원 이 상	113	100.0	2	1.8	29	25.7	56	49.6	23	20.4	3	2.7	0	.0
기 타	6	100.0	0	.0	0	.0	2	33.3	4	66.7	0	.0	0	.0
본인월평균수입														
수 입 없 음	75	100.0	1	1.3	4	5.3	32	42.7	27	36.0	10	13.3	1	1.3
100만원 이하	136	100.0	0	.0	15	11.0	55	40.4	43	31.6	23	16.9	0	.0
101~200만원	242	100.0	2	.8	44	18.2	107	44.2	58	24.0	31	12.8	0	.0
201~300만원	144	100.0	2	1.4	32	22.2	71	49.3	29	20.1	9	6.3	1	.7
301~400만원	63	100.0	1	1.6	22	34.9	22	34.9	14	22.2	4	6.3	0	.0
401~700만원	32	100.0	2	6.3	9	28.1	16	50.0	5	15.6	0	.0	0	.0
701만원 이상	7	100.0	0	.0	2	28.6	4	57.1	1	14.3	0	.0	0	.0
무 응 답	1	100.0	0	.0	0	.0	0	.0	0	.0	0	.0	1	100.0

	Total		① 매우 만족		② 만족		③ 보통		④ 불만족		⑤ 매우 불만족		무응답	
	N	%	N	%	N	%	N	%	N	%	N	%	N	%
Total	700	100.0	1	.1	19	2.7	157	22.4	287	41.0	229	32.7	7	1.0
성별														
남	497	100.0	0	.0	16	3.2	127	25.6	199	40.0	149	30.0	6	1.2
여	203	100.0	1	.5	3	1.5	30	14.8	88	43.3	80	39.4	1	.5
연령별														
35~40세	205	100.0	0	.0	4	2.0	45	22.0	83	40.5	72	35.1	1	.5
41~45세	285	100.0	1	.4	7	2.5	62	21.8	112	39.3	101	35.4	2	.7
46~50세	141	100.0	0	.0	6	4.3	27	19.1	61	43.3	46	32.6	1	.7
51~55세	34	100.0	0	.0	2	5.9	11	32.4	13	38.2	7	20.6	1	2.9
기타	31	100.0	0	.0	0	.0	12	38.7	14	45.2	3	9.7	2	6.5
무응답	4	100.0	0	.0	0	.0	0	.0	4	100.0	0	.0	0	.0
성장지역별														
서울/경기권	220	100.0	1	.5	7	3.2	37	16.8	89	40.5	86	39.1	0	.0
영남권	169	100.0	0	.0	3	1.8	44	26.0	58	34.3	63	37.3	1	.6
호남권	192	100.0	0	.0	7	3.6	49	25.5	84	43.8	47	24.5	5	2.6
강원/충청/제주	117	100.0	0	.0	2	1.7	27	23.1	54	46.2	33	28.2	1	.9
무응답	2	100.0	0	.0	0	.0	0	.0	2	100.0	0	.0	0	.0
학력별														
무학	5	100.0	0	.0	1	20.0	0	.0	1	20.0	2	40.0	1	20.0
초등학교	6	100.0	0	.0	0	.0	1	16.7	3	50.0	2	33.3	0	.0
중학교	15	100.0	0	.0	1	6.7	4	26.7	3	20.0	7	46.7	0	.0
고등학교	73	100.0	0	.0	0	.0	15	20.5	33	45.2	24	32.9	1	1.4
대학교	482	100.0	1	.2	13	2.7	102	21.2	194	40.2	168	34.9	4	.8
대학원 이상	113	100.0	0	.0	4	3.5	34	30.1	51	45.1	23	20.4	1	.9
기타	6	100.0	0	.0	0	.0	1	16.7	2	33.3	3	50.0	0	.0
본인월평균수입														
수입 없음	75	100.0	0	.0	1	1.3	12	16.0	26	34.7	34	45.3	2	2.7
100만원 이하	136	100.0	0	.0	4	2.9	17	12.5	57	41.9	58	42.6	0	.0
101~200만원	242	100.0	1	.4	2	.8	61	25.2	100	41.3	76	31.4	2	.8
201~300만원	144	100.0	0	.0	7	4.9	37	25.7	66	45.8	33	22.9	1	.7
301~400만원	63	100.0	0	.0	4	6.3	16	25.4	25	39.7	17	27.0	1	1.6
401~700만원	32	100.0	0	.0	1	3.1	10	31.3	11	34.4	10	31.3	0	.0
701만원 이상	7	100.0	0	.0	0	.0	4	57.1	2	28.6	1	14.3	0	.0
무응답	1	100.0	0	.0	0	.0	0	.0	0	.0	0	.0	1	100.0

다음의 영역별로 현재 한국사회의 민주화 정도에 얼마나 만족하시는지 표시하여 주시기 바랍니다. 《교육부문》

	다음의 영역별로 현재 한국사회의 민주화 정도에 얼마나 만족하시는지 표시하여 주시기 바랍니다.《행정관료부문》													
	Total		① 매우 만족		② 만족		③ 보통		④ 불만족		⑤ 매우 불만족		무응답	
	N	%	N	%	N	%	N	%	N	%	N	%	N	%
Total	700	100.0	2	.3	34	4.9	174	24.9	284	40.6	202	28.9	4	.6
성별														
남	497	100.0	1	.2	29	5.8	130	26.2	195	39.2	139	28.0	3	.6
여	203	100.0	1	.5	5	2.5	44	21.7	89	43.8	63	31.0	1	.5
연령별														
3 5 ~ 4 0 세	205	100.0	0	.0	10	4.9	49	23.9	80	39.0	66	32.2	0	.0
4 1 ~ 4 5 세	285	100.0	1	.4	10	3.5	69	24.2	123	43.2	82	28.8	0	.0
4 6 ~ 5 0 세	141	100.0	1	.7	10	7.1	35	24.8	56	39.7	38	27.0	1	.7
5 1 ~ 5 5 세	34	100.0	0	.0	3	8.8	8	23.5	12	35.3	9	26.5	2	5.9
기 타	31	100.0	0	.0	1	3.2	13	41.9	11	35.5	5	16.1	1	3.2
무 응 답	4	100.0	0	.0	0	.0	0	.0	2	50.0	2	50.0	0	.0
성장지역별														
서울 / 경기권	220	100.0	1	.5	12	5.5	46	20.9	86	39.1	75	34.1	0	.0
영 남 권	169	100.0	1	.6	11	6.5	38	22.5	64	37.9	55	32.5	0	.0
호 남 권	192	100.0	0	.0	9	4.7	57	29.7	73	38.0	49	25.5	4	2.1
강원/충청/제주	117	100.0	0	.0	2	1.7	33	28.2	60	51.3	22	18.8	0	.0
무 응 답	2	100.0	0	.0	0	.0	0	.0	1	50.0	1	50.0	0	.0
학력별														
무 학	5	100.0	0	.0	0	.0	0	.0	3	60.0	1	20.0	1	20.0
초 등 학 교	6	100.0	0	.0	0	.0	2	33.3	2	33.3	2	33.3	0	.0
중 학 교	15	100.0	0	.0	1	6.7	2	13.3	9	60.0	3	20.0	0	.0
고 등 학 교	73	100.0	0	.0	1	1.4	17	23.3	29	39.7	26	35.6	0	.0
대 학 교	482	100.0	2	.4	28	5.8	119	24.7	181	37.6	149	30.9	3	.6
대 학 원 이 상	113	100.0	0	.0	4	3.5	32	28.3	58	51.3	19	16.8	0	.0
기 타	6	100.0	0	.0	0	.0	2	33.3	2	33.3	2	33.3	0	.0
본인월평균수입														
수 입 없 음	75	100.0	0	.0	2	2.7	15	20.0	30	40.0	28	37.3	0	.0
100만원 이하	136	100.0	0	.0	3	2.2	28	20.6	53	39.0	52	38.2	0	.0
101~200만원	242	100.0	1	.4	10	4.1	61	25.2	98	40.5	71	29.3	1	.4
201~300만원	144	100.0	0	.0	10	6.9	36	25.0	63	43.8	33	22.9	2	1.4
301~400만원	63	100.0	1	1.6	6	9.5	20	31.7	25	39.7	11	17.5	0	.0
401~700만원	32	100.0	0	.0	2	6.3	12	37.5	11	34.4	6	18.8	1	3.1
701만원 이상	7	100.0	0	.0	1	14.3	2	28.6	3	42.9	1	14.3	0	.0
무 응 답	1	100.0	0	.0	0	.0	0	.0	1	100.0	0	.0	0	.0

	다음의 영역별로 현재 한국사회의 민주화 정도에 얼마나 만족하시는지 표시하여 주시기 바랍니다. 《경찰사법부문》												
	Total		① 매우 만족		② 만족		③ 보통		④ 불만족		⑤ 매우 불만족		무응답	
	N	%	N	%	N	%	N	%	N	%	N	%	N	%
Total	700	100.0	2	.3	25	3.6	163	23.3	266	38.0	235	33.6	9	1.3
성별														
남	497	100.0	1	.2	17	3.4	122	24.5	184	37.0	166	33.4	7	1.4
여	203	100.0	1	.5	8	3.9	41	20.2	82	40.4	69	34.0	2	1.0
연령별														
35~40세	205	100.0	0	.0	10	4.9	33	16.1	83	40.5	79	38.5	0	.0
41~45세	285	100.0	1	.4	6	2.1	77	27.0	101	35.4	98	34.4	2	.7
46~50세	141	100.0	0	.0	7	5.0	38	27.0	52	36.9	43	30.5	1	.7
51~55세	34	100.0	1	2.9	1	2.9	7	20.6	15	44.1	7	20.6	3	8.8
기타	31	100.0	0	.0	1	3.2	8	25.8	13	41.9	6	19.4	3	9.7
무응답	4	100.0	0	.0	0	.0	0	.0	2	50.0	2	50.0	0	.0
성장지역별														
서울/경기권	220	100.0	1	.5	9	4.1	44	20.0	80	36.4	85	38.6	1	.5
영남권	169	100.0	0	.0	7	4.1	39	23.1	66	39.1	57	33.7	0	.0
호남권	192	100.0	1	.5	7	3.6	47	24.5	69	35.9	60	31.3	8	4.2
강원/충청/제주	117	100.0	0	.0	2	1.7	33	28.2	50	42.7	32	27.4	0	.0
무응답	2	100.0	0	.0	0	.0	0	.0	1	50.0	1	50.0	0	.0
학력별														
무학	5	100.0	0	.0	1	20.0	0	.0	1	20.0	2	40.0	1	20.0
초등학교	6	100.0	0	.0	0	.0	0	.0	4	66.7	2	33.3	0	.0
중학교	15	100.0	0	.0	0	.0	1	6.7	10	66.7	4	26.7	0	.0
고등학교	73	100.0	1	1.4	2	2.7	12	16.4	27	37.0	30	41.1	1	1.4
대학교	482	100.0	1	.2	18	3.7	117	24.3	173	35.9	168	34.9	5	1.0
대학원 이상	113	100.0	0	.0	4	3.5	32	28.3	49	43.4	26	23.0	2	1.8
기타	6	100.0	0	.0	0	.0	1	16.7	2	33.3	3	50.0	0	.0
본인월평균수입														
수입 없음	75	100.0	0	.0	1	1.3	14	18.7	27	36.0	33	44.0	0	.0
100만원 이하	136	100.0	0	.0	4	2.9	25	18.4	45	33.1	62	45.6	0	.0
101~200만원	242	100.0	2	.8	10	4.1	48	19.8	94	38.8	85	35.1	3	1.2
201~300만원	144	100.0	0	.0	3	2.1	46	31.9	56	38.9	35	24.3	4	2.8
301~400만원	63	100.0	0	.0	5	7.9	19	30.2	29	46.0	10	15.9	0	.0
401~700만원	32	100.0	0	.0	1	3.1	10	31.3	12	37.5	8	25.0	1	3.1
701만원 이상	7	100.0	0	.0	1	14.3	1	14.3	3	42.9	2	28.6	0	.0
무응답	1	100.0	0	.0	0	.0	0	.0	0	.0	0	.0	1	100.0

	한국이 실질적 민주화를 이룩하는데 걸림돌이 되고 있는 것은 무엇입니까?																							
	Total		① 정경유착		② 지역주의		③ 남남갈등		④ 양극화 심화		⑤ 비정규직 확대		⑥ 사회적 약자에 대한 차별		⑦ 사회보장제도 미흡		⑧ 국가보안법 존치		⑨ 주한미군 주둔 또는 불평등한 한미관계		⑩ 민족분단		⑪ 기타	
	N	%	N	%	N	%	N	%	N	%	N	%	N	%	N	%	N	%	N	%	N	%	N	%
Total	1338	100.0	92	6.9	118	8.8	19	1.4	378	28.3	81	6.0	67	5.0	55	4.1	81	6.0	188	14.1	246	18.4	13	1.0
성별																								
남	497	100.0	52	10.5	83	16.7	10	2.0	209	42.1	28	5.6	16	3.2	6	1.2	32	6.4	45	9.1	14	2.8	2	.4
여	203	100.0	36	17.7	21	10.3	8	3.9	90	44.3	5	2.5	5	2.5	2	1.0	8	3.9	24	11.8	3	1.5	1	.5
연령별																								
35~40세	205	100.0	22	10.7	23	11.2	4	2.0	83	40.5	10	4.9	5	2.4	1	.5	12	5.9	37	18.0	6	2.9	2	1.0
41~45세	285	100.0	43	15.1	46	16.1	9	3.2	118	41.4	12	4.2	10	3.5	6	2.1	14	4.9	20	7.0	7	2.5	0	.0
46~50세	141	100.0	15	10.6	18	12.8	4	2.8	71	50.4	8	5.7	5	3.5	1	.7	8	5.7	7	5.0	3	2.1	1	.7
51~55세	34	100.0	4	11.8	8	23.5	1	2.9	15	44.1	2	5.9	1	2.9	0	.0	1	2.9	2	5.9	0	.0	0	.0
기타	31	100.0	4	12.9	8	25.8	0	.0	10	32.3	0	.0	0	.0	0	.0	5	16.1	3	9.7	1	3.2	0	.0
무응답	4	100.0	0	.0	1	25.0	0	.0	2	50.0	1	25.0	0	.0	0	.0	0	.0	0	.0	0	.0	0	.0
성장지역별																								
서울/경기권	220	100.0	20	9.1	16	7.3	9	4.1	105	47.7	14	6.4	8	3.6	1	.5	11	5.0	29	13.2	7	3.2	0	.0
영남권	169	100.0	22	13.0	24	14.2	4	2.4	74	43.8	5	3.0	6	3.6	1	.6	15	8.9	15	8.9	3	1.8	0	.0
호남권	192	100.0	29	15.1	46	24.0	5	2.6	73	38.0	5	2.6	3	1.6	1	.5	8	4.2	17	8.9	4	2.1	1	.5
강원/충청/제주	117	100.0	17	14.5	18	15.4	0	.0	45	38.5	9	7.7	4	3.4	5	4.3	6	5.1	8	6.8	3	2.6	2	1.7
무응답	2	100.0	0	.0	0	.0	0	.0	2	100.0	0	.0	0	.0	0	.0	0	.0	0	.0	0	.0	0	.0
학력별																								
무학	5	100.0	1	20.0	0	.0	1	20.0	3	60.0	0	.0	0	.0	0	.0	0	.0	0	.0	0	.0	0	.0
초등학교	6	100.0	2	33.3	0	.0	0	.0	2	33.3	1	16.7	0	.0	0	.0	0	.0	1	16.7	0	.0	0	.0
중학교	15	100.0	4	26.7	0	.0	0	.0	3	20.0	2	13.3	1	6.7	1	6.7	1	6.7	3	20.0	0	.0	0	.0
고등학교	73	100.0	13	17.8	4	5.5	0	.0	30	41.1	3	4.1	3	4.1	3	4.1	6	8.2	9	12.3	2	2.7	0	.0
대학교	482	100.0	49	10.2	73	15.1	14	2.9	213	44.2	22	4.6	11	2.3	4	.8	28	5.8	50	10.4	15	3.1	3	.6
대학원 이상	113	100.0	18	15.9	27	23.9	2	1.8	44	38.9	5	4.4	6	5.3	0	.0	4	3.5	7	6.2	0	.0	0	.0
기타	6	100.0	1	16.7	0	.0	1	16.7	4	66.7	0	.0	0	.0	0	.0	0	.0	0	.0	0	.0	0	.0
본인월평균수입																								
수입 없음	75	100.0	11	14.7	8	10.7	3	4.0	26	34.7	4	5.3	5	6.7	0	.0	2	2.7	14	18.7	1	1.3	1	1.3
100만원 이하	136	100.0	18	13.2	11	8.1	4	2.9	57	41.9	6	4.4	5	3.7	0	.0	14	10.3	19	14.0	2	1.5	0	.0
101~200만원	242	100.0	31	12.8	36	14.9	5	2.1	107	44.2	17	7.0	2	.8	3	1.2	11	4.5	25	10.3	4	1.7	1	.4
201~300만원	144	100.0	16	11.1	29	20.1	4	2.8	66	45.8	3	2.1	5	3.5	0	.0	4	2.8	9	6.3	7	4.9	1	.7
301~400만원	63	100.0	5	7.9	11	17.5	2	3.2	28	44.4	1	1.6	2	3.2	4	6.3	8	12.7	1	1.6	1	1.6	0	.0
401~700만원	32	100.0	3	9.4	8	25.0	0	.0	12	37.5	2	6.3	2	6.3	1	3.1	1	3.1	1	3.1	2	6.3	0	.0
701만원 이상	7	100.0	4	57.1	0	.0	0	.0	3	42.9	0	.0	0	.0	0	.0	0	.0	0	.0	0	.0	0	.0
무응답	1	100.0	0	.0	1	100.0	0	.0	0	.0	0	.0	0	.0	0	.0	0	.0	0	.0	0	.0	0	.0

		①정경유착	②지역주의	③남남갈등	④양극화심화	⑤비정규직 확대	⑥사회적 약자에 대한	⑦사회보장제도 미흡	⑧국가보안법 존치	⑨주한미군 주둔 또는	⑩민족분단	⑪기타	Total
Total	N	92	118	19	378	81	67	55	81	188	246	13	700
	% of Total	13.1	16.9	2.7	54.0	11.6	9.6	7.9	11.6	26.9	35.1	1.9	100.0
성별 남	N	53	90	11	266	59	46	39	59	131	186	10	497
	% within	10.7	18.1	2.2	53.5	11.9	9.3	7.8	11.9	26.4	37.4	2.0	
	% of Total	7.6	12.9	1.6	38.0	8.4	6.6	5.6	8.4	18.7	26.6	1.4	71.0
여	N	39	28	8	112	22	21	16	22	57	60	3	203
	% within	19.2	13.8	3.9	55.2	10.8	10.3	7.9	10.8	28.1	29.6	1.5	
	% of Total	5.6	4.0	1.1	16.0	3.1	3.0	2.3	3.1	8.1	8.6	.4	29.0
연령별 35~40세	N	25	25	4	99	16	20	11	19	82	80	5	205
	% within	12.2	12.2	2.0	48.3	7.8	9.8	5.4	9.3	40.0	39.0	2.4	
	% of Total	3.6	3.6	.6	14.1	2.3	2.9	1.6	2.7	11.7	11.4	.7	29.3
41~45세	N	44	53	9	155	37	27	25	30	62	100	3	285
	% within	15.4	18.6	3.2	54.4	13.0	9.5	8.8	10.5	21.8	35.1	1.1	
	% of Total	6.3	7.6	1.3	22.1	5.3	3.9	3.6	4.3	8.9	14.3	.4	40.7
46~50세	N	15	21	4	82	22	16	15	20	29	46	4	141
	% within	10.6	14.9	2.8	58.2	15.6	11.3	10.6	14.2	20.6	32.6	2.8	
	% of Total	2.1	3.0	.6	11.7	3.1	2.3	2.1	2.9	4.1	6.6	.6	20.1
51~55세	N	4	9	1	23	3	3	1	5	7	8	1	34
	% within	11.8	26.5	2.9	67.6	8.8	8.8	2.9	14.7	20.6	23.5	2.9	
	% of Total	.6	1.3	.1	3.3	.4	.4	.1	.7	1.0	1.1	.1	4.9
기타	N	4	9	1	16	1	0	3	7	7	12	0	31
	% within	12.9	29.0	3.2	51.6	3.2	.0	9.7	22.6	22.6	38.7	.0	
	% of Total	.6	1.3	.1	2.3	.1	.0	.4	1.0	1.0	1.7	.0	4.4
무응답	N	0	1	0	3	2	1	0	0	1	0	0	4
	% within	.0	25.0	.0	75.0	50.0	25.0	.0	.0	25.0	.0	.0	
	% of Total	.0	.1	.0	.4	.3	.1	.0	.0	.1	.0	.0	.6

한국이 실질적 민주화를 이룩하는데 걸림돌이 되고 있는 것은 무엇입니까? 복수응답

			①정경유착	②지역주의	③남남갈등	④양극화 심화	⑤비정규직 확대	⑥사회적 약자에 대한	⑦사회보장제도 미흡	⑧국가보안법 존치	⑨주한미군 주둔 또는	⑩민족분단	⑪기타	Total
Total		N	92	118	19	378	81	67	55	81	188	246	13	700
		% of Total	13.1	16.9	2.7	54.0	11.6	9.6	7.9	11.6	26.9	35.1	1.9	100.0
성장지역별	서울/경기권	N	23	20	9	120	29	19	15	25	70	85	8	220
		% within	10.5	9.1	4.1	54.5	13.2	8.6	6.8	11.4	31.8	38.6	3.6	
		% of Total	3.3	2.9	1.3	17.1	4.1	2.7	2.1	3.6	10.0	12.1	1.1	31.4
	영남권	N	22	26	4	94	19	16	14	26	47	61	0	169
		% within	13.0	15.4	2.4	55.6	11.2	9.5	8.3	15.4	27.8	36.1	.0	
		% of Total	3.1	3.7	.6	13.4	2.7	2.3	2.0	3.7	6.7	8.7	.0	24.1
	호남권	N	30	53	6	100	17	18	11	19	42	63	3	192
		% within	15.6	27.6	3.1	52.1	8.9	9.4	5.7	9.9	21.9	32.8	1.6	
		% of Total	4.3	7.6	.9	14.3	2.4	2.6	1.6	2.7	6.0	9.0	.4	27.4
	강원/충청/제주	N	17	19	0	62	16	13	15	11	28	37	2	117
		% within	14.5	16.2	.0	53.0	13.7	11.1	12.8	9.4	23.9	31.6	1.7	
		% of Total	2.4	2.7	.0	8.9	2.3	1.9	2.1	1.6	4.0	5.3	.3	16.7
	무응답	N	0	0	0	2	0	1	0	0	1	0	0	2
		% within	.0	.0	.0	100.0	.0	50.0	.0	.0	50.0	.0	.0	
		% of Total	.0	.0	.0	.3	.0	.1	.0	.0	.1	.0	.0	.3
학력별	무학	N	1	0	1	3	0	0	2	0	0	2	0	5
		% within	20.0	.0	20.0	60.0	.0	.0	40.0	.0	.0	40.0	.0	
		% of Total	.1	.0	.1	.4	.0	.0	.3	.0	.0	.3	.0	.7
	초등학교	N	2	0	0	3	1	0	1	1	2	2	0	6
		% within	33.3	.0	.0	50.0	16.7	.0	16.7	16.7	33.3	33.3	.0	
		% of Total	.3	.0	.0	.4	.1	.0	.1	.1	.3	.3	.0	.9
	중학교	N	4	0	0	5	2	3	1	3	7	5	0	15
		% within	26.7	.0	.0	33.3	13.3	20.0	6.7	20.0	46.7	33.3	.0	
		% of Total	.6	.0	.0	.7	.3	.4	.1	.4	1.0	.7	.0	2.1
	고등학교	N	13	6	0	32	9	10	5	11	28	20	0	73
		% within	17.8	8.2	.0	43.8	12.3	13.7	6.8	15.1	38.4	27.4	.0	
		% of Total	1.9	.9	.0	4.6	1.3	1.4	.7	1.6	4.0	2.9	.0	10.4
	대학교	N	53	82	15	269	60	39	36	58	127	174	10	482
		% within	11.0	17.0	3.1	55.8	12.4	8.1	7.5	12.0	26.3	36.1	2.1	
		% of Total	7.6	11.7	2.1	38.4	8.6	5.6	5.1	8.3	18.1	24.9	1.4	68.9
	대학원 이상	N	18	30	2	62	8	13	9	7	24	42	3	113
		% within	15.9	26.5	1.8	54.9	7.1	11.5	8.0	6.2	21.2	37.2	2.7	
		% of Total	2.6	4.3	.3	8.9	1.1	1.9	1.3	1.0	3.4	6.0	.4	16.1
	기타	N	1	0	1	4	1	2	1	1	0	1	0	6
		% within	16.7	.0	16.7	66.7	16.7	33.3	16.7	16.7	.0	16.7	.0	
		% of Total	.1	.0	.1	.6	.1	.3	.1	.1	.0	.1	.0	.9
본인 월평균 수입	수입없음	N	12	9	3	35	7	7	7	5	31	26	2	75
		% within	16.0	12.0	4.0	46.7	9.3	9.3	9.3	6.7	41.3	34.7	2.7	
		% of Total	1.7	1.3	.4	5.0	1.0	1.0	1.0	.7	4.4	3.7	.3	10.7
	100만원 이하	N	18	14	4	70	15	16	9	20	46	46	2	136
		% within	13.2	10.3	2.9	51.5	11.0	11.8	6.6	14.7	33.8	33.8	1.5	
		% of Total	2.6	2.0	.6	10.0	2.1	2.3	1.3	2.9	6.6	6.6	.3	19.4
	101~200만원	N	33	40	6	129	33	20	17	31	69	84	5	242
		% within	13.6	16.5	2.5	53.3	13.6	8.3	7.0	12.8	28.5	34.7	2.1	
		% of Total	4.7	5.7	.9	18.4	4.7	2.9	2.4	4.4	9.9	12.0	.7	34.6
	201~300만원	N	16	33	4	84	14	16	9	12	29	50	3	144
		% within	11.1	22.9	2.8	58.3	9.7	11.1	6.3	8.3	20.1	34.7	2.1	
		% of Total	2.3	4.7	.6	12.0	2.0	2.3	1.3	1.7	4.1	7.1	.4	20.6
	301~400만원	N	5	12	2	39	8	5	6	9	8	26	1	63
		% within	7.9	19.0	3.2	61.9	12.7	7.9	9.5	14.3	12.7	41.3	1.6	
		% of Total	.7	1.7	.3	5.6	1.1	.7	.9	1.3	1.1	3.7	.1	9.0
	401~700만원	N	4	8	0	16	4	3	7	2	5	12	0	32
		% within	12.5	25.0	.0	50.0	12.5	9.4	21.9	6.3	15.6	37.5	.0	
		% of Total	.6	1.1	.0	2.3	.6	.4	1.0	.3	.7	1.7	.0	4.6
	701만원 이상	N	4	1	0	4	0	0	0	2	0	2	0	7
		% within	57.1	14.3	.0	57.1	.0	.0	.0	28.6	.0	28.6	.0	
		% of Total	.6	.1	.0	.6	.0	.0	.0	.3	.0	.3	.0	1.0
	무응답	N	0	1	0	1	0	0	0	0	0	0	0	1
		% within	.0	100.0	.0	100.0	.0	.0	.0	.0	.0	.0	.0	
		% of Total	.0	.1	.0	.1	.0	.0	.0	.0	.0	.0	.0	.1

	오랫동안 국가보안법 개폐문제가 대두되어 있습니다. 선생님께서는 어떻게 생각하십니까?											
	Total		① 무조건 폐지		② 조건부 폐지		③ 독소조항만 삭제하여 개정		④ 대체입법		무응답	
	N	%	N	%	N	%	N	%	N	%	N	%
Total	700	100.0	643	91.9	14	2.0	17	2.4	23	3.3	3	.4
성별												
남	497	100.0	459	92.4	10	2.0	11	2.2	17	3.4	0	.0
여	203	100.0	184	90.6	4	2.0	6	3.0	6	3.0	3	1.5
연령별												
35～40세	205	100.0	193	94.1	3	1.5	3	1.5	4	2.0	2	1.0
41～45세	285	100.0	257	90.2	7	2.5	8	2.8	12	4.2	1	.4
46～50세	141	100.0	131	92.9	3	2.1	2	1.4	5	3.5	0	.0
51～55세	34	100.0	32	94.1	0	.0	2	5.9	0	.0	0	.0
기타	31	100.0	26	83.9	1	3.2	2	6.5	2	6.5	0	.0
무응답	4	100.0	4	100.0	0	.0	0	.0	0	.0	0	.0
성장지역별												
서울/경기권	220	100.0	205	93.2	3	1.4	7	3.2	5	2.3	0	.0
영남권	169	100.0	154	91.1	3	1.8	5	3.0	7	4.1	0	.0
호남권	192	100.0	178	92.7	4	2.1	1	.5	8	4.2	1	.5
강원/충청/제주	117	100.0	105	89.7	4	3.4	4	3.4	3	2.6	1	.9
무응답	2	100.0	1	50.0	0	.0	0	.0	0	.0	1	50.0
학력별												
무학	5	100.0	5	100.0	0	.0	0	.0	0	.0	0	.0
초등학교	6	100.0	6	100.0	0	.0	0	.0	0	.0	0	.0
중학교	15	100.0	15	100.0	0	.0	0	.0	0	.0	0	.0
고등학교	73	100.0	67	91.8	2	2.7	3	4.1	0	.0	1	1.4
대학교	482	100.0	444	92.1	9	1.9	11	2.3	16	3.3	2	.4
대학원 이상	113	100.0	100	88.5	3	2.7	3	2.7	7	6.2	0	.0
기타	6	100.0	6	100.0	0	.0	0	.0	0	.0	0	.0
본인월평균수입												
수입 없음	75	100.0	69	92.0	2	2.7	1	1.3	3	4.0	0	.0
100만원 이하	136	100.0	126	92.6	1	.7	4	2.9	3	2.2	2	1.5
101～200만원	242	100.0	226	93.4	4	1.7	5	2.1	6	2.5	1	.4
201～300만원	144	100.0	128	88.9	3	2.1	5	3.5	8	5.6	0	.0
301～400만원	63	100.0	54	85.7	4	6.3	2	3.2	3	4.8	0	.0
401～700만원	32	100.0	32	100.0	0	.0	0	.0	0	.0	0	.0
701만원 이상	7	100.0	7	100.0	0	.0	0	.0	0	.0	0	.0
무응답	1	100.0	1	100.0	0	.0	0	.0	0	.0	0	.0

	선생님은 한국의 민주화에 시민단체 혹은 사회운동단체가 어느 정도 기여하였다고 생각하십니까?												
	Total		① 많이 기여했음		② 어느 정도 기여했음		③ 그저 그렇다		④ 별로 기여하지 못했음		⑤ 기여하지 못했음		무응답	
	N	%	N	%	N	%	N	%	N	%	N	%	N	%
Total	700	100.0	387	55.3	260	37.1	38	5.4	10	1.4	3	.4	2	.3
성별														
남	497	100.0	287	57.7	184	37.0	19	3.8	7	1.4	0	.0	0	.0
여	203	100.0	100	49.3	76	37.4	19	9.4	3	1.5	3	1.5	2	1.0
연령별														
35~40세	205	100.0	111	54.1	81	39.5	10	4.9	1	.5	1	.5	1	.5
41~45세	285	100.0	153	53.7	104	36.5	16	5.6	9	3.2	2	.7	1	.4
46~50세	141	100.0	82	58.2	50	35.5	9	6.4	0	.0	0	.0	0	.0
51~55세	34	100.0	22	64.7	11	32.4	1	2.9	0	.0	0	.0	0	.0
기 타	31	100.0	18	58.1	12	38.7	1	3.2	0	.0	0	.0	0	.0
무 응 답	4	100.0	1	25.0	2	50.0	1	25.0	0	.0	0	.0	0	.0
성장지역별														
서울/경기권	220	100.0	109	49.5	92	41.8	13	5.9	3	1.4	3	1.4	0	.0
영 남 권	169	100.0	86	50.9	70	41.4	9	5.3	4	2.4	0	.0	0	.0
호 남 권	192	100.0	118	61.5	65	33.9	6	3.1	2	1.0	0	.0	1	.5
강원/충청/제주	117	100.0	73	62.4	32	27.4	10	8.5	1	.9	0	.0	1	.9
무 응 답	2	100.0	1	50.0	1	50.0	0	.0	0	.0	0	.0	0	.0
학력별														
무 학	5	100.0	3	60.0	0	.0	2	40.0	0	.0	0	.0	0	.0
초 등 학 교	6	100.0	3	50.0	3	50.0	0	.0	0	.0	0	.0	0	.0
중 학 교	15	100.0	5	33.3	6	40.0	2	13.3	1	6.7	0	.0	1	6.7
고 등 학 교	73	100.0	39	53.4	26	35.6	4	5.5	4	5.5	0	.0	0	.0
대 학 교	482	100.0	267	55.4	184	38.2	23	4.8	4	.8	3	.6	1	.2
대학원 이상	113	100.0	67	59.3	38	33.6	7	6.2	1	.9	0	.0	0	.0
기 타	6	100.0	3	50.0	3	50.0	0	.0	0	.0	0	.0	0	.0
본인월평균수입														
수 입 없음	75	100.0	42	56.0	26	34.7	6	8.0	1	1.3	0	.0	0	.0
100만원 이하	136	100.0	76	55.9	49	36.0	7	5.1	1	.7	2	1.5	1	.7
101~200만원	242	100.0	133	55.0	90	37.2	13	5.4	5	2.1	0	.0	1	.4
201~300만원	144	100.0	86	59.7	47	32.6	9	6.3	2	1.4	0	.0	0	.0
301~400만원	63	100.0	30	47.6	31	49.2	1	1.6	1	1.6	0	.0	0	.0
401~700만원	32	100.0	20	62.5	12	37.5	0	.0	0	.0	0	.0	0	.0
701만원 이상	7	100.0	0	.0	4	57.1	2	28.6	0	.0	1	14.3	0	.0
무 응 답	1	100.0	0	.0	1	100.0	0	.0	0	.0	0	.0	0	.0

	선생님은 현재 시민사회단체에 참여하거나 활동하고 계십니까?							
	Total		① 그렇다		② 아니다		무응답	
	N	%	N	%	N	%	N	%
Total	700	100.0	518	74.0	174	24.9	8	1.1
성별								
남	497	100.0	382	76.9	110	22.1	5	1.0
여	203	100.0	136	67.0	64	31.5	3	1.5
연령별								
35~40세	205	100.0	152	74.1	49	23.9	4	2.0
41~45세	285	100.0	196	68.8	87	30.5	2	.7
46~50세	141	100.0	109	77.3	30	21.3	2	1.4
51~55세	34	100.0	31	91.2	3	8.8	0	.0
기타	31	100.0	28	90.3	3	9.7	0	.0
무응답	4	100.0	2	50.0	2	50.0	0	.0
성장지역별								
서울/경기권	220	100.0	141	64.1	74	33.6	5	2.3
영남권	169	100.0	135	79.9	34	20.1	0	.0
호남권	192	100.0	160	83.3	32	16.7	0	.0
강원/충청/제주	117	100.0	81	69.2	33	28.2	3	2.6
무응답	2	100.0	1	50.0	1	50.0	0	.0
학력별								
무학	5	100.0	1	20.0	3	60.0	1	20.0
초등학교	6	100.0	5	83.3	1	16.7	0	.0
중학교	15	100.0	12	80.0	3	20.0	0	.0
고등학교	73	100.0	50	68.5	23	31.5	0	.0
대학교	482	100.0	356	73.9	119	24.7	7	1.5
대학원 이상	113	100.0	90	79.6	23	20.4	0	.0
기타	6	100.0	4	66.7	2	33.3	0	.0
본인월평균수입								
수입 없음	75	100.0	54	72.0	20	26.7	1	1.3
100만원 이하	136	100.0	110	80.9	22	16.2	4	2.9
101~200만원	242	100.0	182	75.2	58	24.0	2	.8
201~300만원	144	100.0	103	71.5	40	27.8	1	.7
301~400만원	63	100.0	44	69.8	19	30.2	0	.0
401~700만원	32	100.0	20	62.5	12	37.5	0	.0
701만원 이상	7	100.0	4	57.1	3	42.9	0	.0
무응답	1	100.0	1	100.0	0	.0	0	.0

	둘 이상의 단체에 참여 또는 활동하는 경우, 최우선 순위를 두는 단체에서 어떤 형태로 참여하고 계십니까?									
	Total		① 상근자		② 회원		③ 비회원으로서 금전적 후원자		④ 기타	
	N	%	N	%	N	%	N	%	N	%
Total	518	100.0	176	34.0	297	57.3	35	6.8	10	1.9
성별										
남	382	100.0	128	33.5	222	58.1	25	6.5	7	1.8
여	136	100.0	48	35.3	75	55.1	10	7.4	3	2.2
연령별										
35~40세	152	100.0	62	40.8	79	52.0	7	4.6	4	2.6
41~45세	196	100.0	68	34.7	112	57.1	14	7.1	2	1.0
46~50세	109	100.0	27	24.8	67	61.5	11	10.1	4	3.7
51~55세	31	100.0	12	38.7	16	51.6	3	9.7	0	.0
기타	28	100.0	5	17.9	23	82.1	0	.0	0	.0
무응답	2	100.0	2	100.0	0	.0	0	.0	0	.0
성장지역별										
서울/경기권	141	100.0	55	39.0	74	52.5	10	7.1	2	1.4
영남권	135	100.0	43	31.9	80	59.3	12	8.9	0	.0
호남권	160	100.0	55	34.4	91	56.9	8	5.0	6	3.8
강원/충청/제주	81	100.0	22	27.2	52	64.2	5	6.2	2	2.5
무응답	1	100.0	1	100.0	0	.0	0	.0	0	.0
학력별										
무학	1	100.0	0	.0	1	100.0	0	.0	0	.0
초등학교	5	100.0	0	.0	5	100.0	0	.0	0	.0
중학교	12	100.0	5	41.7	6	50.0	1	8.3	0	.0
고등학교	50	100.0	11	22.0	35	70.0	2	4.0	2	4.0
대학교	356	100.0	127	35.7	199	55.9	26	7.3	4	1.1
대학원 이상	90	100.0	30	33.3	50	55.6	6	6.7	4	4.4
기타	4	100.0	3	75.0	1	25.0	0	.0	0	.0
본인월평균수입										
수입 없음	54	100.0	15	27.8	38	70.4	1	1.9	0	.0
100만원 이하	110	100.0	60	54.5	47	42.7	2	1.8	1	.9
101~200만원	182	100.0	78	42.9	84	46.2	15	8.2	5	2.7
201~300만원	103	100.0	20	19.4	70	68.0	9	8.7	4	3.9
301~400만원	44	100.0	3	6.8	37	84.1	4	9.1	0	.0
401~700만원	20	100.0	0	.0	17	85.0	3	15.0	0	.0
701만원 이상	4	100.0	0	.0	3	75.0	1	25.0	0	.0
무응답	1	100.0	0	.0	1	100.0	0	.0	0	.0

	선생님께서는 과거에 같이 활동했던 동료들과 아직도 지속적으로 연락을 주고받거나, 모임을 유지하고 있습니까?							
	Total		① 그렇다		② 아니다		무응답	
	N	%	N	%	N	%	N	%
Total	700	100.0	587	83.9	103	14.7	10	1.4
성별								
남	497	100.0	426	85.7	65	13.1	6	1.2
여	203	100.0	161	79.3	38	18.7	4	2.0
연령별								
35~40세	205	100.0	162	79.0	41	20.0	2	1.0
41~45세	285	100.0	241	84.6	36	12.6	8	2.8
46~50세	141	100.0	120	85.1	21	14.9	0	.0
51~55세	34	100.0	33	97.1	1	2.9	0	.0
기 타	31	100.0	31	100.0	0	.0	0	.0
무 응 답	4	100.0	0	.0	4	100.0	0	.0
성장지역별								
서울/경기권	220	100.0	174	79.1	45	20.5	1	.5
영 남 권	169	100.0	143	84.6	23	13.6	3	1.8
호 남 권	192	100.0	167	87.0	21	10.9	4	2.1
강원/충청/제주	117	100.0	102	87.2	13	11.1	2	1.7
무 응 답	2	100.0	1	50.0	1	50.0	0	.0
학력별								
무 학	5	100.0	4	80.0	1	20.0	0	.0
초 등 학 교	6	100.0	6	100.0	0	.0	0	.0
중 학 교	15	100.0	12	80.0	3	20.0	0	.0
고 등 학 교	73	100.0	65	89.0	6	8.2	2	2.7
대 학 교	482	100.0	402	83.4	73	15.1	7	1.5
대 학 원 이 상	113	100.0	95	84.1	17	15.0	1	.9
기 타	6	100.0	3	50.0	3	50.0	0	.0
본인월평균수입								
수 입 없 음	75	100.0	60	80.0	14	18.7	1	1.3
100만원 이하	136	100.0	110	80.9	25	18.4	1	.7
101~200만원	242	100.0	197	81.4	39	16.1	6	2.5
201~300만원	144	100.0	122	84.7	21	14.6	1	.7
301~400만원	63	100.0	60	95.2	3	4.8	0	.0
401~700만원	32	100.0	30	93.8	1	3.1	1	3.1
701만원 이상	7	100.0	7	100.0	0	.0	0	.0
무 응 답	1	100.0	1	100.0	0	.0	0	.0

		6월 항쟁 당시 선생님의 참여도는 어떠했습니까?								
		Total		① 적극 참여		② 소극 참여		③ 관망		④ 기타	
		N	%	N	%	N	%	N	%	N	%
Total		700	100.0	459	65.6	119	17.0	39	5.6	83	11.9
성별											
	남	497	100.0	334	67.2	77	15.5	20	4.0	66	13.3
	여	203	100.0	125	61.6	42	20.7	19	9.4	17	8.4
연령별											
	3 5 ~ 4 0 세	205	100.0	107	52.2	47	22.9	22	10.7	29	14.1
	4 1 ~ 4 5 세	285	100.0	195	68.4	39	13.7	11	3.9	40	14.0
	4 6 ~ 5 0 세	141	100.0	109	77.3	18	12.8	4	2.8	10	7.1
	5 1 ~ 5 5 세	34	100.0	27	79.4	6	17.6	0	.0	1	2.9
	기 타	31	100.0	20	64.5	7	22.6	1	3.2	3	9.7
	무 응 답	4	100.0	1	25.0	2	50.0	1	25.0	0	.0
성장지역별											
	서울/경기권	220	100.0	150	68.2	34	15.5	12	5.5	24	10.9
	영 남 권	169	100.0	107	63.3	31	18.3	9	5.3	22	13.0
	호 남 권	192	100.0	125	65.1	34	17.7	12	6.3	21	10.9
	강원/충청/제주	117	100.0	77	65.8	18	15.4	6	5.1	16	13.7
	무 응 답	2	100.0	0	.0	2	100.0	0	.0	0	.0
학력별											
	무 학	5	100.0	5	100.0	0	.0	0	.0	0	.0
	초 등 학 교	6	100.0	4	66.7	1	16.7	0	.0	1	16.7
	중 학 교	15	100.0	8	53.3	4	26.7	1	6.7	2	13.3
	고 등 학 교	73	100.0	29	39.7	24	32.9	10	13.7	10	13.7
	대 학 교	482	100.0	328	68.0	72	14.9	21	4.4	61	12.7
	대학원 이상	113	100.0	80	70.8	17	15.0	7	6.2	9	8.0
	기 타	6	100.0	5	83.3	1	16.7	0	.0	0	.0
본인월평균수입											
	수 입 없 음	75	100.0	54	72.0	6	8.0	6	8.0	9	12.0
	100만원 이하	136	100.0	90	66.2	22	16.2	9	6.6	15	11.0
	101~200만원	242	100.0	152	62.8	43	17.8	14	5.8	33	13.6
	201~300만원	144	100.0	100	69.4	25	17.4	5	3.5	14	9.7
	301~400만원	63	100.0	38	60.3	14	22.2	2	3.2	9	14.3
	401~700만원	32	100.0	21	65.6	7	21.9	2	6.3	2	6.3
	701만원 이상	7	100.0	3	42.9	2	28.6	1	14.3	1	14.3
	무 응 답	1	100.0	1	100.0	0	.0	0	.0	0	.0

	선생님이 생각하시는 6월 항쟁의 과제가 현재 우리 사회에 어느 정도 해결되었다고 보십니까?											
	Total		① 충분히 해결되었다		② 일부만 해결되었다		③ 별로 해결되지 않았다		④ 전혀 해결되지 않았다		무응답	
	N	%	N	%	N	%	N	%	N	%	N	%
Total	700	100.0	16	2.3	473	67.6	190	27.1	19	2.7	2	.3
성별												
남	497	100.0	13	2.6	355	71.4	112	22.5	16	3.2	1	.2
여	203	100.0	3	1.5	118	58.1	78	38.4	3	1.5	1	.5
연령별												
35~40세	205	100.0	5	2.4	139	67.8	54	26.3	7	3.4	0	.0
41~45세	285	100.0	5	1.8	190	66.7	82	28.8	6	2.1	2	.7
46~50세	141	100.0	1	.7	96	68.1	40	28.4	4	2.8	0	.0
51~55세	34	100.0	3	8.8	22	64.7	9	26.5	0	.0	0	.0
기타	31	100.0	2	6.5	23	74.2	4	12.9	2	6.5	0	.0
무응답	4	100.0	0	.0	3	75.0	1	25.0	0	.0	0	.0
성장지역별												
서울/경기권	220	100.0	2	.9	139	63.2	71	32.3	8	3.6	0	.0
영남권	169	100.0	5	3.0	114	67.5	45	26.6	5	3.0	0	.0
호남권	192	100.0	6	3.1	141	73.4	38	19.8	5	2.6	2	1.0
강원/충청/제주	117	100.0	3	2.6	78	66.7	35	29.9	1	.9	0	.0
무응답	2	100.0	0	.0	1	50.0	1	50.0	0	.0	0	.0
학력별												
무학	5	100.0	0	.0	2	40.0	2	40.0	1	20.0	0	.0
초등학교	6	100.0	0	.0	3	50.0	2	33.3	1	16.7	0	.0
중학교	15	100.0	0	.0	5	33.3	8	53.3	1	6.7	1	6.7
고등학교	73	100.0	0	.0	45	61.6	26	35.6	2	2.7	0	.0
대학교	482	100.0	12	2.5	328	68.0	131	27.2	11	2.3	0	.0
대학원이상	113	100.0	4	3.5	86	76.1	20	17.7	2	1.8	1	.9
기타	6	100.0	0	.0	4	66.7	1	16.7	1	16.7	0	.0
본인월평균수입												
수입없음	75	100.0	1	1.3	39	52.0	32	42.7	3	4.0	0	.0
100만원이하	136	100.0	1	.7	87	64.0	45	33.1	2	1.5	1	.7
101~200만원	242	100.0	5	2.1	157	64.9	70	28.9	10	4.1	0	.0
201~300만원	144	100.0	3	2.1	108	75.0	30	20.8	3	2.1	0	.0
301~400만원	63	100.0	3	4.8	48	76.2	10	15.9	1	1.6	1	1.6
401~700만원	32	100.0	3	9.4	26	81.3	3	9.4	0	.0	0	.0
701만원이상	7	100.0	0	.0	7	100.0	0	.0	0	.0	0	.0
무응답	1	100.0	0	.0	1	100.0	0	.0	0	.0	0	.0

	6월 10일을 국가기념일로 제정하자는 의견이 있습니다. 선생님은 어떻게 생각하십니까?									
	Total		① 동의한다		② 반대한다		③ 모르겠다		무응답	
	N	%	N	%	N	%	N	%	N	%
Total	700	100.0	522	74.6	63	9.0	111	15.9	4	.6
성별										
남	497	100.0	393	79.1	43	8.7	58	11.7	3	.6
여	203	100.0	129	63.5	20	9.9	53	26.1	1	.5
연령별										
3 5 ~ 4 0 세	205	100.0	145	70.7	18	8.8	40	19.5	2	1.0
4 1 ~ 4 5 세	285	100.0	201	70.5	29	10.2	54	18.9	1	.4
4 6 ~ 5 0 세	141	100.0	116	82.3	10	7.1	15	10.6	0	.0
5 1 ~ 5 5 세	34	100.0	32	94.1	2	5.9	0	.0	0	.0
기 타	31	100.0	25	80.6	3	9.7	2	6.5	1	3.2
무 응 답	4	100.0	3	75.0	1	25.0	0	.0	0	.0
성장지역별										
서울/경기권	220	100.0	158	71.8	23	10.5	39	17.7	0	.0
영 남 권	169	100.0	131	77.5	16	9.5	22	13.0	0	.0
호 남 권	192	100.0	149	77.6	18	9.4	22	11.5	3	1.6
강원/충청/제주	117	100.0	83	70.9	6	5.1	27	23.1	1	.9
무 응 답	2	100.0	1	50.0	0	.0	1	50.0	0	.0
학력별										
무 학	5	100.0	4	80.0	1	20.0	0	.0	0	.0
초 등 학 교	6	100.0	5	83.3	0	.0	1	16.7	0	.0
중 학 교	15	100.0	9	60.0	0	.0	6	40.0	0	.0
고 등 학 교	73	100.0	51	69.9	3	4.1	18	24.7	1	1.4
대 학 교	482	100.0	370	76.8	44	9.1	65	13.5	3	.6
대 학 원 이상	113	100.0	81	71.7	14	12.4	18	15.9	0	.0
기 타	6	100.0	2	33.3	1	16.7	3	50.0	0	.0
본인월평균수입										
수 입 없음	75	100.0	59	78.7	9	12.0	7	9.3	0	.0
100만원 이하	136	100.0	103	75.7	13	9.6	18	13.2	2	1.5
101~200만원	242	100.0	182	75.2	19	7.9	39	16.1	2	.8
201~300만원	144	100.0	101	70.1	14	9.7	29	20.1	0	.0
301~400만원	63	100.0	49	77.8	6	9.5	8	12.7	0	.0
401~700만원	32	100.0	23	71.9	1	3.1	8	25.0	0	.0
701만원 이상	7	100.0	4	57.1	1	14.3	2	28.6	0	.0
무 응 답	1	100.0	1	100.0	0	.0	0	.0	0	.0

	2007년 현재 6월 항쟁의 정신을 계승한 한국사회의 최우선 과제는 무엇으로 생각하십니까?													
	Total		① 선진국 진입		② 실질적 민주화 구현		③ 평화통일 달성		④ 사회복지 증진		⑤ 완전한 자주국가		무응답	
	N	%	N	%	N	%	N	%	N	%	N	%	N	%
Total	700	100.0	14	2.0	334	47.7	179	25.6	52	7.4	118	16.9	3	.4
성별														
남	497	100.0	11	2.2	218	43.9	142	28.6	39	7.8	84	16.9	3	.6
여	203	100.0	3	1.5	116	57.1	37	18.2	13	6.4	34	16.7	0	.0
연령별														
35~40세	205	100.0	6	2.9	82	40.0	56	27.3	11	5.4	50	24.4	0	.0
41~45세	285	100.0	5	1.8	143	50.2	68	23.9	24	8.4	43	15.1	2	.7
46~50세	141	100.0	1	.7	72	51.1	33	23.4	16	11.3	19	13.5	0	.0
51~55세	34	100.0	0	.0	19	55.9	12	35.3	1	2.9	2	5.9	0	.0
기타	31	100.0	2	6.5	15	48.4	10	32.3	0	.0	3	9.7	1	3.2
무응답	4	100.0	0	.0	3	75.0	0	.0	0	.0	1	25.0	0	.0
성장지역별														
서울/경기권	220	100.0	5	2.3	98	44.5	54	24.5	18	8.2	45	20.5	0	.0
영남권	169	100.0	1	.6	82	48.5	53	31.4	10	5.9	22	13.0	1	.6
호남권	192	100.0	5	2.6	93	48.4	47	24.5	14	7.3	32	16.7	1	.5
강원/충청/제주	117	100.0	3	2.6	60	51.3	25	21.4	9	7.7	19	16.2	1	.9
무응답	2	100.0	0	.0	1	50.0	0	.0	1	50.0	0	.0	0	.0
학력별														
무학	5	100.0	0	.0	3	60.0	1	20.0	1	20.0	0	.0	0	.0
초등학교	6	100.0	0	.0	2	33.3	2	33.3	0	.0	2	33.3	0	.0
중학교	15	100.0	1	6.7	7	46.7	2	13.3	1	6.7	4	26.7	0	.0
고등학교	73	100.0	1	1.4	37	50.7	12	16.4	3	4.1	19	26.0	1	1.4
대학교	482	100.0	9	1.9	221	45.9	132	27.4	38	7.9	81	16.8	1	.2
대학원 이상	113	100.0	2	1.8	61	54.0	29	25.7	8	7.1	12	10.6	1	.9
기타	6	100.0	1	16.7	3	50.0	1	16.7	1	16.7	0	.0	0	.0
본인월평균수입														
수입 없음	75	100.0	2	2.7	34	45.3	20	26.7	5	6.7	14	18.7	0	.0
100만원 이하	136	100.0	2	1.5	63	46.3	27	19.9	9	6.6	34	25.0	1	.7
101~200만원	242	100.0	1	.4	112	46.3	66	27.3	19	7.9	43	17.8	1	.4
201~300만원	144	100.0	4	2.8	73	50.7	38	26.4	8	5.6	21	14.6	0	.0
301~400만원	63	100.0	1	1.6	33	52.4	18	28.6	7	11.1	3	4.8	1	1.6
401~700만원	32	100.0	4	12.5	14	43.8	9	28.1	4	12.5	1	3.1	0	.0
701만원 이상	7	100.0	0	.0	5	71.4	1	14.3	0	.0	1	14.3	0	.0
무응답	1	100.0	0	.0	0	.0	0	.0	0	.0	1	100.0	0	.0

	2007년 현재 한국의 민주화 수준과 미래 과제를 고려할 때, 6월 정신을 계승하면서도 다양한 부문에서 실질적 민주화를 실천하기 위한 노력이 필요하다고 보십니까?									
	Total		① 필요하다		② 필요하지 않다		③ 잘 모르겠다		무응답	
	N	%	N	%	N	%	N	%	N	%
Total	700	100.0	681	97.3	2	.3	15	2.1	2	.3
성별										
남	497	100.0	489	98.4	2	.4	5	1.0	1	.2
여	203	100.0	192	94.6	0	.0	10	4.9	1	.5
연령별										
35~40세	205	100.0	199	97.1	0	.0	5	2.4	1	.5
41~45세	285	100.0	275	96.5	1	.4	8	2.8	1	.4
46~50세	141	100.0	139	98.6	1	.7	1	.7	0	.0
51~55세	34	100.0	34	100.0	0	.0	0	.0	0	.0
기 타	31	100.0	30	96.8	0	.0	1	3.2	0	.0
무 응 답	4	100.0	4	100.0	0	.0	0	.0	0	.0
성장지역별										
서울/경기권	220	100.0	211	95.9	2	.9	7	3.2	0	.0
영 남 권	169	100.0	168	99.4	0	.0	1	.6	0	.0
호 남 권	192	100.0	187	97.4	0	.0	3	1.6	2	1.0
강원/충청/제주	117	100.0	113	96.6	0	.0	4	3.4	0	.0
무 응 답	2	100.0	2	100.0	0	.0	0	.0	0	.0
학력별										
무 학	5	100.0	5	100.0	0	.0	0	.0	0	.0
초 등 학 교	6	100.0	6	100.0	0	.0	0	.0	0	.0
중 학 교	15	100.0	12	80.0	0	.0	2	13.3	1	6.7
고 등 학 교	73	100.0	71	97.3	0	.0	2	2.7	0	.0
대 학 교	482	100.0	472	97.9	2	.4	8	1.7	0	.0
대학원 이상	113	100.0	109	96.5	0	.0	3	2.7	1	.9
기 타	6	100.0	6	100.0	0	.0	0	.0	0	.0
본인월평균수입										
수 입 없 음	75	100.0	73	97.3	0	.0	2	2.7	0	.0
100만원 이하	136	100.0	131	96.3	1	.7	3	2.2	1	.7
101~200만원	242	100.0	238	98.3	0	.0	3	1.2	1	.4
201~300만원	144	100.0	140	97.2	1	.7	3	2.1	0	.0
301~400만원	63	100.0	62	98.4	0	.0	1	1.6	0	.0
401~700만원	32	100.0	30	93.8	0	.0	2	6.3	0	.0
701만원 이상	7	100.0	6	85.7	0	.0	1	14.3	0	.0
무 응 답	1	100.0	1	100.0	0	.0	0	.0	0	.0

	앞으로도 실질적 민주화를 위한 노력이 필요하다면, 선생님이 직접 실천 활동에 참여할 의사가 있습니까?									
	Total		① 있다		② 없다		③ 잘 모르겠다		무응답	
	N	%	N	%	N	%	N	%	N	%
Total	681	100.0	574	84.3	21	3.1	85	12.5	1	.1
성별										
남	489	100.0	431	88.1	10	2.0	48	9.8	0	.0
여	192	100.0	143	74.5	11	5.7	37	19.3	1	.5
연령별										
35~40세	199	100.0	170	85.4	6	3.0	22	11.1	1	.5
41~45세	275	100.0	217	78.9	10	3.6	48	17.5	0	.0
46~50세	139	100.0	127	91.4	3	2.2	9	6.5	0	.0
51~55세	34	100.0	31	91.2	0	.0	3	8.8	0	.0
기 타	30	100.0	26	86.7	1	3.3	3	10.0	0	.0
무 응 답	4	100.0	3	75.0	1	25.0	0	.0	0	.0
성장지역별										
서울/경기권	211	100.0	173	82.0	10	4.7	27	12.8	1	.5
영 남 권	168	100.0	141	83.9	3	1.8	24	14.3	0	.0
호 남 권	187	100.0	165	88.2	5	2.7	17	9.1	0	.0
강원/충청/제주	113	100.0	94	83.2	3	2.7	16	14.2	0	.0
무 응 답	2	100.0	1	50.0	0	.0	1	50.0	0	.0
학력별										
무 학	5	100.0	4	80.0	0	.0	1	20.0	0	.0
초 등 학 교	6	100.0	6	100.0	0	.0	0	.0	0	.0
중 학 교	12	100.0	10	83.3	1	8.3	1	8.3	0	.0
고 등 학 교	71	100.0	56	78.9	1	1.4	14	19.7	0	.0
대 학 교	472	100.0	395	83.7	18	3.8	58	12.3	1	.2
대학원 이상	109	100.0	98	89.9	1	.9	10	9.2	0	.0
기 타	6	100.0	5	83.3	0	.0	1	16.7	0	.0
본인월평균수입										
수 입 없음	73	100.0	64	87.7	2	2.7	7	9.6	0	.0
100만원 이하	131	100.0	114	87.0	5	3.8	12	9.2	0	.0
101~200만원	238	100.0	208	87.4	7	2.9	22	9.2	1	.4
201~300만원	140	100.0	112	80.0	6	4.3	22	15.7	0	.0
301~400만원	62	100.0	46	74.2	1	1.6	15	24.2	0	.0
401~700만원	30	100.0	25	83.3	0	.0	5	16.7	0	.0
701만원 이상	6	100.0	4	66.7	0	.0	2	33.3	0	.0
무 응 답	1	100.0	1	100.0	0	.0	0	.0	0	.0

직접 활동에 참여하신다면 어떤 분야에서 활동할 수가 있습니까?

구분		Total N	Total %	① 행정·사법 부문 N	%	② 경제·노동 부문 N	%	③ 농민 부문 N	%	④ 여성 및 가족 부문 N	%	⑤ 평화·통일 부문 N	%	⑥ 언론 및 문화·교육 부문 N	%	⑦ 빈민·외국인노동자 부문 N	%	⑧ 인권 부문 N	%	⑨ 환경·생태 부문 N	%	⑩ 보건·의료 부문 N	%	⑪ 정당·정치 N	%	⑫ 기타 N	%	무응답 N	%
Total		574	100.0	24	4.2	139	24.2	19	3.3	40	7.0	145	25.3	71	12.4	17	3.0	34	5.9	50	8.7	4	.7	6	1.0	15	2.6	10	1.7
성별	남	431	100.0	21	4.9	113	26.2	17	3.9	3	.7	123	28.5	55	12.8	12	2.8	24	5.6	33	7.7	2	.5	4	.9	14	3.2	10	2.3
	여	143	100.0	3	2.1	26	18.2	2	1.4	37	25.9	22	15.4	16	11.2	5	3.5	10	7.0	17	11.9	2	1.4	2	1.4	1	.7	0	.0
연령별	35~40세	170	100.0	7	4.1	37	21.8	4	2.4	14	8.2	53	31.2	19	11.2	6	3.5	11	6.5	8	4.7	1	.6	2	1.2	4	2.4	4	2.4
	41~45세	217	100.0	14	6.5	58	26.7	2	.9	19	8.8	40	18.4	31	14.3	2	.9	9	4.1	22	10.1	3	1.4	4	1.8	9	4.1	4	1.8
	46~50세	127	100.0	1	.8	35	27.6	9	7.1	7	5.5	30	23.6	14	11.0	7	5.5	7	5.5	14	11.0	0	.0	0	.0	2	1.6	1	.8
	51~55세	31	100.0	1	3.2	4	12.9	2	6.5	0	.0	15	48.4	3	9.7	1	3.2	3	9.7	2	6.5	0	.0	0	.0	0	.0	0	.0
	기타	26	100.0	1	3.8	3	11.5	2	7.7	0	.0	7	26.9	4	15.4	1	3.8	4	15.4	3	11.5	0	.0	0	.0	0	.0	1	3.8
	무응답	3	100.0	0	.0	0	.0	2	66.7	0	.0	0	.0	0	.0	0	.0	0	.0	1	33.3	0	.0	0	.0	0	.0	0	.0
성장지역별	서울/경기권	173	100.0	8	4.6	44	25.4	1	.6	13	7.5	48	27.7	20	11.6	5	2.9	4	2.3	18	10.4	3	1.7	3	1.7	5	2.9	1	.6
	영남권	141	100.0	3	2.1	37	26.2	1	.7	10	7.1	38	27.0	20	14.2	7	5.0	9	6.4	10	7.1	1	.7	1	.7	2	1.4	2	1.4
	호남권	165	100.0	11	6.7	33	20.0	10	6.1	12	7.3	38	23.0	19	11.5	3	1.8	18	10.9	10	6.1	0	.0	2	1.2	4	2.4	5	3.0
	강원/충청/제주	94	100.0	2	2.1	25	26.6	7	7.4	5	5.3	21	22.3	12	12.8	2	2.1	3	3.2	11	11.7	0	.0	0	.0	4	4.3	2	2.1
	무응답	1	100.0	0	.0	0	.0	0	.0	0	.0	0	.0	0	.0	0	.0	0	.0	1	100.0	0	.0	0	.0	0	.0	0	.0
학력별	초등학교 이하	4	100.0	0	.0	1	25.0	2	50.0	1	25.0	0	.0	0	.0	0	.0	0	.0	0	.0	0	.0	0	.0	0	.0	0	.0
	중학교	6	100.0	0	.0	1	16.7	0	.0	0	.0	3	50.0	0	.0	0	.0	2	33.3	0	.0	0	.0	0	.0	0	.0	0	.0
	고등학교	10	100.0	0	.0	4	40.0	0	.0	0	.0	3	30.0	0	.0	1	10.0	0	.0	2	20.0	0	.0	0	.0	0	.0	0	.0
	전문대학	56	100.0	0	.0	25	44.6	4	7.1	4	7.1	9	16.1	4	7.1	1	1.8	2	3.6	4	7.1	1	1.8	1	1.8	1	1.8	0	.0
	대학교	395	100.0	18	4.6	90	22.8	12	3.0	24	6.1	104	26.3	54	13.7	12	3.0	18	4.6	36	9.1	1	.3	4	1.0	13	3.3	9	2.3
	대학원 이상	98	100.0	6	6.1	16	16.3	1	1.0	11	11.2	24	24.5	13	13.3	3	3.1	12	12.2	7	7.1	2	2.0	1	1.0	1	1.0	1	1.0
	무응답	5	100.0	0	.0	2	40.0	0	.0	0	.0	2	40.0	0	.0	0	.0	0	.0	1	20.0	0	.0	0	.0	0	.0	0	.0
본인월평균수입	수입없음	64	100.0	2	3.1	17	26.6	4	6.3	4	6.3	19	29.7	5	7.8	1	1.6	3	4.7	5	7.8	1	1.6	0	.0	2	3.1	1	1.6
	100만원 이하	114	100.0	4	3.5	24	21.1	2	1.8	14	12.3	34	29.8	12	10.5	7	6.1	6	5.3	4	3.5	0	.0	3	2.6	3	2.6	1	.9
	101~200만원	208	100.0	6	2.9	52	25.0	10	4.8	13	6.3	54	26.0	22	10.6	3	1.4	11	5.3	23	11.1	2	1.0	3	1.4	4	1.9	5	2.4
	201~300만원	112	100.0	8	7.1	29	25.9	3	2.7	7	6.3	23	20.5	12	10.7	5	4.5	9	8.0	9	8.0	1	.9	0	.0	5	4.5	1	.9
	301~400만원	46	100.0	2	4.3	10	21.7	0	.0	1	2.2	9	19.6	11	23.9	1	2.2	2	4.3	8	17.4	0	.0	0	.0	1	2.2	1	2.2
	401~700만원	25	100.0	2	8.0	7	28.0	0	.0	0	.0	4	16.0	7	28.0	0	.0	3	12.0	1	4.0	0	.0	0	.0	0	.0	1	4.0
	701만원 이상	4	100.0	0	.0	0	.0	0	.0	1	25.0	2	50.0	1	25.0	0	.0	0	.0	0	.0	0	.0	0	.0	0	.0	0	.0
	무응답	1	100.0	0	.0	0	.0	1	100.0	0	.0	0	.0	0	.0	0	.0	0	.0	0	.0	0	.0	0	.0	0	.0	0	.0

	선생님은 민주화운동보상심의위원회에 명예회복이나 보상을 신청한 적이 있습니까?							
	Total		① 있음		② 없음		무응답	
	N	%	N	%	N	%	N	%
Total	700	100.0	268	38.3	430	61.4	2	.3
성별								
남	497	100.0	226	45.5	269	54.1	2	.4
여	203	100.0	42	20.7	161	79.3	0	.0
연령별								
35~40세	205	100.0	49	23.9	156	76.1	0	.0
41~45세	285	100.0	103	36.1	181	63.5	1	.4
46~50세	141	100.0	79	56.0	61	43.3	1	.7
51~55세	34	100.0	21	61.8	13	38.2	0	.0
기 타	31	100.0	15	48.4	16	51.6	0	.0
무 응 답	4	100.0	1	25.0	3	75.0	0	.0
성장지역별								
서울/경기권	220	100.0	69	31.4	150	68.2	1	.5
영 남 권	169	100.0	80	47.3	89	52.7	0	.0
호 남 권	192	100.0	71	37.0	121	63.0	0	.0
강원/충청/제주	117	100.0	47	40.2	69	59.0	1	.9
무 응 답	2	100.0	1	50.0	1	50.0	0	.0
학력별								
무 학	5	100.0	3	60.0	2	40.0	0	.0
초 등 학 교	6	100.0	2	33.3	4	66.7	0	.0
중 학 교	15	100.0	1	6.7	14	93.3	0	.0
고 등 학 교	73	100.0	13	17.8	60	82.2	0	.0
대 학 교	482	100.0	204	42.3	277	57.5	1	.2
대 학 원 이상	113	100.0	42	37.2	70	61.9	1	.9
기 타	6	100.0	3	50.0	3	50.0	0	.0
본인월평균수입								
수 입 없음	75	100.0	30	40.0	45	60.0	0	.0
100만원 이하	136	100.0	39	28.7	97	71.3	0	.0
101~200만원	242	100.0	86	35.5	155	64.0	1	.4
201~300만원	144	100.0	59	41.0	85	59.0	0	.0
301~400만원	63	100.0	36	57.1	27	42.9	0	.0
401~700만원	32	100.0	15	46.9	17	53.1	0	.0
701만원 이상	7	100.0	2	28.6	4	57.1	1	14.3
무 응 답	1	100.0	1	100.0	0	.0	0	.0

	신청하지 않으신 경우, 그 이유는 무엇입니까?															
	Total		미해당		① 어떤 형태의 보상도 기대하지 않으므로		② 보상신청 대상자가 아님		③ 보상신청 관련 정보 부족		④ 보상보다 진실규명, 명예회복, 질적 민주화 우선		⑤ 기타		무응답	
	N	%	N	%	N	%	N	%	N	%	N	%	N	%	N	%
Total	430	100.0	7	1.6	191	44.4	80	18.6	17	4.0	13	3.0	28	6.5	94	21.9
성별																
남	269	100.0	6	2.2	128	47.6	46	17.1	10	3.7	9	3.3	18	6.7	52	19.3
여	161	100.0	1	.6	63	39.1	34	21.1	7	4.3	4	2.5	10	6.2	42	26.1
연령별																
3 5 ~ 4 0 세	156	100.0	0	.0	63	40.4	36	23.1	6	3.8	3	1.9	10	6.4	38	24.4
4 1 ~ 4 5 세	181	100.0	0	.0	94	51.9	28	15.5	9	5.0	6	3.3	12	6.6	32	17.7
4 6 ~ 5 0 세	61	100.0	4	6.6	24	39.3	11	18.0	1	1.6	2	3.3	5	8.2	14	23.0
5 1 ~ 5 5 세	13	100.0	2	15.4	4	30.8	2	15.4	0	.0	1	7.7	0	.0	4	30.8
기 타	16	100.0	1	6.3	5	31.3	2	12.5	1	6.3	1	6.3	1	6.3	5	31.3
무 응 답	3	100.0	0	.0	1	33.3	1	33.3	0	.0	0	.0	0	.0	1	33.3
성장지역별																
서울 / 경기권	150	100.0	2	1.3	58	38.7	34	22.7	7	4.7	4	2.7	11	7.3	34	22.7
영 남 권	89	100.0	0	.0	54	60.7	16	18.0	3	3.4	1	1.1	5	5.6	10	11.2
호 남 권	121	100.0	3	2.5	54	44.6	18	14.9	2	1.7	3	2.5	8	6.6	33	27.3
강원/충청/제주	69	100.0	2	2.9	25	36.2	12	17.4	5	7.2	5	7.2	4	5.8	16	23.2
무 응 답	1	100.0	0	.0	0	.0	0	.0	0	.0	0	.0	0	.0	1	100.0
학력별																
무 학	2	100.0	0	.0	1	50.0	0	.0	0	.0	0	.0	0	.0	1	50.0
초 등 학 교	4	100.0	0	.0	1	25.0	1	25.0	0	.0	0	.0	1	25.0	1	25.0
중 학 교	14	100.0	0	.0	8	57.1	1	7.1	0	.0	1	7.1	1	7.1	3	21.4
고 등 학 교	60	100.0	0	.0	22	36.7	12	20.0	4	6.7	2	3.3	5	8.3	15	25.0
대 학 교	277	100.0	5	1.8	126	45.5	55	19.9	9	3.2	9	3.2	16	5.8	57	20.6
대학원 이상	70	100.0	2	2.9	32	45.7	10	14.3	4	5.7	1	1.4	4	5.7	17	24.3
기 타	3	100.0	0	.0	1	33.3	1	33.3	0	.0	0	.0	1	33.3	0	.0
본인 월평균 수입																
수 입 없 음	45	100.0	1	2.2	20	44.4	9	20.0	2	4.4	3	6.7	1	2.2	9	20.0
100만원 이하	97	100.0	3	3.1	40	41.2	15	15.5	4	4.1	1	1.0	10	10.3	24	24.7
101~200만원	155	100.0	0	.0	67	43.2	35	22.6	7	4.5	5	3.2	8	5.2	33	21.3
201~300만원	85	100.0	2	2.4	35	41.2	14	16.5	2	2.4	4	4.7	8	9.4	20	23.5
301~400만원	27	100.0	1	3.7	16	59.3	3	11.1	2	7.4	0	.0	0	.0	5	18.5
401~700만원	17	100.0	0	.0	10	58.8	4	23.5	0	.0	0	.0	0	.0	3	17.6
701만원 이상	4	100.0	0	.0	3	75.0	0	.0	0	.0	0	.0	1	25.0	0	.0

	선생님은 민주화운동과 관련하여 국가로부터 보상이나 생활지원금을 받은 적이 있습니까?							
	Total		① 있음		② 없음		무응답	
	N	%	N	%	N	%	N	%
Total	700	100.0	145	20.7	547	78.1	8	1.1
성별								
남	497	100.0	121	24.3	372	74.8	4	.8
여	203	100.0	24	11.8	175	86.2	4	2.0
연령별								
35~40세	205	100.0	29	14.1	175	85.4	1	.5
41~45세	285	100.0	56	19.6	223	78.2	6	2.1
46~50세	141	100.0	37	26.2	104	73.8	0	.0
51~55세	34	100.0	13	38.2	21	61.8	0	.0
기타	31	100.0	9	29.0	21	67.7	1	3.2
무응답	4	100.0	1	25.0	3	75.0	0	.0
성장지역별								
서울/경기권	220	100.0	42	19.1	178	80.9	0	.0
영남권	169	100.0	34	20.1	133	78.7	2	1.2
호남권	192	100.0	44	22.9	144	75.0	4	2.1
강원/충청/제주	117	100.0	24	20.5	91	77.8	2	1.7
무응답	2	100.0	1	50.0	1	50.0	0	.0
학력별								
무학	5	100.0	0	.0	5	100.0	0	.0
초등학교	6	100.0	1	16.7	5	83.3	0	.0
중학교	15	100.0	1	6.7	14	93.3	0	.0
고등학교	73	100.0	8	11.0	64	87.7	1	1.4
대학교	482	100.0	107	22.2	370	76.8	5	1.0
대학원 이상	113	100.0	26	23.0	85	75.2	2	1.8
기타	6	100.0	2	33.3	4	66.7	0	.0
본인월평균수입								
수입 없음	75	100.0	17	22.7	57	76.0	1	1.3
100만원 이하	136	100.0	28	20.6	107	78.7	1	.7
101~200만원	242	100.0	54	22.3	183	75.6	5	2.1
201~300만원	144	100.0	29	20.1	115	79.9	0	.0
301~400만원	63	100.0	8	12.7	54	85.7	1	1.6
401~700만원	32	100.0	7	21.9	25	78.1	0	.0
701만원 이상	7	100.0	2	28.6	5	71.4	0	.0
무응답	1	100.0	0	.0	1	100.0	0	.0

	선생님은 민주화운동 관련자를 위해 국가가 가장 우선적으로 해야 할 일이 무엇이라고 생각하십니까?												
	Total		ⓚ 진실 규명		② 책임자 처벌		③ 명예 회복		④ 보상		⑤ 기념사업		기타	
	N	%	N	%	N	%	N	%	N	%	N	%	N	%
Total	700	100.0	349	49.9	124	17.7	140	20.0	50	7.1	25	3.6	12	1.7
성별														
남	497	100.0	245	49.3	83	16.7	97	19.5	40	8.0	24	4.8	8	1.6
여	203	100.0	104	51.2	41	20.2	43	21.2	10	4.9	1	.5	4	2.0
연령별														
35~40세	205	100.0	117	57.1	34	16.6	45	22.0	3	1.5	3	1.5	3	1.5
41~45세	285	100.0	131	46.0	56	19.6	57	20.0	18	6.3	16	5.6	7	2.5
46~50세	141	100.0	62	44.0	26	18.4	28	19.9	20	14.2	4	2.8	1	.7
51~55세	34	100.0	18	52.9	1	2.9	7	20.6	7	20.6	1	2.9	0	.0
기타	31	100.0	19	61.3	6	19.4	3	9.7	2	6.5	1	3.2	0	.0
무응답	4	100.0	2	50.0	1	25.0	0	.0	0	.0	0	.0	1	25.0
성장지역별														
서울/경기권	220	100.0	110	50.0	49	22.3	38	17.3	11	5.0	8	3.6	4	1.8
영남권	169	100.0	84	49.7	32	18.9	31	18.3	15	8.9	7	4.1	0	.0
호남권	192	100.0	103	53.6	27	14.1	38	19.8	13	6.8	7	3.6	4	2.1
강원/충청/제주	117	100.0	52	44.4	16	13.7	32	27.4	11	9.4	3	2.6	3	2.6
무응답	2	100.0	0	.0	0	.0	1	50.0	0	.0	0	.0	1	50.0
학력별														
무학	5	100.0	2	40.0	2	40.0	1	20.0	0	.0	0	.0	0	.0
초등학교	6	100.0	4	66.7	1	16.7	1	16.7	0	.0	0	.0	0	.0
중학교	15	100.0	9	60.0	1	6.7	5	33.3	0	.0	0	.0	0	.0
고등학교	73	100.0	38	52.1	14	19.2	13	17.8	4	5.5	1	1.4	3	4.1
대학교	482	100.0	238	49.4	90	18.7	94	19.5	37	7.7	17	3.5	6	1.2
대학원 이상	113	100.0	57	50.4	14	12.4	24	21.2	9	8.0	7	6.2	2	1.8
기타	6	100.0	1	16.7	2	33.3	2	33.3	0	.0	0	.0	1	16.7
본인월평균수입														
수입 없음	75	100.0	41	54.7	19	25.3	7	9.3	6	8.0	1	1.3	1	1.3
100만원 이하	136	100.0	63	46.3	25	18.4	32	23.5	8	5.9	3	2.2	5	3.7
101~200만원	242	100.0	128	52.9	52	21.5	43	17.8	12	5.0	3	1.2	4	1.7
201~300만원	144	100.0	73	50.7	15	10.4	30	20.8	15	10.4	10	6.9	1	.7
301~400만원	63	100.0	26	41.3	8	12.7	18	28.6	7	11.1	3	4.8	1	1.6
401~700만원	32	100.0	12	37.5	4	12.5	9	28.1	2	6.3	5	15.6	0	.0
701만원 이상	7	100.0	5	71.4	1	14.3	1	14.3	0	.0	0	.0	0	.0
무응답	1	100.0	1	100.0	0	.0	0	.0	0	.0	0	.0	0	.0

	(사)민주화운동공제회는 민주화운동으로 인해 정신적, 경제적 등 여러 어려움을 겪고 있는 민주화운동 관련자들의 상호부조, 생활안정과 복리증진을 목표로 설립되었습니다. (사)민주화운동공제회의 필요성에 대해 어떻게 생각하십니까?													
	Total		① 매우 긍정		② 긍정		③ 보통		④ 부정		⑤ 매우 부정		무응답	
	N	%	N	%	N	%	N	%	N	%	N	%	N	%
Total	700	100.0	162	23.1	374	53.4	139	19.9	20	2.9	1	.1	4	.6
성별														
남	497	100.0	125	25.2	265	53.3	90	18.1	15	3.0	1	.2	1	.2
여	203	100.0	37	18.2	109	53.7	49	24.1	5	2.5	0	.0	3	1.5
연령별														
35~40세	205	100.0	47	22.9	111	54.1	40	19.5	5	2.4	1	.5	1	.5
41~45세	285	100.0	60	21.1	154	54.0	60	21.1	9	3.2	0	.0	2	.7
46~50세	141	100.0	35	24.8	71	50.4	28	19.9	6	4.3	0	.0	1	.7
51~55세	34	100.0	11	32.4	18	52.9	5	14.7	0	.0	0	.0	0	.0
기타	31	100.0	9	29.0	19	61.3	3	9.7	0	.0	0	.0	0	.0
무응답	4	100.0	0	.0	1	25.0	3	75.0	0	.0	0	.0	0	.0
성장지역별														
서울/경기권	220	100.0	44	20.0	126	57.3	39	17.7	9	4.1	0	.0	2	.9
영남권	169	100.0	41	24.3	91	53.8	32	18.9	4	2.4	1	.6	0	.0
호남권	192	100.0	54	28.1	91	47.4	43	22.4	2	1.0	0	.0	2	1.0
강원/충청/제주	117	100.0	23	19.7	64	54.7	25	21.4	5	4.3	0	.0	0	.0
무응답	2	100.0	0	.0	2	100.0	0	.0	0	.0	0	.0	0	.0
학력별														
무학	5	100.0	1	20.0	2	40.0	1	20.0	1	20.0	0	.0	0	.0
초등학교	6	100.0	3	50.0	2	33.3	1	16.7	0	.0	0	.0	0	.0
중학교	15	100.0	3	20.0	8	53.3	4	26.7	0	.0	0	.0	0	.0
고등학교	73	100.0	19	26.0	42	57.5	10	13.7	0	.0	0	.0	2	2.7
대학교	482	100.0	105	21.8	266	55.2	96	19.9	13	2.7	0	.0	2	.4
대학원 이상	113	100.0	28	24.8	52	46.0	26	23.0	6	5.3	1	.9	0	.0
기타	6	100.0	3	50.0	2	33.3	1	16.7	0	.0	0	.0	0	.0
본인월평균수입														
수입 없음	75	100.0	14	18.7	39	52.0	19	25.3	2	2.7	0	.0	1	1.3
100만원 이하	136	100.0	37	27.2	68	50.0	25	18.4	4	2.9	0	.0	2	1.5
101~200만원	242	100.0	57	23.6	130	53.7	49	20.2	5	2.1	0	.0	1	.4
201~300만원	144	100.0	31	21.5	75	52.1	30	20.8	7	4.9	1	.7	0	.0
301~400만원	63	100.0	13	20.6	34	54.0	15	23.8	1	1.6	0	.0	0	.0
401~700만원	32	100.0	8	25.0	22	68.8	1	3.1	1	3.1	0	.0	0	.0
701만원 이상	7	100.0	2	28.6	5	71.4	0	.0	0	.0	0	.0	0	.0
무응답	1	100.0	0	.0	1	100.0	0	.0	0	.0	0	.0	0	.0

		민주화운동공제회 운영에 필요한 재원을 조달하는 방법으로 가장 바람직한 것은 무엇이라고 생각하십니까?												
	Total		① 전적으로 공제회의 자주적 조달		② 공제회의 자주적 조달을 원칙, 가능하다면 정부보조 받음		③ 공제회의 자주적 조달을 원칙, 정부외의 외부보조 받음		④ 전적으로 정부보조를 기본으로 하며 재정마련		⑤ 공제회의 구체적 상황을 모르겠음		⑥ 기타		무응답	
	N	%	N	%	N	%	N	%	N	%	N	%	N	%	N	%
Total	700	100.0	191	27.3	366	52.3	117	16.7	3	.4	2	.3	8	1.1	13	1.9
성별																
남	497	100.0	134	27.0	272	54.7	78	15.7	1	.2	2	.4	4	.8	6	1.2
여	203	100.0	57	28.1	94	46.3	39	19.2	2	1.0	0	.0	4	2.0	7	3.4
연령별																
3 5 ~ 4 0 세	205	100.0	59	28.8	100	48.8	39	19.0	2	1.0	1	.5	1	.5	3	1.5
4 1 ~ 4 5 세	285	100.0	74	26.0	155	54.4	45	15.8	1	.4	0	.0	5	1.8	5	1.8
4 6 ~ 5 0 세	141	100.0	44	31.2	71	50.4	21	14.9	0	.0	0	.0	0	.0	5	3.5
5 1 ~ 5 5 세	34	100.0	6	17.6	20	58.8	7	20.6	0	.0	0	.0	1	2.9	0	.0
기 타	31	100.0	5	16.1	19	61.3	5	16.1	0	.0	1	3.2	1	3.2	0	.0
무 응 답	4	100.0	3	75.0	1	25.0	0	.0	0	.0	0	.0	0	.0	0	.0
성장지역별																
서울 / 경기권	220	100.0	57	25.9	116	52.7	42	19.1	1	.5	0	.0	2	.9	2	.9
영 남 권	169	100.0	47	27.8	91	53.8	28	16.6	0	.0	1	.6	1	.6	1	.6
호 남 권	192	100.0	53	27.6	102	53.1	27	14.1	1	.5	1	.5	2	1.0	6	3.1
강원/충청/제주	117	100.0	34	29.1	56	47.9	19	16.2	1	.9	0	.0	3	2.6	4	3.4
무 응 답	2	100.0	0	.0	1	50.0	1	50.0	0	.0	0	.0	0	.0	0	.0
학력별																
무 학	5	100.0	2	40.0	2	40.0	1	20.0	0	.0	0	.0	0	.0	0	.0
초 등 학 교	6	100.0	1	16.7	4	66.7	0	.0	0	.0	0	.0	1	16.7	0	.0
중 학 교	15	100.0	6	40.0	6	40.0	3	20.0	0	.0	0	.0	0	.0	0	.0
고 등 학 교	73	100.0	21	28.8	33	45.2	13	17.8	0	.0	0	.0	1	1.4	5	6.8
대 학 교	482	100.0	126	26.1	264	54.8	76	15.8	3	.6	2	.4	5	1.0	6	1.2
대 학 원 이 상	113	100.0	33	29.2	54	47.8	23	20.4	0	.0	0	.0	1	.9	2	1.8
기 타	6	100.0	2	33.3	3	50.0	1	16.7	0	.0	0	.0	0	.0	0	.0
본인월평균수입																
수 입 없 음	75	100.0	20	26.7	36	48.0	12	16.0	1	1.3	0	.0	4	5.3	2	2.7
100만원 이하	136	100.0	39	28.7	60	44.1	30	22.1	0	.0	0	.0	3	2.2	4	2.9
101~200만원	242	100.0	73	30.2	128	52.9	35	14.5	1	.4	2	.8	1	.4	2	.8
201~300만원	144	100.0	44	30.6	77	53.5	20	13.9	1	.7	0	.0	0	.0	2	1.4
301~400만원	63	100.0	4	6.3	43	68.3	13	20.6	0	.0	0	.0	0	.0	3	4.8
401~700만원	32	100.0	5	15.6	21	65.6	6	18.8	0	.0	0	.0	0	.0	0	.0
701만원 이상	7	100.0	5	71.4	1	14.3	1	14.3	0	.0	0	.0	0	.0	0	.0
무 응 답	1	100.0	1	100.0	0	.0	0	.0	0	.0	0	.0	0	.0	0	.0

	공제회의 수익사업에서 지켜야할 원칙은 무엇이라고 생각하십니까?									
	Total		① 사회적 공익성을 전제함		② 수익창출의 기업마인드에 기반하여야 함		③ 기타		무응답	
	N	%	N	%	N	%	N	%	N	%
Total	700	100.0	629	89.9	54	7.7	6	.9	11	1.6
성별										
남	497	100.0	447	89.9	43	8.7	5	1.0	2	.4
여	203	100.0	182	89.7	11	5.4	1	.5	9	4.4
연령별										
3 5 ~ 4 0 세	205	100.0	186	90.7	13	6.3	2	1.0	4	2.0
4 1 ~ 4 5 세	285	100.0	260	91.2	20	7.0	1	.4	4	1.4
4 6 ~ 5 0 세	141	100.0	123	87.2	13	9.2	3	2.1	2	1.4
5 1 ~ 5 5 세	34	100.0	28	82.4	6	17.6	0	.0	0	.0
기 타	31	100.0	28	90.3	2	6.5	0	.0	1	3.2
무 응 답	4	100.0	4	100.0	0	.0	0	.0	0	.0
성장지역별										
서울 / 경기권	220	100.0	199	90.5	16	7.3	2	.9	3	1.4
영 남 권	169	100.0	157	92.9	10	5.9	1	.6	1	.6
호 남 권	192	100.0	163	84.9	20	10.4	3	1.6	6	3.1
강원/충청/제주	117	100.0	108	92.3	8	6.8	0	.0	1	.9
무 응 답	2	100.0	2	100.0	0	.0	0	.0	0	.0
학력별										
무 학	5	100.0	4	80.0	0	.0	1	20.0	0	.0
초 등 학 교	6	100.0	6	100.0	0	.0	0	.0	0	.0
중 학 교	15	100.0	13	86.7	2	13.3	0	.0	0	.0
고 등 학 교	73	100.0	64	87.7	7	9.6	0	.0	2	2.7
대 학 교	482	100.0	435	90.2	36	7.5	4	.8	7	1.5
대학원 이상	113	100.0	102	90.3	8	7.1	1	.9	2	1.8
기 타	6	100.0	5	83.3	1	16.7	0	.0	0	.0
본인월평균수입										
수 입 없 음	75	100.0	65	86.7	5	6.7	1	1.3	4	5.3
100만원 이하	136	100.0	126	92.6	5	3.7	2	1.5	3	2.2
101~200만원	242	100.0	223	92.1	15	6.2	1	.4	3	1.2
201~300만원	144	100.0	127	88.2	15	10.4	1	.7	1	.7
301~400만원	63	100.0	56	88.9	6	9.5	1	1.6	0	.0
401~700만원	32	100.0	25	78.1	7	21.9	0	.0	0	.0
701만원 이상	7	100.0	7	100.0	0	.0	0	.0	0	.0
무 응 답	1	100.0	0	.0	1	100.0	0	.0	0	.0

	공제회가 회원에게 우선적으로 제공하여야 할 부문은 무엇이라고 생각하십니까?																					
	Total		① 의료지원		② 자녀교육		③ 금융지원		④ 창업지원		⑤ 기타		무응답		Total		자녀교육		기타	
	N	%	N	%	N	%	N	%	N	%	N	%	N	%	N	%	N	%	N	%
Total	700	100.0	189	27.0	302	43.1	103	14.7	36	5.1	47	6.7	23	3.3	8	100.0	7	87.5	1	12.5
성별																				
남	497	100.0	116	23.3	239	48.1	69	13.9	26	5.2	32	6.4	15	3.0	5	100.0	5	100.0	0	.0
여	203	100.0	73	36.0	63	31.0	34	16.7	10	4.9	15	7.4	8	3.9	3	100.0	2	66.7	1	33.3
연령별																				
35~40세	205	100.0	57	27.8	92	44.9	26	12.7	7	3.4	18	8.8	5	2.4	3	100.0	2	66.7	1	33.3
41~45세	285	100.0	70	24.6	114	40.0	49	17.2	22	7.7	19	6.7	11	3.9	1	100.0	1	100.0	0	.0
46~50세	141	100.0	44	31.2	66	46.8	19	13.5	2	1.4	5	3.5	5	3.5	3	100.0	3	100.0	0	.0
51~55세	34	100.0	5	14.7	17	50.0	7	20.6	3	8.8	1	2.9	1	2.9	0	.0	0	.0	0	.0
기타	31	100.0	11	35.5	12	38.7	2	6.5	2	6.5	3	9.7	1	3.2	1	100.0	1	100.0	0	.0
무응답	4	100.0	2	50.0	1	25.0	0	.0	0	.0	1	25.0	0	.0	0	.0	0	.0	0	.0
성장지역별																				
서울/경기권	220	100.0	71	32.3	75	34.1	41	18.6	17	7.7	12	5.5	4	1.8	0	.0	0	.0	0	.0
영남권	169	100.0	47	27.8	81	47.9	23	13.6	5	3.0	11	6.5	2	1.2	1	100.0	1	100.0	0	.0
호남권	192	100.0	43	22.4	89	46.4	19	9.9	13	6.8	18	9.4	10	5.2	6	100.0	5	83.3	1	16.7
강원/충청/제주	117	100.0	28	23.9	56	47.9	19	16.2	1	.9	6	5.1	7	6.0	0	.0	0	.0	0	.0
무응답	2	100.0	0	.0	1	50.0	1	50.0	0	.0	0	.0	0	.0	0	.0	0	.0	0	.0
학력별																				
무학	5	100.0	1	20.0	3	60.0	0	.0	0	.0	0	.0	1	20.0	0	.0	0	.0	0	.0
초등학교	6	100.0	3	50.0	0	.0	2	33.3	0	.0	1	16.7	0	.0	0	.0	0	.0	0	.0
중학교	15	100.0	3	20.0	4	26.7	5	33.3	1	6.7	1	6.7	1	6.7	0	.0	0	.0	0	.0
고등학교	73	100.0	25	34.2	20	27.4	10	13.7	6	8.2	9	12.3	3	4.1	3	100.0	3	100.0	0	.0
대학교	482	100.0	129	26.8	215	44.6	72	14.9	23	4.8	29	6.0	14	2.9	4	100.0	4	100.0	0	.0
대학원 이상	113	100.0	28	24.8	55	48.7	14	12.4	6	5.3	6	5.3	4	3.5	1	100.0	0	.0	1	100.0
기타	6	100.0	0	.0	5	83.3	0	.0	0	.0	1	16.7	0	.0	0	.0	0	.0	0	.0
본인월평균수입																				
수입 없음	75	100.0	20	26.7	30	40.0	11	14.7	5	6.7	6	8.0	3	4.0	2	100.0	2	100.0	0	.0
100만원 이하	136	100.0	39	28.7	59	43.4	21	15.4	6	4.4	8	5.9	3	2.2	3	100.0	2	66.7	1	33.3
101~200만원	242	100.0	72	29.8	107	44.2	24	9.9	10	4.1	20	8.3	9	3.7	1	100.0	1	100.0	0	.0
201~300만원	144	100.0	37	25.7	64	44.4	24	16.7	8	5.6	7	4.9	4	2.8	1	100.0	1	100.0	0	.0
301~400만원	63	100.0	13	20.6	27	42.9	16	25.4	4	6.3	0	.0	3	4.8	1	100.0	1	100.0	0	.0
401~700만원	32	100.0	6	18.8	11	34.4	6	18.8	2	6.3	6	18.8	1	3.1	0	.0	0	.0	0	.0
701만원 이상	7	100.0	2	28.6	3	42.9	1	14.3	1	14.3	0	.0	0	.0	0	.0	0	.0	0	.0
무응답	1	100.0	0	.0	1	100.0	0	.0	0	.0	0	.0	0	.0	0	.0	0	.0	0	.0

	선생님은 본 조사 이전에 「민주화운동기념사업회」에 대해 들어본 적이 있습니까?							
	Total		① 들어봤음		② 들어보지 못했음		무응답	
	N	%	N	%	N	%	N	%
Total	700	100.0	666	95.1	29	4.1	5	.7
성별								
남	497	100.0	478	96.2	15	3.0	4	.8
여	203	100.0	188	92.6	14	6.9	1	.5
연령별								
35~40세	205	100.0	193	94.1	11	5.4	1	.5
41~45세	285	100.0	271	95.1	11	3.9	3	1.1
46~50세	141	100.0	135	95.7	6	4.3	0	.0
51~55세	34	100.0	34	100.0	0	.0	0	.0
기 타	31	100.0	29	93.5	1	3.2	1	3.2
무 응 답	4	100.0	4	100.0	0	.0	0	.0
성장지역별								
서울/경기권	220	100.0	205	93.2	14	6.4	1	.5
영 남 권	169	100.0	163	96.4	5	3.0	1	.6
호 남 권	192	100.0	185	96.4	5	2.6	2	1.0
강원/충청/제주	117	100.0	111	94.9	5	4.3	1	.9
무 응 답	2	100.0	2	100.0	0	.0	0	.0
학력별								
무 학	5	100.0	3	60.0	2	40.0	0	.0
초 등 학 교	6	100.0	6	100.0	0	.0	0	.0
중 학 교	15	100.0	12	80.0	2	13.3	1	6.7
고 등 학 교	73	100.0	69	94.5	3	4.1	1	1.4
대 학 교	482	100.0	459	95.2	20	4.1	3	.6
대 학 원 이 상	113	100.0	111	98.2	2	1.8	0	.0
기 타	6	100.0	6	100.0	0	.0	0	.0
본인월평균수입								
수 입 없 음	75	100.0	68	90.7	6	8.0	1	1.3
100만원 이하	136	100.0	133	97.8	3	2.2	0	.0
101~200만원	242	100.0	232	95.9	8	3.3	2	.8
201~300만원	144	100.0	136	94.4	7	4.9	1	.7
301~400만원	63	100.0	61	96.8	1	1.6	1	1.6
401~700만원	32	100.0	29	90.6	3	9.4	0	.0
701만원 이상	7	100.0	6	85.7	1	14.3	0	.0
무 응 답	1	100.0	1	100.0	0	.0	0	.0

	민주화운동기념사업회에 대해 들어본 경우, 이 사업회를 어떻게 처음 알게 되었습니까?												
	Total		① 언론·방송 보도		② 행사		③ 기념사업회 발간(홍보)자료		④ 인터넷		⑤ 주변 사람들을 통해		⑥ 기타	
	N	%	N	%	N	%	N	%	N	%	N	%	N	%
Total	666	100.0	144	21.6	62	9.3	120	18.0	26	3.9	298	44.7	16	2.4
성별														
남	478	100.0	94	19.7	46	9.6	93	19.5	18	3.8	212	44.4	15	3.1
여	188	100.0	50	26.6	16	8.5	27	14.4	8	4.3	86	45.7	1	.5
연령별														
35~40세	193	100.0	54	28.0	15	7.8	40	20.7	7	3.6	75	38.9	2	1.0
41~45세	271	100.0	60	22.1	24	8.9	41	15.1	10	3.7	126	46.5	10	3.7
46~50세	135	100.0	17	12.6	14	10.4	25	18.5	7	5.2	68	50.4	4	3.0
51~55세	34	100.0	8	23.5	3	8.8	10	29.4	0	.0	13	38.2	0	.0
기타	29	100.0	4	13.8	5	17.2	4	13.8	2	6.9	14	48.3	0	.0
무응답	4	100.0	1	25.0	1	25.0	0	.0	0	.0	2	50.0	0	.0
성장지역별														
서울/경기권	205	100.0	54	26.3	17	8.3	31	15.1	3	1.5	96	46.8	4	2.0
영남권	163	100.0	28	17.2	13	8.0	30	18.4	7	4.3	81	49.7	4	2.5
호남권	185	100.0	44	23.8	17	9.2	46	24.9	11	5.9	62	33.5	5	2.7
강원/충청/제주	111	100.0	17	15.3	15	13.5	12	10.8	5	4.5	59	53.2	3	2.7
무응답	2	100.0	1	50.0	0	.0	1	50.0	0	.0	0	.0	0	.0
학력별														
무학	3	100.0	2	66.7	0	.0	0	.0	0	.0	1	33.3	0	.0
초등학교	6	100.0	0	.0	1	16.7	0	.0	0	.0	5	83.3	0	.0
중학교	12	100.0	1	8.3	0	.0	3	25.0	0	.0	7	58.3	1	8.3
고등학교	69	100.0	12	17.4	10	14.5	10	14.5	5	7.2	31	44.9	1	1.4
대학교	459	100.0	106	23.1	40	8.7	82	17.9	14	3.1	208	45.3	9	2.0
대학원 이상	111	100.0	21	18.9	10	9.0	25	22.5	7	6.3	44	39.6	4	3.6
기타	6	100.0	2	33.3	1	16.7	0	.0	0	.0	2	33.3	1	16.7
본인월평균수입														
수입 없음	68	100.0	10	14.7	11	16.2	15	22.1	3	4.4	27	39.7	2	2.9
100만원 이하	133	100.0	38	28.6	10	7.5	24	18.0	10	7.5	48	36.1	3	2.3
101~200만원	232	100.0	48	20.7	21	9.1	38	16.4	4	1.7	117	50.4	4	1.7
201~300만원	136	100.0	29	21.3	11	8.1	25	18.4	7	5.1	59	43.4	5	3.7
301~400만원	61	100.0	12	19.7	3	4.9	13	21.3	1	1.6	31	50.8	1	1.6
401~700만원	29	100.0	7	24.1	3	10.3	5	17.2	1	3.4	12	41.4	1	3.4
701만원 이상	6	100.0	0	.0	2	33.3	0	.0	0	.0	4	66.7	0	.0
무응답	1	100.0	0	.0	1	100.0	0	.0	0	.0	0	.0	0	.0

	선생님은 민주화운동기념사업회가 하고 있는 일들에 대해 알고 계십니까?							
	Total		① 알고 있음		② 모름		무응답	
	N	%	N	%	N	%	N	%
Total	666	100.0	460	69.1	191	28.7	15	2.3
성별								
남	478	100.0	345	72.2	122	25.5	11	2.3
여	188	100.0	115	61.2	69	36.7	4	2.1
연령별								
35~40세	193	100.0	109	56.5	79	40.9	5	2.6
41~45세	271	100.0	185	68.3	80	29.5	6	2.2
46~50세	135	100.0	107	79.3	25	18.5	3	2.2
51~55세	34	100.0	31	91.2	3	8.8	0	.0
기타	29	100.0	25	86.2	3	10.3	1	3.4
무응답	4	100.0	3	75.0	1	25.0	0	.0
성장지역별								
서울/경기권	205	100.0	136	66.3	67	32.7	2	1.0
영남권	163	100.0	108	66.3	51	31.3	4	2.5
호남권	185	100.0	136	73.5	45	24.3	4	2.2
강원/충청/제주	111	100.0	78	70.3	28	25.2	5	4.5
무응답	2	100.0	2	100.0	0	.0	0	.0
학력별								
무학	3	100.0	3	100.0	0	.0	0	.0
초등학교	6	100.0	4	66.7	2	33.3	0	.0
중학교	12	100.0	5	41.7	6	50.0	1	8.3
고등학교	69	100.0	41	59.4	27	39.1	1	1.4
대학교	459	100.0	310	67.5	141	30.7	8	1.7
대학원 이상	111	100.0	92	82.9	14	12.6	5	4.5
기타	6	100.0	5	83.3	1	16.7	0	.0
본인월평균수입								
수입 없음	68	100.0	51	75.0	15	22.1	2	2.9
100만원 이하	133	100.0	88	66.2	43	32.3	2	1.5
101~200만원	232	100.0	158	68.1	69	29.7	5	2.2
201~300만원	136	100.0	99	72.8	34	25.0	3	2.2
301~400만원	61	100.0	42	68.9	18	29.5	1	1.6
401~700만원	29	100.0	18	62.1	10	34.5	1	3.4
701만원 이상	6	100.0	3	50.0	2	33.3	1	16.7
무응답	1	100.0	1	100.0	0	.0	0	.0

	민주화운동기념사업회가 하고 있는 일들에 대해 알고 계시다면, 선생님께서 알고 계시는 사업은 무엇이고, 어떻게 생각하십니까? 《민주화운동 관련 사료수집》												
	Total		① 매우 긍정		② 긍정		③ 보통		④ 부정		⑤ 매우 부정		무응답	
	N	%	N	%	N	%	N	%	N	%	N	%	N	%
Total	460	100.0	209	45.4	192	41.7	49	10.7	2	.4	1	.2	7	1.5
성별														
남	345	100.0	157	45.5	139	40.3	41	11.9	2	.6	1	.3	5	1.4
여	115	100.0	52	45.2	53	46.1	8	7.0	0	.0	0	.0	2	1.7
연령별														
35~40세	109	100.0	54	49.5	40	36.7	15	13.8	0	.0	0	.0	0	.0
41~45세	185	100.0	83	44.9	84	45.4	13	7.0	1	.5	0	.0	4	2.2
46~50세	107	100.0	47	43.9	47	43.9	10	9.3	1	.9	1	.9	1	.9
51~55세	31	100.0	13	41.9	12	38.7	6	19.4	0	.0	0	.0	0	.0
기 타	25	100.0	11	44.0	7	28.0	5	20.0	0	.0	0	.0	2	8.0
무 응 답	3	100.0	1	33.3	2	66.7	0	.0	0	.0	0	.0	0	.0
성장지역별														
서울/경기권	136	100.0	60	44.1	59	43.4	15	11.0	2	1.5	0	.0	0	.0
영 남 권	108	100.0	48	44.4	49	45.4	11	10.2	0	.0	0	.0	0	.0
호 남 권	136	100.0	63	46.3	53	39.0	17	12.5	0	.0	0	.0	3	2.2
강원/충청/제주	78	100.0	36	46.2	31	39.7	6	7.7	0	.0	1	1.3	4	5.1
무 응 답	2	100.0	2	100.0	0	.0	0	.0	0	.0	0	.0	0	.0
학력별														
무 학	3	100.0	2	66.7	0	.0	1	33.3	0	.0	0	.0	0	.0
초 등 학 교	4	100.0	1	25.0	3	75.0	0	.0	0	.0	0	.0	0	.0
중 학 교	5	100.0	2	40.0	2	40.0	1	20.0	0	.0	0	.0	0	.0
고 등 학 교	41	100.0	22	53.7	13	31.7	4	9.8	0	.0	0	.0	2	4.9
대 학 교	310	100.0	136	43.9	133	42.9	35	11.3	1	.3	1	.3	4	1.3
대 학 원 이상	92	100.0	43	46.7	39	42.4	8	8.7	1	1.1	0	.0	1	1.1
기 타	5	100.0	3	60.0	2	40.0	0	.0	0	.0	0	.0	0	.0
본인월평균수입														
수 입 없음	51	100.0	21	41.2	25	49.0	5	9.8	0	.0	0	.0	0	.0
100만원 이하	88	100.0	40	45.5	34	38.6	14	15.9	0	.0	0	.0	0	.0
101~200만원	158	100.0	79	50.0	57	36.1	17	10.8	1	.6	1	.6	3	1.9
201~300만원	99	100.0	40	40.4	48	48.5	8	8.1	1	1.0	0	.0	2	2.0
301~400만원	42	100.0	24	57.1	16	38.1	2	4.8	0	.0	0	.0	0	.0
401~700만원	18	100.0	4	22.2	10	55.6	3	16.7	0	.0	0	.0	1	5.6
701만원 이상	3	100.0	1	33.3	2	66.7	0	.0	0	.0	0	.0	0	.0
무 응 답	1	100.0	0	.0	0	.0	0	.0	0	.0	0	.0	1	100.0

	민주화운동기념사업회가 하고 있는 일들에 대해 알고 계시다면, 선생님께서 알고 계시는 사업은 무엇이고, 어떻게 생각하십니까?《민주화운동 역사정리 및 연구》												
	Total		① 매우 긍정		② 긍정		③ 보통		④ 부정		⑤ 매우 부정		무응답	
	N	%	N	%	N	%	N	%	N	%	N	%	N	%
Total	460	100.0	195	42.4	187	40.7	65	14.1	1	.2	1	.2	11	2.4
성별														
남	345	100.0	141	40.9	139	40.3	54	15.7	1	.3	1	.3	9	2.6
여	115	100.0	54	47.0	48	41.7	11	9.6	0	.0	0	.0	2	1.7
연령별														
35~40세	109	100.0	52	47.7	44	40.4	12	11.0	0	.0	0	.0	1	.9
41~45세	185	100.0	75	40.5	81	43.8	22	11.9	1	.5	0	.0	6	3.2
46~50세	107	100.0	46	43.0	44	41.1	14	13.1	0	.0	1	.9	2	1.9
51~55세	31	100.0	12	38.7	9	29.0	10	32.3	0	.0	0	.0	0	.0
기타	25	100.0	9	36.0	8	32.0	6	24.0	0	.0	0	.0	2	8.0
무응답	3	100.0	1	33.3	1	33.3	1	33.3	0	.0	0	.0	0	.0
성장지역별														
서울/경기권	136	100.0	54	39.7	64	47.1	15	11.0	1	.7	0	.0	2	1.5
영남권	108	100.0	50	46.3	44	40.7	14	13.0	0	.0	0	.0	0	.0
호남권	136	100.0	57	41.9	50	36.8	25	18.4	0	.0	0	.0	4	2.9
강원/충청/제주	78	100.0	32	41.0	29	37.2	11	14.1	0	.0	1	1.3	5	6.4
무응답	2	100.0	2	100.0	0	.0	0	.0	0	.0	0	.0	0	.0
학력별														
무학	3	100.0	2	66.7	0	.0	1	33.3	0	.0	0	.0	0	.0
초등학교	4	100.0	1	25.0	3	75.0	0	.0	0	.0	0	.0	0	.0
중학교	5	100.0	3	60.0	2	40.0	0	.0	0	.0	0	.0	0	.0
고등학교	41	100.0	18	43.9	13	31.7	8	19.5	0	.0	0	.0	2	4.9
대학교	310	100.0	129	41.6	124	40.0	48	15.5	1	.3	1	.3	7	2.3
대학원 이상	92	100.0	40	43.5	42	45.7	8	8.7	0	.0	0	.0	2	2.2
기타	5	100.0	2	40.0	3	60.0	0	.0	0	.0	0	.0	0	.0
본인월평균수입														
수입 없음	51	100.0	19	37.3	22	43.1	10	19.6	0	.0	0	.0	0	.0
100만원 이하	88	100.0	36	40.9	37	42.0	13	14.8	0	.0	0	.0	2	2.3
101~200만원	158	100.0	74	46.8	56	35.4	22	13.9	1	.6	1	.6	4	2.5
201~300만원	99	100.0	38	38.4	44	44.4	14	14.1	0	.0	0	.0	3	3.0
301~400만원	42	100.0	23	54.8	16	38.1	3	7.1	0	.0	0	.0	0	.0
401~700만원	18	100.0	4	22.2	10	55.6	3	16.7	0	.0	0	.0	1	5.6
701만원 이상	3	100.0	1	33.3	2	66.7	0	.0	0	.0	0	.0	0	.0
무응답	1	100.0	0	.0	0	.0	0	.0	0	.0	0	.0	1	100.0

	민주화운동기념사업회가 하고 있는 일들에 대해 알고 계시다면, 선생님께서 알고 계시는 사업은 무엇이고, 어떻게 생각하십니까? 《각종 추모, 기념사업》													
	Total		① 매우 긍정		② 긍정		③ 보통		④ 부정		⑤ 매우 부정		무응답	
	N	%	N	%	N	%	N	%	N	%	N	%	N	%
Total	460	100.0	153	33.3	175	38.0	105	22.8	16	3.5	1	.2	10	2.2
성별														
남	345	100.0	114	33.0	132	38.3	78	22.6	14	4.1	1	.3	6	1.7
여	115	100.0	39	33.9	43	37.4	27	23.5	2	1.7	0	.0	4	3.5
연령별														
35~40세	109	100.0	37	33.9	40	36.7	30	27.5	0	.0	0	.0	2	1.8
41~45세	185	100.0	63	34.1	72	38.9	43	23.2	4	2.2	0	.0	3	1.6
46~50세	107	100.0	39	36.4	44	41.1	13	12.1	8	7.5	0	.9	0	1.9
51~55세	31	100.0	6	19.4	12	38.7	12	38.7	0	.0	0	.0	1	3.2
기타	25	100.0	7	28.0	6	24.0	7	28.0	3	12.0	0	.0	2	8.0
무응답	3	100.0	1	33.3	1	33.3	0	.0	1	33.3	0	.0	0	.0
성장지역별														
서울/경기권	136	100.0	48	35.3	52	38.2	26	19.1	9	6.6	0	.0	1	.7
영남권	108	100.0	38	35.2	40	37.0	25	23.1	3	2.8	1	.9	1	.9
호남권	136	100.0	44	32.4	48	35.3	38	27.9	2	1.5	0	.0	4	2.9
강원/충청/제주	78	100.0	21	26.9	35	44.9	16	20.5	2	2.6	0	.0	4	5.1
무응답	2	100.0	2	100.0	0	.0	0	.0	0	.0	0	.0	0	.0
학력별														
무학	3	100.0	1	33.3	1	33.3	1	33.3	0	.0	0	.0	0	.0
초등학교	4	100.0	1	25.0	2	50.0	0	.0	1	25.0	0	.0	0	.0
중학교	5	100.0	1	20.0	4	80.0	0	.0	0	.0	0	.0	0	.0
고등학교	41	100.0	17	41.5	17	41.5	5	12.2	1	2.4	0	.0	1	2.4
대학교	310	100.0	100	32.3	119	38.4	73	23.5	10	3.2	1	.3	7	2.3
대학원 이상	92	100.0	30	32.6	31	33.7	26	28.3	3	3.3	0	.0	2	2.2
기타	5	100.0	3	60.0	1	20.0	0	.0	1	20.0	0	.0	0	.0
본인월평균수입														
수입 없음	51	100.0	16	31.4	18	35.3	12	23.5	3	5.9	0	.0	2	3.9
100만원 이하	88	100.0	29	33.0	34	38.6	19	21.6	2	2.3	1	1.1	3	3.4
101~200만원	158	100.0	51	32.3	61	38.6	36	22.8	7	4.4	0	.0	3	1.9
201~300만원	99	100.0	30	30.3	42	42.4	24	24.2	2	2.0	0	.0	1	1.0
301~400만원	42	100.0	20	47.6	12	28.6	10	23.8	0	.0	0	.0	0	.0
401~700만원	18	100.0	4	22.2	7	38.9	4	22.2	2	11.1	0	.0	1	5.6
701만원 이상	3	100.0	2	66.7	1	33.3	0	.0	0	.0	0	.0	0	.0
무응답	1	100.0	1	100.0	0	.0	0	.0	0	.0	0	.0	0	.0

	민주화운동기념사업회가 하고 있는 일들에 대해 알고 계시다면, 선생님께서 알고 계시는 사업은 무엇이고, 어떻게 생각하십니까?《대외 협력 및 연대 사업》													
	Total		① 매우 긍정		② 긍정		③ 보통		④ 부정		⑤ 매우 부정		무응답	
	N	%	N	%	N	%	N	%	N	%	N	%	N	%
Total	460	100.0	90	19.6	113	24.6	183	39.8	43	9.3	6	1.3	25	5.4
성별														
남	345	100.0	71	20.6	85	24.6	132	38.3	36	10.4	5	1.4	16	4.6
여	115	100.0	19	16.5	28	24.3	51	44.3	7	6.1	1	.9	9	7.8
연령별														
3 5 ~ 4 0 세	109	100.0	19	17.4	32	29.4	43	39.4	9	8.3	0	.0	6	5.5
4 1 ~ 4 5 세	185	100.0	40	21.6	37	20.0	76	41.1	20	10.8	1	.5	11	5.9
4 6 ~ 5 0 세	107	100.0	23	21.5	28	26.2	41	38.3	8	7.5	3	2.8	4	3.7
5 1 ~ 5 5 세	31	100.0	3	9.7	10	32.3	15	48.4	2	6.5	0	.0	1	3.2
기 타	25	100.0	5	20.0	6	24.0	6	24.0	3	12.0	2	8.0	3	12.0
무 응 답	3	100.0	0	.0	0	.0	2	66.7	1	33.3	0	.0	0	.0
성장지역별														
서울 / 경기권	136	100.0	30	22.1	36	26.5	46	33.8	16	11.8	3	2.2	5	3.7
영 남 권	108	100.0	22	20.4	25	23.1	49	45.4	8	7.4	1	.9	3	2.8
호 남 권	136	100.0	24	17.6	33	24.3	58	42.6	10	7.4	1	.7	10	7.4
강원/충청/제주	78	100.0	14	17.9	18	23.1	29	37.2	9	11.5	1	1.3	7	9.0
무 응 답	2	100.0	0	.0	1	50.0	1	50.0	0	.0	0	.0	0	.0
학력별														
무 학	3	100.0	1	33.3	0	.0	2	66.7	0	.0	0	.0	0	.0
초 등 학 교	4	100.0	0	.0	2	50.0	1	25.0	0	.0	1	25.0	0	.0
중 학 교	5	100.0	1	20.0	4	80.0	0	.0	0	.0	0	.0	0	.0
고 등 학 교	41	100.0	10	24.4	9	22.0	15	36.6	1	2.4	1	2.4	5	12.2
대 학 교	310	100.0	62	20.0	71	22.9	127	41.0	32	10.3	3	1.0	15	4.8
대 학 원 이 상	92	100.0	15	16.3	26	28.3	36	39.1	10	10.9	1	1.1	4	4.3
기 타	5	100.0	1	20.0	1	20.0	2	40.0	0	.0	0	.0	1	20.0
본인월평균수입														
수 입 없 음	51	100.0	8	15.7	14	27.5	23	45.1	2	3.9	1	2.0	3	5.9
100만원 이하	88	100.0	14	15.9	21	23.9	38	43.2	9	10.2	3	3.4	3	3.4
101~200만원	158	100.0	34	21.5	34	21.5	64	40.5	15	9.5	1	.6	10	6.3
201~300만원	99	100.0	18	18.2	27	27.3	35	35.4	13	13.1	1	1.0	5	5.1
301~400만원	42	100.0	14	33.3	12	28.6	12	28.6	3	7.1	0	.0	1	2.4
401~700만원	18	100.0	2	11.1	3	16.7	10	55.6	1	5.6	0	.0	2	11.1
701만원 이상	3	100.0	0	.0	2	66.7	1	33.3	0	.0	0	.0	0	.0
무 응 답	1	100.0	0	.0	0	.0	0	.0	0	.0	0	.0	1	100.0

	민주화운동기념사업회가 하고 있는 일들에 대해 알고 계시다면, 선생님께서 알고 계시는 사업은 무엇이고, 어떻게 생각하십니까?《한국민주주의전당 건립》												
	Total		① 매우 긍정		② 긍정		③ 보통		④ 부정		⑤ 매우 부정		무응답	
	N	%	N	%	N	%	N	%	N	%	N	%	N	%
Total	460	100.0	88	19.1	115	25.0	162	35.2	52	11.3	11	2.4	32	7.0
성별														
남	345	100.0	72	20.9	86	24.9	123	35.7	35	10.1	8	2.3	21	6.1
여	115	100.0	16	13.9	29	25.2	39	33.9	17	14.8	3	2.6	11	9.6
연령별														
35~40세	109	100.0	20	18.3	27	24.8	48	44.0	9	8.3	1	.9	4	3.7
41~45세	185	100.0	28	15.1	46	24.9	63	34.1	25	13.5	4	2.2	19	10.3
46~50세	107	100.0	28	26.2	22	20.6	36	33.6	12	11.2	5	4.7	4	3.7
51~55세	31	100.0	6	19.4	11	35.5	11	35.5	2	6.5	0	.0	1	3.2
기타	25	100.0	6	24.0	7	28.0	4	16.0	4	16.0	0	.0	4	16.0
무응답	3	100.0	0	.0	2	66.7	0	.0	0	.0	1	33.3	0	.0
성장지역별														
서울/경기권	136	100.0	27	19.9	30	22.1	48	35.3	20	14.7	4	2.9	7	5.1
영남권	108	100.0	22	20.4	24	22.2	39	36.1	15	13.9	5	4.6	3	2.8
호남권	136	100.0	25	18.4	36	26.5	51	37.5	10	7.4	1	.7	13	9.6
강원/충청/제주	78	100.0	14	17.9	23	29.5	24	30.8	7	9.0	1	1.3	9	11.5
무응답	2	100.0	0	.0	2	100.0	0	.0	0	.0	0	.0	0	.0
학력별														
무학	3	100.0	1	33.3	0	.0	1	33.3	1	33.3	0	.0	0	.0
초등학교	4	100.0	0	.0	1	25.0	2	50.0	1	25.0	0	.0	0	.0
중학교	5	100.0	0	.0	3	60.0	1	20.0	0	.0	0	.0	1	20.0
고등학교	41	100.0	6	14.6	13	31.7	8	19.5	7	17.1	0	.0	7	17.1
대학교	310	100.0	60	19.4	76	24.5	114	36.8	37	11.9	5	1.6	18	5.8
대학원 이상	92	100.0	19	20.7	21	22.8	35	38.0	5	5.4	6	6.5	6	6.5
기타	5	100.0	2	40.0	1	20.0	1	20.0	1	20.0	0	.0	0	.0
본인월평균수입														
수입 없음	51	100.0	7	13.7	14	27.5	19	37.3	5	9.8	2	3.9	4	7.8
100만원 이하	88	100.0	18	20.5	19	21.6	30	34.1	15	17.0	2	2.3	4	4.5
101~200만원	158	100.0	28	17.7	41	25.9	49	31.0	20	12.7	5	3.2	15	9.5
201~300만원	99	100.0	19	19.2	25	25.3	38	38.4	10	10.1	2	2.0	5	5.1
301~400만원	42	100.0	14	33.3	8	19.0	18	42.9	1	2.4	0	.0	1	2.4
401~700만원	18	100.0	1	5.6	8	44.4	7	38.9	1	5.6	0	.0	1	5.6
701만원 이상	3	100.0	1	33.3	0	.0	1	33.3	0	.0	0	.0	1	33.3
무응답	1	100.0	0	.0	0	.0	0	.0	0	.0	0	.0	1	100.0

	선생님은 「민주화운동기념사업회」가 가장 우선적으로 해야 할 일이 무엇이라고 생각하십니까?															
	Total		① 민주화운동 관련 사료수집		② 민주화운동 역사정리 및 연구		③ 각종 추모, 기념사업		④ 대외협력 및 연대사업		⑤한국민주주의 전당 건립		⑥ 기타		무응답	
	N	%	N	%	N	%	N	%	N	%	N	%	N	%	N	%
Total	700	100.0	152	21.7	397	56.7	41	5.9	55	7.9	24	3.4	19	2.7	12	1.7
성별																
남	497	100.0	105	21.1	279	56.1	35	7.0	38	7.6	20	4.0	12	2.4	8	1.6
여	203	100.0	47	23.2	118	58.1	6	3.0	17	8.4	4	2.0	7	3.4	4	2.0
연령별																
35~40세	205	100.0	49	23.9	118	57.6	12	5.9	13	6.3	4	2.0	6	2.9	3	1.5
41~45세	285	100.0	58	20.4	159	55.8	14	4.9	33	11.6	9	3.2	4	1.4	8	2.8
46~50세	141	100.0	31	22.0	80	56.7	9	6.4	7	5.0	7	5.0	6	4.3	1	.7
51~55세	34	100.0	8	23.5	20	58.8	4	11.8	1	2.9	1	2.9	0	.0	0	.0
기타	31	100.0	4	12.9	18	58.1	2	6.5	1	3.2	3	9.7	3	9.7	0	.0
무응답	4	100.0	2	50.0	2	50.0	0	.0	0	.0	0	.0	0	.0	0	.0
성장지역별																
서울/경기권	220	100.0	48	21.8	127	57.7	9	4.1	19	8.6	6	2.7	9	4.1	2	.9
영남권	169	100.0	39	23.1	93	55.0	10	5.9	13	7.7	5	3.0	6	3.6	3	1.8
호남권	192	100.0	42	21.9	114	59.4	10	5.2	13	6.8	8	4.2	3	1.6	2	1.0
강원/충청/제주	117	100.0	23	19.7	62	53.0	12	10.3	10	8.5	5	4.3	1	.9	4	3.4
무응답	2	100.0	0	.0	1	50.0	0	.0	0	.0	0	.0	0	.0	1	50.0
학력별																
무학	5	100.0	2	40.0	3	60.0	0	.0	0	.0	0	.0	0	.0	0	.0
초등학교	6	100.0	3	50.0	3	50.0	0	.0	0	.0	0	.0	0	.0	0	.0
중학교	15	100.0	4	26.7	6	40.0	2	13.3	2	13.3	1	6.7	0	.0	0	.0
고등학교	73	100.0	17	23.3	33	45.2	9	12.3	5	6.8	3	4.1	2	2.7	4	5.5
대학교	482	100.0	97	20.1	282	58.5	23	4.8	41	8.5	19	3.9	13	2.7	7	1.5
대학원 이상	113	100.0	28	24.8	65	57.5	7	6.2	7	6.2	1	.9	4	3.5	1	.9
기타	6	100.0	1	16.7	5	83.3	0	.0	0	.0	0	.0	0	.0	0	.0
본인월평균수입																
수입 없음	75	100.0	20	26.7	39	52.0	3	4.0	9	12.0	1	1.3	2	2.7	1	1.3
100만원 이하	136	100.0	34	25.0	72	52.9	4	2.9	13	9.6	3	2.2	7	5.1	3	2.2
101~200만원	242	100.0	53	21.9	150	62.0	6	2.5	15	6.2	9	3.7	5	2.1	4	1.7
201~300만원	144	100.0	27	18.8	75	52.1	19	13.2	13	9.0	6	4.2	4	2.8	0	.0
301~400만원	63	100.0	9	14.3	38	60.3	6	9.5	4	6.3	5	7.9	0	.0	1	1.6
401~700만원	32	100.0	9	28.1	16	50.0	2	6.3	1	3.1	0	.0	1	3.1	3	9.4
701만원 이상	7	100.0	0	.0	7	100.0	0	.0	0	.0	0	.0	0	.0	0	.0
무응답	1	100.0	0	.0	0	.0	1	100.0	0	.0	0	.0	0	.0	0	.0

	선생님은 자신이 관련된 사건, 혹은 1980년대에 활동할 당시 영상, 사진, 문건, 회의록 등 관련 자료를 소장하고 계신가요?							
	Total		① 예		② 아니오		무응답	
	N	%	N	%	N	%	N	%
Total	700	100.0	112	16.0	569	81.3	19	2.7
성별								
남	497	100.0	90	18.1	398	80.1	9	1.8
여	203	100.0	22	10.8	171	84.2	10	4.9
연령별								
35~40세	205	100.0	16	7.8	179	87.3	10	4.9
41~45세	285	100.0	38	13.3	241	84.6	6	2.1
46~50세	141	100.0	34	24.1	105	74.5	2	1.4
51~55세	34	100.0	11	32.4	22	64.7	1	2.9
기 타	31	100.0	12	38.7	19	61.3	0	.0
무 응 답	4	100.0	1	25.0	3	75.0	0	.0
성장지역별								
서울/경기권	220	100.0	20	9.1	191	86.8	9	4.1
영 남 권	169	100.0	24	14.2	144	85.2	1	.6
호 남 권	192	100.0	42	21.9	145	75.5	5	2.6
강원/충청/제주	117	100.0	25	21.4	88	75.2	4	3.4
무 응 답	2	100.0	1	50.0	1	50.0	0	.0
학력별								
무 학	5	100.0	1	20.0	3	60.0	1	20.0
초 등 학 교	6	100.0	3	50.0	3	50.0	0	.0
중 학 교	15	100.0	0	.0	14	93.3	1	6.7
고 등 학 교	73	100.0	16	21.9	54	74.0	3	4.1
대 학 교	482	100.0	66	13.7	406	84.2	10	2.1
대학원 이상	113	100.0	25	22.1	84	74.3	4	3.5
기 타	6	100.0	1	16.7	5	83.3	0	.0
본인월평균수입								
수 입 없 음	75	100.0	19	25.3	55	73.3	1	1.3
100만원 이하	136	100.0	17	12.5	114	83.8	5	3.7
101~200만원	242	100.0	36	14.9	197	81.4	9	3.7
201~300만원	144	100.0	27	18.8	115	79.9	2	1.4
301~400만원	63	100.0	9	14.3	53	84.1	1	1.6
401~700만원	32	100.0	3	9.4	28	87.5	1	3.1
701만원 이상	7	100.0	1	14.3	6	85.7	0	.0
무 응 답	1	100.0	0	.0	1	100.0	0	.0

	소장하신 자료를 '민주화운동기념사업회'에 기증할 의향이 있으신가요?							
	Total		① 예		② 아니오		무응답	
	N	%	N	%	N	%	N	%
Total	112	100.0	74	66.1	36	32.1	2	1.8
성별								
남	90	100.0	62	68.9	26	28.9	2	2.2
여	22	100.0	12	54.5	10	45.5	0	.0
연령별								
35~40세	16	100.0	13	81.3	3	18.8	0	.0
41~45세	38	100.0	25	65.8	13	34.2	0	.0
46~50세	34	100.0	23	67.6	10	29.4	1	2.9
51~55세	11	100.0	6	54.5	4	36.4	1	9.1
기타	12	100.0	7	58.3	5	41.7	0	.0
무응답	1	100.0	0	.0	1	100.0	0	.0
성장지역별								
서울/경기권	20	100.0	10	50.0	10	50.0	0	.0
영남권	24	100.0	15	62.5	8	33.3	1	4.2
호남권	42	100.0	31	73.8	10	23.8	1	2.4
강원/충청/제주	25	100.0	17	68.0	8	32.0	0	.0
무응답	1	100.0	1	100.0	0	.0	0	.0
학력별								
무학	1	100.0	1	100.0	0	.0	0	.0
초등학교	3	100.0	1	33.3	2	66.7	0	.0
고등학교	16	100.0	10	62.5	5	31.3	1	6.3
대학교	66	100.0	49	74.2	16	24.2	1	1.5
대학원 이상	25	100.0	12	48.0	13	52.0	0	.0
기타	1	100.0	1	100.0	0	.0	0	.0
본인월평균수입								
수입 없음	19	100.0	12	63.2	7	36.8	0	.0
100만원 이하	17	100.0	10	58.8	6	35.3	1	5.9
101~200만원	36	100.0	24	66.7	11	30.6	1	2.8
201~300만원	27	100.0	18	66.7	9	33.3	0	.0
301~400만원	9	100.0	7	77.8	2	22.2	0	.0
401~700만원	3	100.0	2	66.7	1	33.3	0	.0
701만원 이상	1	100.0	1	100.0	0	.0	0	.0

	선생님의 현재 혼인상태는 어떠합니까?								기혼일 경우, 어디에 해당하십니까?											
	Total		① 기혼		② 미혼		무응답		Total		㉠현재 함께 살고 있음		㉡ 이혼		㉢ 별거		㉣ 사별		무응답	
	N	%	N	%	N	%	N	%	N	%	N	%	N	%	N	%	N	%	N	%
Total	700	100.0	618	88.3	80	11.4	2	.3	618	100.0	531	85.9	26	4.2	18	2.9	5	.8	38	6.1
성별																				
남	497	100.0	456	91.8	40	8.0	1	.2	456	100.0	394	86.4	19	4.2	13	2.9	4	.9	26	5.7
여	203	100.0	162	79.8	40	19.7	1	.5	162	100.0	137	84.6	7	4.3	5	3.1	1	.6	12	7.4
연령별																				
T o t a l	700	100.0	618	88.3	80	11.4	2	.3	618	100.0	531	85.9	26	4.2	18	2.9	5	.8	38	6.1
35~40세	205	100.0	163	79.5	41	20.0	1	.5	163	100.0	150	92.0	3	1.8	1	.6	0	.0	9	5.5
41~45세	285	100.0	255	89.5	30	10.5	0	.0	255	100.0	219	85.9	15	5.9	5	2.0	1	.4	15	5.9
46~50세	141	100.0	136	96.5	5	3.5	0	.0	136	100.0	111	81.6	8	5.9	8	5.9	1	.7	8	5.9
51~55세	34	100.0	34	100.0	0	.0	0	.0	34	100.0	29	85.3	0	.0	2	5.9	0	.0	3	8.8
기 타	31	100.0	28	90.3	3	9.7	0	.0	28	100.0	21	75.0	0	.0	2	7.1	3	10.7	2	7.1
무 응 답	4	100.0	2	50.0	1	25.0	1	25.0	2	100.0	1	50.0	0	.0	0	.0	0	.0	1	50.0
성장지역별																				
T o t a l	700	100.0	618	88.3	80	11.4	2	.3	618	100.0	531	85.9	26	4.2	18	2.9	5	.8	38	6.1
서울/경기권	220	100.0	187	85.0	32	14.5	1	.5	187	100.0	159	85.0	10	5.3	5	2.7	2	1.1	11	5.9
영 남 권	169	100.0	149	88.2	20	11.8	0	.0	149	100.0	131	87.9	7	4.7	7	4.7	1	.7	3	2.0
호 남 권	192	100.0	173	90.1	19	9.9	0	.0	173	100.0	149	86.1	6	3.5	5	2.9	2	1.2	11	6.4
강원/충청/제주	117	100.0	108	92.3	9	7.7	0	.0	108	100.0	91	84.3	3	2.8	1	.9	0	.0	13	12.0
무 응 답	2	100.0	1	50.0	0	.0	1	50.0	1	100.0	1	100.0	0	.0	0	.0	0	.0	0	.0
학력별																				
T o t a l	700	100.0	618	88.3	80	11.4	2	.3	618	100.0	531	85.9	26	4.2	18	2.9	5	.8	38	6.1
무 학	5	100.0	5	100.0	0	.0	0	.0	5	100.0	5	100.0	0	.0	0	.0	0	.0	0	.0
초 등 학 교	6	100.0	5	83.3	1	16.7	0	.0	5	100.0	4	80.0	1	20.0	0	.0	0	.0	0	.0
중 학 교	15	100.0	14	93.3	1	6.7	0	.0	14	100.0	11	78.6	0	.0	2	14.3	0	.0	1	7.1
고 등 학 교	73	100.0	65	89.0	8	11.0	0	.0	65	100.0	56	86.2	3	4.6	1	1.5	0	.0	5	7.7
대 학 교	482	100.0	421	87.3	60	12.4	1	.2	421	100.0	364	86.5	17	4.0	12	2.9	3	.7	25	5.9
대학원 이상	113	100.0	103	91.2	10	8.8	0	.0	103	100.0	89	86.4	5	4.9	2	1.9	2	1.9	5	4.9
기 타	6	100.0	5	83.3	0	.0	1	16.7	5	100.0	2	40.0	0	.0	1	20.0	0	.0	2	40.0
본인월평균수입																				
수입 없음	75	100.0	68	90.7	7	9.3	0	.0	68	100.0	55	80.9	3	4.4	3	4.4	2	2.9	5	7.4
100만원 이하	136	100.0	105	77.2	31	22.8	0	.0	105	100.0	94	89.5	4	3.8	2	1.9	1	1.0	4	3.8
101~200만원	242	100.0	211	87.2	29	12.0	2	.8	211	100.0	180	85.3	13	6.2	7	3.3	1	.5	10	4.7
201~300만원	144	100.0	133	92.4	11	7.6	0	.0	133	100.0	117	88.0	5	3.8	1	.8	1	.8	9	6.8
301~400만원	63	100.0	63	100.0	0	.0	0	.0	63	100.0	55	87.3	1	1.6	3	4.8	0	.0	4	6.3
401~700만원	32	100.0	31	96.9	1	3.1	0	.0	31	100.0	25	80.6	0	.0	2	6.5	0	.0	4	12.9
701만원 이상	7	100.0	6	85.7	1	14.3	0	.0	6	100.0	5	83.3	0	.0	0	.0	0	.0	1	16.7
무 응 답	1	100.0	1	100.0	0	.0	0	.0	1	100.0	0	.0	0	.0	0	.0	0	.0	1	100.0

	선생님의 배우자는 민주화운동과 관련이 있는 분이셨습니까?							
	Total		① 예		② 아니오		무응답	
	N	%	N	%	N	%	N	%
Total	618	100.0	403	65.2	203	32.8	12	1.9
성별								
남	456	100.0	270	59.2	176	38.6	10	2.2
여	162	100.0	133	82.1	27	16.7	2	1.2
연령별								
Total	618	100.0	403	65.2	203	32.8	12	1.9
35~40세	163	100.0	108	66.3	51	31.3	4	2.5
41~45세	255	100.0	179	70.2	72	28.2	4	1.6
46~50세	136	100.0	92	67.6	43	31.6	1	.7
51~55세	34	100.0	17	50.0	16	47.1	1	2.9
기타	28	100.0	6	21.4	20	71.4	2	7.1
무응답	2	100.0	1	50.0	1	50.0	0	.0
성장지역별								
Total	618	100.0	403	65.2	203	32.8	12	1.9
서울/경기권	187	100.0	127	67.9	57	30.5	3	1.6
영남권	149	100.0	99	66.4	49	32.9	1	.7
호남권	173	100.0	102	59.0	63	36.4	8	4.6
강원/충청/제주	108	100.0	74	68.5	34	31.5	0	.0
무응답	1	100.0	1	100.0	0	.0	0	.0
학력별								
Total	618	100.0	403	65.2	203	32.8	12	1.9
무학	5	100.0	4	80.0	1	20.0	0	.0
초등학교	5	100.0	2	40.0	2	40.0	1	20.0
중학교	14	100.0	4	28.6	9	64.3	1	7.1
고등학교	65	100.0	40	61.5	23	35.4	2	3.1
대학교	421	100.0	280	66.5	134	31.8	7	1.7
대학원 이상	103	100.0	70	68.0	32	31.1	1	1.0
기타	5	100.0	3	60.0	2	40.0	0	.0
본인월평균수입								
수입 없음	68	100.0	41	60.3	24	35.3	3	4.4
100만원 이하	105	100.0	76	72.4	28	26.7	1	1.0
101~200만원	211	100.0	148	70.1	57	27.0	6	2.8
201~300만원	133	100.0	83	62.4	49	36.8	1	.8
301~400만원	63	100.0	37	58.7	26	41.3	0	.0
401~700만원	31	100.0	15	48.4	16	51.6	0	.0
701만원 이상	6	100.0	3	50.0	3	50.0	0	.0
무응답	1	100.0	0	.0	0	.0	1	100.0

	선생님의 배우자는 어느 분야에서 활동하셨습니까?																
	Total		① 학생운동		② 노동운동		③ 농민운동		④ 여성운동		⑤ 교육운동		⑥ 재야단체		⑦ 문화운동		⑧ 기타	
	N	%	N	%	N	%	N	%	N	%	N	%	N	%	N	%	N	%
Total	403	100.0	231	57.3	94	23.3	7	1.7	8	2.0	18	4.5	13	3.2	6	1.5	26	6.5
성별																		
남	270	100.0	147	54.4	58	21.5	5	1.9	8	3.0	17	6.3	11	4.1	5	1.9	19	7.0
여	133	100.0	84	63.2	36	27.1	2	1.5	0	.0	1	.8	2	1.5	1	.8	7	5.3
연령별																		
Total	403	100.0	231	57.3	94	23.3	7	1.7	8	2.0	18	4.5	13	3.2	6	1.5	26	6.5
35~40세	108	100.0	79	73.1	15	13.9	1	.9	0	.0	1	.9	5	4.6	1	.9	6	5.6
41~45세	179	100.0	110	61.5	44	24.6	1	.6	2	1.1	5	2.8	4	2.2	4	2.2	9	5.0
46~50세	92	100.0	36	39.1	27	29.3	4	4.3	2	2.2	11	12.0	2	2.2	1	1.1	9	9.8
51~55세	17	100.0	3	17.6	8	47.1	0	.0	2	11.8	1	5.9	2	11.8	0	.0	1	5.9
기 타	6	100.0	2	33.3	0	.0	1	16.7	2	33.3	0	.0	0	.0	0	.0	1	16.7
무 응 답	1	100.0	1	100.0	0	.0	0	.0	0	.0	0	.0	0	.0	0	.0	0	.0
성장지역별																		
Total	403	100.0	231	57.3	94	23.3	7	1.7	8	2.0	18	4.5	13	3.2	6	1.5	26	6.5
서울/경기권	127	100.0	77	60.6	31	24.4	0	.0	1	.8	3	2.4	4	3.1	3	2.4	8	6.3
영 남 권	99	100.0	53	53.5	22	22.2	1	1.0	2	2.0	7	7.1	4	4.0	2	2.0	8	8.1
호 남 권	102	100.0	57	55.9	22	21.6	4	3.9	5	4.9	4	3.9	2	2.0	1	1.0	7	6.9
강원/충청/제주	74	100.0	44	59.5	18	24.3	2	2.7	0	.0	4	5.4	3	4.1	0	.0	3	4.1
무 응 답	1	100.0	0	.0	1	100.0	0	.0	0	.0	0	.0	0	.0	0	.0	0	.0
학력별																		
Total	403	100.0	231	57.3	94	23.3	7	1.7	8	2.0	18	4.5	13	3.2	6	1.5	26	6.5
무 학	4	100.0	0	.0	2	50.0	0	.0	0	.0	1	25.0	0	.0	0	.0	1	25.0
초 등 학 교	2	100.0	0	.0	1	50.0	0	.0	0	.0	0	.0	0	.0	0	.0	1	50.0
중 학 교	4	100.0	0	.0	4	100.0	0	.0	0	.0	0	.0	0	.0	0	.0	0	.0
고 등 학 교	40	100.0	14	35.0	18	45.0	2	5.0	0	.0	1	2.5	1	2.5	0	.0	4	10.0
대 학 교	280	100.0	178	63.6	51	18.2	4	1.4	8	2.9	9	3.2	10	3.6	4	1.4	16	5.7
대 학 원 이 상	70	100.0	37	52.9	17	24.3	1	1.4	0	.0	7	10.0	2	2.9	2	2.9	4	5.7
기 타	3	100.0	2	66.7	1	33.3	0	.0	0	.0	0	.0	0	.0	0	.0	0	.0
본인월평균수입																		
수 입 없 음	41	100.0	24	58.5	8	19.5	1	2.4	1	2.4	1	2.4	2	4.9	0	.0	4	9.8
100만원 이하	76	100.0	40	52.6	26	34.2	1	1.3	1	1.3	2	2.6	4	5.3	0	.0	2	2.6
101~200만원	148	100.0	83	56.1	37	25.0	4	2.7	4	2.7	4	2.7	4	2.7	3	2.0	9	6.1
201~300만원	83	100.0	56	67.5	14	16.9	1	1.2	1	1.2	2	2.4	0	.0	1	1.2	8	9.6
301~400만원	37	100.0	19	51.4	3	8.1	0	.0	1	2.7	8	21.6	2	5.4	2	5.4	2	5.4
401~700만원	15	100.0	8	53.3	5	33.3	0	.0	0	.0	1	6.7	1	6.7	0	.0	0	.0
701만원 이상	3	100.0	1	33.3	1	33.3	0	.0	0	.0	0	.0	0	.0	0	.0	1	33.3

	선생님의 가족 중 (선생님의 부모, 배우자, 직계 자녀에 한정) 현재 생존하고 계시는 분은 어떻게 되십니까?															
	Total		① 가족없음		② 1명		③ 2명		④ 3명		⑤ 4명		⑥ 5명		⑦ 6명 이상		무응답	
	N	%	N	%	N	%	N	%	N	%	N	%	N	%	N	%	N	%
Total	700	100.0	17	2.4	38	5.4	103	14.7	177	25.3	218	31.1	111	15.9	21	3.0	15	2.1
성별																		
남	497	100.0	10	2.0	23	4.6	59	11.9	130	26.2	158	31.8	93	18.7	13	2.6	11	2.2
여	203	100.0	7	3.4	15	7.4	44	21.7	47	23.2	60	29.6	18	8.9	8	3.9	4	2.0
연령별																		
Total	700	100.0	17	2.4	38	5.4	103	14.7	177	25.3	218	31.1	111	15.9	21	3.0	15	2.1
35~40세	205	100.0	6	2.9	14	6.8	35	17.1	44	21.5	66	32.2	31	15.1	6	2.9	3	1.5
41~45세	285	100.0	6	2.1	17	6.0	40	14.0	70	24.6	93	32.6	46	16.1	8	2.8	5	1.8
46~50세	141	100.0	4	2.8	5	3.5	15	10.6	40	28.4	45	31.9	24	17.0	4	2.8	4	2.8
51~55세	34	100.0	0	.0	0	.0	6	17.6	14	41.2	10	29.4	3	8.8	1	2.9	0	.0
기타	31	100.0	1	3.2	1	3.2	5	16.1	9	29.0	4	12.9	7	22.6	2	6.5	2	6.5
무응답	4	100.0	0	.0	1	25.0	2	50.0	0	.0	0	.0	0	.0	0	.0	1	25.0
성장지역별																		
Total	700	100.0	17	2.4	38	5.4	103	14.7	177	25.3	218	31.1	111	15.9	21	3.0	15	2.1
서울/경기권	220	100.0	6	2.7	18	8.2	40	18.2	54	24.5	71	32.3	25	11.4	4	1.8	2	.9
영남권	169	100.0	4	2.4	4	2.4	29	17.2	41	24.3	55	32.5	30	17.8	5	3.0	1	.6
호남권	192	100.0	5	2.6	10	5.2	24	12.5	53	27.6	52	27.1	31	16.1	8	4.2	9	4.7
강원/충청/제주	117	100.0	2	1.7	6	5.1	10	8.5	29	24.8	40	34.2	24	20.5	4	3.4	2	1.7
무응답	2	100.0	0	.0	0	.0	0	.0	0	.0	0	.0	1	50.0	0	.0	1	50.0
학력별																		
Total	700	100.0	17	2.4	38	5.4	103	14.7	177	25.3	218	31.1	111	15.9	21	3.0	15	2.1
무학	5	100.0	0	.0	1	20.0	0	.0	2	40.0	1	20.0	1	20.0	0	.0	0	.0
초등학교	6	100.0	1	16.7	0	.0	0	.0	0	.0	3	50.0	2	33.3	0	.0	0	.0
중학교	15	100.0	0	.0	2	13.3	2	13.3	5	33.3	4	26.7	2	13.3	0	.0	0	.0
고등학교	73	100.0	3	4.1	4	5.5	14	19.2	23	31.5	19	26.0	7	9.6	2	2.7	1	1.4
대학교	482	100.0	11	2.3	28	5.8	71	14.7	112	23.2	163	33.8	77	16.0	12	2.5	8	1.7
대학원 이상	113	100.0	2	1.8	3	2.7	15	13.3	33	29.2	27	23.9	22	19.5	7	6.2	4	3.5
기타	6	100.0	0	.0	0	.0	1	16.7	2	33.3	1	16.7	0	.0	0	.0	2	33.3
본인월평균수입																		
수입 없음	75	100.0	2	2.7	6	8.0	11	14.7	19	25.3	25	33.3	10	13.3	1	1.3	1	1.3
100만원 이하	136	100.0	6	4.4	12	8.8	30	22.1	22	16.2	38	27.9	22	16.2	3	2.2	3	2.2
101~200만원	242	100.0	7	2.9	14	5.8	40	16.5	58	24.0	62	25.6	45	18.6	11	4.5	5	2.1
201~300만원	144	100.0	1	.7	5	3.5	14	9.7	50	34.7	54	37.5	14	9.7	4	2.8	2	1.4
301~400만원	63	100.0	1	1.6	0	.0	4	6.3	18	28.6	26	41.3	11	17.5	1	1.6	2	3.2
401~700만원	32	100.0	0	.0	0	.0	3	9.4	8	25.0	12	37.5	7	21.9	1	3.1	1	3.1
701만원 이상	7	100.0	0	.0	1	14.3	1	14.3	2	28.6	1	14.3	1	14.3	0	.0	1	14.3
무응답	1	100.0	0	.0	0	.0	0	.0	0	.0	0	.0	1	100.0	0	.0	0	.0

	선생님이 실질적으로 가족을 부양하고 계신가요?							
	Total		① 예		② 아니오		무응답	
	N	%	N	%	N	%	N	%
Total	700	100.0	440	62.9	248	35.4	12	1.7
성별								
남	497	100.0	361	72.6	130	26.2	6	1.2
여	203	100.0	79	38.9	118	58.1	6	3.0
연령별								
Total	700	100.0	440	62.9	248	35.4	12	1.7
35~40세	205	100.0	108	52.7	93	45.4	4	2.0
41~45세	285	100.0	190	66.7	90	31.6	5	1.8
46~50세	141	100.0	100	70.9	40	28.4	1	.7
51~55세	34	100.0	22	64.7	11	32.4	1	2.9
기 타	31	100.0	20	64.5	11	35.5	0	.0
무 응 답	4	100.0	0	.0	3	75.0	1	25.0
성장지역별								
Total	700	100.0	440	62.9	248	35.4	12	1.7
서울/경기권	220	100.0	125	56.8	92	41.8	3	1.4
영 남 권	169	100.0	102	60.4	66	39.1	1	.6
호 남 권	192	100.0	126	65.6	61	31.8	5	2.6
강원/충청/제주	117	100.0	87	74.4	28	23.9	2	1.7
무 응 답	2	100.0	0	.0	1	50.0	1	50.0
학력별								
Total	700	100.0	440	62.9	248	35.4	12	1.7
무 학	5	100.0	4	80.0	1	20.0	0	.0
초 등 학 교	6	100.0	3	50.0	3	50.0	0	.0
중 학 교	15	100.0	8	53.3	7	46.7	0	.0
고 등 학 교	73	100.0	45	61.6	23	31.5	5	6.8
대 학 교	482	100.0	303	62.9	174	36.1	5	1.0
대학원 이상	113	100.0	72	63.7	40	35.4	1	.9
기 타	6	100.0	5	83.3	0	.0	1	16.7
본인월평균수입								
수 입 없 음	75	100.0	18	24.0	55	73.3	2	2.7
100만원 이하	136	100.0	51	37.5	84	61.8	1	.7
101~200만원	242	100.0	159	65.7	75	31.0	8	3.3
201~300만원	144	100.0	118	81.9	26	18.1	0	.0
301~400만원	63	100.0	57	90.5	5	7.9	1	1.6
401~700만원	32	100.0	31	96.9	1	3.1	0	.0
701만원 이상	7	100.0	5	71.4	2	28.6	0	.0
무 응 답	1	100.0	1	100.0	0	.0	0	.0

	선생님이 부양을 책임지고 있는 가족은 몇 명입니까?															
	Total		① 1명		② 2명		③ 3명		④ 4명		⑤ 5명		⑥ 6명 이상		무응답	
	N	%	N	%	N	%	N	%	N	%	N	%	N	%	N	%
Total	440	100.0	41	9.3	90	20.5	165	37.5	101	23.0	28	6.4	8	1.8	7	1.6
성별																
남	361	100.0	24	6.6	67	18.6	143	39.6	89	24.7	26	7.2	6	1.7	6	1.7
여	79	100.0	17	21.5	23	29.1	22	27.8	12	15.2	2	2.5	2	2.5	1	1.3
연령별																
Total	440	100.0	41	9.3	90	20.5	165	37.5	101	23.0	28	6.4	8	1.8	7	1.6
35~40세	108	100.0	15	13.9	26	24.1	31	28.7	24	22.2	10	9.3	1	.9	1	.9
41~45세	190	100.0	12	6.3	41	21.6	75	39.5	44	23.2	10	5.3	4	2.1	4	2.1
46~50세	100	100.0	7	7.0	13	13.0	44	44.0	28	28.0	5	5.0	1	1.0	2	2.0
51~55세	22	100.0	1	4.5	5	22.7	9	40.9	4	18.2	2	9.1	1	4.5	0	.0
기타	20	100.0	6	30.0	5	25.0	6	30.0	1	5.0	1	5.0	1	5.0	0	.0
성장지역별																
Total	440	100.0	41	9.3	90	20.5	165	37.5	101	23.0	28	6.4	8	1.8	7	1.6
서울/경기권	125	100.0	18	14.4	28	22.4	43	34.4	28	22.4	5	4.0	1	.8	2	1.6
영남권	102	100.0	6	5.9	21	20.6	41	40.2	24	23.5	8	7.8	2	2.0	0	.0
호남권	126	100.0	12	9.5	23	18.3	50	39.7	25	19.8	11	8.7	2	1.6	3	2.4
강원/충청/제주	87	100.0	5	5.7	18	20.7	31	35.6	24	27.6	4	4.6	3	3.4	2	2.3
학력별																
Total	440	100.0	41	9.3	90	20.5	165	37.5	101	23.0	28	6.4	8	1.8	7	1.6
무학	4	100.0	0	.0	0	.0	1	25.0	1	25.0	1	25.0	0	.0	1	25.0
초등학교	3	100.0	0	.0	0	.0	1	33.3	1	33.3	1	33.3	0	.0	0	.0
중학교	8	100.0	3	37.5	3	37.5	2	25.0	0	.0	0	.0	0	.0	0	.0
고등학교	45	100.0	2	4.4	12	26.7	16	35.6	11	24.4	3	6.7	1	2.2	0	.0
대학교	303	100.0	31	10.2	58	19.1	108	35.6	77	25.4	20	6.6	4	1.3	5	1.7
대학원 이상	72	100.0	5	6.9	17	23.6	34	47.2	10	13.9	3	4.2	3	4.2	0	.0
기타	5	100.0	0	.0	0	.0	3	60.0	1	20.0	0	.0	0	.0	1	20.0
본인월평균수입																
수입 없음	18	100.0	2	11.1	1	5.6	6	33.3	5	27.8	3	16.7	1	5.6	0	.0
100만원 이하	51	100.0	9	17.6	9	17.6	17	33.3	11	21.6	3	5.9	0	.0	2	3.9
101~200만원	159	100.0	18	11.3	37	23.3	62	39.0	28	17.6	10	6.3	2	1.3	2	1.3
201~300만원	118	100.0	9	7.6	24	20.3	48	40.7	28	23.7	4	3.4	4	3.4	1	.8
301~400만원	57	100.0	2	3.5	13	22.8	20	35.1	18	31.6	4	7.0	0	.0	0	.0
401~700만원	31	100.0	0	.0	6	19.4	11	35.5	9	29.0	3	9.7	1	3.2	1	3.2
701만원 이상	5	100.0	0	.0	0	.0	1	20.0	2	40.0	1	20.0	0	.0	1	20.0
무응답	1	100.0	1	100.0	0	.0	0	.0	0	.0	0	.0	0	.0	0	.0

1980년대 민주화운동 참여자의 경험과 기억

초판1쇄 발행일 • 2007년 9월 6일

지은이 • 김귀옥 · 윤충로

발행처 • 민주화운동기념사업회
발행인 • 함세웅

100-785
서울시 중구 정동 34-5 배재정동빌딩 B동 1~3층
T. 02-3709-7616   F. 02-3709-7550
http://www.kdemocracy.or.kr

정   가 • 20,000원

ISBN 978-89-91057-33-3